2011 청주국제공예비엔날레
Cheongju International Craft Biennale 2011

2011년 9월 21일 - 2011년 10월 30일
21 September 2011 - 30 October 2011

2011 청주국제공예비엔날레

2011년 9월 21일 - 10월 30일

인쇄일 2011년 9월 15일
발행일 2011년 9월 20일

지은이 2011 청주국제공예비엔날레 조직위원회

펴낸이 이상만
펴낸곳 마로니에북스
주소 413-756 경기도 파주시 교하읍 문발리 파주출판도시 521-2
전화 02)741-9191(대표) 031)955-4919(편집부)
전송 031)955-4921
홈페이지 www.maroniebooks.com
출판등록 2003년 4월 14일
등록번호 제 2003-71호
 ISBN 978-89-6053-214-4

2011 Cheongju International Craft Biennale

21 September 2011 - 30 October 2011

©2011 Cheongju International Craft Biennale
Published Maroniebooks Co.
413-756
521-2 PajuBookCity Munbal-ri Gyoha-eup Paju-si Gyeonggi-do, KOREA
Tel 02)741-9191
Fax 031)955-4921
Home Page www.maroniebooks.com

Printed in Korea

ISBN 978-89-6053-214-4

전통과 미래, 그 사이

Between
Tradition and Future

마로니에북스

Exhibition
전시

주최 청주시
Host Cheongju City

총감독 Director
정준모 Chung, Joon Mo

핀란드관 큐레이터 Exhibition Curator
마릿 마낄라 Maarit Mäkelä
키르시 니니마끼 Kirsi Niinimäki
인니 파르난넨 Inni Pärnänen

코디네이터 Coordinator
도화진 Do, Hwa Jin

핀란드관 전시디자인 Exhibition Design
시모 헤이낄라 Simo Heikkilä

전시장 시공 Production
휴먼_C

장 관 Jang, Gwan
백지영 Back, Ji Young
박수현 Park, Su Hyun
이재웅 Lee, Jae Ung
신대철 Shin, Dae Cheol
김대형 Kim, Dae Hyoung

Books
도록

편집장 | Chief Editor
정준모 Chung, Joon Mo

편집 | Editing
도화진 Do, Hwa Jin

디자인 | Design
이종훈 Lee, Jong Hoon
이정민 Lee, Jung Min

번역 | Translation
김애림 Kim, Ae Lim
이경애 Lee, Kyoung Aea
이현경 Lee, Hyun Kyung
장 원 Chang, Won

제작 | Publisher
마로니에북스
이상만 Lee Sang man

Acknowledgement
감사의 말씀

2011 청주국제공예비엔날레를 위하여 기꺼이 작품을 대여해 주신 국내외 미술관, 화랑, 개인 소장가 그리고 기관과 단체에 마음으로부터 고맙다는 말씀을 드립니다. 이 분들은 청주국제공예비엔날레가 세계 공예의 중심이 되도록 물심양면으로 도와주시고 조언을 아끼지 않았습니다.
아울러 기꺼이 작품을 출품해주신 작가와 그 어시스턴트 분들께도 감사의 말씀을 올립니다.

2011 Cheongju International Craft Biennale would like to thank
museum, galleries and private collectors for generously lending their art works.
A Special thanks to the exhibiting artists and theirs assistants.

강익중	이세섭	전문인력사업단
김미정	이영배	_croft
김방은/예화랑	이옥경/가나아트갤러리	UNICEF
김복기	이 일	ZIG
김승민/국제갤러리	이지미	Anna Jackson
김수경	이지영	Anna Rikkinen
김언정	이호숙	David Revere McFadden
김영호	이호재/가나아트갤러리	Dmitry Shevchenko
김인혜	이현숙/국제갤러리	Dominique Forest
김진영	이현희/서울옥션	Huuhtanen Riitta
김진하	임일균	Judy Kim
김태철	임용섭	Jukka Savolainen
노경조	준초이	Junichi Shibata
도형태/갤러리 현대	정연진	Kaisa Leidy
류민자	정영산	Kaori Tabata
류소영	정우진	Klaus Klemp
류지연	정윤지/가나아트갤러리	Kozo Kumamoto
류태희	정종효	Maarten Bertheux
마영범	정창수	Madeleine Hoffmann
맹완호	정 현	Pekka Wuoristo
박경미/PKM갤러리	조영하	Rebecca Kong
박경희	조희경	Ria Hawthorn
박동은	최윤석/서울옥션	Rupert Faulkner
박명자/갤러리 현대	최인경/가나아트갤러리	Sarah Davies
박영주	국립국악원	Satu Iivarinen-Roth
박필재	고양문화재단	Stefan Lee
박혜경	대지를 위한 바느질	Stephan von der Schulenburg
소육영/서울옥션	마로니에북스	Tohru Matsumoto
송향선/가람화랑	명보랑	Tomoko Ogawa
서지형	순천제일대학	Artware Edition NY
성동제	우리들 체어	Brain Trust Inc.
신경숙	이가스퀘어	Copenhagen Design Center
양성진	이건산업	Design Museo, Helsinki
오유정	이랜드 문화재단	Embassy of Finland, Seoul
우찬규/학고재	임옥미술관	Galerie Pierre-Alain Challier
운지원/예화랑	주영 한국문화원	HAKONE Open-air Museum
유재웅/진화랑	청주시 새마을 부녀회	Judd Foundation
유진환	코스모 양행	Kauniste
윤명로	풀집박물관	LAPPONIA JEWELRY OY
윤애영	한국공예관	Les Arts Decoratifs, Paris
원용기	한국문화재 보호재단	Möbel Museum Wien
이규현	한국미술품 감정가협회	London Design Museum
이동준	한국아트체인	Museum für Angewandte Kunst, Frankfurt
이병혜	한국주요무형문화재 기능보존협회	Museum of Arts and Design, NY
이상만	한국화랑협회	Osaka City Museum of Modern Art,
이상철	한향림 세라믹 뮤지엄	Planning Office
이성춘	홍익대학교 BK21 메타디자인센터	Ornamo

Contents 목차

Cheongju International Craft Biennale is now encountering its 7th opening since its ambitious commencement to open a new prospect of global craft culture in 1999.

Particularly in 2011, Finland holds its pavilion as a guest country in the Cheongju International Craft Biennale. Previously, the Biennale invited Italy, a world's top-class country of crafts, to have a precious opportunity to witness the whole range of its craft works in 2007. At the next exhibition in 2009, Canada was invited to the Biennale as a guest country to show the variety of its crafts fields.

Finland is this year's guest of choice, often seen as a small but powerful country in Northern Europe; the country's strength in education and welfare are world-widely recognized. Finland also has achieved its international reputation as a country where design and crafts as well as ecology and culture are harmoniously adopted deep in people's life. Finland is now naturally imprinted in one's mind as a country where the level of happiness is high and culturally full of design and crafts.

Over than 150 Finnish designers and craftsmen participate in the Finnish pavilion consisting of more than 850 pieces. It is undoubtedly a great opportunity for Korean citizens to understand Finnish life and culture in Cheongju, Korea.

For this Biennale, Finland has been meticulous with preparations with elaborate plans for the past year or so and has selected the finest participants. I, as the Chairman of the Biennale's organization, could not help being deeply moved in respect for their passionate efforts. With the active support of Finnish Government, many groups provided support and cooperation for this exhibition: the Ornamo, an organization of designers, Aalto University, and Fiskars Village to list a few. Observing the process that designers and craftsmen achieved in collaboration with the Finnish Government and related organizations, I could see the power of Finland with its bright future in the design and craft fields.

Especially, Professor Kirsi planned the exhibition project and Professor Simo worked on the space design for the Finnish Pavilion. They have not only managed the whole process to perfection, but also organized various special events such as 'Finland Day.'

I believe, through this exhibition, you will certainly feel a sense of passion from the Finnish designers and craftsmen that live in a community that is full of happiness and filled with diverse people in spite of the nation's short history.

It is expected that the craftsmen of the two country, Finland and Korea, would keep working together in the future through persistent cultural exchanges. I also promise to keep efforts ongoing to develop this exhibition as a consistent project, not merely a single event.

I would like to express my gratitude to all of you who have worked for the Finnish Pavilion and to designers who participate in the Cheongju International Craft Biennale in 2011.

Han Beum Deuk
The Chairman of Cheongju International Craft Biennale Organizing Committee

세계 공예문화의 새로운 지평을 열기 위해 지난 1999년부터 시작한 청주국제공예비엔날레가 올해로 7회째를 맞이하였습니다.

특별히 2011청주국제공예비엔날레에서는 핀란드가 초대국가로 참여하였습니다. 2007년에는 세계적인 공예의 나라인 이탈리아를 초대해 이탈리아의 공예를 한눈에 볼 수 있는 소중한 기회를 만든 바 있습니다. 또 2009년에는 캐나다가 초대국가로 참여해 캐나다 공예의 다양성을 엿볼 수 있었습니다.

올해의 초대국가인 핀란드는 북유럽의 작지만 강한 나라로 알려져 있습니다. 교육강국, 복지강국으로 유명하지요. 특히 디자인과 공예, 생태와 문화를 생활 깊숙이 접목시키며 조화를 이루고 있는 나라로도 명성을 얻고 있습니다. 자연스레 핀란드인은 문화적인 삶을 통해 행복 지수가 높은 나라로, 디자인의 나라로, 공예의 나라로 세상 사람들에게 각인되었습니다.

초대국가관 핀란드는 모두 150명이 넘는 작가들이 참여하여 현대 공예 및 디자인 작가의 작품 850여점의 작품을 선보입니다. 핀란드의 삶과 문화를 대한민국 청주에서 만날 수 있다는 것은 크나 큰 기쁨이 아닐 수 없습니다.

이를 위해 핀란드측에서는 1년여 동안 치밀한 준비와 기획을 하였고 핀란드를 대표할 수 있는 작가만을 엄선하는 등 그들의 노고와 열정에 감동과 경의를 금할 수 없었습니다. 핀란드 정부와 공예디자인 단체인 오르나모Ornamo, 알토대학Aalto University, 예술인마을 피스카스빌리지 Fiskars Village 등에서 적극적인 참여와 협력을 해 주셨습니다. 공예인들이 핀란드 정부와 기관 단체의 협력을 이끌어내는 과정을 지켜보면서 핀란드의 저력을 확인할 수 있었으며 공예의 밝은 미래를 엿보기도 했습니다.

특히 초대국가 핀란드전을 위해 큐레이터 키르시(Kirsi Niinimäki) 교수의 기획과 디자이너 시모 (Simo Heikkilä)교수의 공간디자인 등 한 치의 오차도 없이 과업을 수행해 왔으며 전시뿐만 아니라 국가의 날 등 다양한 부대행사도 함께 펼칠 수 있도록 했습니다.

이번 전시를 통해 비록 역사는 짧지만 세계 각국의 사람들이 모여 행복 공동체를 만들며 살아가는 핀란드 공예인들의 열정을 느낄 수 있을 것입니다.

이번 전시를 계기로 양국의 공예인들이 교류하고 상생하며 미래를 향해 힘차게 달릴 수 있을 것으로 기대합니다. 일회성 행사가 아니라 지속가능한 프로젝트로 발전시킬 수 있도록 노력할 것입니다.

초대국가관 핀란드를 준비해 주신 관계자 여러분과 작품을 출품해 주신 작가 여러분께 감사의 말씀을 올립니다.

한범덕
청주국제공예비엔날레조직위원장

Greetings
인사말

Finland has a special honor to be the theme country of the 2011 Cheongju International Craft Biennale. This prominent status gives my country a valuable opportunity to demonstrate Finnish craft, applied arts, design and culture in general.

The exhibition 『Between Tradition and Future』 includes a wide display of experimental craft and contemporary design created by 200 artists, educational events, and folk music and dance performances. It is an appreciation to ORNAMO, the Finnish Association of Designers having some 1800 members, and celebrating its 100th Anniversary this year.

This is a unique opportunity to enhance the traditional relations and mutual interests between Korean and Finnish designers and craft artists. I hope it will also open new gates for expanding cultural exchanges and cooperation between individual artists, educational and commercial institutions of craft and design areas.

I wish you many enjoyable moments in Cheongju!

Pekka Wuoristo
Ambassador of Finland in Seoul

2011청주국제공예비엔날레에 핀란드가 초대국가로 선정되어 매우 영광스럽게 생각합니다. 이번 전시는 핀란드의 공예, 응용미술, 디자인 그리고 문화전반을 보여줄 수 있는 소중한 기회가 될 것이라고 생각합니다.

『전통과 미래, 그 사이』는, 200여명의 예술가들에 의해 만들어진 실험적인 공예와 동시대의 디자인을 다루는 전시이며, 교육행사와 민속음악, 춤도 함께 어우러져있습니다. 1800여명의 회원으로 구성된 핀란드의 디자이너 협회 오르나모(ORNAMO)에게 감사드리며, 올해로 100주년을 맞이하게 된 것을 축하드립니다.

이번 전시는 한국과 핀란드의 디자이너들과 공예가들간의 전통적인 관계와 상호간의 관심을 증대시킬 수 있는 좋은 기회라 생각합니다. 아울러, 이번 전시를 통해 공예와 디자인 분야에서 활동하는 각국의 예술가들, 교육적·상업적 기관들 사이의 문화적인 교류와 협업의 영역을 확대하는 새로운 문을 열 수 있게 되기를 희망합니다.

청주에서 즐거운시간 되시기 바랍니다.

빼까 우오리스토
주한 핀란드 대사

Greetings
인사말

Between tradition and future —exhibition is presenting the very best of experimental Finnish craft and a broad view on Finnish lifestyle. Finland's strength in design is that it is a part of our daily life. Design can be found in every household. Finnish design is not bound to tradition. It is contemporary, functional and durable both in use and in design.

I want to congratulate the Finnish designers and artists who have been selected to take part in Cheongju International Craft Biennale. I wish the best of luck for all of them and hope visitors enjoy the exhibition.

Salla Heinänen
Secretary General
Finnish Association of Designers Ornamo

---

*The members of Ornamo are professionals in industrial design, fashion, textile and furniture design, interior architecture, craft art and textile art as well as researchers of design. Versatile education and skills obtained in professional life make it possible for the members to work on several areas of design, among which design management is one of the most challenging.
The members of Ornamo are among the best of their profession through their training and strong professional know-how. Common to all are a good sense of form and strong knowledge of materials. Ornamo was founded in 1911, making it the world´s second longest established design sector organisation.

『전통과 미래, 그 사이』에서는 최정상급의 실험적인 핀란드 공예작품들과 핀란드인의 라이프 스타일을 바라보는 넓은 시각을 경험하실 수 있습니다. 핀란드 디자인의 강점은 우리의 일상생활의 일부분이라는 것입니다. 디자인은 매일매일의 일상생활에서 발견될 수 있습니다. 핀란드의 디자인은 꼭 전통에만 얽매여 있지는 않으며, 실용성과 디자인의 두 측면에서 모두 시대를 반영하고, 기능적이며 내구성이 강한 특징을 가지고 있습니다.

청주국제공예비엔날레에 참여하게 된 핀란드의 디자이너와 예술가분들께 축하의 말씀을 전합니다. 모든 분들께 행운이 함께 하기를 바라며, 방문해주신 여러분 역시 즐거운 시간 보내시기를 바랍니다.

살라 헤이나넨
핀란드 디자이너 협회 오르나모Ornamo 사무총장

---

*오르나모 Ornamo 의 회원들은 디자인 연구자일 뿐 아니라 산업디자인, 패션, 섬유 디자인, 가구 디자인, 실내디자인, 공예와 섬유 예술 등에 있어서도 전문가입니다. 이런 전문적인 활동으로 얻게 된 다양한 교양과 기술 덕분에, 회원들은 디자인의 여러 영역에서 활동하고 있습니다.
오르나모 Ornamo 의 회원들은 전문적인 노하우와 훈련을 통해 각자의 분야에서 최고의 위치에 있으며, 뛰어난 형태감각과 재료에 대한 탁월한 지식을 갖추고 있습니다. 1911년 설립된 오르나모 Ornamo 는, 디자인 분야의 기구로는 세계에서 두 번째로 그 역사가 가장 길다고 할 수 있습니다.

BETWEEN TRADITION AND FUTURE

Finland has the reputation of being a leader in contemporary design since the 1950s. A good knowledge of materials combined with a liberal, free spirit has raised the world's esteem of Finnish design. Open-mindedness and a focus on a modern way of thinking have always driven design outcomes towards modern forms and visual presentations. Young energy, breaking boundaries, experimentation and a sense of freedom from tradition has led Finnish design to unforeseen directions; yet the core of Finnish design has always been in functionalism, good ergonomics and utilitarian design. Finnish design has long been a trendsetter in many areas such as textiles, furniture, ceramics and wood design. The Finnish exhibition "Between Tradition and Future" in the Cheongju International Craft Biennale presents not only contemporary design in the Finnish lifestyle but also modern craft art. Doctor of Art Maarit Mäkelä presents the craft section of this exhibition in more detail in her essay.

The "Between Tradition and Future" exhibition is coordinated by ORNAMO, which celebrates its 100th anniversary in the year 2011. The Finnish Association of Designers ORNAMO is a national central organization of designers and craft artists with almost 1800 members. Part of the Finnish exhibition represents an open call and part is comprised of invited designers' and craft artists' works. The following partners have cooperated in the exhibition process: the Association of Jewelry Art (Korutaideyhdistys), Fiskars Cooperative, Aalto University School of Art and Design, Lapland University, Helsinki Metropolia University of Applied Sciences, HAMK University of Applied Sciences, the Sámi Education Institute and Association for Chest of Traditions (Perinnearkku ry).

Through this collaboration we are able to present very broadly the skills and knowhow in contemporary Finnish design, craft and applied art. The Cooperative of Artisans, Designers and Artists in Fiskars is a unique community. All members of the Cooperative live or work in tiny Fiskars Village. All year round the Cooperative arranges high-quality exhibitions in the village, presenting crafts, design and art. The unique northern approach is also represented in the exhibition through the works from Lapland University and the Sámi Education Institute. The HAMK University of Applied Sciences presents a modern clothing collection whose design is based on traditional national costumes. This collection is also an experimentation in the area of co-design: the collection has been developed by several design students sharing ideas openly.

We are most pleased to have this opportunity to exhibit Finnish design and contemporary craft in South Korea. It is a wonderful opportunity and opening for all artists and designers presented in this exhibition. We would like to thank the Cheongju International Craft Biennale as well as Cheonju City for this satisfying cooperation. We would also like to thank the Lapponia Jewelry and Central Commission of Art in Finland for financial support, Simo Heikkilä for the excellent exhibition architecture, all the exhibiting artists and designers, and everyone who has contributed voluntary work to make this project succeed.

Kirsi Niinimäki, Inni Pärnänen
Project leader

전통과 미래, 그 사이

핀란드는 1950년대 이래 동시대 디자인의 리더로서 높은 평가를 받고 있습니다. 자유분방한 정신과 재료에 대한 탁월한 이해로 핀란드의 디자인은 세계적인 명성을 쌓아오고 있습니다. 현대적인 형태와 시각적 표현을 지향하는 디자인은 열린 마음과 현대적인 사고방식으로 인해 가능할 수 있었습니다. 그럼에도 불구하고 핀란드 디자인의 핵심은 기능적이고 인간 중심적이며 실용적인 디자인에 있습니다. 젊은 에너지, 경계의 파괴와 실험정신, 그리고 전통으로부터 자유로운 감각은 핀란드 디자인을 새로운 방향으로 이끌게 됩니다. 2011청주국제공예비엔날레의 핀란드 전시『전통과 미래, 그 사이』에서는 핀란드인의 라이프스타일 에 기반한 오늘날의 디자인은 물론, 현대 공예예술의 세계도 선보입니다. 마릿 마낄라(Maarit Mäkelä)박사님의 글에서는 이번 전시의 공예Craft 섹션에 대하여 보다 자세한 이야기를 들려줍니다.

『전통과 미래, 그 사이』는 올해 100주년을 맞는 '오르나모(ORNAMO)'와의 협업에 의해 이루어졌습니다. 핀란드의 디자이너 협회인 ORNAMO는 1800여명의 디자이너와 공예가들로 구성된 정부지원기관입니다. 전시의 일부는 공모를 통해, 나머지는 초대작가들의 작품으로 꾸며집니다. 본 전시를 위해 협조해 주신 기관들은 다음과 같습니다: 장신구예술 연합the Association of Jewelry Art (Korutaideyhdistys), 피스카스 협동조합Fiskars Cooperative, 알토대학교 예술 디자인 대학Aalto University School of Art and Design, 라플란드 대학교 Lapland University, 헬싱키 메트로폴리아 응용과학대학교Helsinki Metropolia University of Applied Sciences, HAMK 응용과학대학교HAMK University of Applied Sciences, 사미 교육 전문학교 Sámi Education Institute, Association for Chest of Traditions (Perinnearkku ry)

이번 협업을 통해 우리는 오늘날의 핀란드 디자인과 공예, 그리고 응용미술의 기술과 노하우를 보여드릴 수 있게 되었습니다. 피스카스의 장인과 디자이너, 예술가 협동조합은 매우 독특한 공동체로서, 모든 회원들은 피스카스라는 작은 마을에서 생활하며 작업합니다. 이 협동조합은 마을안에서 공예와 디자인, 예술작품을 선보이는 훌륭한 전시를 연중 내내 개최합니다. 또한 라플란드 대학교Lapland University 과 사미 교육 전문학교Sámi Education Institute 에서 온 작품들을 통해 핀란드의 독특한 북부식 접근법을 경험할 수 있습니다. HAMK 응용과학대학교HAMK University of Applied Sciences 은 전통 의상에 기반한 현대적인 의류 컬렉션을 선보입니다. 이 컬렉션은 디자인과 학생들이 제안한 아이디어를 발전시킨 협력적 디자인 영역에서 이루어진 실험적 작품입니다.

한국에서 핀란드의 디자인과 공예를 선보일 수 있게 되어 매우 기쁘게 생각합니다. 이번 전시는 참여하는 모든 예술가들과 디자이너들에게 멋진 기회가 될 것입니다. 먼저 적극적으로 협조해주신 청주시와 청주국제공예비엔날레에 감사를 드립니다. 또한 재정적인 지원을 아끼지 않으신 핀란드의 라뽀니아 쥬얼리Lapponia Jewelry 와 예술 중앙 위원회Central Commission of Art, 전시공간을 훌륭하게 디자인 해 주신 시모 헤이낄라(Simo Heikkilä)교수님, 그리고 이번 프로젝트를 성공적으로 이끌어주신 모든 분들께도 감사의 뜻을 전합니다.

키르시 니니마끼, 인니 파르난넨
프로젝트 총괄

BETWEEN TRADITION AND FUTURE
Finland at the Cheongju International Craft Biennale

At the beginning of the 20th century, handicrafts were not separated from other household chores. Industrialization and structural changes in society have subsequently diminished handicraft's role as a way of creating household necessities and means of economic survival. Simultaneously, the nature of crafts has changed from copying the old to creating the new. Traditionally in western society, textile handicrafts, especially, have been associated with women. Although handicrafts were for a long time a gender-bound obligation, they also provided the opportunity to express one's artistic creativity.

It is said that handicrafts are based on tacit knowledge (Dormer 1994: 147), which is also relevant in contemporary craft and material-based art, including textile, ceramic and glass art. In the past few years, these works have also assumed a significant role as part of the contemporary art field. Fundamental elements of traditional handicrafts, such as craft skill, usability and decoration are still used in material-based art. On the other hand, the basic elements of fine art are considered to be expression, aesthetics, conceptuality and interpretation. If one is attempting to make a distinction between conventional craft and contemporary craft, it can be concluded that the latter has broken away from potential functionality and instead emphasizes contextual aspects with experimentation, conceptualization and narrative elements (Ihatsu 2003: 15).

The intention of this introduction is to present the part of the Finnish exhibition shown in the Cheongju International Craft Biennale under the title *Contemporary craft*. As one of the jury members* of this body of work, I will follow the ideas expressed above and focus on those pieces that are situated on the borderline between contemporary craft, art as well as design. In Finland we sought works for the exhibition under the title *Between tradition and future*. Furthermore, we had divided the call into four topics, namely roots and identity, slow, materiality and together. As the theme of the whole biennale is Not the new, just the necessary I have also used this as one of the principles when choosing cases for this presentation.** This will become apparent especially at the end of my presentation. I will therefore begin with the topic *roots and identity*.

---

*The selection of the works was based on an open call organized by the Finnish Association of Designers Ornamo. Based on the submissions, the invited jury selected works for the exhibition. The jury members were designer Tapio Anttila, jewelry artist Helena Lehtinen and ceramic artist Maarit Mäkelä. In addition, the jury members were invited to participate in the exhibition with their own works.

**I have chosen works for this presentation by going through visual and textual material submitted by the artists for the exhibition catalogue. Therefore, the pictures of the works to which I refer during this presentation are to be found also in the catalogue. Additionally, the descriptions of the artists' work rely on the textual material each artist submitted for the catalogue. Some of these texts have served as a loose source for my own interpretation of the works introduced, and some of the texts have been used more directly.

전통과 미래, 그 사이
Finland at the Cheongju International Craft Biennale

20세기 초반 수공예는 일상적인 가사활동과 구분되지 않았다. 그러나 산업화와 사회구조적인 변화는 생활필수품 창출활동이자 경제적 생존수단이었던 수공예의 역할을 감소시켰다. 이와 동시에 공예의 본질은 옛 것을 모방하는 것으로부터 새로운 것을 창조하는 것으로 변하였다. 전통적으로 서구사회에서의 섬유 수공예는 여성과 깊이 연관되어 왔었다. 비록 수공예가 오랜 시간동안 '성에 따른 의무(gender-bound obligation)'이었음에도 불구하고, 누군가에게는 예술적 창조성을 표현하는 기회를 제공하기도 했다.

Dormer에 따르면, 수공예는 암묵적 지식에 근거하고 있다고 한다(Dormer 1994: 147). 이는 현대 공예뿐만 아니라 섬유, 도자기, 유리 공예와 같이 '재료에 기반을 둔 예술(material-based art)' 또한 관련되어 있다. 그리고 이러한 일련의 작품들은 지난 몇 년 사이에 현대 예술 영역의 일부분으로서 중요한 역할을 맡게 되었다. 전통적인 수공예의 바탕이 되는 공예기술, 유용성, 장식성과 같은 요소들은 '재료에 기반을 둔 예술'에 여전히 이용되고 있다. 반면에 순수예술의 기본적 요소는 표현력, 심미성, 개념성, 해석으로 간주된다. 만약에 누군가 전통 공예와 현대 공예를 구분하고자 시도한다면, 그것은 현대 공예가 잠재적인 기능성으로부터 단절되어 그보다는 오히려 실험과 개념화, 서사적 요소들과 더불어 맥락적인 측면을 강조하는 것으로 결론지을 수 있다(Ihatsu 2003: 15).

이 서문의 목적은 '오늘날의 공예(Contemporary craft)'를 선보이기 위해 개최되는 2011 청주 국제공예비엔날레의 초대국가 핀란드전을 소개하기 위한 것이다. 나는 이번 전시를 위한 심사위원*의 한사람으로서 위에서 밝힌 개념들에 따라 동시대의 공예, 예술, 디자인의 경계에 위치하고 있는 작품들에 주목할 것이다. 우리는 "전통과 미래, 그 사이(Between tradition and future)"라는 핀란드전의 주제에 적합하도록 작품 선정을 모색하였고, 나아가 전통과 정체성(roots and identity), 느림(slow), 물성(materiality), 혼성(together)라는 4개의 소주제로 나누었다. 또한 이번 비엔날레의 전체 주제가 「유용지물(Not just new, but necessary)」이기 때문에, 이 서문에서 다뤄질 작품들을 선정하는 원칙 중의 하나로 이를 고려했다.** 이러한 것들은 글의 후반부에서 특히 명확해질 것이다. 우선 '전통과 정체성'이라는 주제로 이 글을 시작하고자 한다.

---

*작품 선정은 핀란드 디자이너 협회 Ornamo에 의해 정리된 공개 리스트에 기초하고 있다. 디자이너 Tapio Anttila, 쥬얼리 아티스트 Helena Lehtinen, 도예가 Maarit Mäkelä로 구성된 심사위원단은 이를 바탕으로 전시를 위한 작품들을 선정했다. 또한 각 심사위원들은 자신의 작품들과 더불어 이번 전시에 초대되었다.

**이 글에서 다뤄지는 작품들은 전시 도록 제작을 위해 작가들로부터 제출된 자료를 검토하여 선정 하였다. 따라서 이 글에서 언급되는 작품들은 전시 도록에서 찾을 수 있다. 또한 작품의 설명은 작가들이 제출했던 텍스트 자료에 근거하고 있다. 이 텍스트들은 이 글에서 작품을 해설하기 위한 자료로 활용되었으며, 그중 일부는 직접적으로 사용되고 있다.

ROOTS AND IDENTITY

With the topic *roots and identity* we were seeking such works in which Finnishness is represented in its diverse ways in the field of contemporary craft and material-based art. This elicited numerous works that referred to the topic in a myriad of ways. It could be assumed that all the works I have included in this presentation have a connection to this topic. Therefore, in this section I chose to introduce selected works of those artists who have clear connection to one of the Finns' most important sources of inspiration – nature.

One such artist is ceramist **Risto Hämäläinen**, who describes his relationship with nature as the following: "When hiking in North Finland and on the shores of the Arctic Ocean, I have seen dazzling white crusts of snow, crystal clear blue waters and fantastic sedimentary rocks." For Hämäläinen, this experience, this sense of the northern, acts as an inspiration for his works. Thus, his ceramic works are based on angular and organic forms, and the structure of the surface resembles sedimentary rocks. The works are of porcelain, and this ceramic body is covered with a bluish celadon glaze. He fires the works in his own wood-fired kiln using local wood.

Janna Syvänoja is also inspired by Finnish nature, as she works with bark, the skin of the birch, a typical tree growing in Finland. She calls her recent works *Birchbark paintings*. According to Syvänoja "the birchbark has been cladding the tree at the mercy of the weather, gathering inside itself colors depending on the direction of the sunlight, winds and the climate over time." Thus she finds a whole palette of colors inside the layers of bark. The patterns, lines and the merging colors on the bark remind Syvänoja of the scenery around the birches – morning glows, sunsets, clouds, rain and the reflections mirrored in the lake. Those moments, experienced in nature and tattooed on the skin of the birch, are the reason and starting point for Syvänoja's new works – *weather maps* and *landscape paintings*, as she has titled them.

Kaija Poijula gets her inspiration from the familiar plants found in Finnish nature. In the delicate installation *Sleeping Beauties* she uses the dandelion's seed head to refer to another reality: "It is a dreamlike thing, hinting of some other reality besides the one we see with our eyes." Hence, in this work, the particular parts from nature act as a tactile resource for Poijula's poetic expression. The work itself is like a poem, a delicate small installation done inside a wooden box.

SLOW

I will continue my presentation by introducing the next cases under the topic *slow*. This topic is connected to the idea of sustainable design and the fact that we should also consider how we treat our environment. In this section I introduce selected works that contribute to the discussion on consumption. What are the things we really need, and what might be things that are useless? Are there some materials we should favour, and others we should avoid?

전통과 정체성

우리는 다양한 방법을 통해 '전통과 정체성'이라는 주제 아래 현대 공예와 재료에 기반을 둔 예술의 영역에서 핀란드적인 특성이 재현된 작품들을 찾고자 했다. 다양한 방식들로 이 주제에 속하는 다수의 작품들을 이끌어냈는데, 이 서문에 포함된 모든 작품들은 이 주제와 관련된 것이라고 간주할 수 있다. 따라서 이 섹션에서는 핀란드인의 가장 중요한 영감의 원천 중 하나인 자연과 명백한 관련성을 가지는 작품을 엄선하여 소개하고자 한다.

도예가 **리스토 하마라이넨** Risto Hämäläinen는 자연과의 관계를 다음과 같이 묘사하고 있다. "나는 북극해의 해안가나 북서부 라플란드의 초원을 하이킹할 때마다 눈부신 눈의 표면, 크리스탈처럼 청명한 물, 환상적인 퇴적암 등을 바라보곤 했다." 그에게 있어서 북부지방에서의 경험과 느낌은 작품을 위한 영감으로 작용한다. 따라서 그의 도자 작품들은 모나고 유기적인 형태로 만들어지며, 작품의 표면에는 푸른 빛을 띤 청자 유약이 사용된다. 또한 그는 현지의 목재를 사용하여 자신만의 독특한 나무장작 가마에서 도자 작품들을 구워낸다.

얀나 수반오야 Janna Syvänoja 역시 핀란드의 자연으로부터 영감을 얻어 핀란드에서 자라는 대표적인 나무인 자작나무의 껍질을 재료로 작업한다. 그녀는 자신의 최근 작품들을 '자작나무 껍질 그림(Birchbark paintings)'라고 부르는데, 그녀에 따르면 "자작나무 껍질은 날씨에 따라서 나무를 피복하고, 햇빛과 바람의 방향, 기후 변화에 따라 그 자체의 색들을 내부에 축적한다." 그녀는 나무껍질 속의 다채로운 컬러 층을 발견했다. 그 무늬와 선, 색들 사이의 조화는 그녀에게 아침놀, 해질녘, 구름, 비, 호수에 비춰진 반영들과 같은 자작나무 주위의 풍경들을 연상하게 한다. 자연으로부터의 경험과 자작나무의 껍질에 새겨진 이러한 순간들은 '계절의 지도(weather maps)' 혹은 '풍경화(landscape paintings)'라고 명명한 그녀의 새로운 작품들을 위한 동기와 출발점이 된다.

카이야 뽀이율라 Kaija Poijula 는 핀란드 자연에서 발견되는 친숙한 식물들로부터 영감을 얻는다. 이 섬세한 설치작품 <Sleeping Beauties>은 우리로 하여금 또 다른 현실을 주목하게끔 하고자 민들레 홀씨를 사용했다. "이것은 하나의 꿈과 같은 것으로, 우리가 눈으로 볼 수 있는 것 외에 뭔가 다른 현실을 암시하고 있는 것이다." 따라서 자연에서 취한 독특한 것들은 이 작품에서 작가의 시적 표현을 위한 촉각적인 재료로 작용한다. 이 작품은 그 자체로 한편의 시와 같고, 나무 박스 안에 만들어진 섬세하고 작은 설치작품이다.

느림

'느림'라는 주제는 지속가능한 디자인에 대한 개념과 우리가 환경을 어떻게 다루어야 하는지 생각해볼 수 있는 계기를 마련해 준다. 이 섹션에서는 소비와 관련한 논의에 기여한 작품들을 선정해서 소개하고자 한다. 우리는 이 섹션을 통해서 '실제로 필요로 하는 것과 쓸모없는 것은 무엇인가?', '선호해야 하는 재료와 반대로 피해야하는 것들은 무엇인가?'라는 질문을 제기할 수 있을 것이다.

타투 부오리오 Tatu Vuorio의 장신구 작품 <White moment>은 춥고 눈발이 날리는 날이 잦은 핀란드의 자연 속에서 바람이 만들어낸 눈 더미의 다양한 형상들로부터 영감을 받아 제작되었다. 그는 작품에 적합한 재료를 찾기 위해 각종 비닐에 블라스팅(blasting) 기법을 사용해서 다양한 형상을 연구하기 시작했다. 그 결과 그는 음료수 팩 고리에 사용되는 특수한 재생 비닐을 이용해서 자연이 그에게 고취시킨 이념을 완벽하게 재현할 수 있는 방법을 찾게

Inspiration for **Tatu Vuorio**'s *White moment* jewelry came from Finnish nature: a cold and windy snowfall day, when the wind created various shapes of snowdrifts. To find the right material for this work, he started researching various shapes in different plastics, by blasting the material with gusts of heat. He found that by using a specific recycled plastic used in six-pack beverage rings, he was able to perfectly represent his nature-inspired idea.

Aino Favén also uses recycled materials in her recent works, as she feels it is an ethically better option than the use of virgin materials. She reminds us that most of our waste today is comprised of plastic. Plastic made from petroleum is also a material that the earth cannot digest. Nearly every bit of plastic that has ever been created still exists and releases toxic chemicals. In the oceans, plastic waste accumulates in swirling seas of garbage. Regardless of its delicacy and pleasing aesthetic composition, the necklace *Garland*, made of recycled plastic bags, thus has this substantial message at its base.

According to **Johanna Lehtinen**, we seem to build our lives and identity through products, as we consume to live but also vice versa. The plastic bag is probably one of the most visible items in our extravagant way of living, since it plays an essential part in the buying and disposal of goods. Lehtinen reminds us that even though plastic bags are problematic waste that can be seen here and there in nature, one can also see a contradictory beauty of tranquillity and comforting stability in them, as they are marks of this era and remain long after we are gone. In a way plastic bags could be seen as our remains. Her work *Remains* is a series of plastic bags turned into relics or memory objects made of cast porcelain.

Through her pure designs, which also have a dimension of functionality, **Jatta Lavi** wants to challenge us to discuss the objects and the products around us. With her porcelain milk and cream cartons from the series *Still moments* she raises the question about the necessity and aesthetics of objects. Through these works, the details in our everyday life that we usually ignore are captured in porcelain.

MATERIALITY

The next cases will be discussed under the topic *materiality*. In this section the focus will be on the multiple ways in which already existing objects and materials have been utilized as part of contemporary craft. The section also examines how conceptual thinking can be realized and expressed either via a certain material or in a particular form of an artefact. The overall attempt of this section is to reflect upon what forms material-based art takes at the beginning of the 21st century.

Through her works **Riikka Latva-Somppi** shows us how (an abstract form of) thinking evolves into an experience. According to Latva-Somppi "this experience may be intellectual, a cultural connotation, a small amused insight or simply a forgotten memory that reaches the surface in a viewer's mind." *The Content series* revolves around the idea of contents and everyday life. In these works everyday objects are presented with glass, which represents the contents during the actions of pouring, flowing or rising. Simultaneously, the glass material here presents an artistic agenda in its contents by carrying a message beyond mere form or function.

되었다.

아이노 하벤 Aino Favén 의 최근 작품에서도 재활용된 재료를 사용하고 있으며, 이는 작가가 새로운 것을 사용하는 것보다 더 윤리적이라고 생각하기 때문이다. 그녀는 작품을 통해 오늘날 대부분의 폐기물들은 석유로 만들어진 플라스틱 합성물이라는 것을 상기시키고 있다. 석유로 만들어진 비닐은 지구가 분해할 수 없다. 끊임없이 생산되고 있는 거의 대부분의 비닐은 여전히 지구상에 존재하며 유독성 화학물질을 방출하고 있고, 쓰레기로 몸살을 앓고 있는 바다 속에도 플라스틱 폐기물이 쌓여 있다. 그녀의 목걸이 작품 <Garland>은 재생 비닐봉지를 가지고 만들었으며, 고상함과 미적 즐거움을 전혀 고려하지 않았다. 따라서 이 작품의 토대에는 재활용 재료와 관련한 그녀의 본질적인 메시지가 담겨 있음을 알 수 있다.

요한나 레히티넨 Johanna Lehtinen 에 따르면, 우리는 살기 위해 소비하거나 소비하기 위해 살아가도록 하는 물건들을 통해 우리의 삶과 정체성을 만들어가는 것 같다고 한다. 비닐봉지는 그것이 상품들을 사고 정리하는 용도로 중요하게 사용되기 시작한 이래로 아마, 우리 삶의 낭비하는 방법으로서는 가장 가시적인 아이템 중의 하나일 것이다. 작가는 비록 비닐봉지가 자연 이곳저곳에서 볼 수 있는 심각한 폐기물일지라도, 그것들이 이 시대의 흔적이 되고 우리가 사라지고 난 이후에도 오랫동안 잔존한다는 점에서 냉정함과 편리한 불변성이라는 모순된 아름다움이 될 수도 있음을 우리에게 상기시킨다. 이러한 점에서 비닐봉지는 우리의 유해로 간주될 수 있다. 도자기 주형로 만들어진 <Remains> 시리즈는 유물 혹은 기억의 대상을 비닐봉지로 변형한 작품이다.

야따 라비 Jatta Lavi 는 기능적인 요소까지 겸비한 그녀의 순수디자인을 통해서 우리 주위의 사물들과 상품들에 대한 토론을 유발시키고자 한다. 그녀는 작품 <Still moments> 시리즈에서 우윳빛 도자기판을 가지고 생필품과 심미적 대상에 대한 문제를 제기했다. 이러한 작품들을 통해서 우리는 일상의 삶 속에서 간과되기 쉬운 지엽적인 것들이 도자 제품으로 표현될 수 있음을 알 수 있다.

물성

'물성'이라는 주제를 가진 이 섹션에서는 이미 존재하고 있는 사물과 재료들이 현대 공예에서 다양한 방법으로 이용되고 있다는 것에 주안점을 두고자 한다. 그리고 개념적 사유가 어떻게 특정한 재료 또는 독특한 인공물의 형태로 구현되고 표현될 수 있는지를 검토할 것이다. 이러한 전반적인 시도는 재료에 기반한 예술 형태들이 21세기 초에 싹트기 시작했음을 보여주고자 하는 것이다.

리이까 라트바 솜삐 Riikka Latva-Somppi는 작품을 통해서 어떻게 추상적인 사유 형태가 경험으로 부터 도출되지를 보여주고자 한다. 그녀에 따르면 "경험은 지적이고도 문화적인 암시이며, 작지만 놀라운 통찰력이거나, 관람자의 심상 속에 있는 잊혀진 기억을 환기시키는 것일지도 모른다." <The Content series>은 내용들과 일상생활에 대한 관념을 중심으로 전개된다. 이와 같은 일상생활 속 물건들은 따르고, 흘리고, 솟아오르는 것과 같은 움직임으로 재현되어 유리를 통해 표현된다. 동시에 유리와 같은 재료는 단순히 형태와 기능을 넘어서 메시지를 전달함으로써 그 내용들 속에 예술적 의제(agenda)를 나타낼 수 있다.

카롤린 스롯떼 Caroline Slotte 역시 중고 접시들과 같이 우연히 발견된 대상을 주로 다루며, 그것들

Caroline Slotte also manipulates found objects, primarily secondhand plates, so that they take on new meanings. She works directly with the ceramics by cutting, sculpting, sanding or joining pieces together. The work process thus becomes a way by which she can, through physical intervention, pose questions to the material itself and point to the narratives inherent in the objects. Such is the case also in the work *Going Blank Again*, where she uses grinding down in order to return the plate to its primary state – to the blank state it was before being decorated. In her expression, the tension between the recognizable and the enigmatic, the ordinary and the unexpected are simultaneously present.

In **Elli Hukka**'s work a playful attitude in relation to material and colors plays an important role.
The work *Pencil jewelry* is the result of this play, as she was looking into the concrete use of colored artefacts – pencils. For Saarinki, inspiration for a new piece is not to be found in the area of function or meaning for the piece, but instead in the sphere of materiality: waste, recycling and using unexpected materials in unique finished pieces inspires her. However, she does not see recycling as intentionally the main theme of her work.

According to **Virpi Vesanen-Laukkanen**, her works are interpretations of a woman's life, as she gets her inspiration from her daily experiences. In her case, new works are born when these experiences meet materials produced by our culture. She likes recycled materials that have travelled through many hands, as these are also materials that are imbued with life. For example the textile sculpture *Sweetie* is made of thousands of candy wrappers. She says that "from inside each wrapper a sweet delicacy was once unwrapped and eaten – with the feelings of either gratification or guilt."

Tuija Helena Markonsalo also utilizes already existing materials in her works, as her works are a combination of found objects, recycled materials, beads and paint. She works on the borderline between craft, contemporary art, jewelry and textile art. In this exhibition we see her tapestry *No parking*, the first artwork in a series influenced by graffiti art in East London and wall paintings from Benin, West Africa.

TOGETHER

I will introduce the last cases under the topic *together*, even though the idea of recycling – and especially the idea of originality – will still be strongly present also in these works. The works serve as examples for two different forms of co-operation. Both of them are interactive works inviting participants to take part in the construction of the work. In addition, the latter of the cases is realized in collaboration with two authors.

In the first case, **Silja Puranen** parallels painting and embroidery. The idea of her work is to speculate on the value of an artwork at different levels. Firstly, she wants to discuss the value of the work in relation to the technique and material used. Secondly, she wants to raise the question of the originality and uniqueness of the piece, and thirdly, she examines the relationship between the gender of the artist and the branch of art. With these points of view she wants to challenge the viewer with the question: what actually is fine or 'pure' art? Puranen's piece *Temptress* is based on a painting by Akseli Gallén-Kallela, one of the most

에게 새로운 의미를 부여한다. 그녀는 잘려지거나 조각되고 연마 또는 접합한 도자기 조각을 가지고 직접 작업을 한다. 따라서 작업 과정은 그녀가 신체를 통해 중재가 가능하고, 재료 그 자체에 대한 의문을 제기함과 동시에, 사물의 고유한 내러티브에 주목하는 방식으로 이루어 진다. <Going Blank Again>와 같은 작품에서도 그러한 것을 볼 수 있는데, 그녀는 중고 접시를 장식되기 이전의 백지와 같은 상태로 되돌리기 위해서 표면을 갈아서 사용한다. 이와 같이 그녀의 표현에는 인식 가능한 것과 불가해한 것, 그리고 평범한 것과 예기치 않은 것 사이의 긴장이 동시에 나타난다.

엘리 후까 Elli Hukka 의 작품에서는 재료와 색채 사이의 상관성에 대한 쾌활한 태도가 중요한 역할을 하고 있다. 이러한 작용의 결과물로서 작품 <Pencil jewelry>는 작가가 채색한 인공물로 서 몽당연필을 사용해 제작한 것이다. Saarinki에 따르면, 새로운 작품에 대한 영감은 작품의 기능적인 측면이나 의미에서 발견되는 것이 아니라 작품의 물질성으로부터 찾을 수 있다. 예컨 대 Hukka의 독특한 작품에서 보듯이 폐기물이나 재활용, 그리고 예기치 않은 자료들의 사용을 통해 얻어지는 물질성이 그러하다. 그러나 그녀 작품의 주요한 테마를 의도된 재활용이라고 볼 수는 없다.

비르피 베사넨 라우까넨 Virpi Vesanen-Laukkanen에 따르면 그녀의 작품은 일상의 경험 속에서 받은 영감으로서, 여성의 삶에 관한 그녀만의 독특한 해석이라고 할 수 있다. 그녀의 작품에서 보듯 이 새로운 작품이란 이러한 경험들과 우리의 문화가 생산하는 재료가 만날 때 탄생된다. 그녀는 삶 속에서 고취된, 또한 많은 손을 거친 재활용 재료들을 좋아한다. 예컨대 텍스타일 조각 작품 <Sweetie>는 수천 개의 사탕포장지로 만들어졌다. 그녀에 따르면, "이 작품은 달콤 하고 맛있는 사탕 포장지를 하나씩 벗겨서 먹었을 때, 내부로부터 오는 어떤 희열감과 죄책감과 같은 것이라고 할 수 있다."

뚜이야 헬레나 마르콘살로 Tuija Helena Markonsalo 역시 발견된 오브제들과 재활용 재료들, 비즈, 페인트를 조합하는 그녀의 작업에서 알 수 있듯이 이미 존재하는 재료를 이용한다. 작가는 순수예술과 수공예, 쥬얼리 아트, 섬유 예술 사이의 경계부에서 작업한다. 이번 전시에서 람객들은 동부 런던 거리의 그래피티 작품과 또 서아프리카 베냉(Benin)의 벽화들에서 영향을 받은 그녀의 시리즈 작품 중에서 첫 번째 작품인 태피스트리 작품인 <No parking>을 볼 수 있을 것이다.

혼성

재활용이라는 개념과 원형(originality)에 대한 개념에도 불구하고, '혼성'이라는 주제는 여전히 작품들 속에 강력히 나타나고 있다. 그 작품들은 합작으로 이루어진 두 개 의 다른 형식들을 위한 적절한 예가 된다. 그 두 형식들은 작품의 구조적 측면과 관련해서 서로 상호작용하는 작품들이다. 게다가 후자의 경우는 두 작가가 합작했음이 분명히 드러난다.

실리야 뿌라넨 Silja Puranen는 회화작품과 자수품들을 병렬로 이어놓는다. 그녀의 작품에서 이러한 아이디어는 작품의 가치를 또 다른 차원에서 숙고한 것이다. 첫째, 그녀는 기술과 재료 사용의 연관성에서 작품의 가치를 논하길 원했다. 둘째, 그녀는 작품의 원본성과 독특성에 대한 질문 을 제기하고자 했다. 마지막으로, 그녀는 예술가의 성(gender)과 예술 분과들 사이의 관계를 실험했다. 이러한 관점에서 그녀는 '도대체 무엇이 순수예술 혹은 순수한 예술이란 무엇인가?' 라는 질문을 가지고 관람자들과 마주하고 싶었다.

renowned artists of the National Romantic era in 19th century Finland. While Gallén-Kallela is clearly the author of the painting, Puranen's interactive embroidery work transfers the authority of the work to the public. Thus, via stitches by numerous authors, the copy of the original painting becomes an original work, and the heroic male painting is replaced by prosaic feminine stitch.

Anna Rikkinen and Nelli Tanner have been collaborating since 2005. *Tamed* is a part of their series of artworks where viewers are invited to participate in the construction of the work. The starting point of this particular work is a deer without antlers, which encourages viewers to take action: to make antlers for the animal from jewelry-related objects. With this work Rikkinen and Tanner want to challenge the idea of originality in identity. Through *Tamed* they ask if we should, instead of speaking about original identity, conceive of identity as a construction of different layers – and whether some of these layers could be borrowed ones.

CONCLUSIONS

Dutch art historian Liesbeth den Besten proposes that craft concerns the ability to develop one's own materials, techniques and knowledge, with which one can then create meaning and appeal to an observer to become involved and create their own stories. Therefore, the meaning of skill is more in mediating what one has to tell than in maintaining traditional techniques and materials. According to den Besten, the meaning of craftwork is in the human touch, in the immanent factors of time and dedication, and in the stories they evoke (2009: 18–21).

Additionally, the Finnish craft researcher Anna-Marja Ihatsu states that conventional craft communicates directly with the user by function and skill, whereas content-oriented craft resorts to personal emotions. Where conventional craft leaves little room for questions, personal interpretations or suppositions, content-oriented craft may raise many questions, even leading a person to a point where they can process some of the fundamental questions of life (Ihatsu 1998: 181–82). With these words I welcome you to visit the Cheongju International Craft Biennale 2011. Based on this introduction, I encourage you to explore the exhibition carefully to find out what kinds of questions and stories these Finnish contemporary craftworks stimulate in your mind – and heart.

Maarit Mäkelä
Exhibition Curator

REFERENCES:
den Besten, Lisbeth (2009), 'Deskilled Craft and Borrowed Skill', in Lisbeth den Besten and Monica Gaspar (eds), *Skill*, Gmunden: Think Tank, pp. 15–21.
Dormer, Peter (1994), *The Art of the Maker: Skill and its Meaning in Art, Craft and Design*, London: Thames and Hudson.
Ihatsu, Anna-Marja (1998), *Craft, Art-Craft or Craft-Design? In Pursuit of the British Equivalent for the Finnish Concept 'käsityö'*, Joensuu: University of Joensuu.
Ihatsu, Anna-Marja (2003), 'Taidekäsityötä ja käsityötaidetta'/'Art-Craft and Craft Art', in Maila Klementtinen and Hilkka Niemi (eds.) TAIKO 20-vuotta/TAIKO 20 years. Helsinki: Finnish Association of Artists and Designers TAIKO, 12-19.

작품 <Temptress>는 19세기 핀란드 낭만주의 시기의 유명한 예술가들 중의 하나인 Akseli Gallén-Kallela의 회화를 토대로 한다. 그러나 Gallén-Kallela는 명백히 회화 작가인 반면, Puranen의 매력적인 자수 작품들은 공공을 위한 작품으로서 권한을 가지게 된다. 나아가 그것은 수많은 작가들의 바늘땀을 매개로 하여 원본 작품에 대한 복제품이 원본 작품이 된다. 그리고 영웅적 남성 그림을 여성의 바느질로 대체되었다.

안나 리끼넨 & 탄너 넬리 Anna Rikkinen와 Nelli Tanner는 2005년부터 공동으로 작업을 해왔다. <Tamed>는 그들 작품 시리즈의 일부분으로서, 이 작품은 관람자로 하여금 작품의 구조에 함께 참여하게끔 한다. 이 특별한 작품은 관람자의 행동을 기다리는 뿔 없는 한 사슴에서부터 시작된다. 이것은 관람자들이 쥬얼리와 관련된 오브제들을 가지고 동물을 위한 뿔을 만드는 행위를 하게끔 용기를 불어넣는다. 이를 통해 Rikkinen와 Tanner은 정체성을 이루는 원형의 개념에 도전하고자 했다. 작품 <Tamed>에 의해 그들은 서로 다른 층위들(물론 이러한 층위들의 일부분 또한 다른 누군가로부터 빌려왔을지도 모르겠지만)로 이루어진 구조물로서의 원본성에 대해 말하는 것 대신에 우리가 해야 하는 것을 묻는다.

결론

독일 미술사학자 Liesbeth den Besten에 따르면 공예는 독특한 재료들, 기술, 지식을 발전 시키는 능력으로 간주된다. 누군가 그것을 통해 의미를 창조하고, 더불어 관찰자는 자신의 이야기를 수반하여 또 다른 의미를 만들어낼 수 있다. 따라서 기술의 의미는 전통적인 기술과 재료들을 보존하는 것에 있기보다는 누군가의 이야기를 매개하는 데에 있다. Besten에 따르면, 공예작품의 의미는 인간의 손길과 시간, 그리고 봉헌(dedication)의 내재적 요소들, 그리고 그것들이 환기시키는 이야기들에 있다.(2009: 18-21)

그에 더하여 핀란드 공예연구가 Anna-Marja Ihatsu는 전통적인 공예(conventional craft)가 기능과 기술을 통해서 사용자들과 직접적으로 소통하는 것이라면, 그에 반해서 내용 지향적인 공예(content-oriented craft)는 인간 개개인의 감성에 의지한다. 전통적인 공예는 질문과, 개인 적인 해석 또는 상상을 작은 방에 남겨두었지만, 내용 지향적인 공예는 많은 질문들을 불러 일으킬 것이다. 그리고 심지어는 사람들로 하여금 그들이 삶에 대한 근원적인 질문들 중의 일부를 다룰 수 있게끔 이끈다(Ihatsu 1998: 181-182).

끝으로 나는 2011년 청주국제공예비엔날레에 초대해 준 것에 기꺼이 응하고자 합니다. 그리고 이 서문을 토대로 핀란드의 현대공예작품들 속에서 여러분들의 마음과 가슴을 자극하는 질문들과 이야기들이 무엇인지 발견하고자 한다면, 이번 전시를 주의 깊게 탐구할 것을 독려하고자 합니다.

마릿 마낄라
전시 큐레이터

참고문헌:
den Besten, Lisbeth (2009), 'Deskilled Craft and Borrowed Skill', in Lisbeth den Besten and Monica Gaspar (eds), Skill, Gmunden: ThinkTank,pp.15–21.
Dormer, Peter (1994), The Artof the Maker: Skill and its Meaning in Art, Craft and Design, London: ThamesandHudson.
Ihatsu, Anna-Marja (1998), Craft, Art-Craft or Craft-Design? In Pursuitof the British Equivalent for the Finnish Concept 'käsityö', Joensuu: University of Joensuu.
Ihatsu, Anna-Marja (2003), 'Taidekäsityötä ja käsityötaidetta'/'Art-Craft and Craft Art', in Maila Klementtinen and Hilkka Niemi (eds.) TAIKO 20-vuotta/TAIKO 20 years. Helsinki: Finnish Association of Artists and Designers TAIKO, 12-19.

Finland, a small country governed by Sweden for 600 years and by Russia for 150 years, is located in the far edge of Northern Europe. In its history, however, Finland has preserved the unique identity of Finnish culture and now leads the international flow of contemporary craft designs. In their daily life, the Finnish design does not stay within its aesthetical value but functions as a culture with the design products by famous designers and the world-widely prominent brands such as Alvar Aalto, Kaj Franck, Marimekko, Aarikka and so on.

Like this, Finland is a country which practices craft-like life and cultural values in people's daily life by combining its long tradition with creativity. Noticing such an invaluable aspect, the 2011 Cheongju International Craft Biennale nominated Finland as the guest country in June 2010. Our main purpose of this decision lies on exhibiting the handicraft stories in Finnish people's life to public through their design which is simple but functional, contemporary but environment-friendly. After on, a Finnish Association of Designers 'Ornamo' has consistently provided its cooperation, from exhibition planning to participants' selection and exhibition space design, in order to prepare for Finnish Pavilion with the Cheongju International Craft Biennale Committee under the subject of "유용지물: Not the New, Just the Necessary". Moreover, Ornamo did not stop here but kept working further from introducing Finnish crafts and design which are still unfamiliar to Korean public, to plotting wide and meaningful exchanges of cities and designers between Korea and Finland through the Biennale this time. Subsequently, the Biennale Committee visited Helsinki, Fiskars, and Jyväskylä in Finland last April for the Biennale's promotion and the establishment of successive exchange system henceforth. This visit was significantly fruitful to secure the inauguration of mutual exchange of culture by sharing the common interest of the two. As a result, the Biennale could hold an academic conference last May to introduce Finnish crafts and design overall. We are also planning to assign 'Finland Day' during the exhibition so as to broaden its cultural contact with public.

The Finnish Pavilion in the 2011 Cheongju International Craft Biennale aims to provide an opportunity to observe the current flows of Finnish crafts and design which reinterpret the traditional with creative and experimental views, and to anticipate the future of craft and design under the subject of 「Between Tradition and Future」. You can enjoy watching the variety of the exhibition such as the contemporary tendency of Finnish crafts and design through pieces that have both practicality and artistic property in "Craft" section; the unsophisticated sentiment of Finnish lifestyles through living crafts and traditional folk works in "Finnish Lifestyle" section; the Finnish tradition and craftsmanship through the works of craft masters in the artists' village in "Fiskars Village" section; and the experimental spirit for the future of Finnish design through students' works in "Schools" section.

No one would deny that the mass productive objects by machines are suitable for our contemporary lifestyle due to their comfortability and convenience for use. Such a design, however, has some risks that it might debase the true value of objects and distort the traditional relationships among nature, human, and objects, if it solely pursues speed, efficiency, and convenience. On the contrary in Finland, they recognize the values of 'tradition' and the true worth of 'hand' throughout the whole society. This idea of cultural values is not very difficult to find in Finnish daily life. Through this meeting with Finland, I wish to find a key for the restoration of meaningful things we have forgotten, so as to get related with them again.

Do Hwa Jin
Project Coordinator

스웨덴에 600년, 러시아에 150년간의 지배를 받은 북유럽의 가장 외딴곳에 자리잡고 있는 작은 나라, 핀란드. 그러나 꿋꿋이 민족 고유의 문화와 정체성을 지켜오며 현대 공예 디자인의 국제적인 흐름을 이끌고 있습니다. 그리고 알바 알토Alvar Aalto, 카이 프랭크Kaj Franck, 마리메코marimekko, 아아리까aarikka 등의 명성있는 디자이너들과 유수한 브랜드에서 만든 디자인 제품들이 미학적인 아름다움에만 그치지 않고, 일상생활로 스며들어 하나의 문화로서 기능하고 있습니다.

이렇듯 핀란드는 그만의 오랜 전통과 창조성을 결합하여 일상생활 속에서 공예적인 삶과 문화적 가치를 실천하고 있는 나라입니다. 2011 청주국제공예비엔날레에서는 이를 주목하여 핀란드의 단순하면서도 기능적이고 현대적이면서도 자연친화적인 디자인과 함께, 핀란드인의 일상생활 속 수공예 이야기를 선보이기 위해 2010년 6월 핀란드를 초대국가로 선정하였습니다.
이후 핀란드 디자이너 협회 '오르나모'에서는 청주국제공예비엔날레 조직위원회와 함께 "유용지물"이라는 주제 아래 지속적으로 협력하며 전시 기획에서 작가 선정, 전시공간 디자인까지 구상하였습니다. 뿐만 아니라 이번 비엔날레를 계기로 여전히 생소하기만 한 핀란드의 공예와 디자인을 소개하는 데에서 나아가 한국과 핀란드의 국가와 도시, 디자이너 간의 폭넓고 의미있는 교류까지 구상하였습니다.
올해 4월에는 이번 비엔날레의 홍보와 향후 지속적인 교류체계를 만들기 위해 핀란드의 헬싱키Helsinki, 피스카스Fiskars, 유바스퀼라Jyväskylä 지역을 방문하였으며, 이는 상호간의 새로운 문화적 교류의 시작이자 접점을 발견하는 계기가 되었습니다. 이어 지난 5월에는 핀란드의 공예 디자인 전반을 소개하는 학술 세미나를 개최하였으며, 비엔날레 전시기간 중에 주한 핀란드 대사관과 함께 '핀란드의 날Finland Day'을 지정·운영하여 시민들과의 문화적인 접촉을 넓혀갈 예정입니다.

2011 청주국제공예비엔날레 초대국가 핀란드전은「전통과 미래, 그 사이Between Tradition and Future」라는 주제 아래 전통의 것을 창의적이고 실험적으로 재해석한 핀란드 공예 디자인의 현재적 흐름과 함께 공예 디자인의 미래를 전망해 볼 수 있는 기회를 제공합니다. <Craft공예> 섹션에서는 실용성과 예술성을 겸비한 공예 디자인 작품을 통해 핀란드의 동시대 공예 디자인 경향을, <Finnish Lifestyle생활양식> 섹션에서는 생활 공예품과 전통민속품을 통해 핀란드인의 일상생활과 소박한 정서를, <Fiskars Village피스카스 마을> 섹션에서는 예술가마을의 장인들의 작품을 통해 핀란드의 전통과 장인정신을, <Schools학교> 섹션에서는 학생들의 작품을 통해 핀란드 디자인의 미래와 실험정신을 엿볼 수 있습니다.

기계로 말끔히 뽑아낸 현대의 제품들은 우리에게 편안함과 간편함을 주기 위해 적절하게 디자인되어 현대 생활양식에 적합합니다. 그러나 이러한 속도와 효율성, 편리성만을 추구하는 디자인은 자칫 사물 본연의 가치를 떨어뜨리고, 자연과 사람, 사물이 이어온 전통적인 관계를 흔듭니다. 반면 핀란드에서는 사회 전반에 걸쳐 '전통'의 가치와 '손'의 진가를 인정하고 있으며, 이러한 것들이 문화적 가치를 획득하여 '일상'에 자리하고 있습니다. 이번 핀란드와의 만남을 통해 우리가 잠시 잊고 지내왔지만 의미있는 것들을 다시금 회복하고 새로이 관계하기 위한 작은 단서를 발견하기 바랍니다.

도화진
프로젝트 코디네이터

Craft

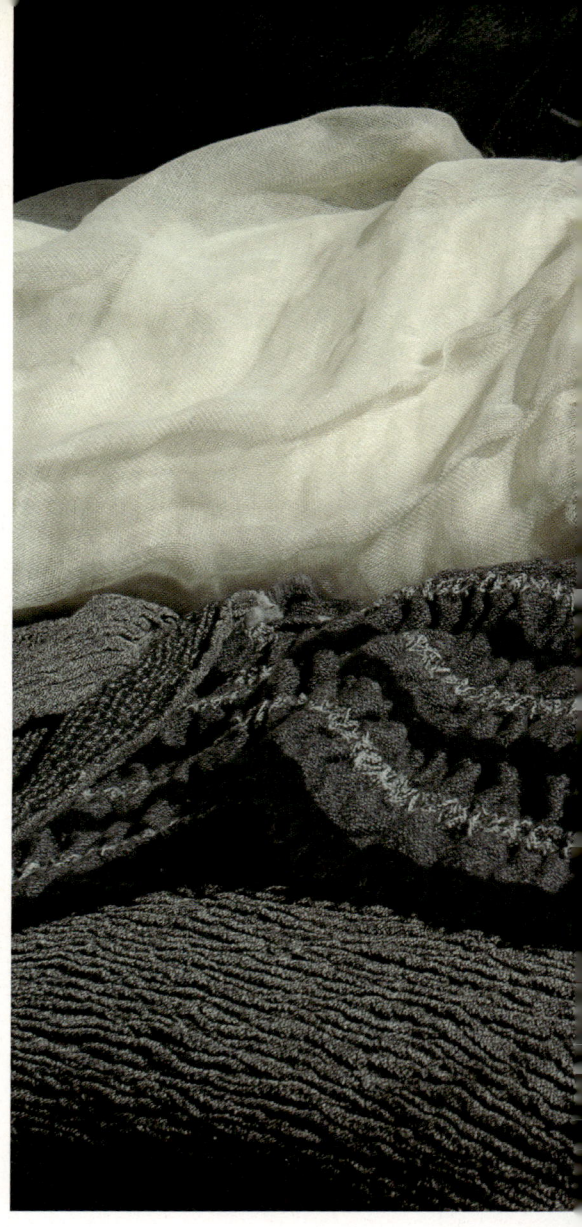

Elina Airikkala
엘리나 아이리깔라

Frozen Earth - the beauty of greyness

wedding dress, veil and felt blanket
wedding dress 150×30cm, veil lenth 200cm,
felt blanket 200×140cm
wool, linen and cotton

I use entirely traditional weaving techniques. My materials are the eternally present wool, linen and cotton. And it is for these reasons that Frozen Earth represents the Finnishness of today - the beauty of greyness.

Frozen Earth - the beauty of greyness

웨딩드레스, 면사포, 펠트 담요
웨딩드레스 150×30cm, 면사포 200cm,
펠트 담요 200×140cm
양모, 마, 면

<Frozen Earth>은 오늘날에도 잿빛 아름다움을 간직한 핀란드를 표상하고 있다.
이 작품은 핀란드의 전통적인 직조 기술을 이용하였고, 영구적으로 유지될 수 있는 양모와 마, 면을 재료로 사용하였다.

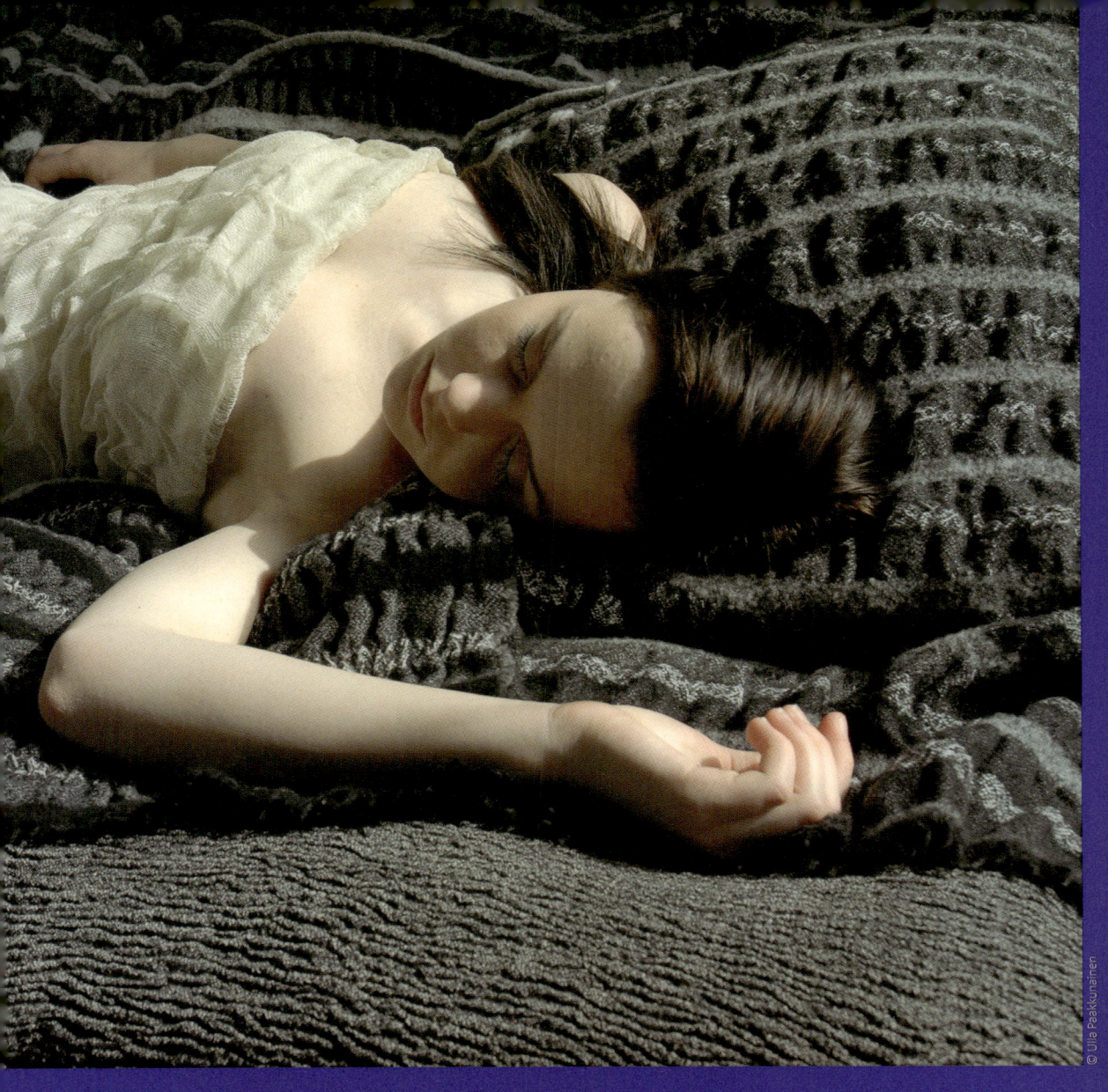

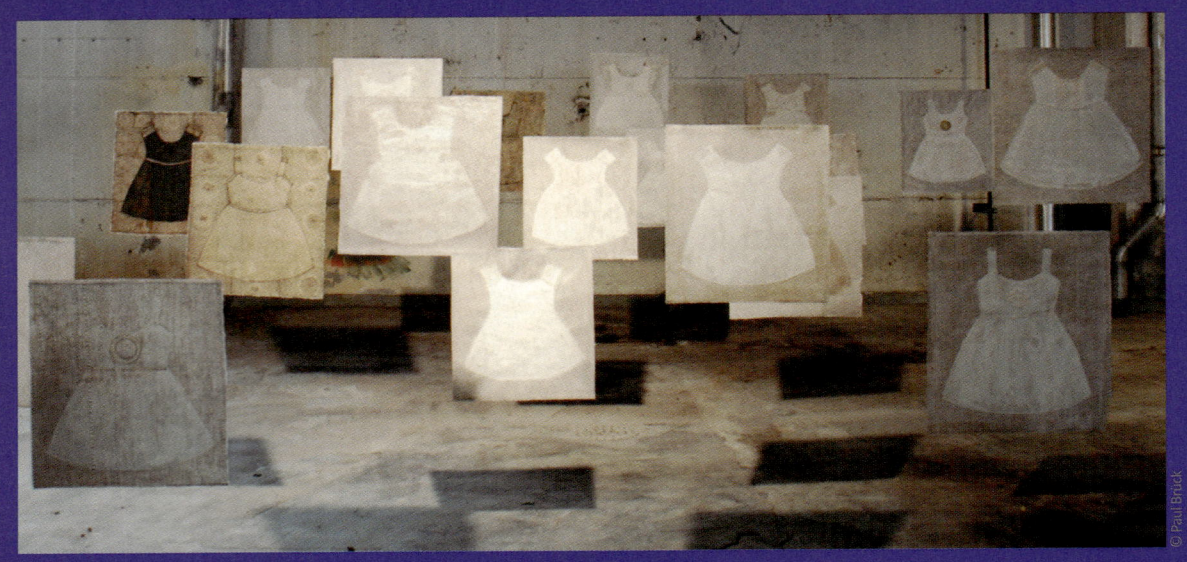

© Paul Brück

Synnöve Dickhoff 시노브 디크호프

Missing Daughters

installation
22 dresses à 45×50cm

Dresses hang freely in the space. They build up into an installation where the mute, empty pieces of clothing raise questions for the viewer: Who is missing and why? Where are the girls?
The work continues on the floor (and the wall), where the shadows of the beautiful and innocent dresses create their own world.
The dresses are made of soft, off-white paper treated in various ways, with techniques including embroidery, sewing and dyeing. Some of the dresses contain details taken from old, worn women's and children's clothes.
The slow and intuitive creative process is a dialogue with the work itself. The combination and layering of different materials contributes an element of randomness and unpredictability.

사라진 소녀들

설치작품
22개의 드레스, 한 개당 45×50cm

소리없는 공간에 여러 벌의 드레스가 자유롭게 걸려있다. 그것들은 하나의 설치작품을 이루며 관람객을 향해 질문을 던진다.
'누가 왜 사라진 것인가?'
'드레스를 입고 있어야 할 소녀들은 다 어디로 갔는가?'
이 작품은 순결한 드레스들이 모여 자신들의 영역을 구축하여, 바닥과 벽에 아름다운 그림자를 만들어 내고 있다. 각각의 드레스들은 자수, 바느질, 염색 등 다양한 기법을 활용하여 부드러운 회백색 종이에 만들어져 있으며, 이중 어떤 것들은 여성이나 아이들이 입은 옷처럼 오래되고 낡은 디테일을 가지고 있다.
이처럼 느리고 직관적인 창작 과정은 그것 자체가 작품과의 대화이다. 그리고 상이한 재료들을 겹치고 짜맞추는 행위는 작품에 임의적이고 예측불가능한 요소를 제공하고 있다.

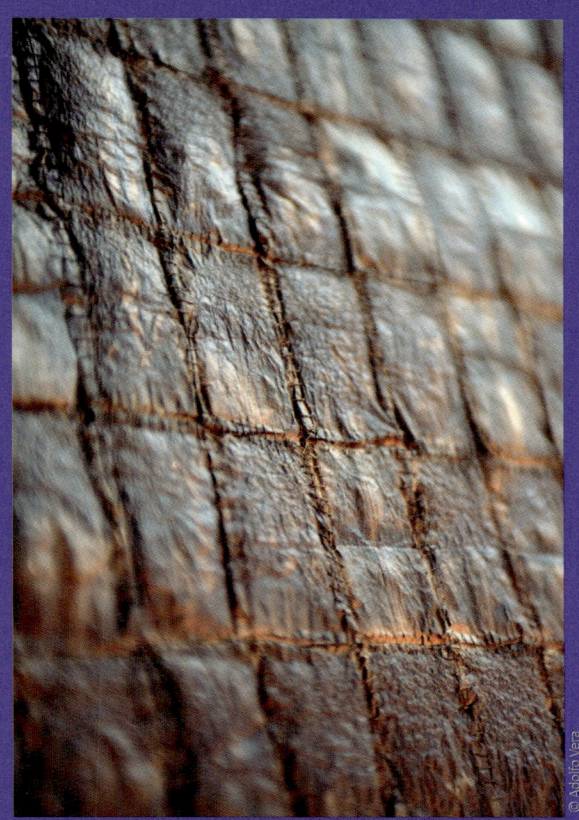

© Adolfo Vera

Remaining

176×170cm
tea bags

The work is made of tea bags, sewn together manually, piece by piece.
The material is fragile and the process slow. These elements give the piece its character, which is also articulated by the shape of the tea bags and the traces of sewing.
A tea bag symbolises fleeting everyday moments and events. Sewn together by hand, one by one, they become part of a larger context, coming to stand for the passage of time and a life moulded by individual choices.

잔존

176×170cm
여러 개의 티백

이 작품은 찢어지기 쉬운 티백 조각들을 손으로 꿰어 만든 것으로, 재료의 특성으로 인해 작업이 더디게 진행되었다. 그리고 이러한 재료와 작업 과정의 특성과 함께 티백의 모양, 바느질 흔적들은 작품의 또 다른 부분을 구성하고 있다.
일회용 티백은 덧없이 지나가는 일상의 순간과 상황들을 상징한다. 이런 티백들을 하나하나 손으로 엮어 냄으로써 그것은 보다 큰 맥락이 되고, 개별적인 선택이 만들어낸 삶과 시간의 흐름을 의미하게 된다.

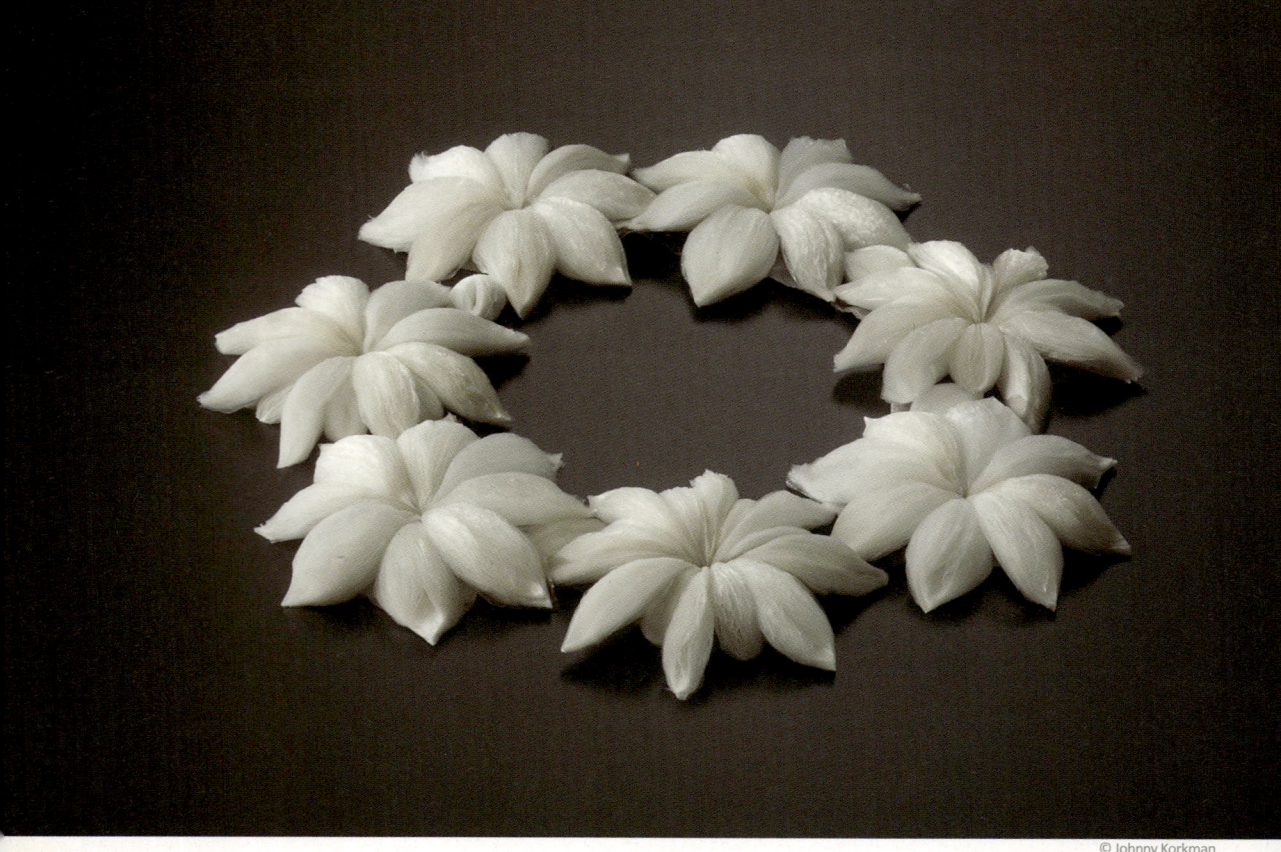

Aino Favén 아이노 하벤

Garland, Ice, Primavera

Necklaces
3×Ø30cm
used plastic bags

Most of our waste today is comprised of plastic. Plastic, which is made from petroleum, is a material that the Earth cannot digest. Every bit of plastic that has ever been created still exists, except for a small amount that has been incinerated, releasing toxic chemicals. In the oceans, plastic waste accumulates in swirling seas of garbage.

I have made art videos of wind, melting ice or fading flowers, but as a textile and jewelry artist I also want to work with tangible material. Choosing recycled material feels better than using brand new. I have always felt bad to throw away empty plastic bottles, bags and other things. After some years they tend to fill closets and cupboards. This is a short history of my works, which are made of different opaque and transparent plastics.

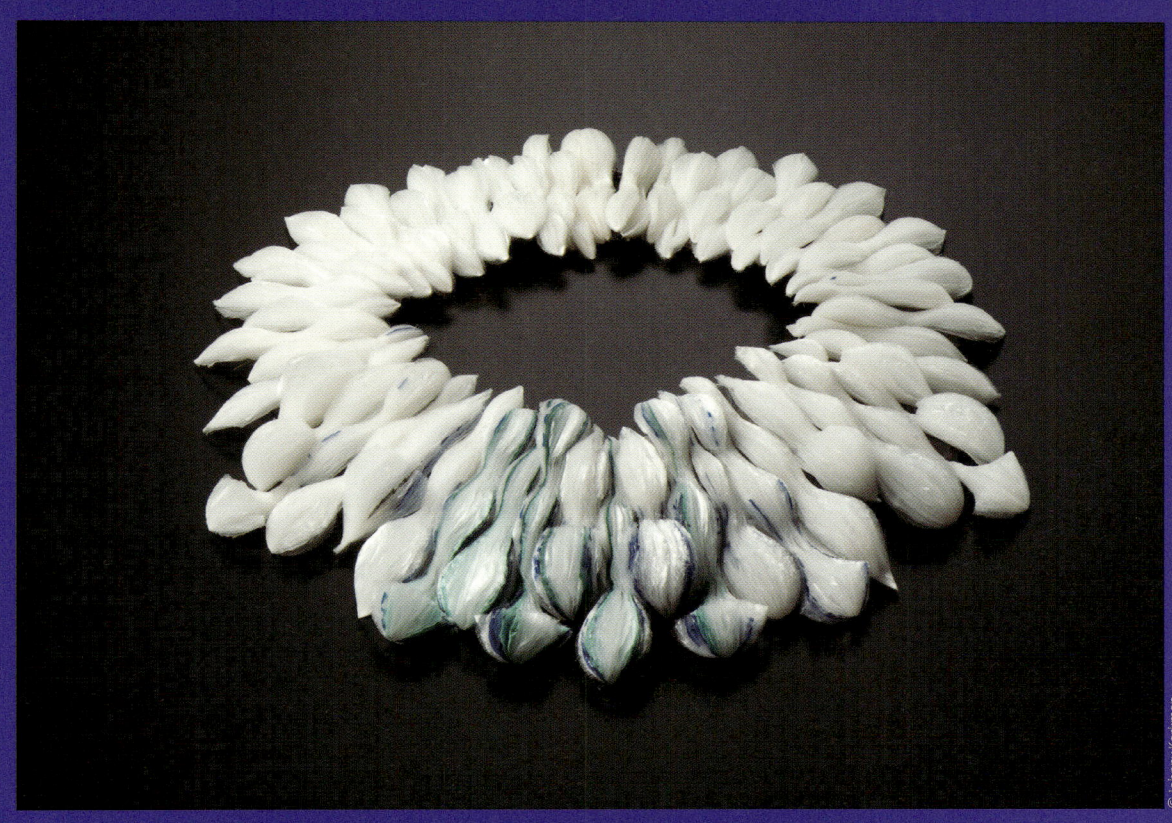

화환, 얼음, 상록수

목걸이
3×Ø30cm
폐비닐 봉투

오늘날 대부분의 폐기물들은 석유로 만들어진 플라스틱 합성물로서 지구가 자연 정화할 수 없는 물질이다. 유독 물질을 방출하며 소각된 소각의 소량의 플라스틱을 제외하고 지금까지 만들어졌던 플라스틱은 아직도 여전히 지구상에 존재하고 있다. 쓰레기로 몸살을 앓고 있는 바다 속에도 플라스틱 폐기물이 쌓여 있다.

나는 주로 형체가 없는 바람이나 녹고 있는 얼음, 시들어가는 꽃 등을 영상으로 담아내는 작업을 하지만, 때론 섬유나 금속을 다루는 예술가들처럼 실체가 있는 재료로 작업을 하고 싶다. 그럼에도 불구하고 이번 작업에서 재활용 재료를 사용한 것은 플라스틱 쓰레기를 버릴 때 기분이 썩 내키지 않고, 이런 것들은 시간이 흐르면 수납장에 쓸데없이 쌓여갈 것이기 때문이다. 갖가지 투명·불투명 플라스틱으로 만들어진 이번 작품에는 이런 이야기들이 깔려 있다.

Risto Hämäläinen 리스토 하마라이넨

Arctic ceramic vase

porcelain
33×20×18cm

When hiking in the fells of North-West Lapland and in the shores of the Arctic Ocean, I have seen dazzling white crusts of snow, crystal clear blue waters and fantastical sedimentary rocks. These natural wonders have left a deep impression on me. For years I pondered how to express this sense of northerness in my work.
And then, three years ago I discovered porcelain and the bluish celadon glazes. The surface structure of my work resembles that of splintered sedimentary rocks. I like to work with angular and organic forms.
This way I've been able to accomplish a sense of the northern nature; of snow, ice, clear waters and rugged nature.
I have a wood-fired kiln in which I fire my work at 1300 degrees Celsius. The wood for the kiln comes from a local wood processing plant – I use its surplus material.

북극풍 도자 화병

자기
33×20×18cm

나는 북극해의 해안가나 북서부 라플란드의 초원을 하이킹할 때마다 눈부신 눈의 표면, 크리스탈처럼 청명한 물, 환상적인 퇴적암 등을 바라보곤 했다. 이런 자연의 경이로움은 내게 깊은 인상을 남겨 지난 몇 년 동안 작품에 이러한 북부지방의 자연 정서를 표현할 방법이 없을까 곰곰이 생각했다. 그러던 와중에 3년 전쯤 도자기와 푸른 빛을 띤 청자 유약을 발견했다.
나는 모나고 유기적인 형태로 작업하는 것을 좋아하는데 이번 작품의 외양도 깨진 퇴적암 조각과 유사하다. 이를 통해 눈, 얼음, 투명한 물, 바위투성이 등 북부지방의 자연성을 표현할 수 있게 되었다. 이 작품은 섭씨 1,300도의 나무장작 가마에서 구워낸 것으로, 장작용 목재는 지역의 목재가공 공장에서 나온 잉여목을 사용하였다.

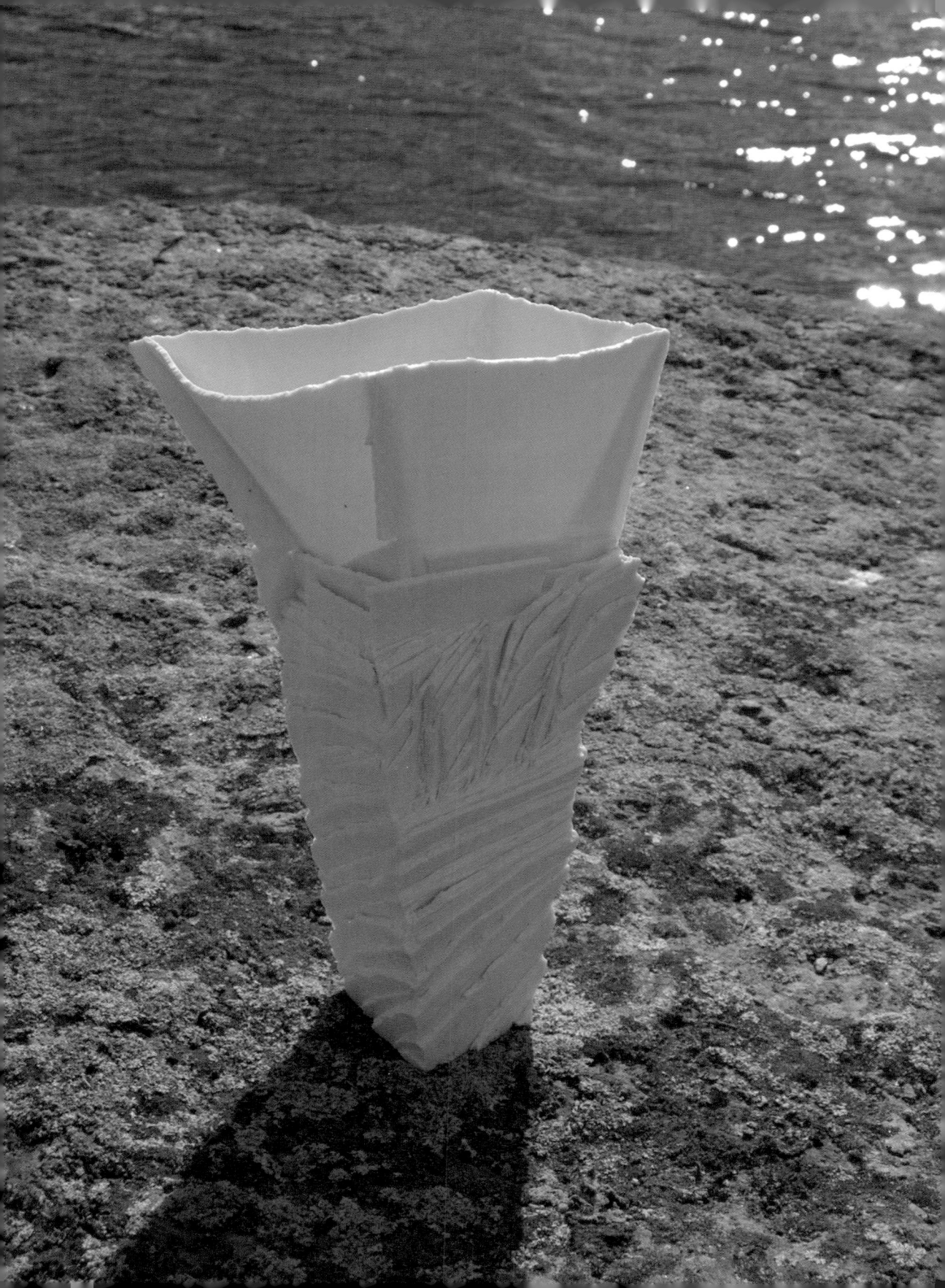

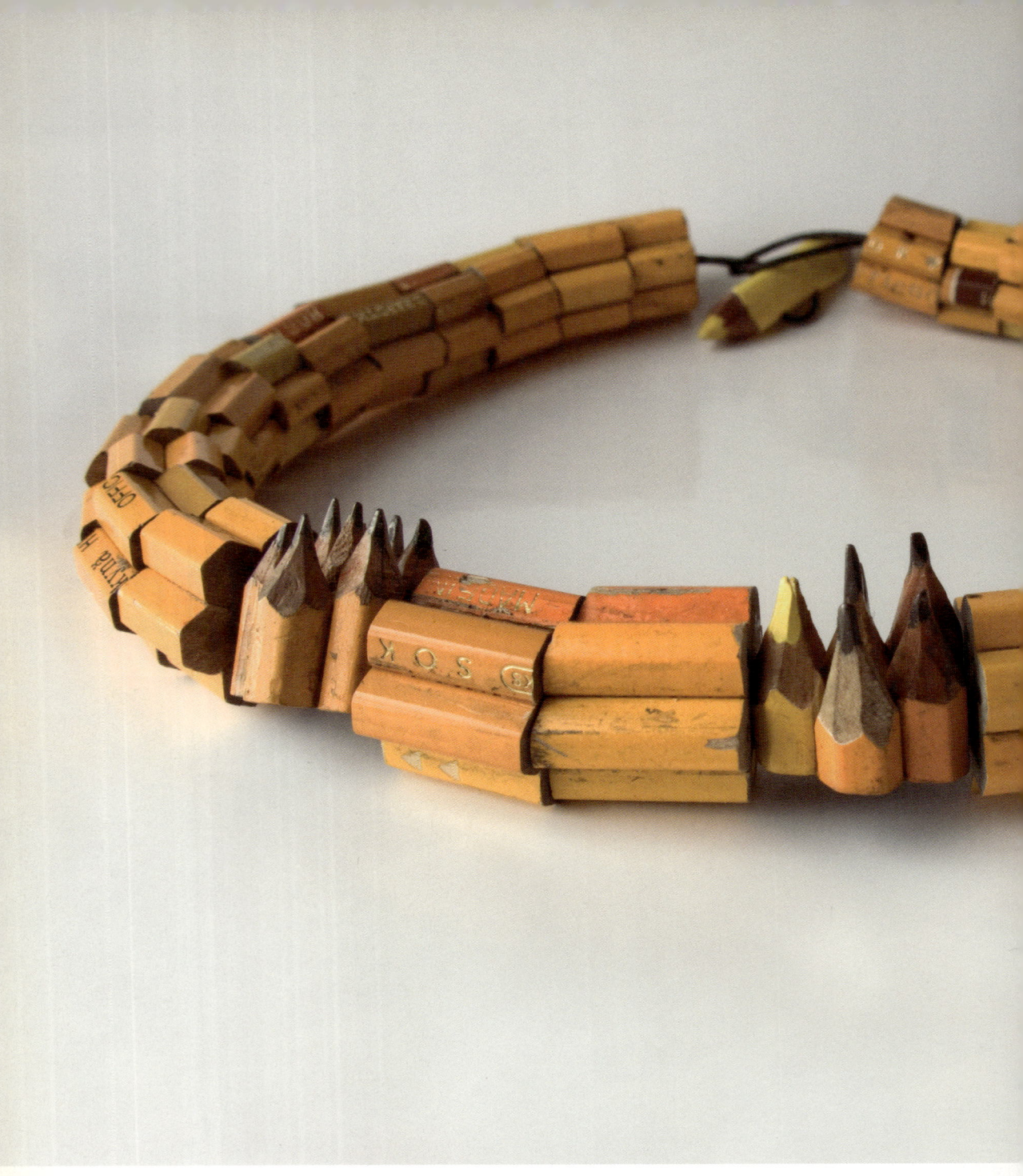

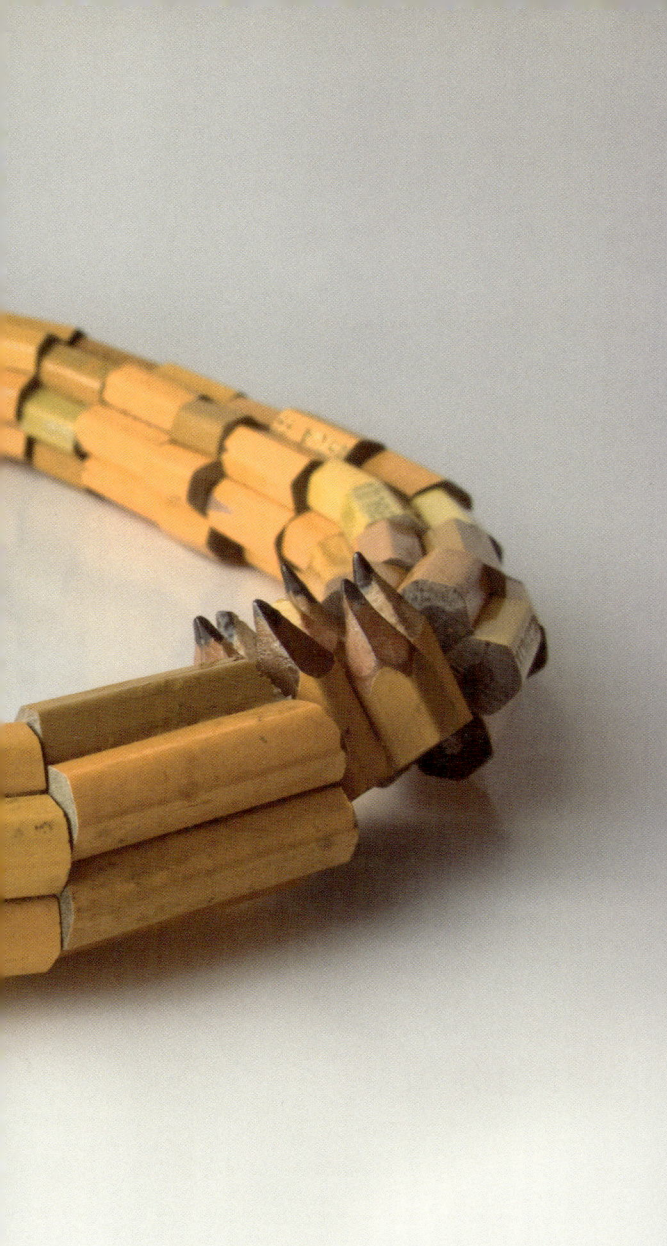

Hukka Elli 후까 엘리

Pencil jewelry

Ø55cm
used pencils

In my work I have always wanted to have fun with the material and colors. This playing has led me to such a concrete use of colors – the pencils. Waste, recycling and using unexpected materials in unique finished pieces inspire me. After comes the function and meaning for the piece. I do not intentionally want the recycling to be seen in my work as a main theme. For myself it just feels important not to by new material, there is so much stuff unused.

몽당연필 목걸이

Ø55cm
몽당연필

작업을 하면서 항상 재료와 색채에서 무언가 재미를 느끼길 원했다. 이런 놀이와 같은 작업은 연필이라는 재료를 작품에 사용하도록 이끌었다. 기능이 다해버린 물건에서 재활용되거나 사용되는 잡동사니는 나를 고무시키는데, 그 이유는 그것들이 이전의 기능이나 의미를 연상시키기 때문이다.
나는 의도적으로 재활용이라는 것이 작품의 메인 주제로 보여지는 것을 원하지 않는다. 단지 새로운 재료가 아니라 오히려 별 쓸모 없어진 것들에서 소중함을 느낀다.

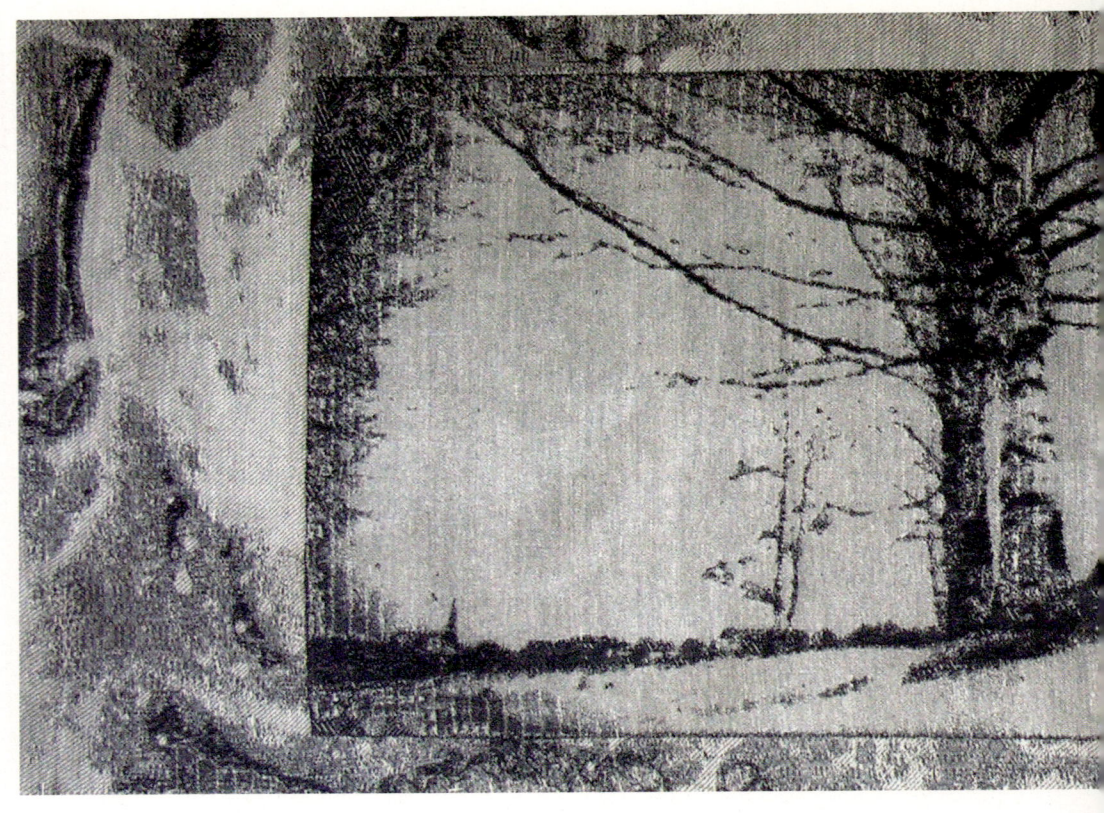

Aino-Maria Ilkko 아이노 마리아 일꼬

Huurre

73×205cm
cotton, linen

Huurre is a jacquard textile weaved by TC-1 based on pinhole image. First I built a pinhole camera. I brought it outside and opened the shutter surrounding by the arctic scene in Lapland. The light passed through the aperture and projected image on the photographic paper. Then I developed the image in darkroom.
To reproduce scanned image on a loom, editing is needed in Photoshop. I turned colors to grey scale and reduced from several hundred shades to eighteen shades. I edited with a weave structure for each shade.

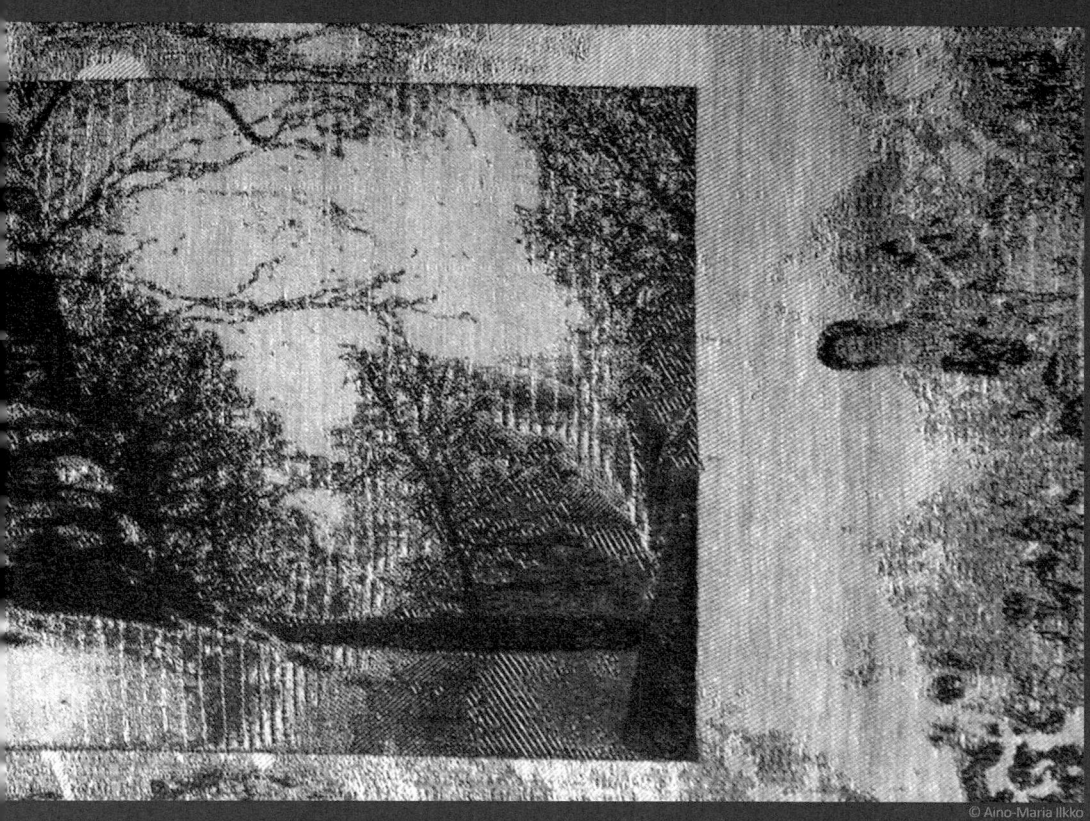

© Aino-Maria Ilkko

Huurre

73×205cm
면, 마

<Huurre>는 핀홀을 투과한 이미지를 'TC-1'이라는 기계를 사용해서 만든 직물 작품이다.
작가는 라플란드 지방의 북극 풍경으로 둘러싸인 곳에서 핀홀 카메라의 셔터를 열어 두고, 바늘구멍을 통과한 빛이 인화지에 맺히게 하였다. 이 이미지를 암실에서 현상한 후 직조기계에서 새로이 가공하기 위해 포토샵 프로그램을 사용하였다. 이미지의 색채를 그레이 스케일로 변환하고, 이를 통해 나타난 수백 개의 색감을 단 18개의 음영 단계로 줄였다. 그리고 각각의 음영 단계에 맞춰 하나의 직조 구조물을 엮어내었다.

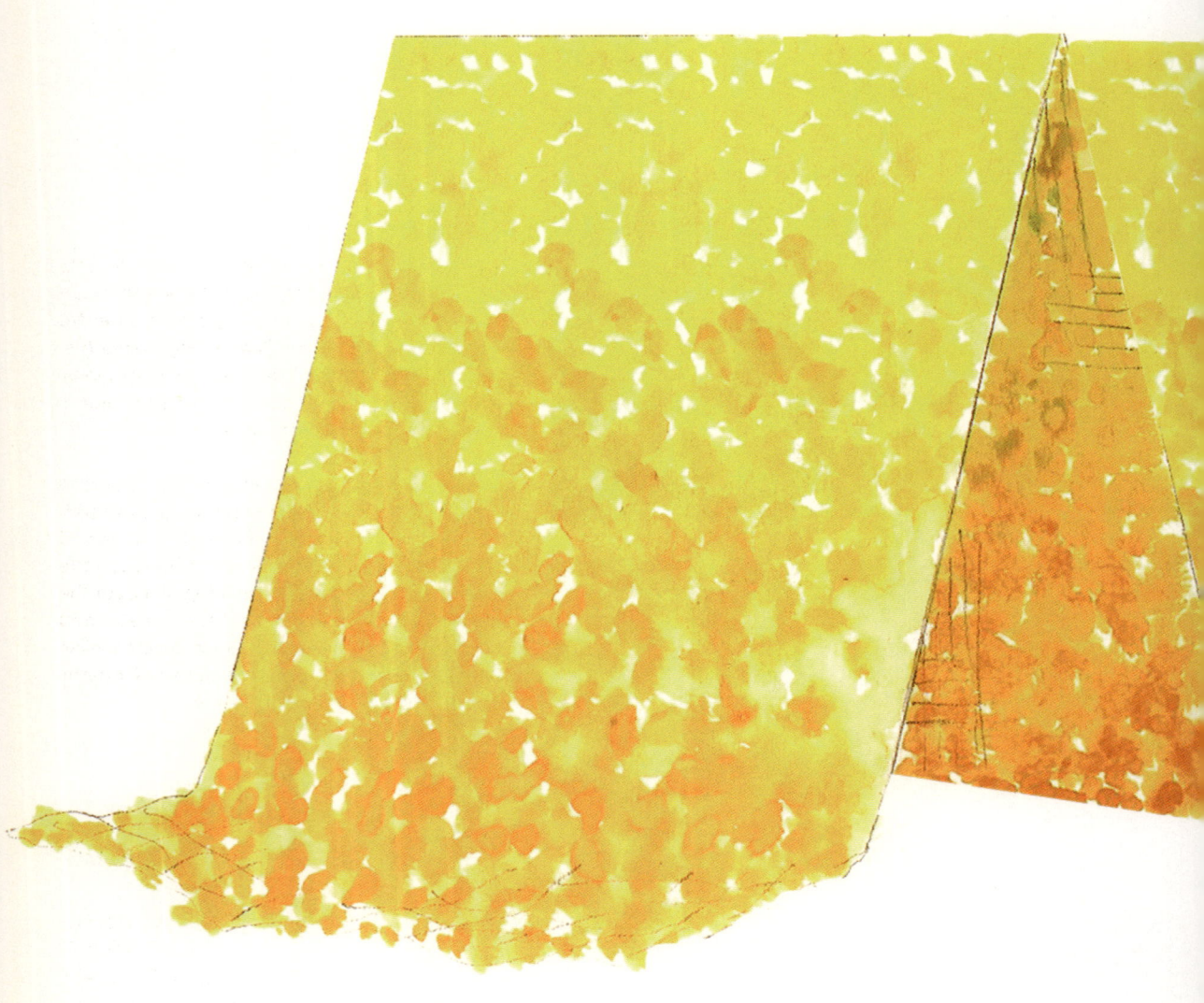

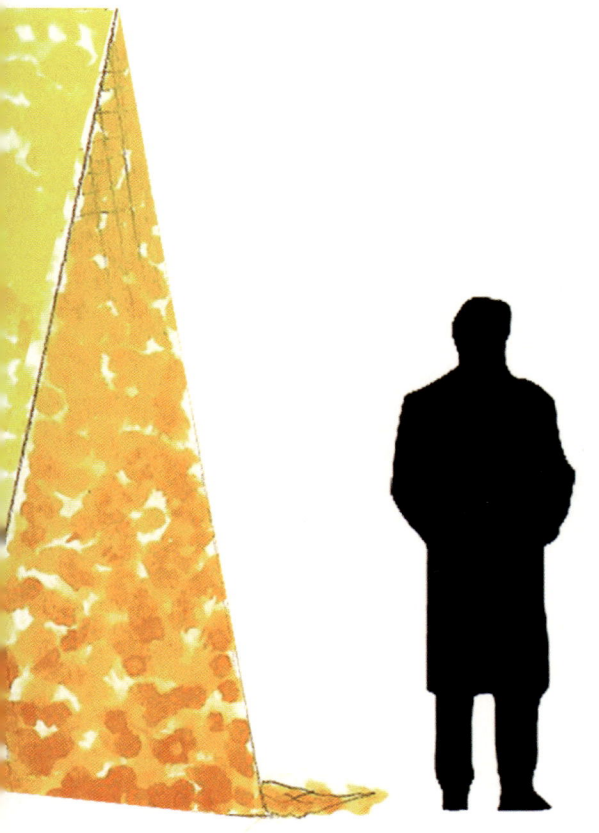

Mari Martikainen
Minna Impiö

마리 마르띠까이넨
미나 임피오

Bright View

300×600×280cm
textile, metal

Bright View is a bright yellow work of art, consisting 3000 crochet patches. Visitors can enter to the work trough two paths. Inside the work yellow light above is illuminating the visitors. Soundscape is crackling the heat. The work glows yellow outside and inside the work the color is intense, the light and heat can be felt.

The work is made as a community work of art at Karinde village in Kenya, In Karinde operates self-help group of 40 women, which receives additional income by crocheting. Interaction between the artists and women group is an integral part of the work. Women's experiences at the equator and near the Arctic Circle are in many respects similar. Theme of the work is based on our similar paths and a strong hope for a better future.

밝은 시각

300×600×280cm
섬유, 금속

<Bright View>는 3,000개의 편물 조각들로 이루어진 작품으로, 내외부로 황색 빛을 발산하고 있다. 관람객은 두 개의 통로를 통해 안으로 들어가서 작품이 내고 있는 황색 빛과 함께 균열하는 듯한 소리, 미열을 직접 느낄 수 있다.

케냐 카린데(Karinde) 마을에는 자립을 위해 뜨개질로 부가소득을 창출하고 있는 여성모임이 있다. 이 작품은 40명의 마을여성들과 공동체예술작업을 통해 만들어진 것으로, 작가와 여성모임과의 상호소통이 작품을 완성하는 필수적인 부분을 차지하고 있다.
적도 주변지역과 북극권역에서 살고 있는 여성들의 경험은 많은 부분에서 닮아 있다. 이 작품은 다른 지역에 살고 있지만 보다 나은 미래에 대한 강렬한 희망 아래 비슷한 인생 행로를 걷고 있는 여성들의 삶에 기초하고 있다.

Irma Kukkasjärvi 이르마 꾸까스야르비
Sirkka Paikkari 시리카 빠이까리

Cell

셀

textile sculpture
40×40×53cm
hand woven steel and tinsel

섬유 조형
40×40×53cm
철과 틴실, 손으로 직조

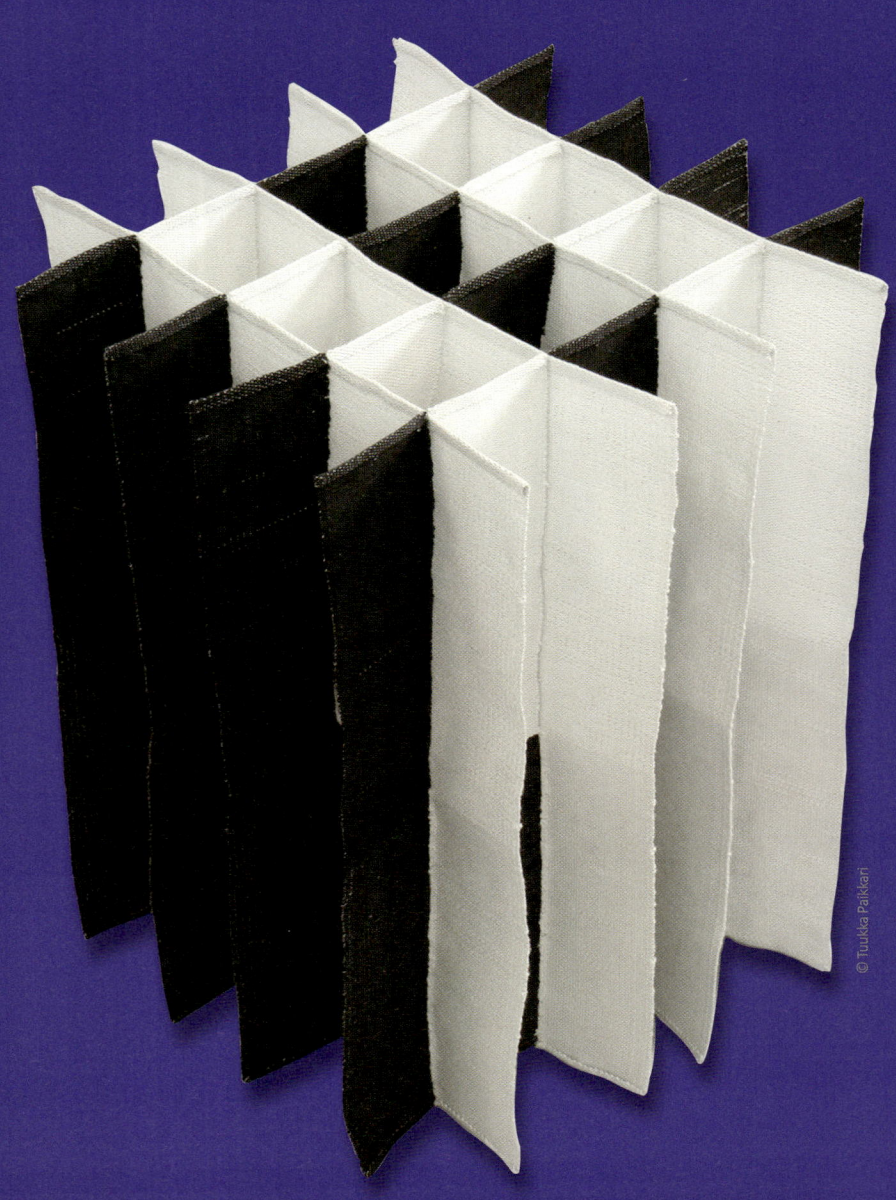

© Tuukka Paikkari

Cube

textile sculpture
60×60×55cm
hand woven steel and tinsel

큐브

섬유 조형
60×60×55cm
철과 틴실, 손으로 직조

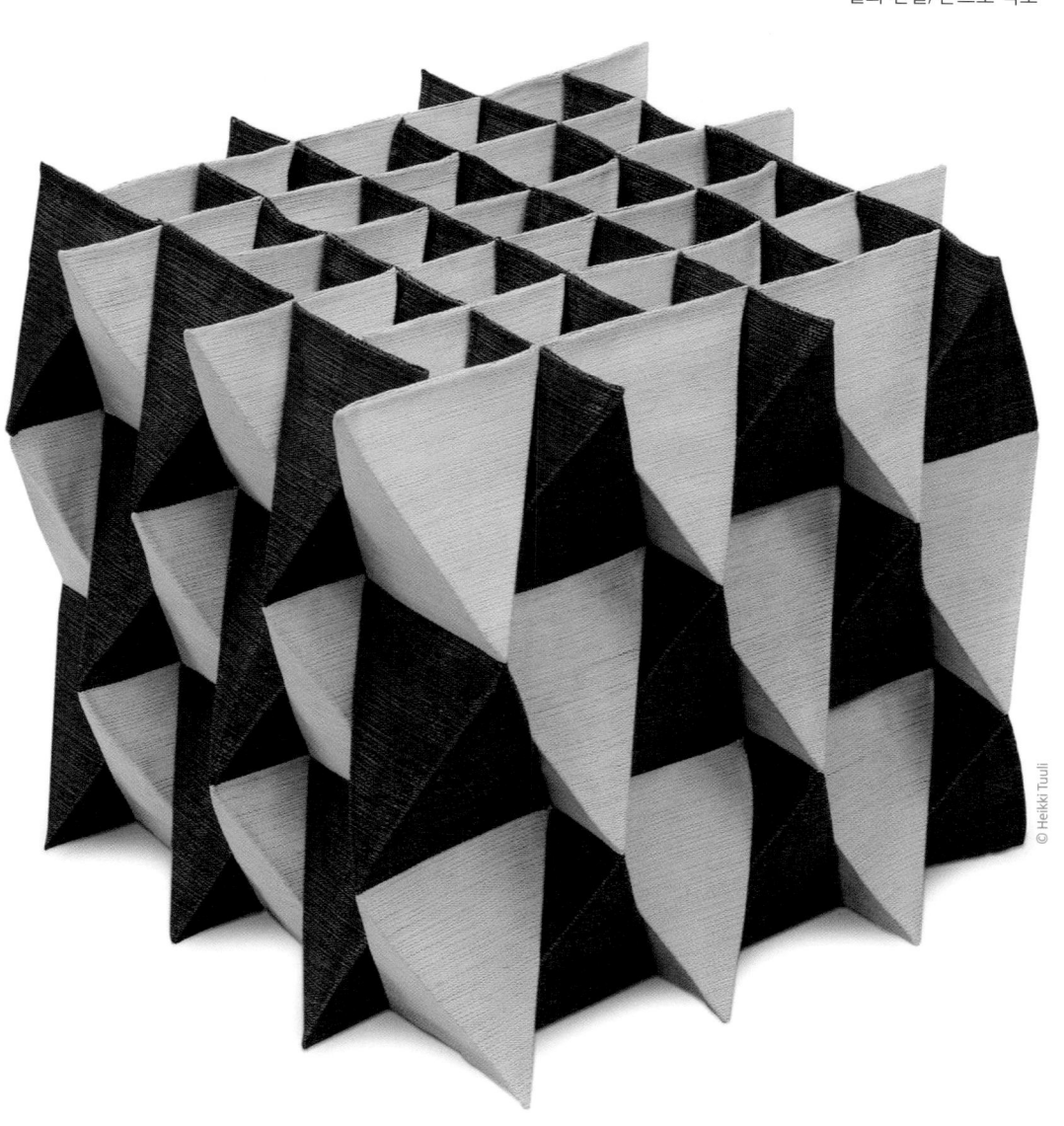

© Heikki Tuuli

Eliisa Isoniemi 엘리사 이소니에미

Attitude, detail

33×22cm
monotype on paper clay

The piece "Attitude" consists of three plates, which
are monotypes on paper clay.
The piece is about the importance of our attitudes,
when we make choices related to the future.
Does our attitude lead us to different kind of
realities? Our attitude can be fear, uncertainty,
maybe the feeling that there is no use to do
anything. We may also think that everything has a
meaning. We need silence provided by art to find
the inner aim that creates our future.

마음가짐, 디테일

33×22cm
지점토에 모노타이프

작품 <Attitude>는 지점토 위에 모노타이프 기법을 활용
한 3개의 평판으로 이루어져 있다.
이 작품은 우리가 선택의 기로에 섰을 때 '마음가짐'의 중
요성에 대하여 말하고 있다. 이 때의 마음가짐은 우리를
지금과 다른 현실로 인도할 것인가? 우리의 마음은 두렵
고 불확실하거나 어쩌면 뭘 해도 소용없다는 느낌일 수도
있다. 혹은 모든 것에는 의미가 있다고 생각할 지도 모른
다. 그러기에 우리의 미래를 만드는 내재된 목적을 찾기
위해 예술이 주는 고요함이 필요하다.

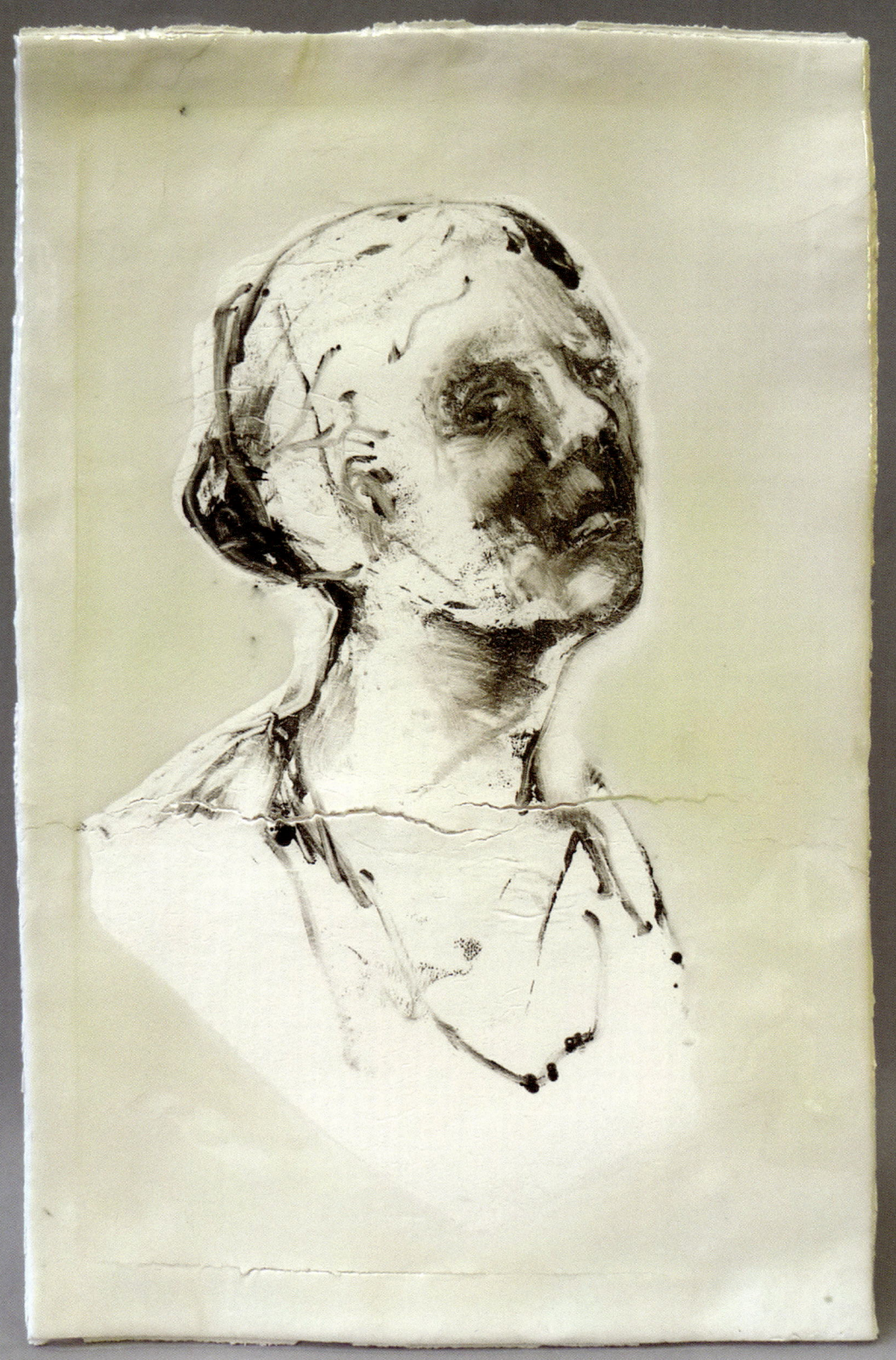

Maria Jauhiainen
마리아 야우히아이넨

Lehti

9×Ø31cm
coated brass

Something extremely fragile and transient in nature has been translated into a durable material and worked into a functional piece, still maintaining the essence of a delicate leaf.
Lehti is a study into nature, materials and processes, driven by curiosity. Often weight is regarded as an essential quality of metal and associated with its value. Here the other extreme of the medium is explored, demonstrating its strength and sensitivity.
The piece has been acquired by some of the world's most prestigious museums for their permanent collections, e.g. the Museum of Modern Art in New York, the Victoria and Albert Museum in London and the Musée des Arts Décoratifs in Paris.

Lehti

9×Ø31cm
코팅된 놋쇠

자연 속에서 극도로 연약하고 일시적인 상태에 있는 것들은 튼튼하고 영속적인 재료로 변화되기도 하고, 여전히 그 본질을 유지한 채 실용적인 작품으로 만들어지기도 한다. <Lehti>는 호기심에 기초하여 자연과 재료, 그 변화를 실험한 작품이다.
대개 금속의 무게는 그것의 본질적인 질을 결정한다고 여겨지거나 그것의 가치와도 결부된다. 이 작품에서는 재료가 가진 또 다른 면을 탐구함으로써 그것의 강도와 감도를 밝혀내고 있다.
이 작품은 뉴욕의 현대미술관(MoMA), 런던의 빅토리아 알버트 박물관, 파리의 장식미술관 등에 영구 컬렉션으로 소장되어 있다.

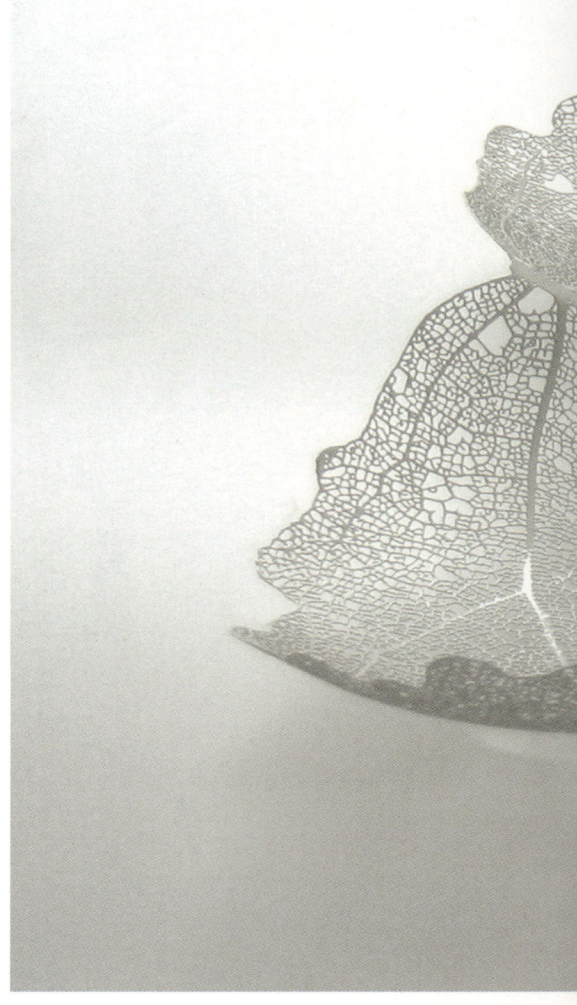

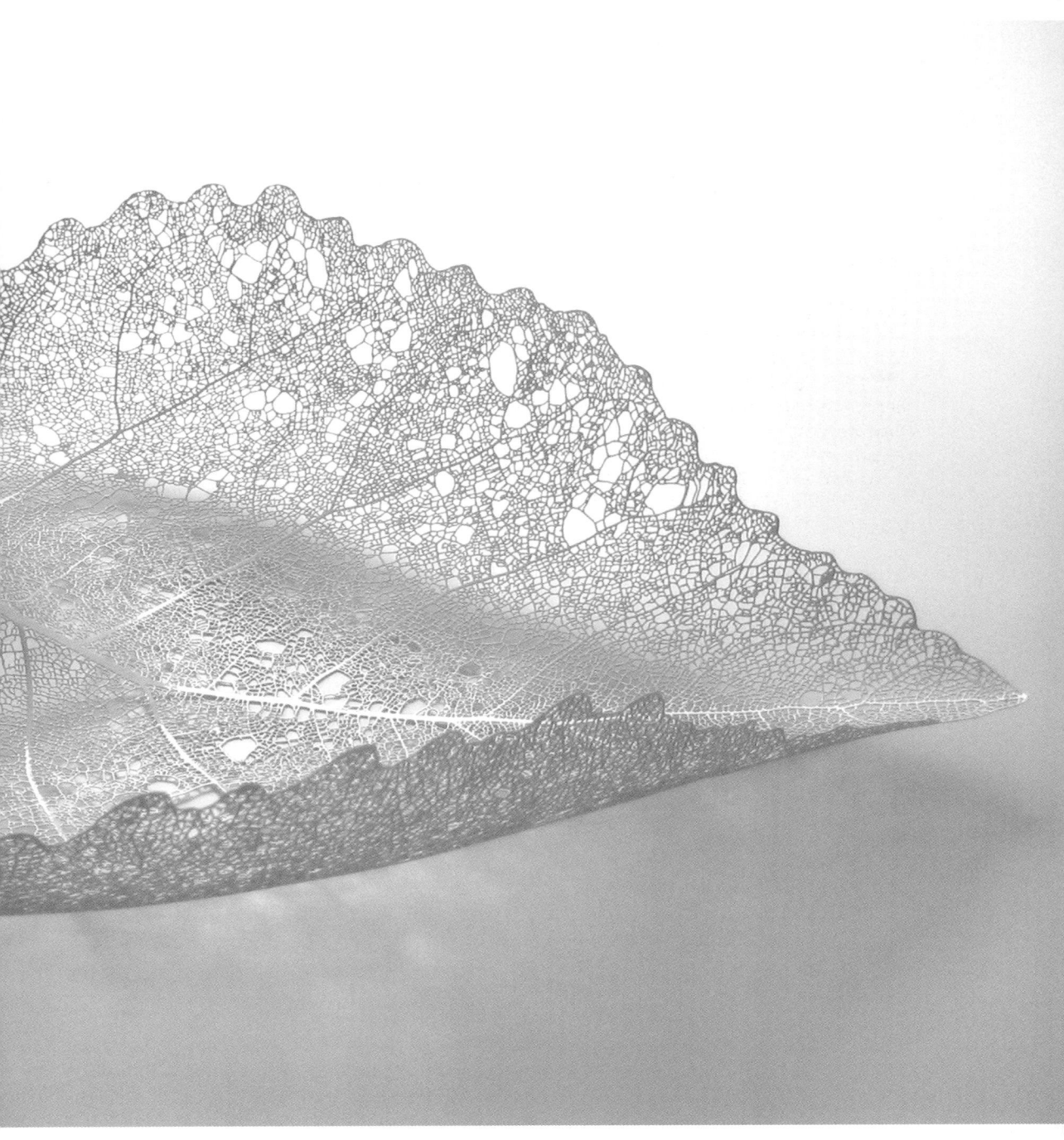

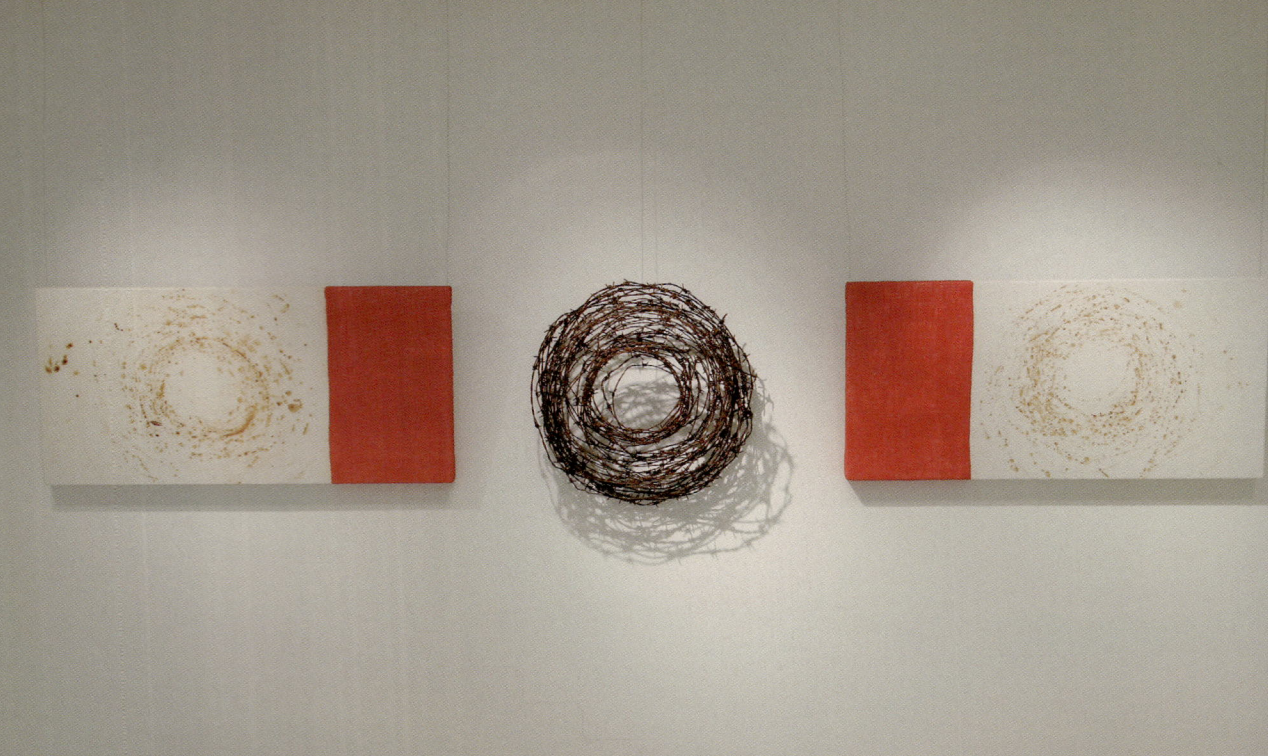

Anna-Maija Joensuu 안나 마이아 요엔수

To freedom

300×15×58cm
flax, contact-dying with rust, printing, rusty barb wire

I have used a coil of rusty barbwire as I have contact-dyed the patterns on my piece "To freedom". The patterns left on the flax fabric by the barbwire coil through long-term contact, seem to be in a rotating motion, with the patterns seemingly rolling out of the piece. The red, partly pearly printed bar brings contrast to the free movement of the rusty pattern. The rusty patterns have already crossed that rigid boundary during their motion outward.
The rusty barbwire takes our thoughts to imprisonment, while the prints hint us of the possibility of escaping captivity.

자유를 향해

300×15×58cm
아마포, 부식 염색, 프린팅, 녹슨 철조망용 철사

이 작품에서는 염색된 무늬를 남기기 위해 녹슨 철조망용 철사가 사용되었다. 마 섬유에 오랫동안 철사를 감아두면 부식과정에 의해 무늬가 남게 된다. 고정된 경계를 넘어 자유롭게 움직이는 듯한 이런 무늬들은 부분적으로 광택이 있는 붉은색 사각구조물과 대조를 이루고 있다.
부식된 철조망용 철사가 우리의 신념을 옭아매려 했다면 프린트된 무늬들은 그러한 속박으로부터 자유로워질 수 있는 가능성을 암시하고 있다.

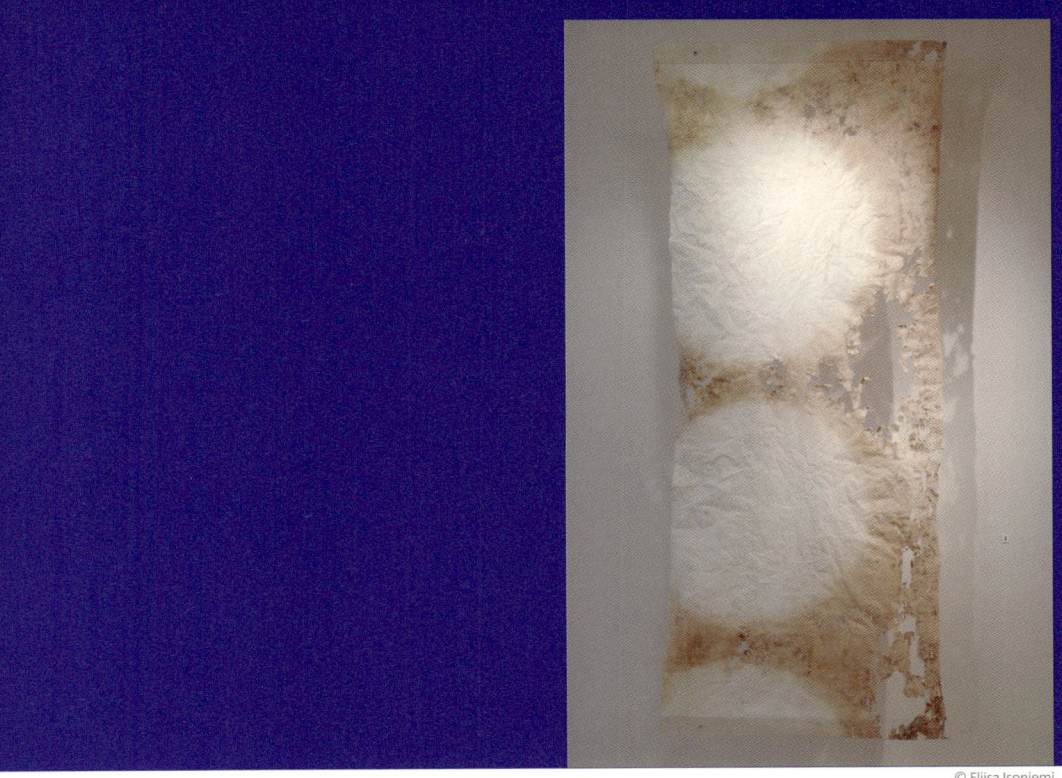

What's left?

70×1×180cm
aged flax, polyester, lamination

The aged patterns on the piece "What's left?" have formed during four months on my yard. I stretched the partly waxed fabric on the ground and covered it with ground coffee. During the following months, I checked almost daily how the coffee worked on the fabric. This technique is slow at first, but in the end changes can happen abruptly, which is why I often thought about what will remain of the fabric in the end.
The piece has been finalized by laminating it on a polyester tulle mesh. The different aspects of these two fabrics bring contrast to the work: the fragile tulle supports the rough and uneven flax.

무엇을 남겼나?

70×1×180cm
낡은 아마포, 폴리에스테르 망사포, 합판

작품에 새겨진 오래된 무늬들은 작가의 안뜰에서 4개월에 걸쳐 만들어진 것이다. 나는 부분적으로 밀랍을 입힌 아마포를 땅 위에 펼치고, 그 위에 커피 찌꺼기를 덮어 두었다. 그리고 몇 개월에 걸쳐 매일마다 커피가 천에 어떤 반응을 일으키는가 살폈다. 커피 무늬가 천에 새겨지는 과정은 처음에는 매우 더디게 흘러갔으나 막바지에 이르러서 변화는 순식간에 일어났다. 왜냐하면 나는 최종적으로 천에 무엇이 남겨질 것인가 자주 생각했었기 때문이다.
이 작품은 폴리에스테르 망사포를 씌워서 마무리되었는데, 하늘거리는 망사포가 거칠고 고르지 않은 아마포를 지탱해 주는 모양은 대비를 이루고 있다.

Raija Jokinen 라이야 요키넨

The Wind

58×65cm
flax paper pulp, flax fibers

My works are emphasizing an image of a human. Over the centuries, the picture of a human being is e.g. drawn on paper, painted on (flax) fabric or photographed. Instead of drawn on paper, these pictures have been drawn with paper with flax paper pulp. Beside the pulp, the drawings are also composed with flax fibers, that play an important role in the structure of canvas, a basis of a painting. In these pictures the materials previously served as a basis of a drawing or painting are raised to the active role and thus obtaining their own way of expression.

Paper and linen have also played a central role in Finnish history and identity. Today, they are providing solutions for sustainability – by the way, these works can be composted or re-used as a paper pulp....

바람

58×65cm
아마포 종이 펄프, 마 섬유

오랜 세기에 걸쳐 인간에 대한 그림은 종이나 섬유에 그려지거나 사진으로 남겨져 왔다. 내 작품은 일반 종이 대신에 아마포 종이 펄프를 사용하여 인간의 이미지를 표현하였다. 펄프는 페인팅의 기본이자 캔버스의 구조에서 중요한 역할을 하고 있다. 이 작품에서 이들 재료는 드로잉이나 페인팅의 기초로 이용되었고, 유효한 역할을 하며 재료 스스로의 표현방식을 획득하고 있다.

또한 종이와 마 섬유는 핀란드의 역사와 정체성을 구성하는데 있어서도 중요한 역할을 해왔다. 오늘날 이들 재료는 또 다른 종이로 재활용되거나 퇴비로 만들어지는 등 지속가능성에 대한 해결책을 제시하고 있다.

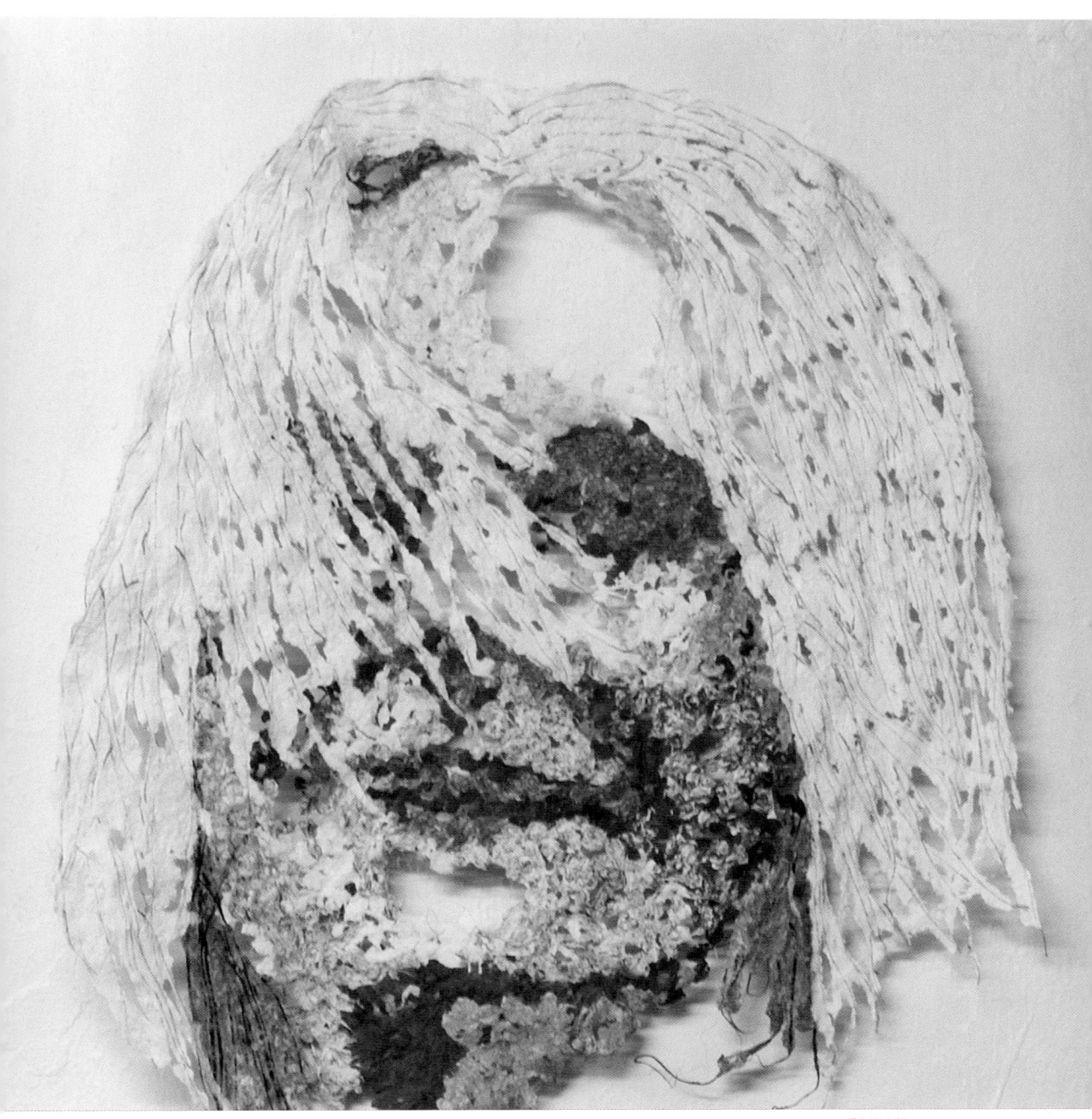

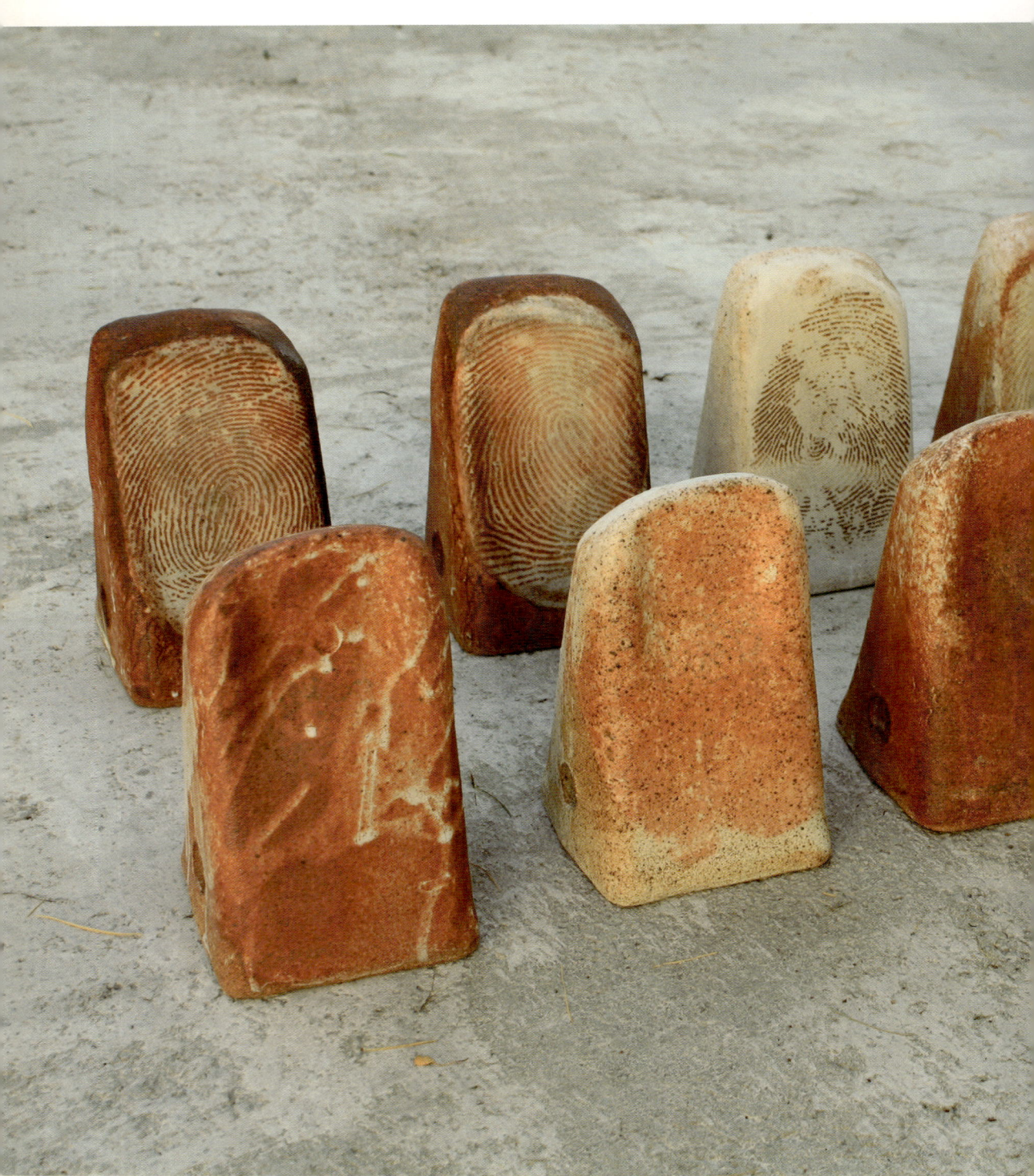

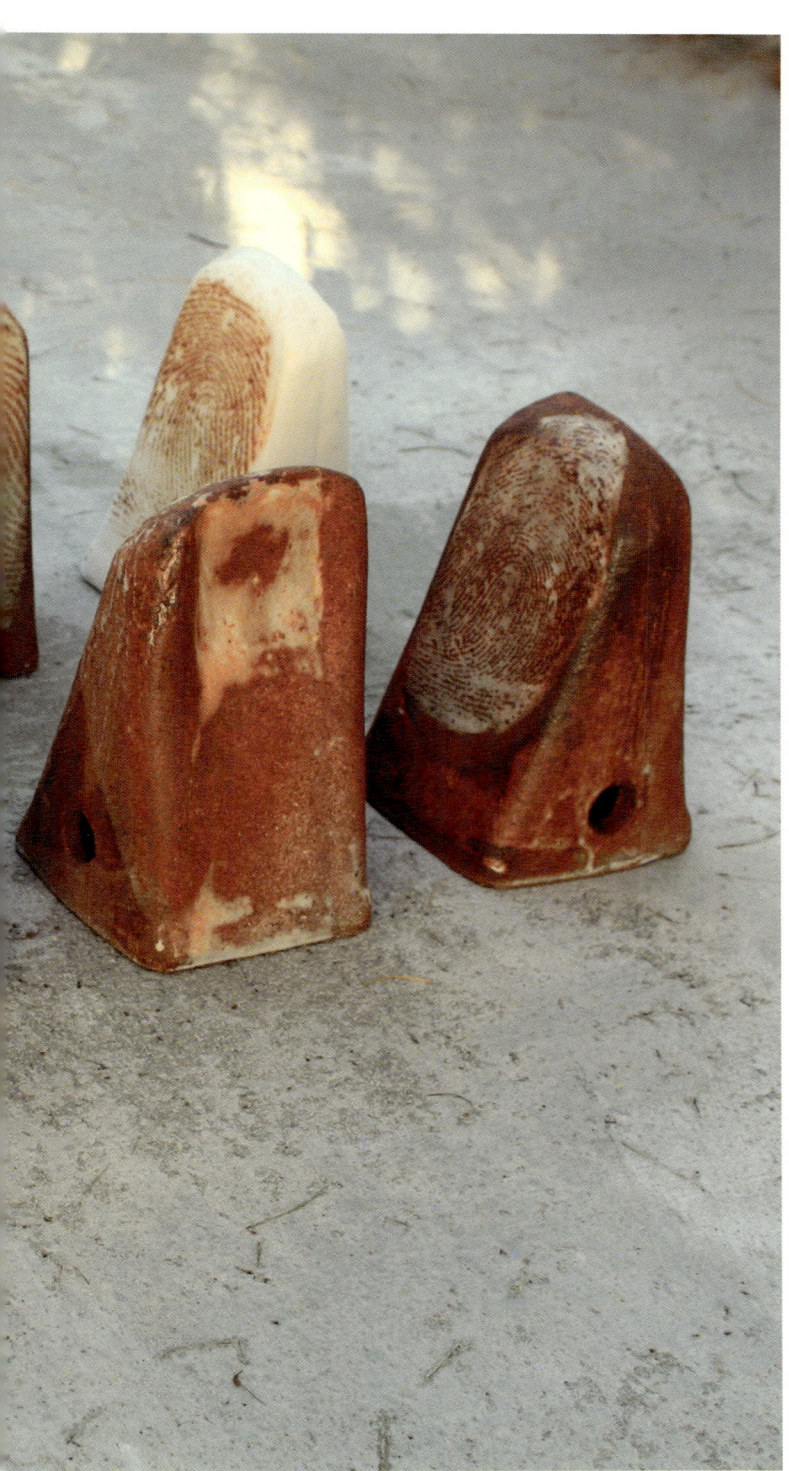

Leena Juvonen
레나 유보넨

Nothing but the Fingers

ceramic
75×30×20cm

I am interested in the texture and feel of ceramic surface. Pressing clay and leaving marks fascinates me. Fingerprint as a picture of identity interests me as a replacement of signature or evident of presence in one place in certain time. Using plaster moulds I combine elements between nature and man made. I have used a form from a trash, which people have thrown away to environment. Adding image to the surface I give another meaning to a tool, which has smoothed with marks of water and rust at the mercy of erosion. I see the fingers as a tool of designer like a nail of excavator in earth. It is a reminder of forgotten things buried in a dump but still marked with our fingerprints.

단지 손가락일 뿐

도자기
75×30×20cm

나는 도자기 표면의 느낌과 감촉에 흥미를 가지고 있다. 또한 점토를 누르고 흔적을 남기는 과정은 나를 황홀하게 한다. 만든 사람의 정체성을 나타내는 흔적인 지문은 사인과 같고, 어떤 사람이 그 시간에 그 장소에 현존했었다는 것을 나타내는 증거가 된다. 나는 사람들이 버린 쓰레기에서 형태를 따오고 있으며, 석고 틀을 사용해서 자연과 인간이 만든 것 사이에 존재하는 요소들을 결합시킨다. 또한 나는 물 자국과 부식을 통한 얼룩으로 도자기 표면에 이미지를 더함으로써, 무늬에 또 다른 의미를 부여한다.
한편 디자이너의 도구가 되기도 하는 손가락은 마치 굴착기 앞에 달린 송곳과 같다. 그것은 쓰레기더미에 묻혀 사라져버린 것들을 발굴한다. 그럼에도 불구하고 지문이라는 흔적을 남긴다.

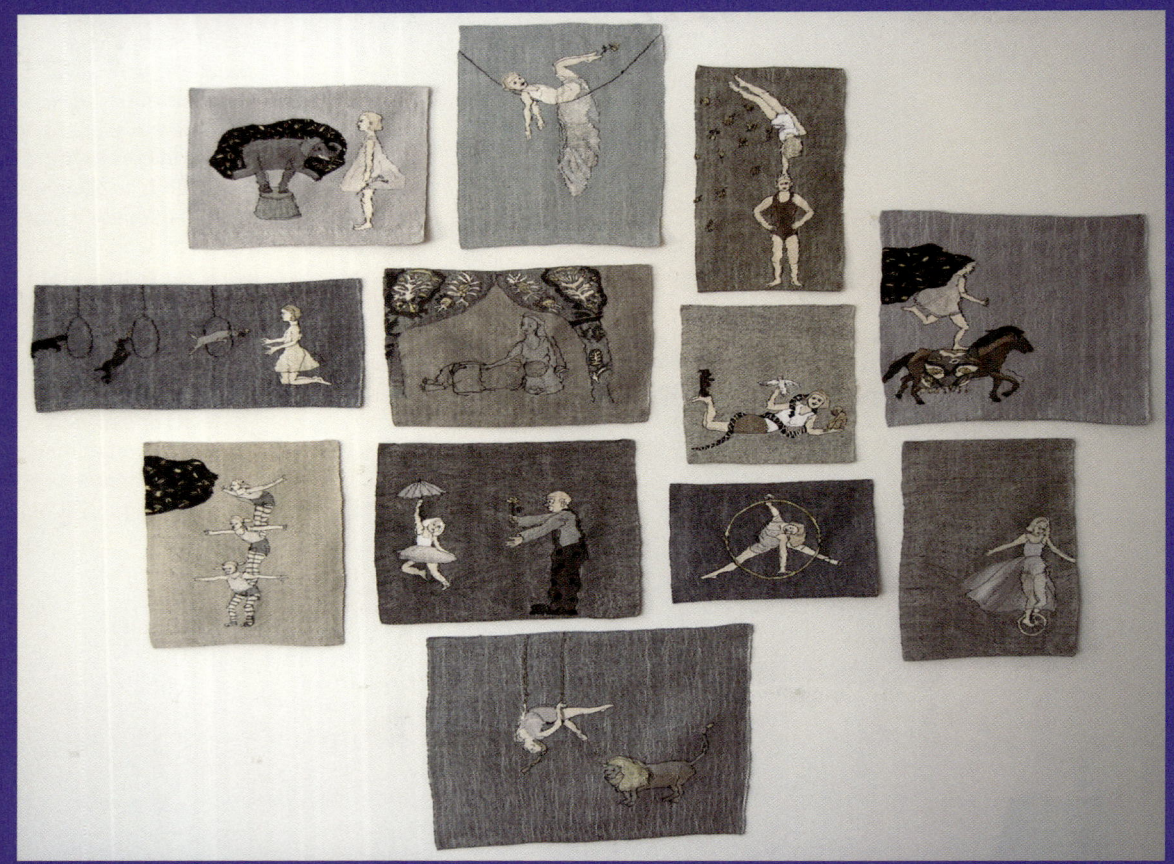

© Aino Kajaniemi

Aino Kajaniemi 아이노 까야니에미

Circus

12 tapestries
200×155cm
linen, wool, cotton, rayon, gold thread

I weave pictures using a tapestry technique in which a human is in the middle of life's complexity and multilayer's, including contrasts and controversies. I aspire for a little bit of order in the middle of a chaotic world.
 "Circus" work contains 12 separate tapestries. The titles of the pieces are: "Mind is a shadow", "Without wings", "Brightness of a short moment", "On the other side", "Six senses", "The taste of a life", "Memory like rain", "Against the wind", "Whole gold of the world", "The cycle of the sun", "All contains the emptiness" and "Your life". I use circus world in my theme as a symbol of life.

서커스

12개의 태피스트리
200×155cm
마, 양모, 면, 레이온, 금색 실

인간은 대립과 논쟁이 포함된 삶의 복잡하고 다층적인 결속에서 존재한다. 나는 이러한 무질서해 보이는 세상에 조금이라도 질서를 부여하고 싶은 갈망에서 태피스트리 방식을 통해 작품을 만든다.
<Circus>는 "마음은 그림자Mind is a shadow", "날개 없이Without wings", "찰나의 빛Brightness of a short moment", "삶의 저편On the other side", "육감Six senses", "인생의 흔적The taste of a life", "비와 같은 기억Memory like rain", "바람을 거슬러Against the wind", "세상의 모든 황금Whole gold of the world", "태양의 주기The cycle of the sun", "모든 것은 공허함을 품고 있다All contains the emptiness", "당신의 삶Your life"이라는 12개의 개별 제목을 가진 태피스트리로 이루어진 작품이다. 나는 우리네 삶의 상징으로서 서커스와 같은 세상을 묘사하고 있다.

Nina Karpov 니나 까르뽀브

White

porcelain
60×70cm

It was not my original plan to represent these different objects as one group. In fact, this combination surprised me with its association to the sea.
The idea for those stones had arisen from my fascination for Islamic prayer stones. (I had also a black version of them).
The porcelain stones have been cast and polished painstakingly slowly, whereas the hand-built whirl-bowls have been made quickly by cutting with knives and turning tools.
Contrast, indeed, seems to be characteristic for me – it keeps me alert and gives rhythm to my work.

화이트

자기
60×70cm

원래 나의 계획은 개별적인 도자기들을 묶어서 하나의 그룹으로 만들려고 한 것은 아니었다. 그런데 이와 같은 도자기들의 조합이 오히려 바다를 연상시킨다는 사실이 놀라웠다. 그리고 둥근 돌의 모양에 대한 아이디어는 이슬람 기도돌에 매료된 것으로부터 연유하고 있다.
이 둥근 돌 모양의 도자기들은 틀에 넣어 만든 후 아주 천천히 공들여서 광을 낸 반면, 소용돌이 무늬의 수공 그릇은 칼과 선반 세공기계를 사용해서 신속히 만들었다. 작품에서 보이는 대비감은 나에 대한 특징을 나타내는 듯하며, 나를 자극시키고 내 작품에 리듬감을 준다.

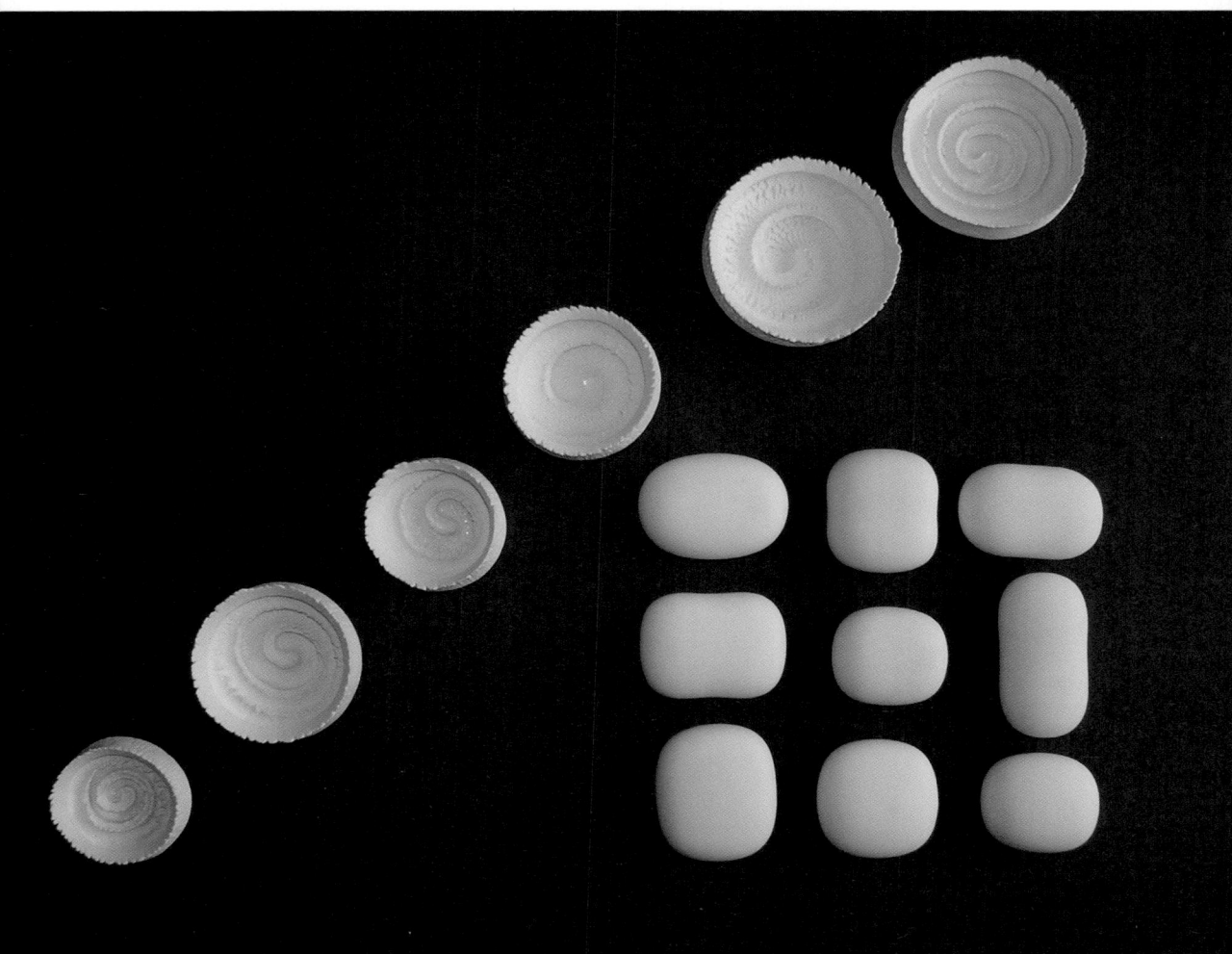

Kirsi Kivivirta
키르시 키비비르타

From the series Mosaic Landscape

casted stoneware, silk screen printing
20×44×3cm

The special puzzle-like pieces slip cast in porcelain or rolled in to stoneware characterize Kirsi Kivivirta's work. The mosaic wall hangings play with simple geometric or organic shapes, hesitating between abstraction and simple formalism. Mosaic Landscapes are introducing urban sights. The vision of a wild nature is only in our memories.

모자이크 풍경 시리즈로부터

석기(캐스팅), 실크스크린 프린팅
20×44×3cm

독특한 퍼즐 조각 같은 이 작품은 슬립 캐스팅 또는 점토를 말아 만들었으며, 키르시 키비비르타 작품의 특색을 보여주고 있다. 또한 이 모자이크 벽걸이 작품은 단순한 기하학 혹은 유기적인 형상을 다루고 있으며, 마치 추상과 형식주의의 선택에서 망설이는 듯한 모습을 하고 있다. 작품 <Mosaic Landscape>는 도시적인 광경을 전하고 있다. 사람이 살지 않는 자연에 대한 상상은 우리 기억 속에서만 존재한다.

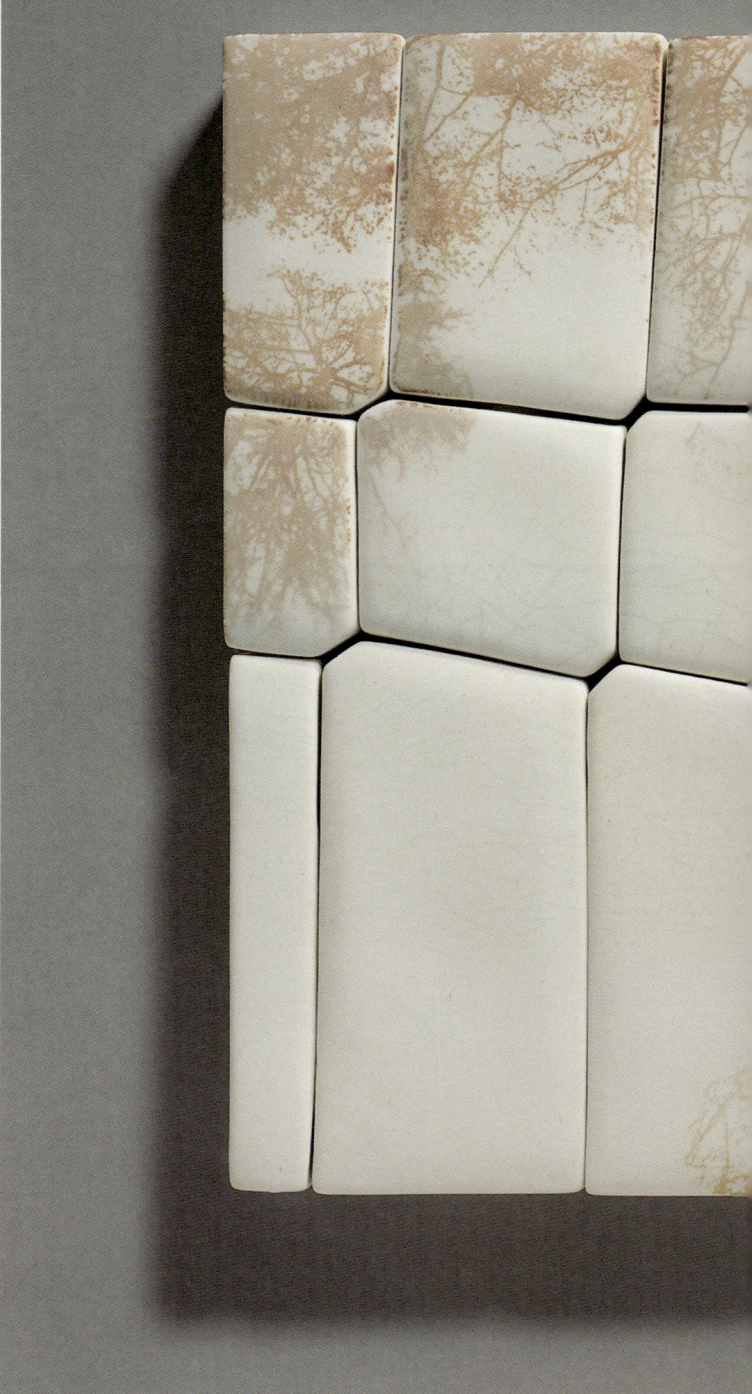

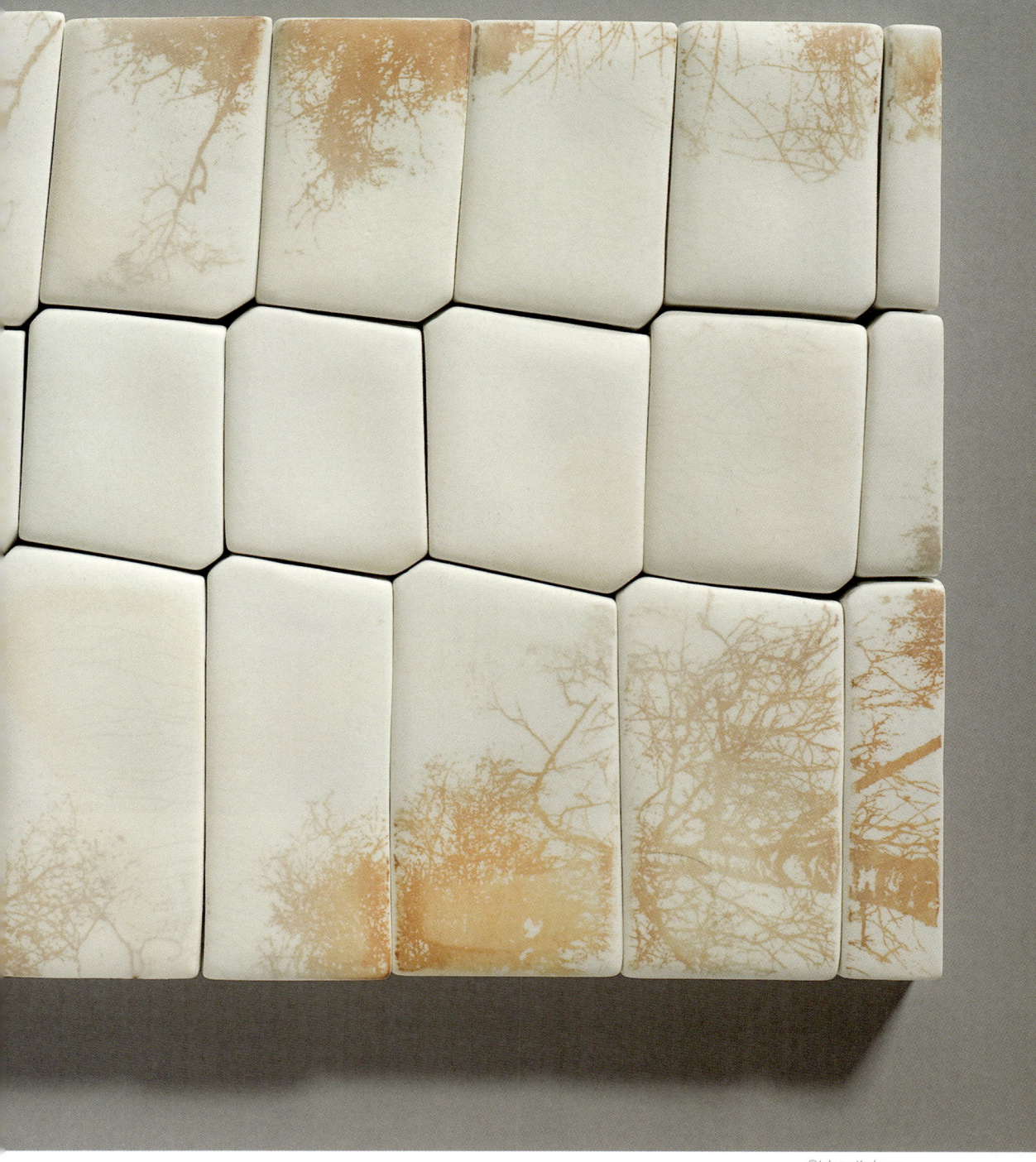

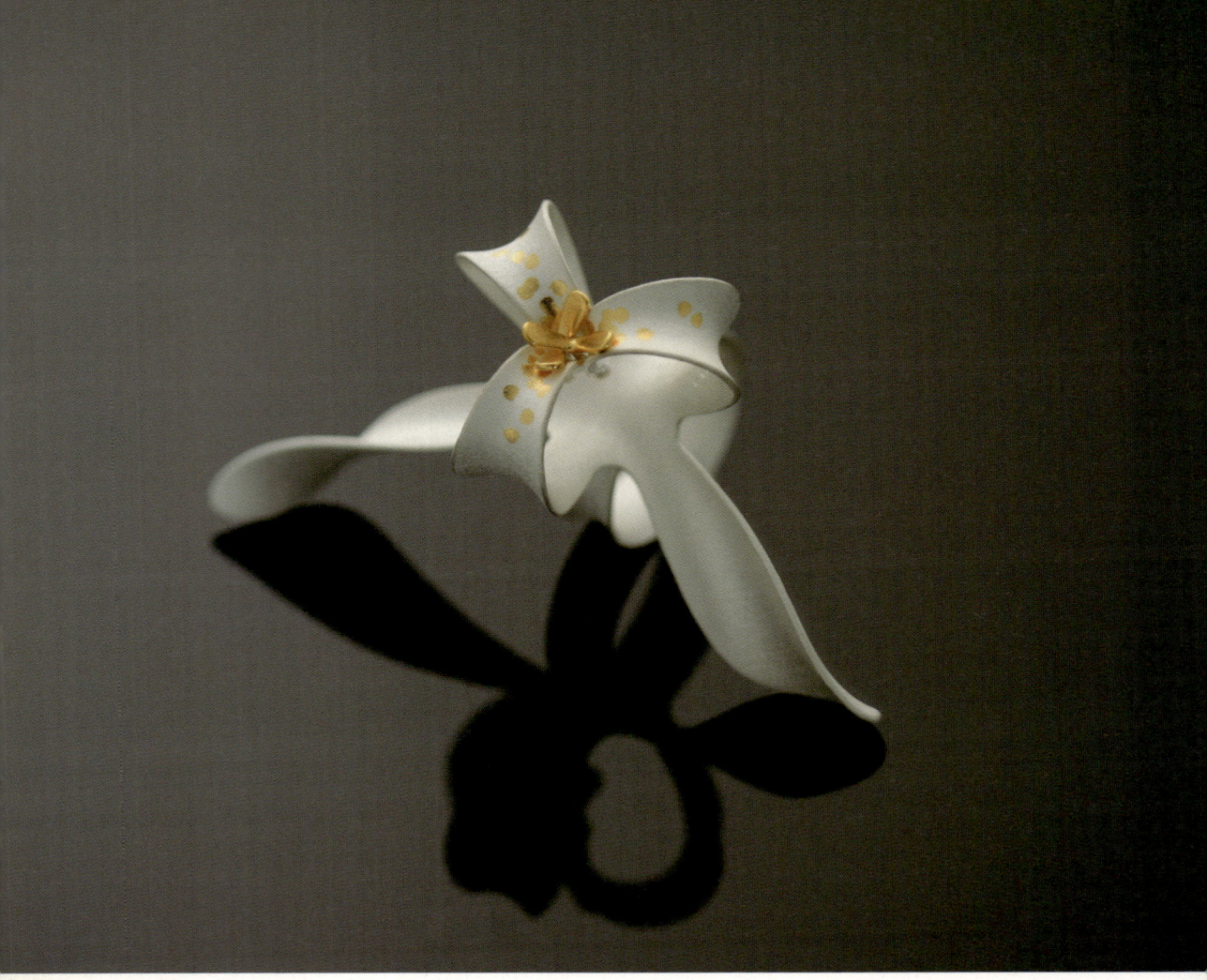

Chao-Hsien Kuo 차오-센 쿠오

Little Spotty Sunshine, Spotty Sunshine, Spotty Sunshine- where to

Set of three rings
3.3×2.5×4cm, 7.5×4×4.5cm, 11×6×6cm
silver, keum-boo 24K gold foil, pearls

The set of three rings is my appreciation for the beautiful Finnish nature. It depicts the life of a little flower, which reflects the clear season changes in Finland. Surrounded by nature, one can easily notice the amazing transformation of plants in different time of the year. Among the four seasons, I find winter the most magical. Therefore, silvery white and snow-covered landscape with golden sunshine is the inspiration for finishing the works.

작게 얼룩진 햇살, 얼룩진 햇살, 얼룩진 햇살은 어디에

3개의 반지 세트
3.3×2.5×4cm, 7.5×4×4.5cm, 11×6×6cm
은, keum-boo 24K금박, 진주

이 세 개의 반지 세트는 아름다운 핀란드 자연에 대한 감사한 마음을 표현한 것이다. 그리고 이 작품은 작은 꽃의 생명을 표현한 것이고, 또 핀란드의 뚜렷한 계절의 변화를 반영한 것이다. 자연에 둘러싸여 있으면 매년 식물들이 변화하는 놀라운 광경을 누구나 쉽게 목격할 수 있다. 나는 사계절 중에서 겨울이 가장 마법 같은 계절이라고 생각한다. 황금빛 햇살 아래 은빛깔의 흰색 눈과 새하얗게 덮인 자연의 풍경은 작품을 완성할 수 있었던 영감의 원천이었다.

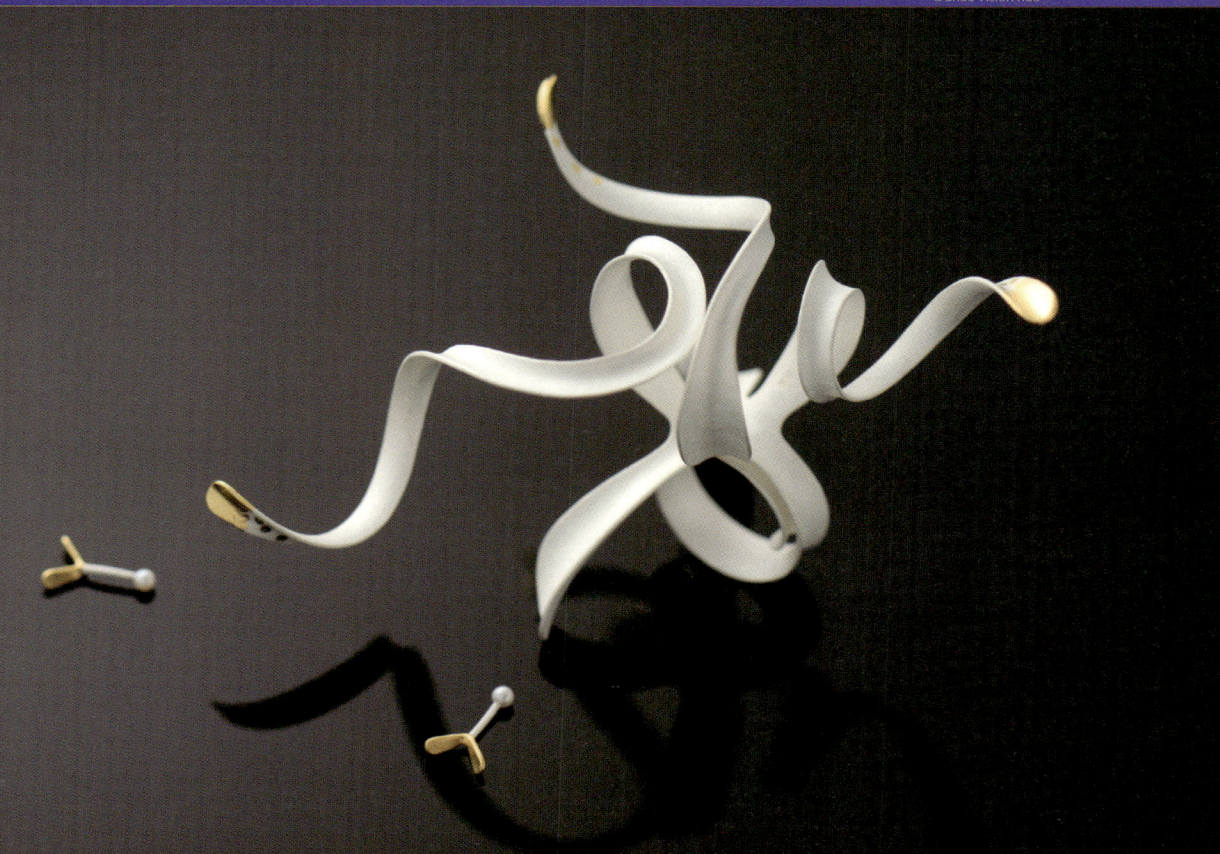

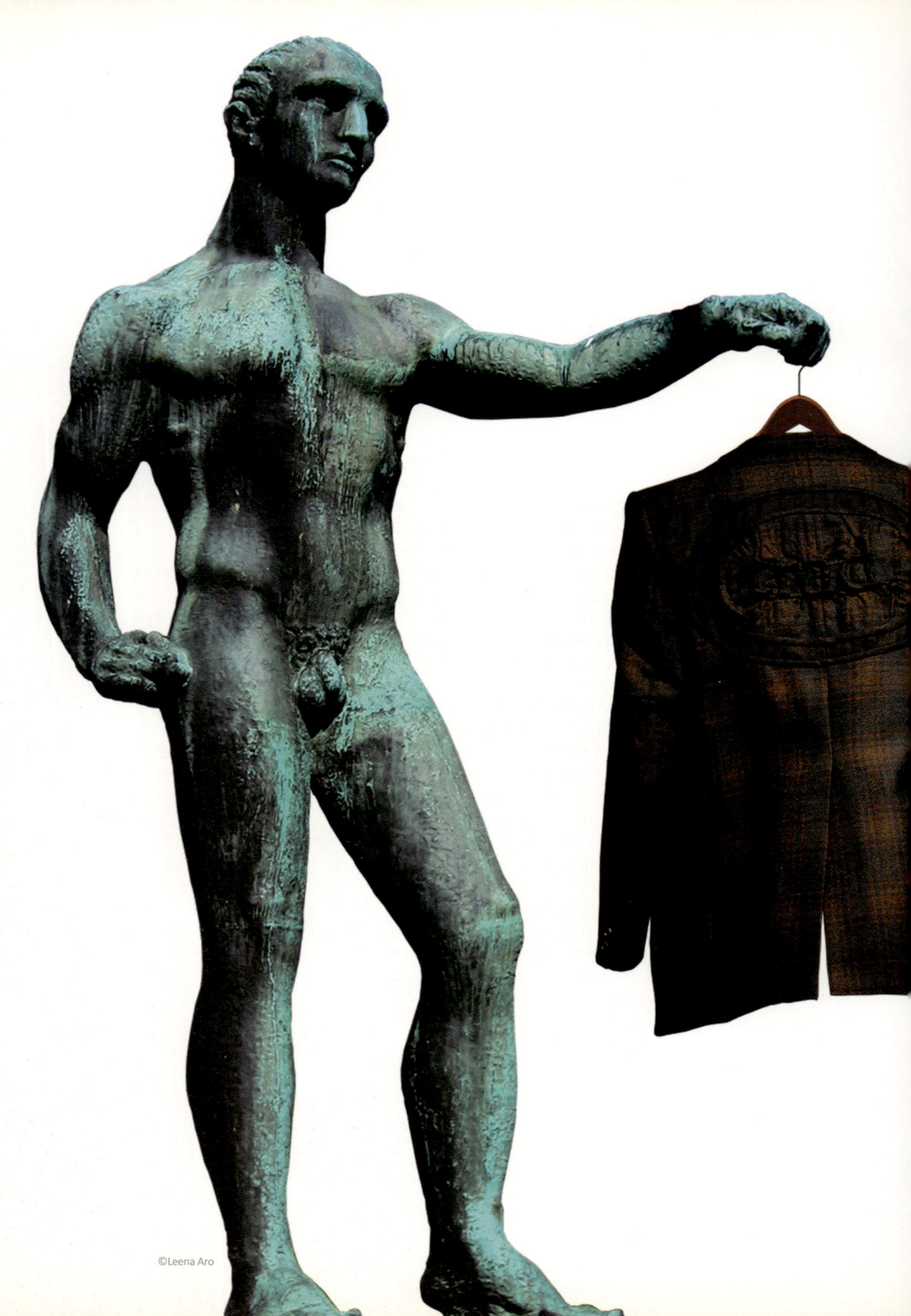

©Leena Aro

Taina Maaria Laaksonen 타이나 마리타 락소넨

trad.

coat size: 50×5×87cm

(trad.) is a musical term (orig. traditional); meaning a tune or song conveyed by tradition. Design, classic craftsman heritage and sculpture are re-joined. (trad.) is a guilt-free collection of carefully curated vintage pieces tuned into our times. Special care has been taken for usability, although (trad.) pieces also do double duty as street art show. Rough design, classic craftsman heritage and sculptural influences are re-joined in authenticity and self-expression. Fashion designer Taina Laaksonen has been trained as a traditional tailor. This trade, embodying menswear design, has in (trad.) collection been allied with the designers sculpturing expertise. The technique "wool manipulation" is an own invention. (trad.) products are design objects with a meaning. The industrial collection supports the original story of the handmade pieces.
Ethical and socially sustainable production.
Production is made in Finland by local professionals. No child labour has been purchased, on average the age of (trad.) workers is 38 years. Being local, even transportation does not set up crazy consumption. High quality is the best guarantee to get a long life cycle for clothes.

트래드(trad.)

코트 사이즈: 50×5×87cm

<trad.>는 원래는 음악 용어이며, 전통적으로 계승된 가락이나 노래를 의미한다. 디자인과 장인의 고전적인 유산, 조각물은 다시금 결합된다.
<trad.>는 오래된 카톨릭 조각 작품을 현재에 맞게 주의 깊게 조화시킨 합법적인 컬렉션이다. 이것은 비록 거리 예술 쇼라는 이중의 임무를 수행해야 하지만, 사용에 있어서 특별하게 주의를 기울이며 다뤄지고 있다. 러프한 디자인과 장인들의 고전적인 유산, 조각적인 영향들이 진정성과 자기 표현이라는 범주 안에서 다시 결합된다. 패션 디자이너 타이나 락소넨은 전통 재단사로서 훈련을 받아왔다. 신사복에 구체적인 형태를 부여하는 전통 재단사는 <trad.> 컬렉션에서 조각에 대한 전문 기술을 구사하는 디자이너들과 제휴를 맺어 왔다. 여기서 양모 취급법과 같은 기술은 작가가 창조한 것이다. <trad.>는 의미 있는 디자인 오브제들인데, 이는 산업적인 컬렉션이 그 수공예품의 원래의 이야기를 뒷받치기 때문이다.
윤리적으로나 사회적으로도 지속가능한 제품.
이 제품은 지역 전문가들에 의해 핀란드에서 만들어진다. 어린이가 노동에 참여하여 만들어진 제품은 판매할 수 없으며, <trad.> 장인들의 평균 연령은 38세이다. 또한 지방이므로 배송 조차 급격한 소비량에 맞춰지지 않는다. 이는 높은 수준의 품질을 유지하는 것이 옷이 긴 수명 주기를 가지게 하는 최고의 보증이 되기 때문이다.

Anna Lampinen 안나 람피넨
Antti Tuomi 안띠 투오미

Tail sofa

400×220×80cm
polyethylene chord, epoxy resin

Tail Sofa is originally designed for D&Ad Student Awards 2008. It achieved nomination in the furniture design category. The brief was set by Vitra: "Design a sofa inspired by the new Vitra Edition collection that is unencumbered by commercial constraints and pushes the boundaries of innovative furniture design."

Tail Sofa is inspired by Mark Rothko´s painting "The Source" from 1946. Our goal was to create surprising and experimental but still functional object. Tail-part is designed to give user a possibility to play with the sofa and space around it. Sofa is made out of polyethylene chord and epoxy resin. The chord is draped over a removable polyurethane mould and then hardened with epoxy resin. The first 1:1 prototype (in white) was presented at the Habitare furniture fair, Helsinki 2010.

꼬리 소파

400×220×80cm
폴리에틸렌 코드, 에폭시 수지

<Tail>는 원래 'D&Ad 스튜던트 어워드 2008'을 위해 디자인된 소파로, 이 대회의 가구 디자인 분야에서 상을 받은 작품이다. 비트라(Vitra)는 이 작품에 대해 다음과 같이 간략하게 언급했다: "새로운 비트라 에디션 컬렉션에 영감을 준 한 소파 디자인은 상업적인 속박과 획기적인 가구 디자인을 해야 한다는 압박감에 사로잡혀 있지 않았던 매우 독창적인 디자인이다".

이 작품은 마크 로스코(Mark Rothko)가 1946년에 그린 '근원The Source'이라는 작품에서 영감을 받았다. 원래 목표는 놀랍고도 실험적인 것을 창조하는 것이었으나, 여전히 이 작품은 실용성이 있는 오브제이다. 소파의 꼬리 부분은 사용자가 소파와 그것 주변공간에서 만지작거리며 놀 수 있도록 디자인되었다. 소파는 폴리에틸렌 코드와 에폭시 수지로 만들어졌으며, 첫 번째 흰색의 1:1 원형품은 2010년 헬싱키에서 열린 Habitare 가구 페어에서 선보였다.

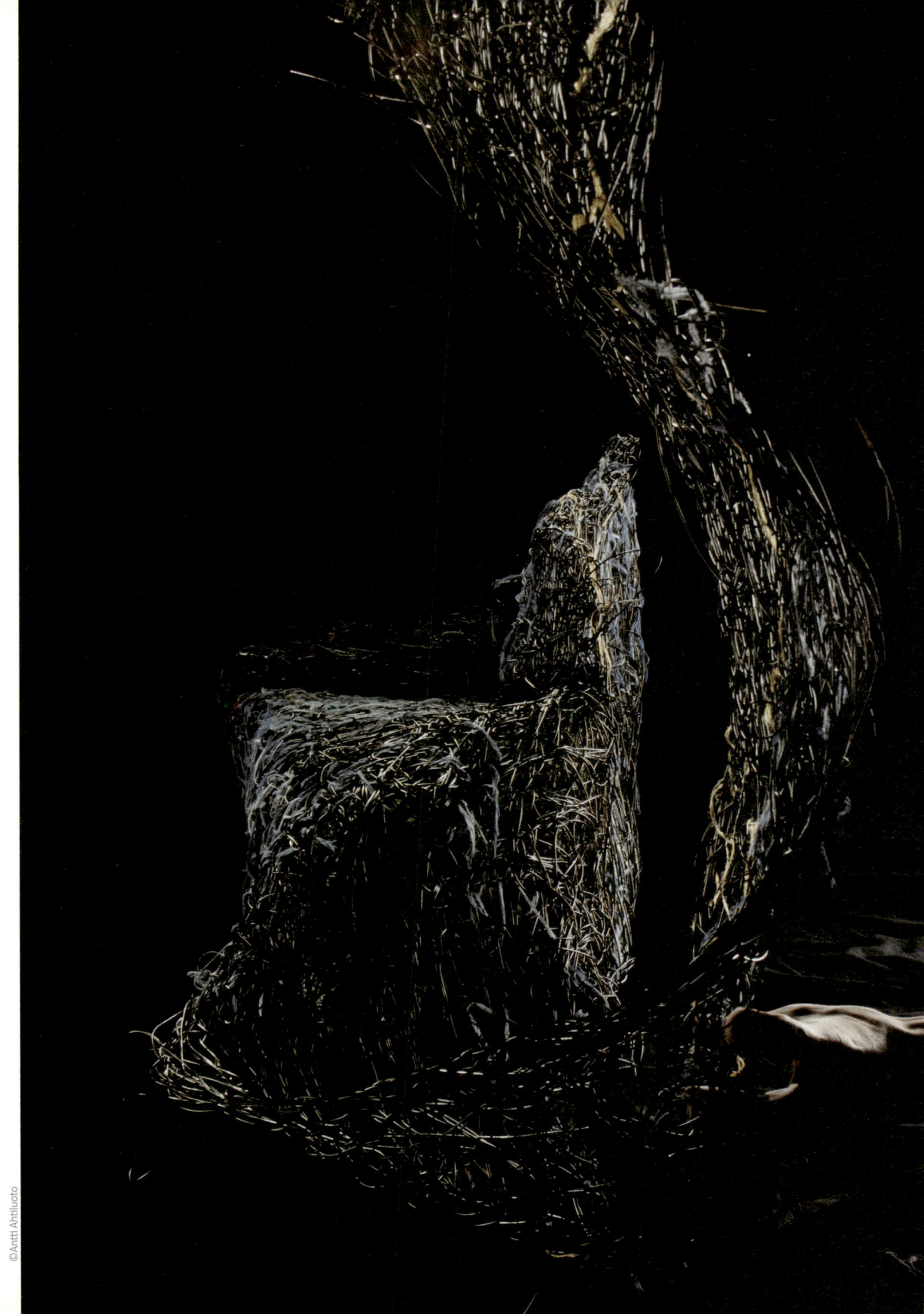

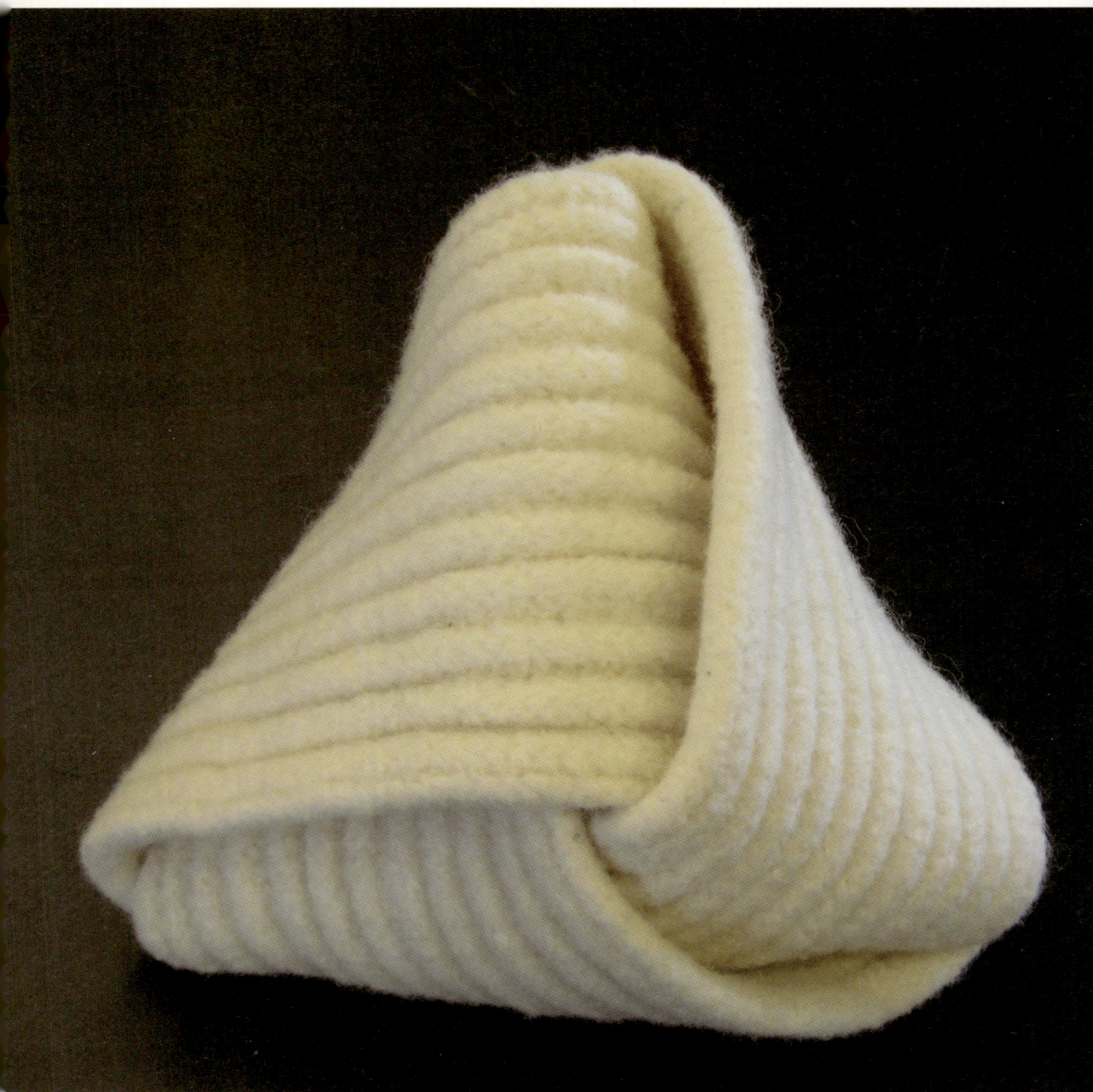

©Marita Lappalainen

Marita Lappalainen 마리타 라빨아이넨

Foldings

21×19×18cm
wool

Wool warms, wool bends and wool felts. Wool has always been an important material in Finnish handicraft. Nearly every Finn has some woolen clothes, at least hand knitted woolen socks.
My work " Foldings" has been made of old hand knitted woolen scarves, which I have felted in a washing machine. The simple form has been created by folding.

접힌 것들

21×19×18cm
양모

양모는 핀란드의 수공예 분야에서 항상 중요한 재료가 되어 왔다. 거의 모든 핀란드 사람들이 양모로 만든 옷을 입으며, 최소한 손뜨개로 뜬 양모 양말을 신는다. 작품 < Foldings>은 세탁기 안에서 엉키게 한 손뜨개질한 오래된 양모 스카프들을 재료로 하고 있으며, 그 단순한 형태는 접음으로써 만들어졌다.

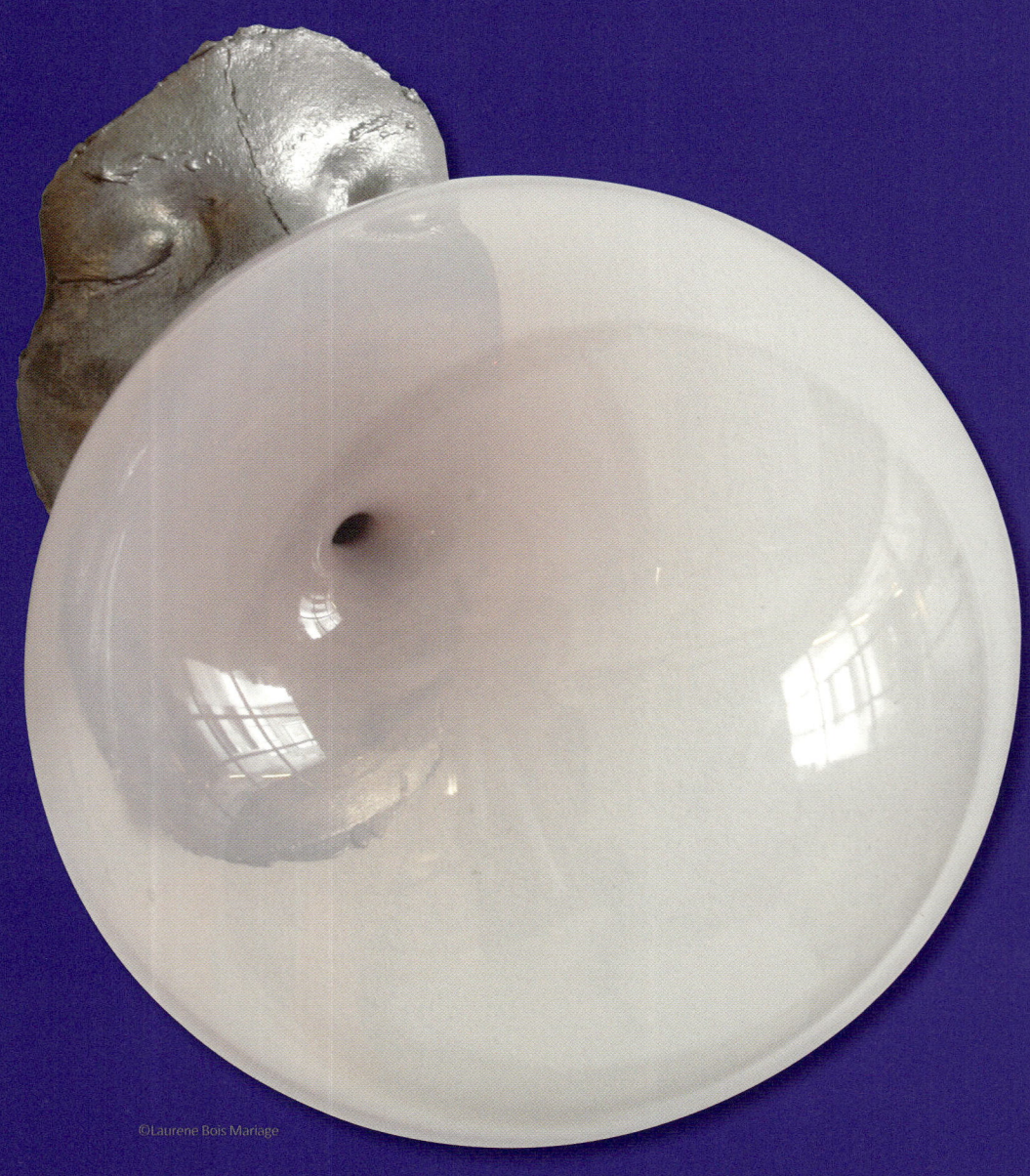

©Laurene Bois Mariage

Riikka Latva-Somppi 리이까 라트바 솜뻬

Bubble-gum Boy

19×18×21cm
blown glass, aluminium

In my work theory evolves to an experience, may it be intellectual, a cultural connotation, a small amused insight or simply a forgotten memory that reaches the surface in a viewers mind. The Bubble-gum Boy is an attempt to materialize the fleeing moment of blowing a successful bubble-gum ball, rising to focus a small joy of everyday life. The Content-series also comments the idea of content in everyday life. Everyday objects are presented with glass as pouring, flowing and rising contents. Simultaneously the work discusses the suppositions on the field of art literally offering pieces of glass art with content.

풍선껌 소년

19×18×21cm
(블로잉 제작)유리, 알루미늄

이 작품의 개념은 일상의 경험을 진전시킨 것으로, 이것은 아마도 지적이고도 문화적인 암시이며, 작지만 놀라운 통찰력이거나, 관람자의 심상 속에 있는 잊혀진 기억을 환기시키는 것일지도 모른다. <Bubble-gum Boy>은 풍선껌의 풍선이 크게 생겼다가 사라지는 순간, 즉 일상의 작은 기쁨을 포착하여 표현한 것이다.
또한 Content 시리즈는 일상을 이루고 있는 구성물에 대한 개념을 비평한다. 일상생활 속 물건들은 유리로 따르고, 흘리고, 솟아오르게 함으로써 표현되었다. 동시에 이러한 작품은 일상의 물건들을 유리예술작품으로 만들어냄으로써 예술이라는 영역에서의 상상에 대해 논의한다.

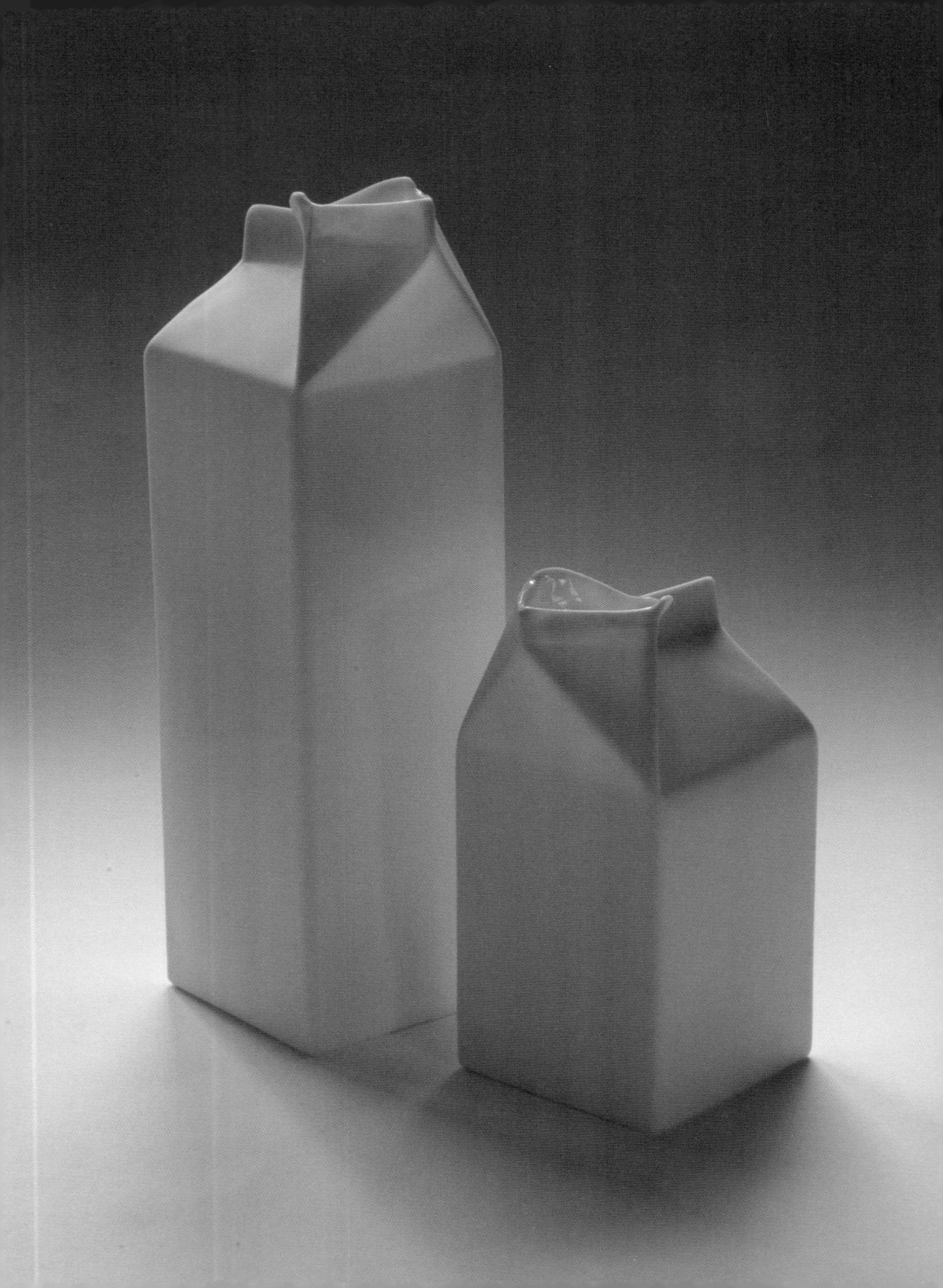

Jatta Lavi 야따 라비

Still moments

Porcelain milk carton
21cm

The details in our everyday life we usually ignore
captured in porcelain.
I wish my work challenges people to discuss about
the objects and the products around us, about
aesthetics and necessity of the objects.

머물러 있는 순간들

우유빛 도자기판
21cm

우리가 항상 못본 체해온 일상 속 디테일한 것들을 도자
작품으로 포착하였다.
나는 이 작품이 사람들로 하여금 예술작품과 우리 주변의
상품, 미학과 필수적인 물건에 대한 논의를 촉구하기를 희
망한다.

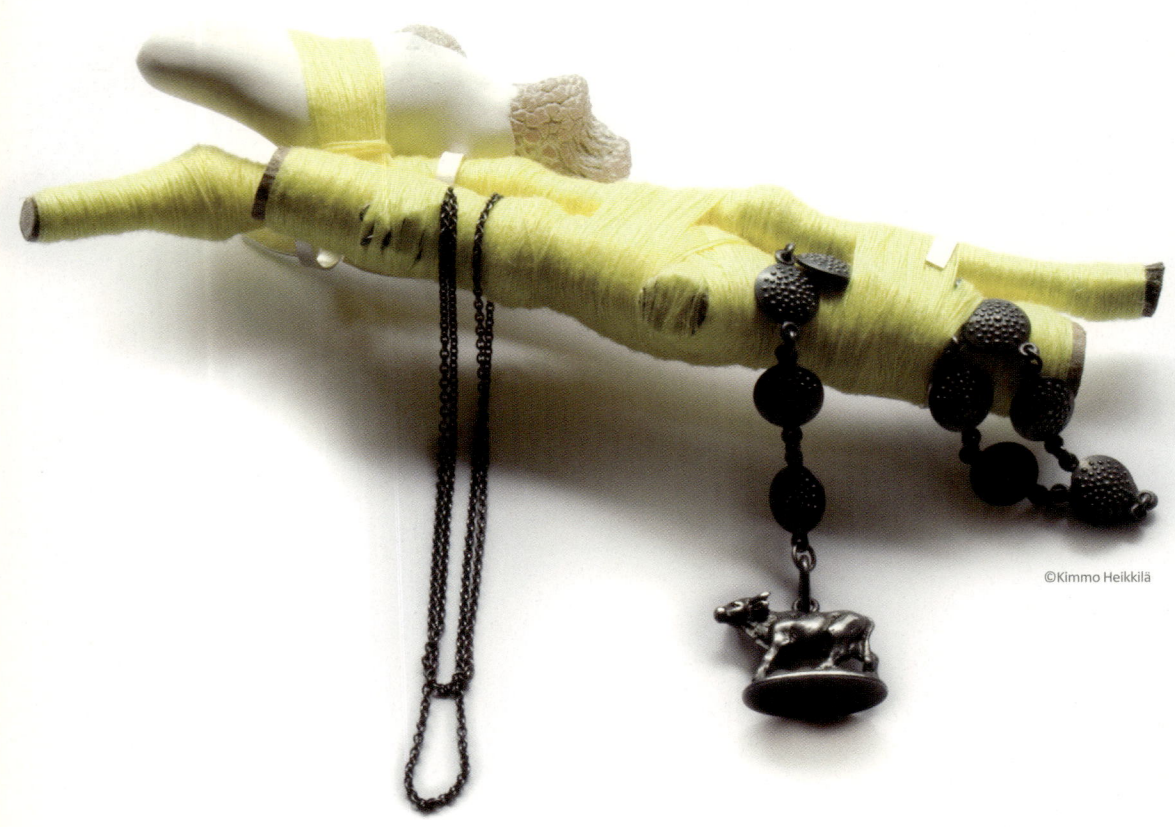

©Kimmo Heikkilä

Helena Lehtinen 헬레나 레히티넨

Memory / landscapes of mind 1

brooch
12×6cm
mixed media

기억 / 마음 속 풍경 I

브로치
12×6cm
혼합 재료

We have our fake memories, we adopt stories from others, we combine. We create new ones and this all becomes our memory. The original changes, becomes maybe more interesting, hides the things we don't want to remember, reveals parts we want to show. Time puts flesh around bones; only some specific details remain to be seen. The yarn covers and reveals, makes the shape, gives a hint, what might be under.

우리는 다른 것들로부터 이야기를 받아들이거나 재구성하여 왜곡된 기억을 가지게 된다. 우리는 새로운 무언가를 만들어내고 이 모든 것들은 새롭게 기억된다. 이로 인해 우리가 가진 원형의 기억은 변하는데, 더욱 흥미로워지거나 기억하고 싶지 않은 것들을 숨기며, 보여주기 원하는 것들만을 드러내게 된다. 시간은 단지 몇몇 특별한 세부적인 것들만이 보여지도록 한다. 그리고 실 가닥은 형태를 감추고 드러내며 만들고, 그 아래 무엇이 있는지 힌트를 준다.

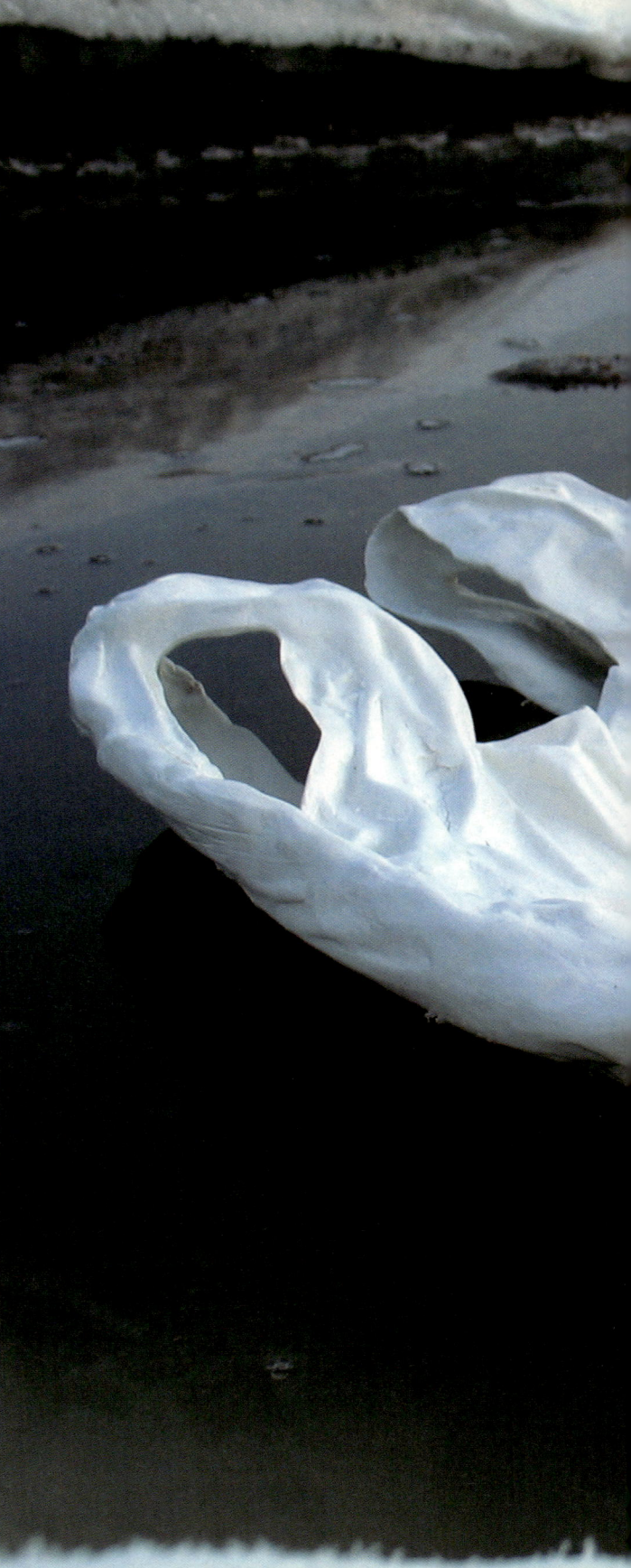

Johanna Lehtinen
요한나 레히티넨

Remains

cast porcelain
47×30×12cm

Remains is a series of plastic bags turned into relics or memory objects made of porcelain.

We seem to build our lives and identity through products, as we consume to live, but also vice versa. Plastic bag is probably one of the most visible items of our extravagant way of living, since it has an essential part in buying and disposal of goods. Even though plastic bags are problematic waste that can be seen here and there in the nature, one could also see contradictory beauty of tranquility and comforting stability in them, as they are marks of this era and remain long after we are gone. In a way plastic bags could be seen as our remains.

유물

자기(캐스팅)
47×30×12cm

<Remains>는 유물로 변한 비닐봉지 시리즈이자 도자기로 만들어진 기념비적 오브제이다.

우리는 살기 위해 소비하거나 소비하기 위해 살아가도록 하는 물건들을 통해 우리의 삶과 정체성을 만들어가는 듯 하다. 인간의 삶에서 상품을 사고 파는 것이 필수적인 부분이 된 이래, 비닐 봉지는 아마도 우리가 살면서 낭비하는 물건들 중에 가장 두드러진 아이템일 것이다. 비록 이 것이 자연의 여기 저기에서 보여질 수 있는 문제가 많은 폐기물일지라도, 누군가는 비닐 봉지들에서 평온함이라는 모순된 아름다움과 위안을 주는 안정성을 느끼고 있을 지 모른다. 비닐 봉지는 이 시대에 흔적을 남기고 또 우리가 죽은 다음에도 오래도록 남을 것이다. 이러한 의미에서 비닐 봉지들은 우리의 유물로 인식될 수 있다.

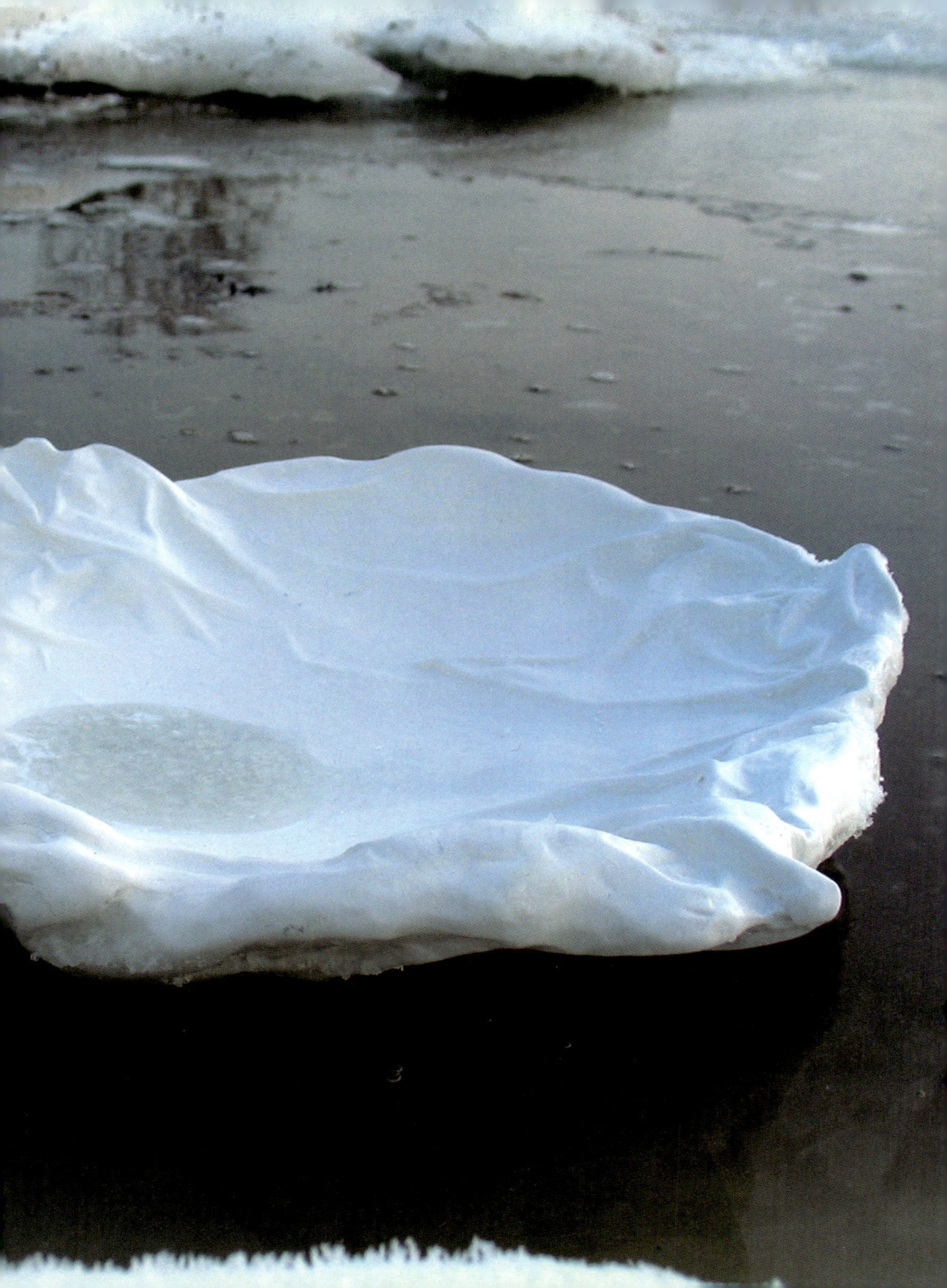

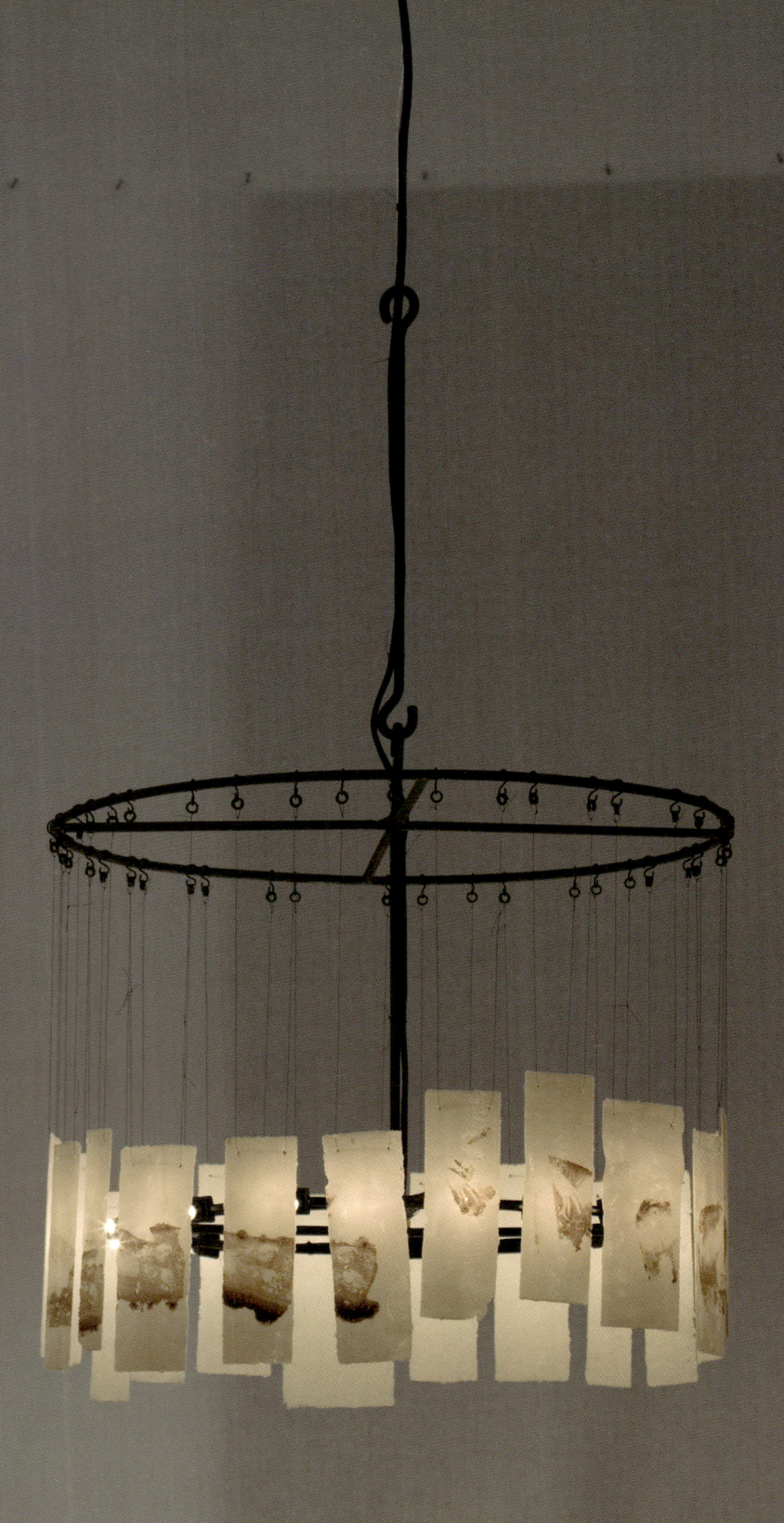

Maarit Mäkelä 마릿 마낄라

Small Wound

chandeliers
Ø40cm
silkscreen to reindeer bone porcelain

The origin of my works is often cultural female image. By painting or printing these images with silkscreen to ceramics, I tell a story based on my own experiences as a woman. When bringing these images to craggy ceramic surface the images reveal their vulnerability. The work "Small wound" is based on Piero di Cosimo's (1462-1515) painting "A Satyr mourning over a Nymph". The material is porcelain made of Finnish reindeer's bone. The work is hung up in the form of a chandelier with horsehair.

작은 상처

샹들리에
Ø40cm
순록 뼈로 만든 도자기에 실크스크린

내 작품은 종종 문화적인 여성의 이미지에 근원을 두고 있다. 나는 도자기에 실크스크린 기법을 사용하여 이러한 이미지를 프린팅함으로써 여성으로서 내 경험에 기초한 이야기를 들려준다. 금이 간 도자기 표면에 그려진 이미지들을 보고 있으면 마치 이 이미지들이 상처입기 쉬운 상태라는 느낌을 갖게 된다. 작품 <Small Wound>는 피에로 디 코시모(Piero di Cosimo, 1462-1515)의 그림 '님프의 죽음을 애도하는 사티로스A Satyr mourning over a Nymph'에서 영향을 받았다. 이 작품은 말총에 의해 샹들리에의 형태로 걸려 있으며, 작품의 재료는 핀란드의 순록 뼈로 만든 도자기이다.

Leena Mäki-Patola
레나 마끼 빠톨라

Air

320×320×4cm
stoneware clay, glazes

I have been seaching for a shape for the elements earth, air, blood and water. As one result I found three forms: aorta for blood, Nile Delta for water and bronchia for air. Besides the shape there is also importance in the selection of the colors. Red, blue and white refer to freedom, brotherhood and equity.

For my works I get influences from the daily news which tell us about floods, drought, storms and bloody conflicts. My works bear societal messages. I think art is one way of participating in the societal discussion and decision making.

공기

320×320×4cm
석기질 점토, 유약

나는 땅과 공기, 피, 물이라는 요소들이 형상화된 것을 찾고 있었다. 그 결과, 피에서는 대동맥, 물에서는 나일 강 삼각주, 공기에서는 인체의 기관지라는 세 개의 형태를 찾았다. 또한 이런 형태 외에도 중요한 것이 바로 색채의 선택이었는데, 피의 빨강, 물의 파랑, 공기의 하얀색은 각각 자유, 형제애, 평등을 지칭하는 것이다.

나는 홍수, 가뭄, 폭풍우, 피튀기는 전쟁 등의 소식을 매일 알려주는 뉴스에서 많은 영향을 받고 작업한다. 이런 과정을 거치기 때문에 내 작품은 사회적인 메시지들을 낳게 된다. 나는 예술이 사회적인 논의 구조와 결정 과정에 참여하는 하나의 방식이라고 생각한다.

©Jani Hakala

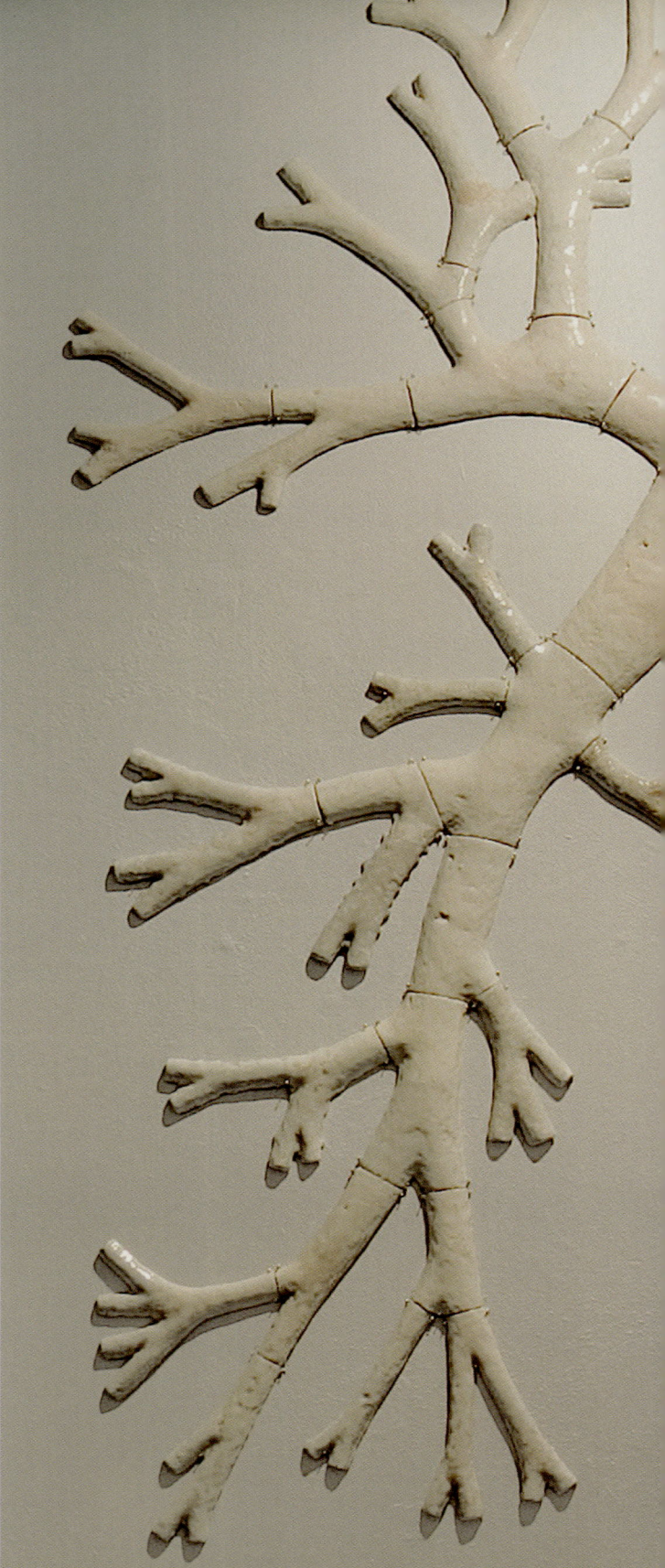

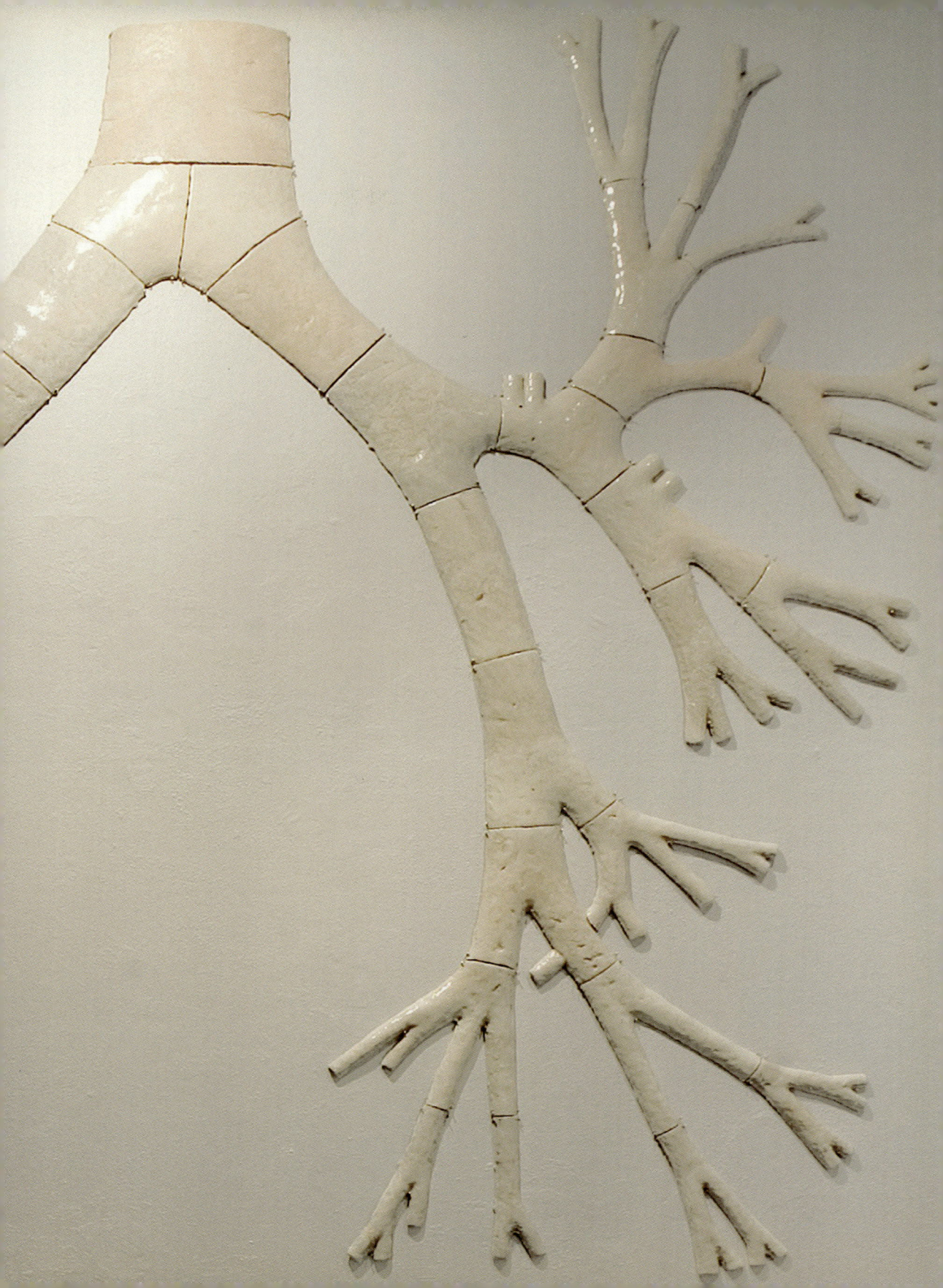

Niina Mantsinen 니나 만트시넨

Clash

tufted rug
168×75cm
wool, metal

Clash is a tribute to traditional Finnish rug culture in urban way.
Combining familiar, warm rug technique with dangerous and rough graffiti makes the story something to think about. You can definetly respect a rug as an art form but can you respect graffiti in the same way? Is graffiti now more respectable when it's been transformed into a rug?

충돌

장식술을 단 양탄자
168×75cm
양모, 금속

작품 <Clash>은 도시적인 방식으로 핀란드의 전통적인 양탄자 문화에 보내는 하나의 찬사이다.
이 작품은 친숙하고 따뜻하게 만들어진 양탄자에 다소 위험하고 거친 그래피티로 무늬를 넣어 관람자로 하여금 생각하도록 하게 하는 의도에서 만들어졌다. 당신은 분명 하나의 예술 형식으로서 양탄자를 존중할 수 있을 것이지만, 같은 방식으로 그래피티를 존중할 수 있겠는가? 그렇다면 이 작품처럼 양탄자로 변형되어진 그래피티는 더욱 존중받을 수 있는가?

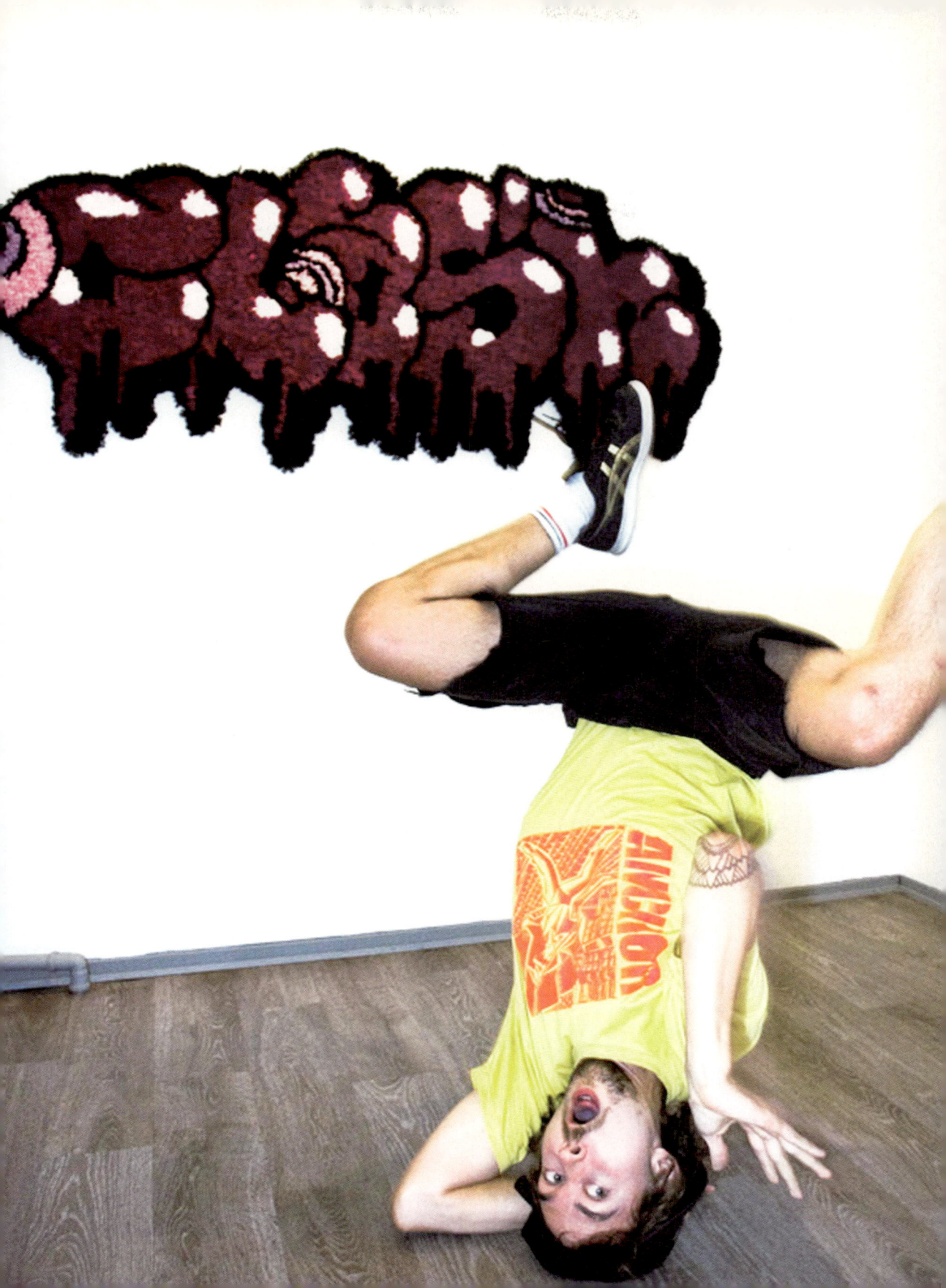

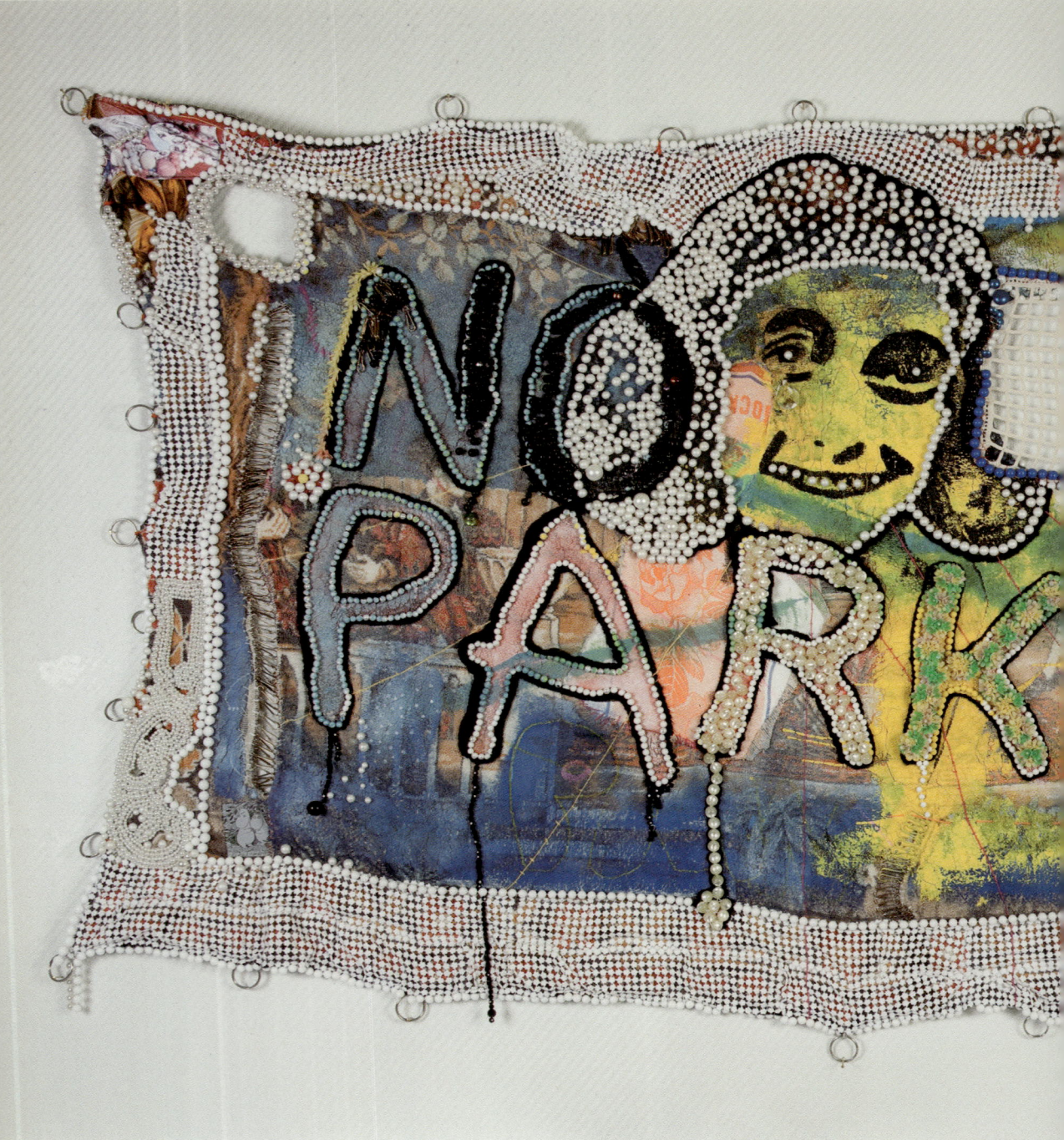

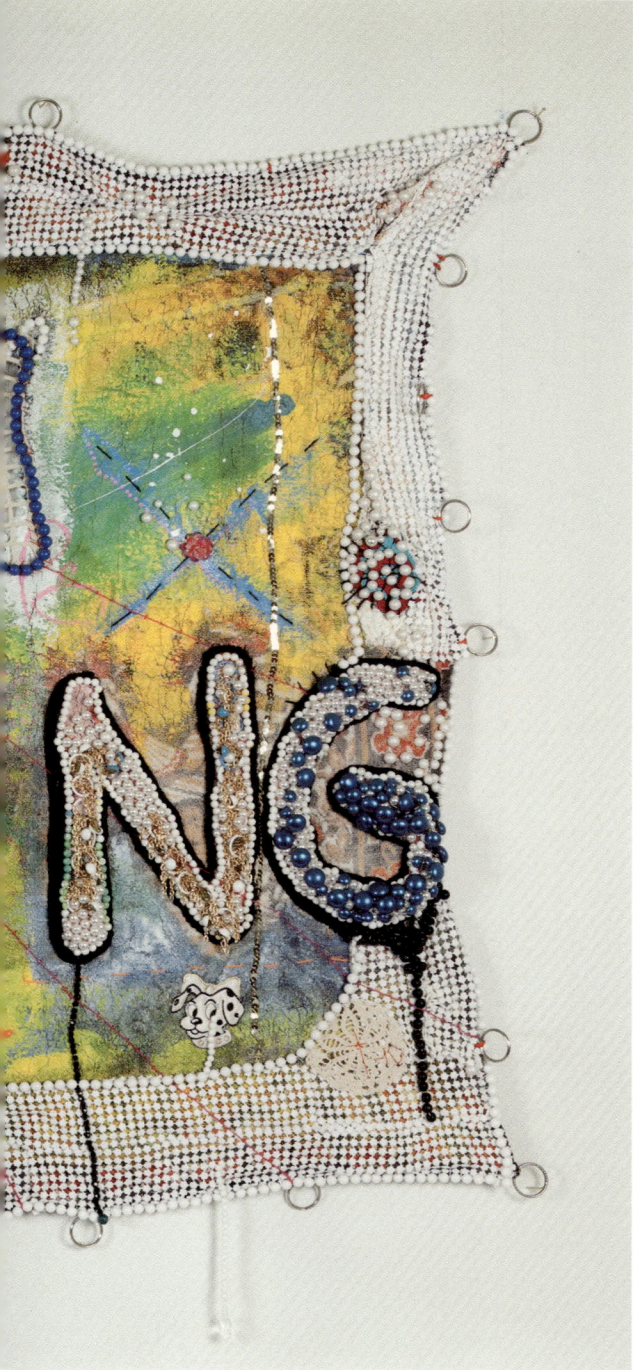

Tuija Helena Markonsalo
뚜이야 헬레나 마르콘살로

No Parking

170×105cm
mixed media

NO PARKING moves in border country between pictorial art, art handicraft, jewelry and textile art. Work is combination of found objects, recycled materials, beads and paint. I have been influenced by graffiti art from East London, street called Brick Lane and also wall paintings from West Africa, Benin.

주차금지

170×105cm
혼합 재료

<No Parking>는 순수예술과 수공예, 쥬얼리 아트, 섬유 예술 사이의 경계부에 있는 작품으로, 발견된 오브제들과 재활용 재료들, 비즈, 페인트를 조합하여 만들어졌다. 작가는 브릭 레인(Brick Lane)이라고 불리는 동부 런던 거리의 그래피티 작품과 또 서아프리카 베냉(Benin)의 벽화들에서 영향을 받았다.

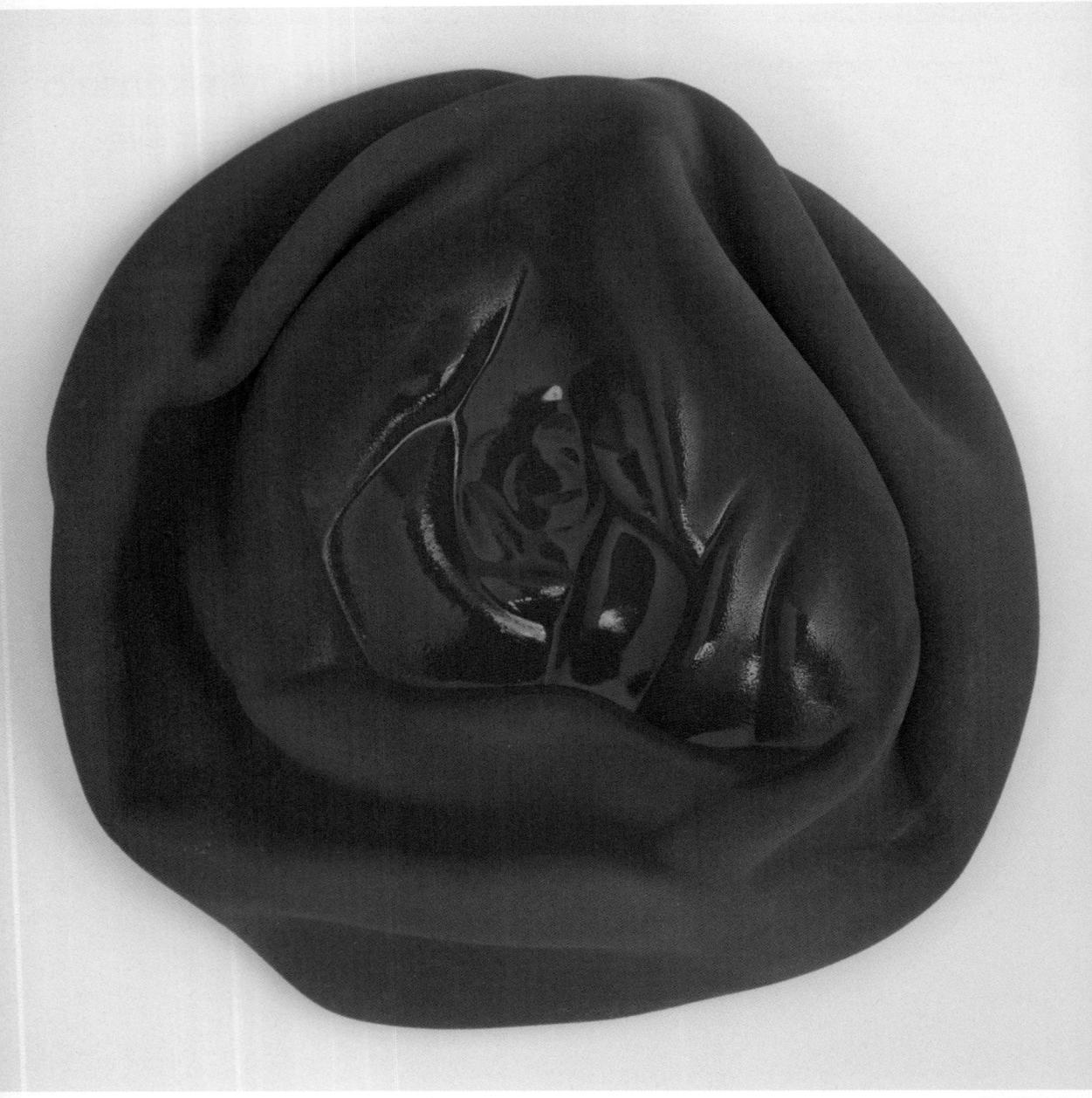

©Pasi Mälkiä

Tia Matikainen 띠아 마티카이넨

Wall Flowers

37×34×10cm
casted bone china

Series Wall Flowers explores ideas of beauty and ugliness. The base of the work is a flower bud, a rose which is casted from bone china. The form has fired to melt just enough to slump but still be recognizable.
The technique enables to achieve another form – an explicit allusion to what a rose symbolizes. Perfection and beauty are dissolved, although the essential quality of the flower remains vaguely discernible. The result is out of proportion and takes on a completely sculptural character.

월 플라워

37×34×10cm
본차이나(캐스팅)

<Wall Flowers> 시리즈는 아름다움과 추함에 대한 개념을 찾아가는 과정이다. 이 작품은 본차이나로 주조된 장미 꽃 봉오리 모양을 하고 있는데, 이를 알아볼 수 없을 만큼 녹고 불타버렸음에도 불구하고 여전히 장미라는 것을 인지할 수 있는 상태에 있다.
이러한 방식은 장미가 상징하는 분명한 암시와 같이 또 다른 형식을 성취할 수 있도록 한다. 비록 장미의 본질적인 면은 막연하게 분간해낼 수 있지만, 꽃이 가진 완벽함과 아름다움은 이제 용해되었다. 최종 형태는 균형을 벗어나서 완벽하게 조각적인 성격을 갖게 되었다.

Veera Metso 베라 메트소

And Space Opens Up

50×50×6.5cm
birch plywood, nickel silver

The work is a series of three wall pieces that contains jewelry. These two-sided pieces made out of birch plywood and nickel silver are talking about touch; touch of the moment and the world around us. Personally, working keeps me present and awake as I follow the material intuitively and listen to what it wants to become. Wood settles down the forms and plywood the colors. In the pieces the jewelry is present even when it is not worn since it finds a meaningful place in the whole. Viewers' reality is present in the associations they make with the figures on the wood.

그리고 공간이 확대되다

50×50×6.5cm
자작나무 합판, 양은

이 작품은 쥬얼리를 포함한 세 개의 벽걸이 작품들이 하나의 시리즈로 된 것이다. 두 작품은 자작나무 합판과 양은으로 만들어졌고, 그들은 현재의 '공감' 또는 우리를 둘러싸고 있는 '공감'에 관해 이야기하고 있다. 개인적으로, 작업을 한다는 것은 나를 늘 현재의 상태로 유지시켜 주는 행위이며, 이것은 직관적으로 재료가 가고자 하는 방향을 듣고 따라가는 것이다. 즉, 나무는 형태와 합판의 색을 차분히 가라앉힌다. 이 작품에서 쥬얼리는 심지어 그것이 누군가에 의해 착용되지 않을지라도 그것의 진정한 의미를 가지는 곳을 찾았을 때 그 자체로 현재가 된다. 관람자는 나무 위의 만들어진 형체들과 관계하며 그곳, 현재에 있다.

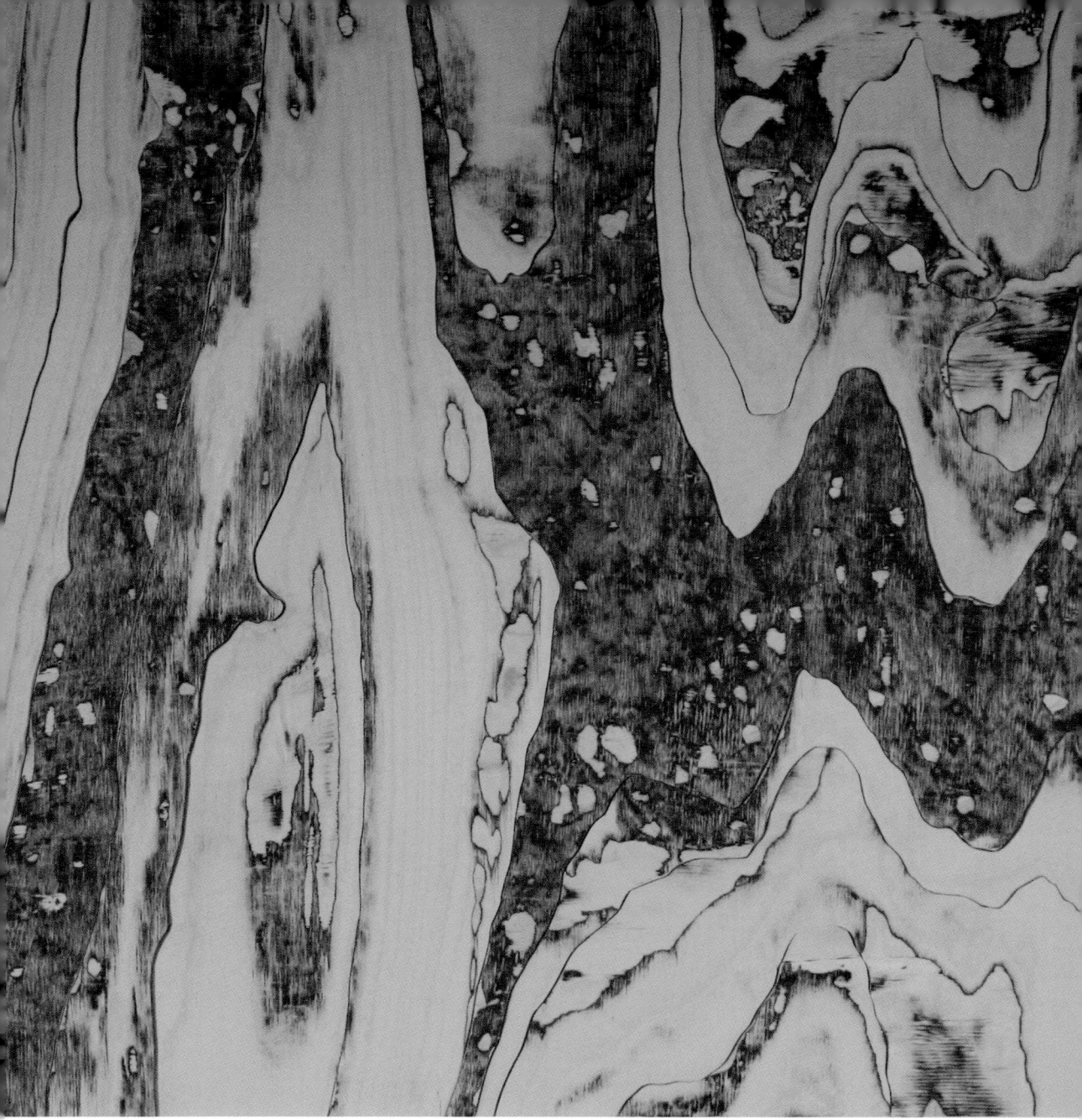

©Veera Metso

Eija Mustonen 에이야 무스또넨

Höytiäinen

Brooch
21×8.5×1cm
silver, textile, thread

The connection to my own environment and space is the starting point in my working process; randomness and order as it is in nature. The theme is landscape, not just physical space but also psychic state.

Höytiäinen

브로치
21×8.5×1cm
은, 섬유, 실

내 작업은 주변환경과 공간을 연결하는 것에서부터 시작되었다; 이것은 자연 속에 존재하는 두 가지 대비적인 개념, 즉 자유분방함과 질서를 연결하는 것이다. 이 작품의 주제인 '풍경'은 단순히 물리적인 공간이 아닌 마음의 풍경을 말하는 것이다.

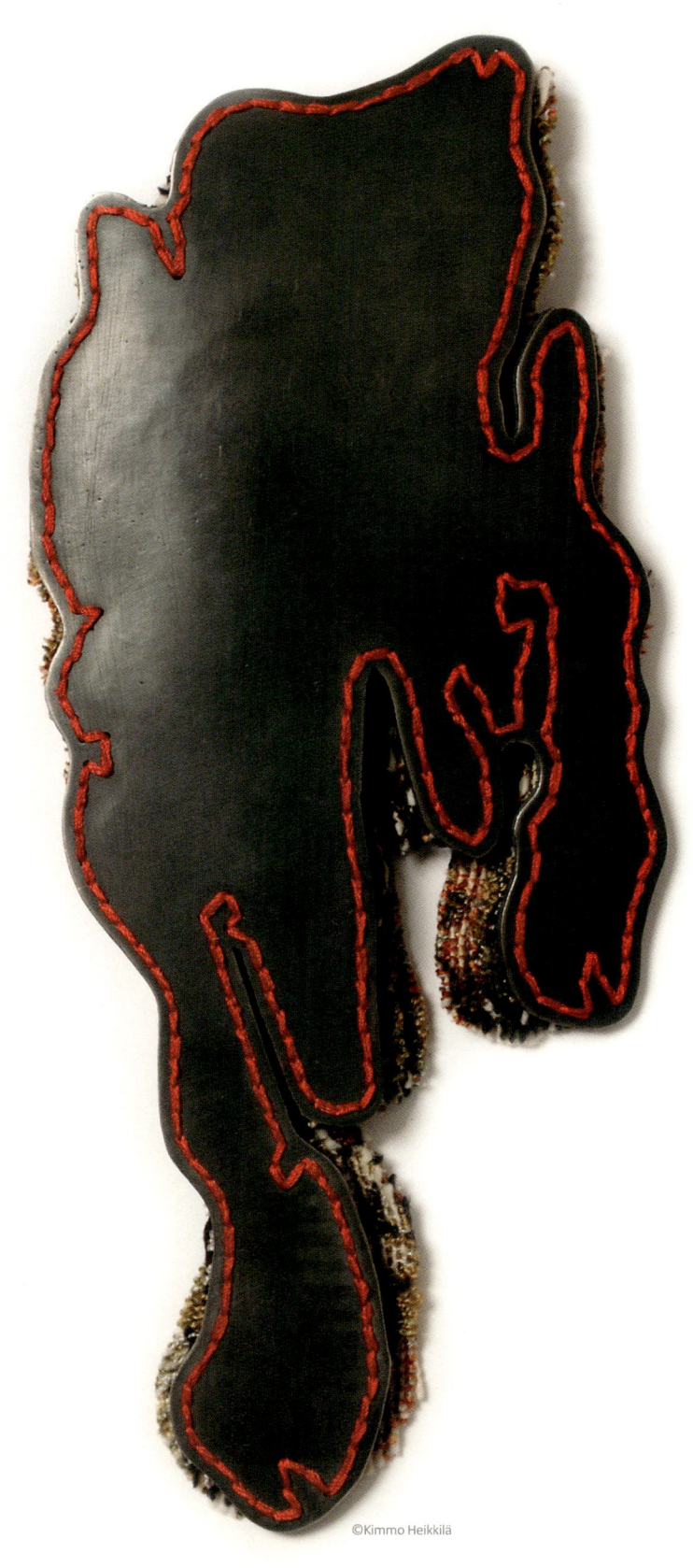

©Kimmo Heikkilä

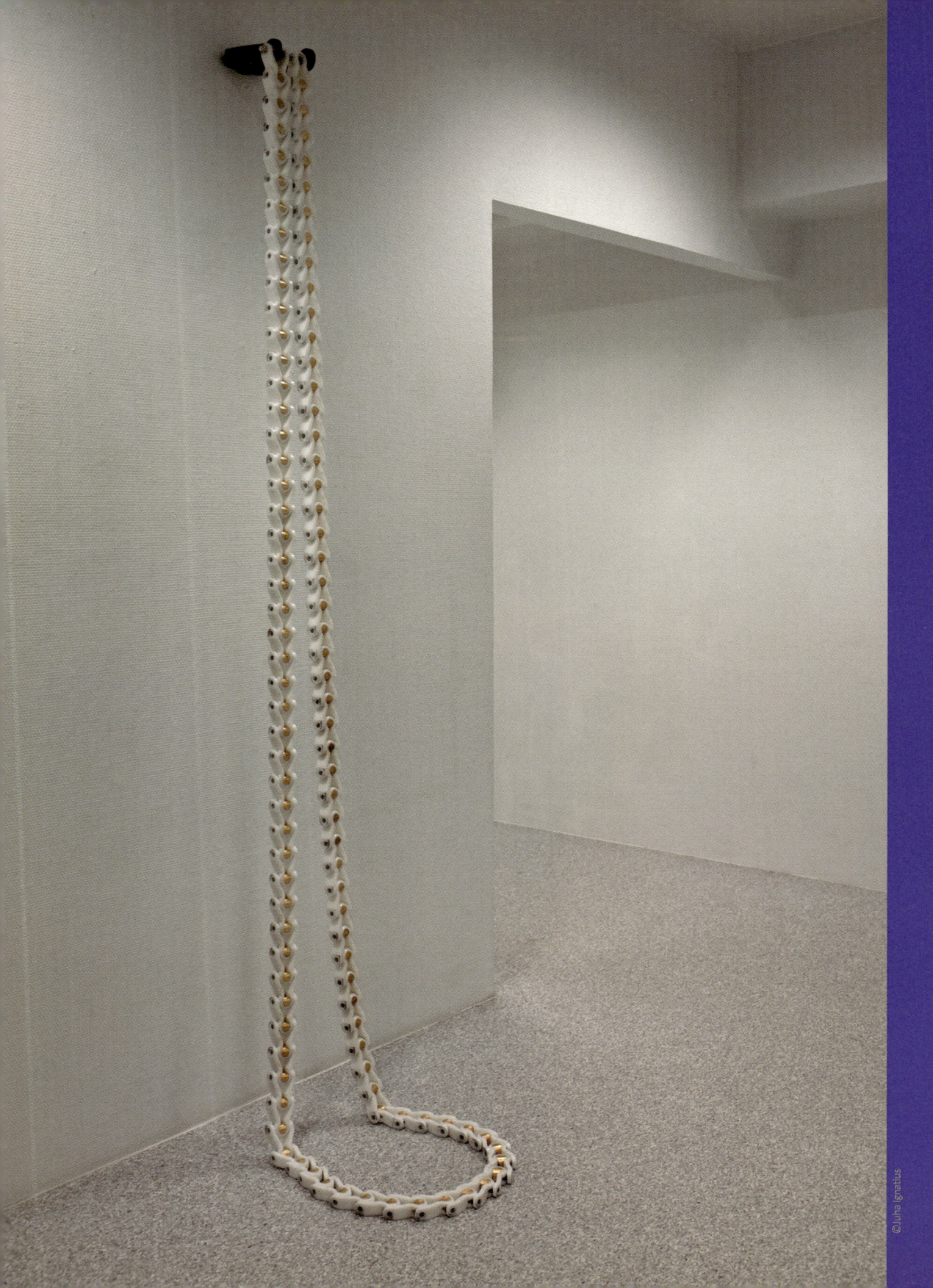

Moosa Myllykangas 모사 뮬르캉아스

300×50×20cm
plastic, metal foil, steel

When I was a child every mother had a golden necklace called Bismarck. Our mother didn't, because our family could not afford it. When I grew up I made a bigger pendant. This work of art is dedicated to my dear mother.

300×50×20cm
플라스틱, 금속 호일, 강철

내가 어렸을 때, 모든 엄마들은 '비스마르크'라고 불리는 금목걸이를 가지고있었다. 하지만 내 가족은 그것을 살 여유가 없었기 때문에 우리 엄마는 그것을 가지지 못하였다. 나는 내가 성인이 되었을 때 어린시절 그 목걸이보다 큰 팬던트를 만들었다. 이 예술 작품을 나의 사랑하는 엄마에게 바친다.

Jouko Nieminen 요오코 니에미넨

Forged table

65×Ø45cm
glass, steel, rust and patina, traditional forged
riveted joints

Forged table

65×Ø45cm
유리, 강철, 녹, 녹청, 전통적 기법으로 연마된 리벳 이음매

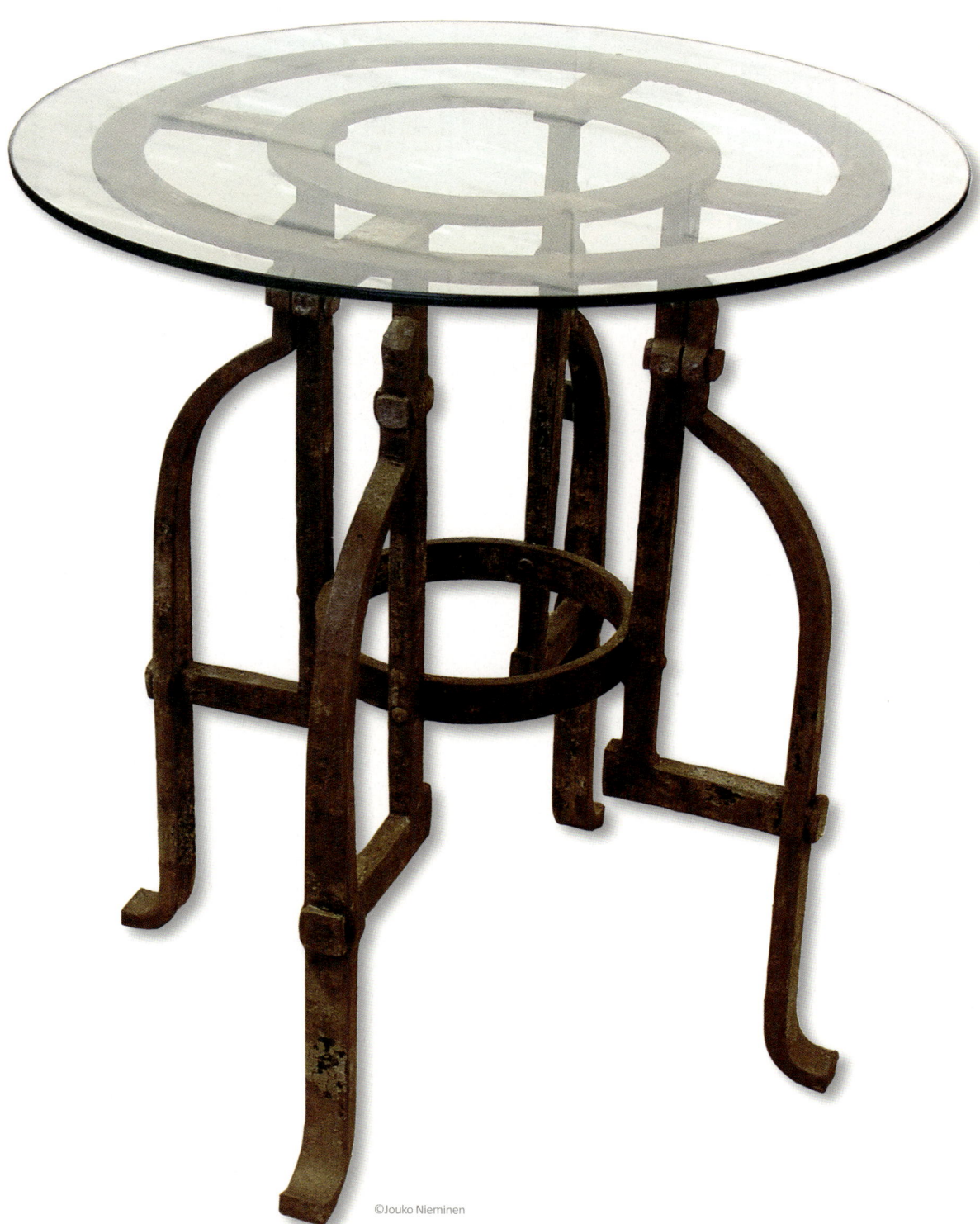

©Jouko Nieminen

Nithikul Nimkulrat 니디쿨 님쿨라트

The Birch Tree

100×200×100cm
paper string

The creation of 'The Birch Tree' began during the artist's residency in Reykjavik, Iceland in 2008. The idea arose when I noticed that no forest seems to exist in Iceland's wonderful landscape. This is in contrast with Finland where forests are prosperous and surround people's everyday life. As an artist who has lived in Finland for over a decade, I wanted to contribute to restoring forests in Iceland conceptually, by creating a birch tree using paper string, a product of Finnish forests.

The project of planting a conceptual birch tree forest still continues...

자작나무

100×200×100cm
종이 끈

작품 <The Birch Tree>는 내가 2008년 아이슬란드의 레이캬비크(Reykjavik)지역에서 예술가 레지던시에 참여하는 동안 시작한 것이다. 그때 아이슬란드의 경이로운 풍경속에는 더 이상 숲이 존재하지 않는다는 것을 알아차렸고, 이는 이 작품에 대한 아이디어를 가져다주었다. 그것은 사람들의 생활공간 주변에 항상 숲이 울창하게 번성하고 있는 핀란드와는 대조적인 모습이었다. 당시 나는 핀란드에서 10년을 넘게 활동해왔던 예술가로서, 아이슬란드 숲의 회복에 기여하기를 바라는 마음에서 종이끈을 이용해 개념적으로 핀란드 숲의 소산인 자작나무를 만들었다.

개념적인 자작나무 숲을 조성하는 이 프로젝트는 지금도 계속되고있다.

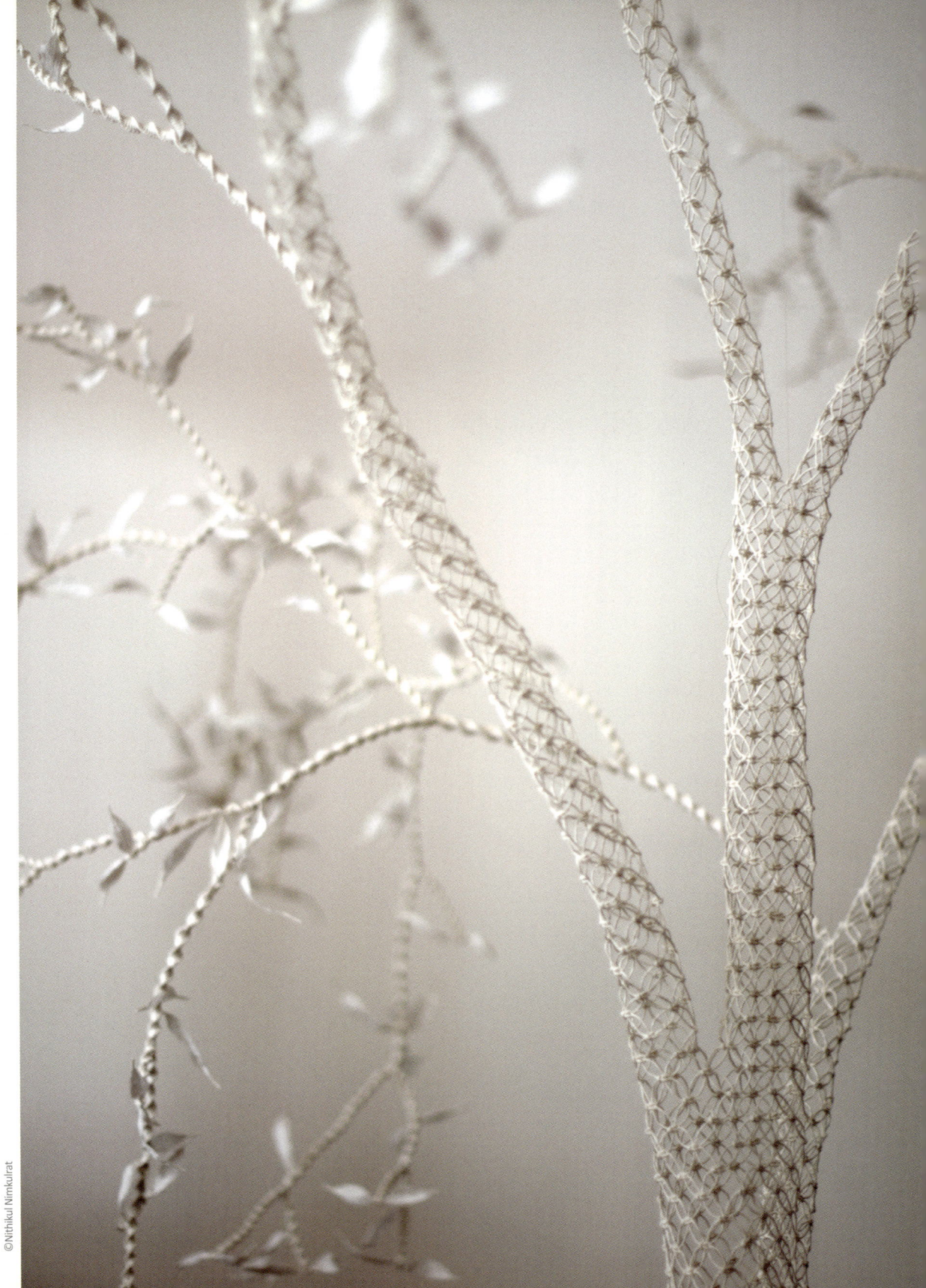

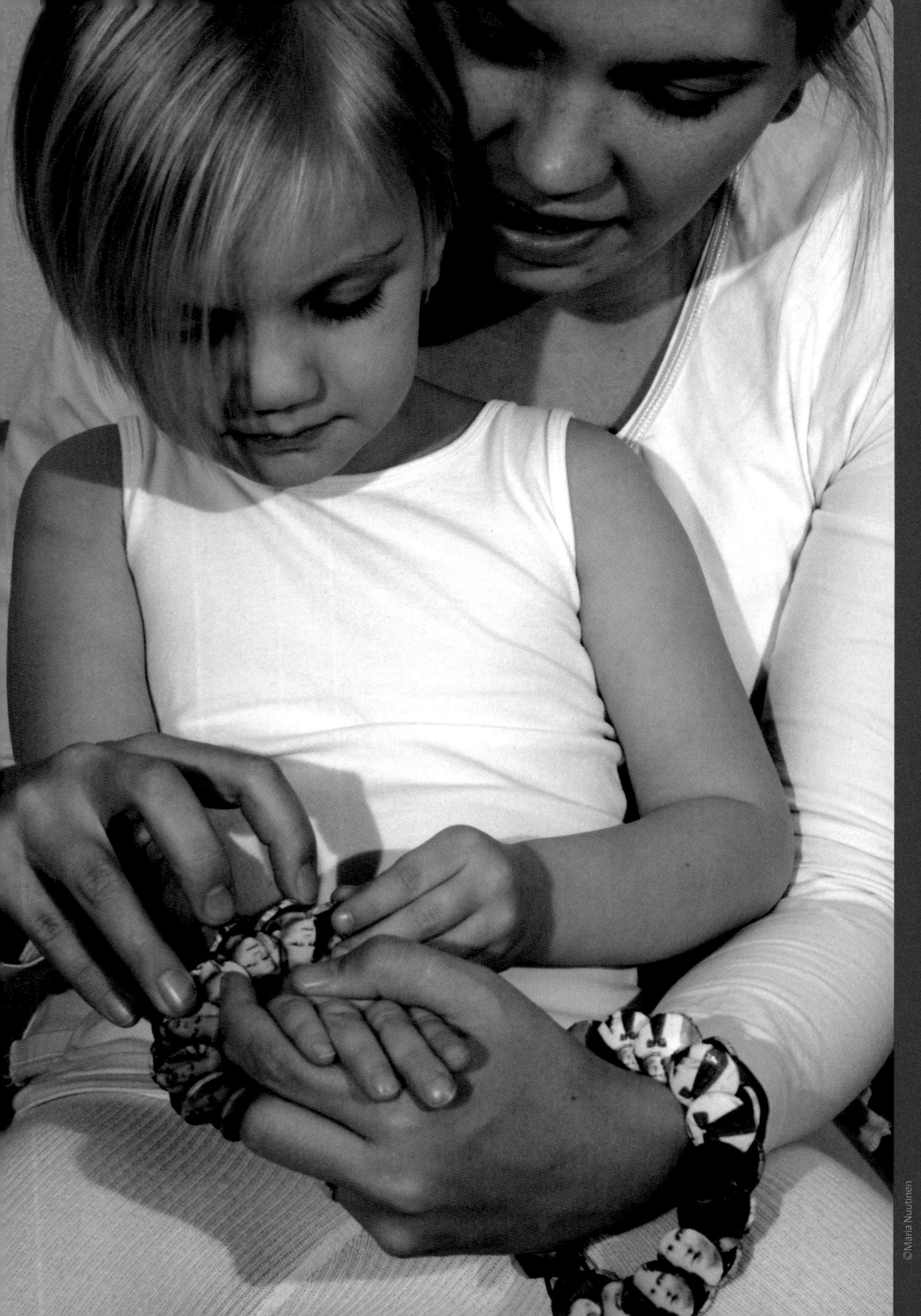

Maria Nuutinen 마리아 누띠넨

To the Roots

Bracelets
12×12×3cm, 1.8×Ø11cm
iron-on transfers on fabric, coverable buttons, lace,
elastic band

The Wearable Stories

The past.
Old family stories.
Our history and the future,
in our own two hands.

To know, remember and wear.

Let the children play and taste it.

To the Roots

팔찌
12×12×3cm, 1.8×Ø11cm
섬유 위에 다림질로 전사, 커버 버튼, 레이스,
탄성있는 밴드

추억을 입다

지난 과거 속
오래된 가족 이야기들
우리 두 손에 담긴
우리의 역사와 미래.

체험하고, 기억하고, 추억하기 위해

아이들을 뛰어 놀게 하고 그것을 감상하는 것.

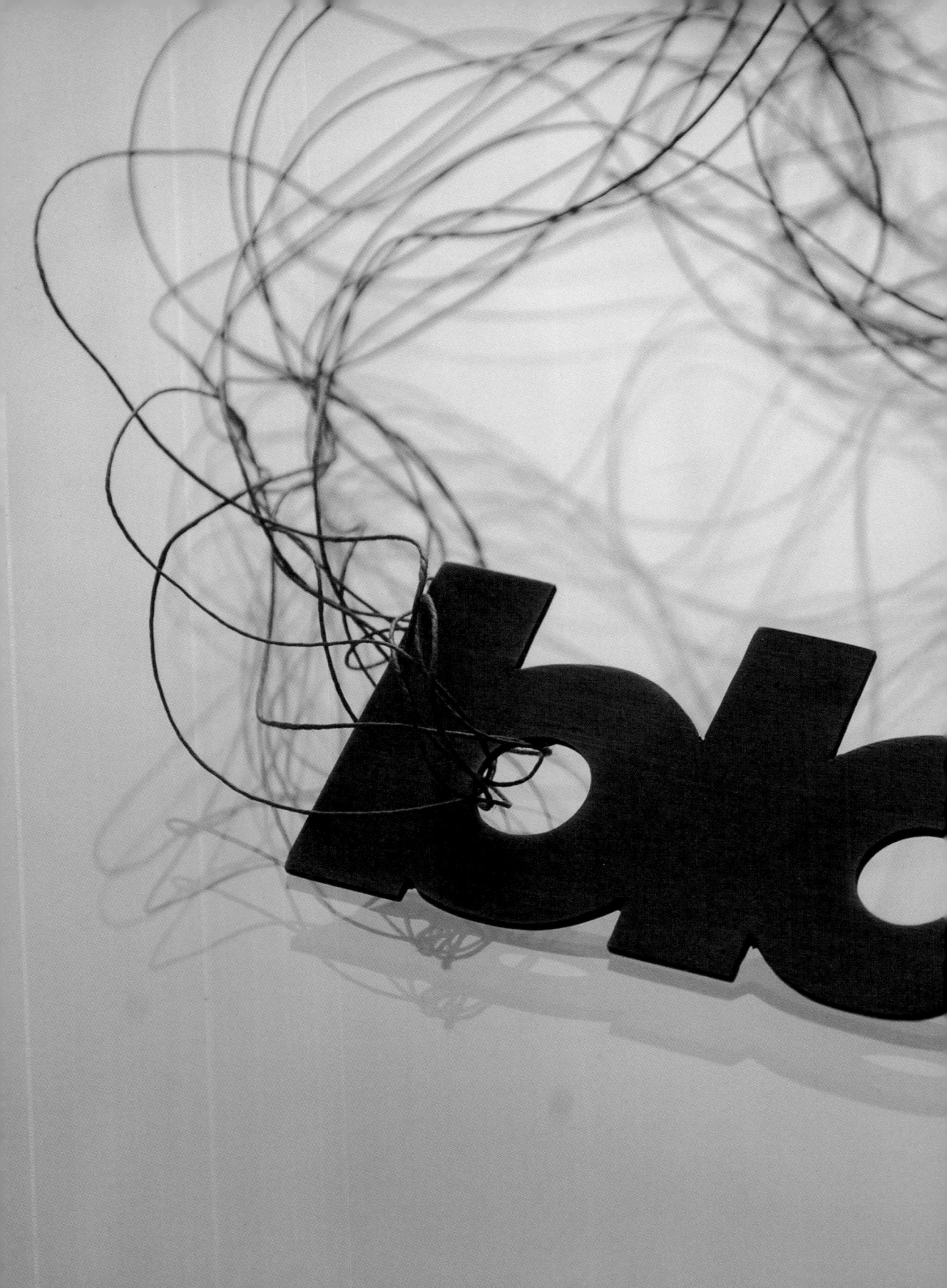

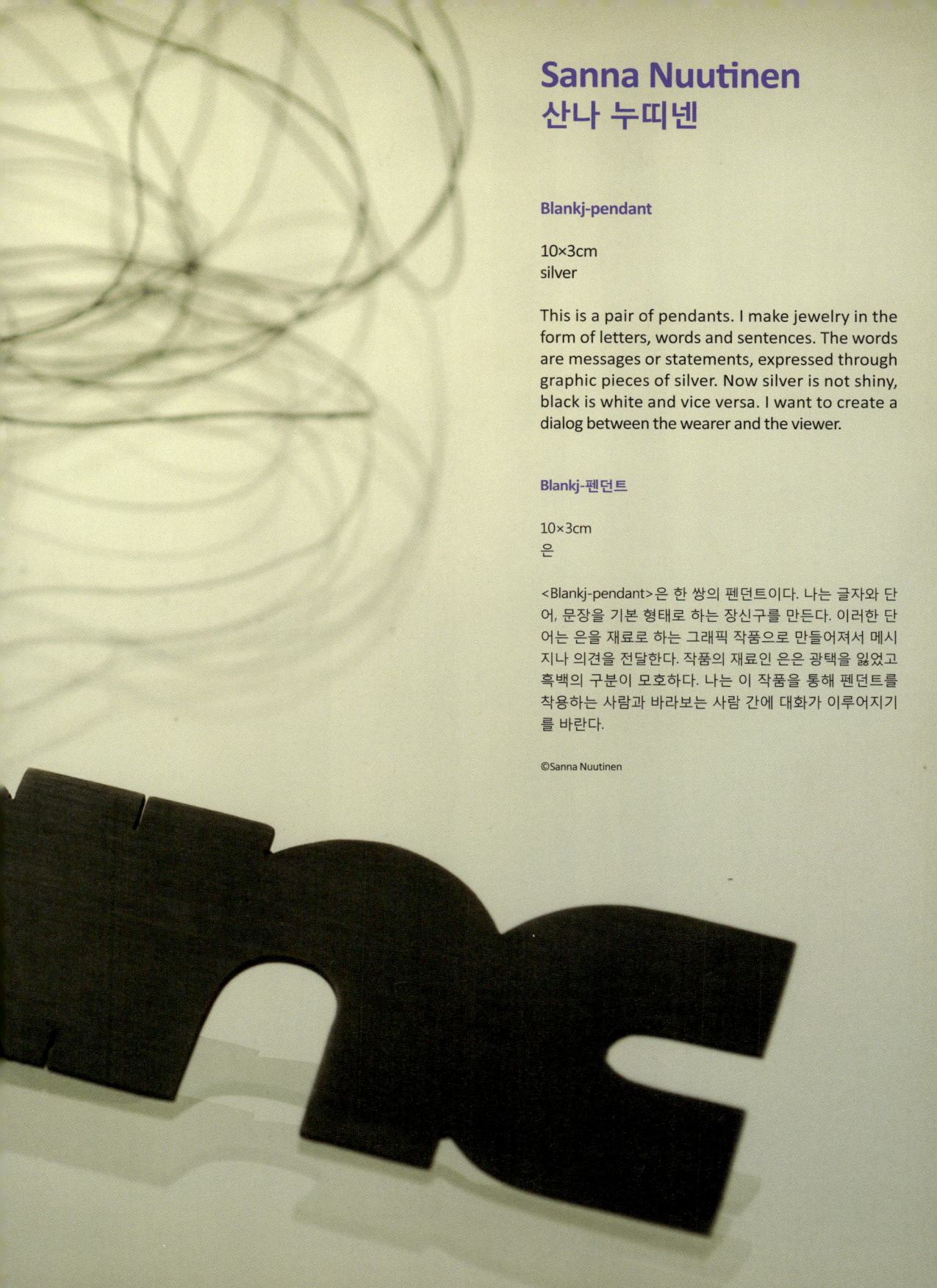

Sanna Nuutinen
산나 누띠넨

Blankj-pendant

10×3cm
silver

This is a pair of pendants. I make jewelry in the form of letters, words and sentences. The words are messages or statements, expressed through graphic pieces of silver. Now silver is not shiny, black is white and vice versa. I want to create a dialog between the wearer and the viewer.

Blankj-펜던트

10×3cm
은

<Blankj-pendant>은 한 쌍의 펜던트이다. 나는 글자와 단어, 문장을 기본 형태로 하는 장신구를 만든다. 이러한 단어는 은을 재료로 하는 그래픽 작품으로 만들어져서 메시지나 의견을 전달한다. 작품의 재료인 은은 광택을 잃었고 흑백의 구분이 모호하다. 나는 이 작품을 통해 펜던트를 착용하는 사람과 바라보는 사람 간에 대화가 이루어지기를 바란다.

©Sanna Nuutinen

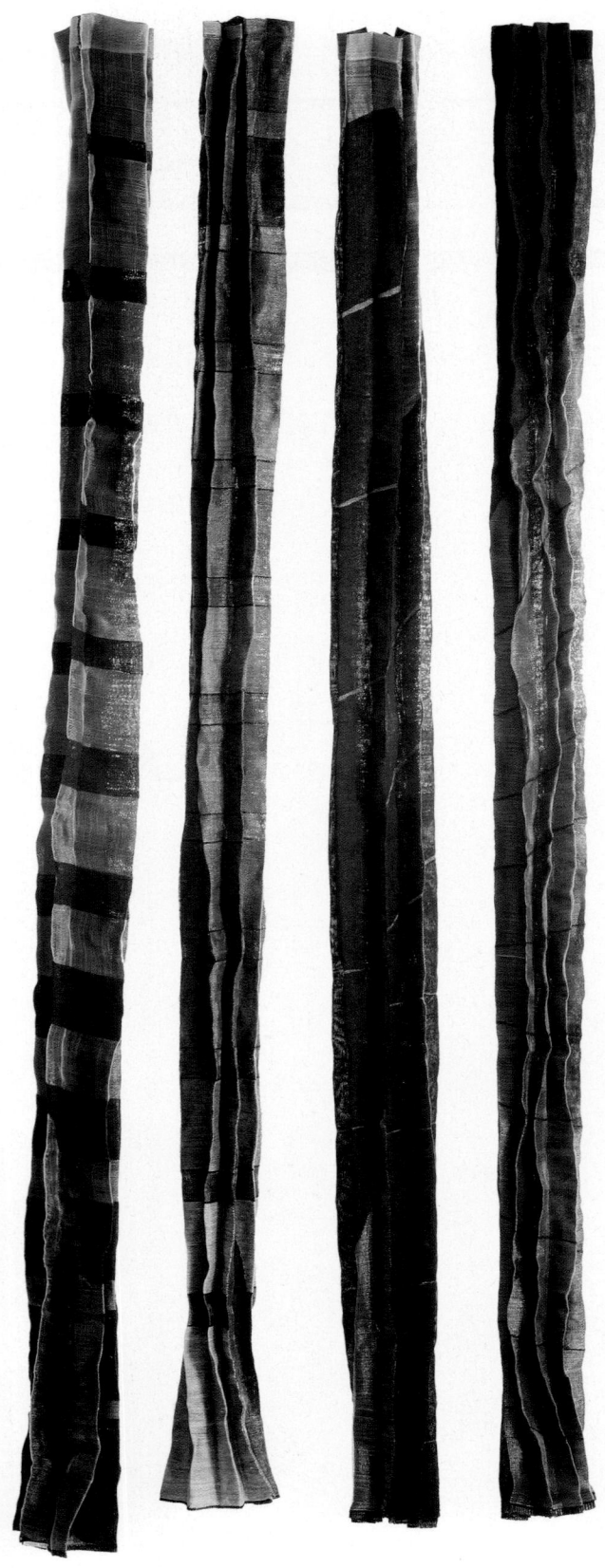

Kristiina Nyrhinen 헬리 뚜오리 루톤넨

Black Forest

Textile, woven
220×70cm
nylon wire, linen

검은 숲

섬유, 직물
220×70cm
나일론 실, 마

I was inspired by the twilight of the northern summer night in the Finnish forest. As the colors fade into the darkness you can still distinguish various shades. The tree trunks still shine in the nightlight. The shade forest is mysteriously colored as the wind slowly sways the trees.

Although most of us Finns live in cities, forest has an important place in our hearts. The forest with trees and animals is not frightened, but safe – like mothers arms for a child. The forest always gives us vitality and new energy.

"Black Forest" is a double weave. The technique is based on the age-old technique from the middle ages, when it was used to weave precious textiles for churches. The technique gives opportunities for various structures and color combinations. For the "Black Forest" I have used thin line yarns, nylon filament and extra fine wire. The wire gives shine for the surface and gives the three dimensional shape for the textile.

핀란드의 숲 속에서 바라본 북부 지방의 여름밤 해질녘 풍경은 작품에 대한 영감을 주었다. 그곳에서는 주변이 서서히 어두워졌음에도 불구하고 다양한 음영들을 통해 사물을 구별할 수 있었다. 나무 줄기들은 여전히 밤빛에 빛나고 있었고, 바람이 나무들을 천천히 흔들어 숲의 그림자는 신비한 색채들을 품게 되었다.

비록 대부분의 핀란드 사람들이 도시에서 살고 있지만, 숲은 우리들 마음속에서 중요한 장소이다. 나무들과 동물들이 있는 숲은 무서운 곳이 아니라 오히려 어린 아이를 안고 있는 엄마의 품처럼 안전한 곳이다. 그리고 숲은 항상 우리에게 활력과 새로운 에너지를 준다.

이중 직조물인 <Black Forest>은 교회를 위해 훌륭한 직물을 만들어내었던 중세시대 전통 직조기술에 기초하고 있다. 이러한 기술은 다양한 직조 구조와 조화로운 색감을 만들어내는데 유용하다. 이 작품에는 얇은 뜨개실과 나이론 실, 극세 철선이 사용되었는데, 철선은 작품 표면에 광택을 내며, 작품에 3차원적인 형태를 부여한다.

Pekka Paikkari 페까 파이까리

Protection

151×117×7.5cm
fired ceramics, wood

For me human presence is the starting point of art. Clay is a flexible material for expression and as such contains the history of time. As an artist I construct a never-ending story. Despite the physical appearance of the art work, whether it is placed on the façade of a building or is an installation consisting of several pieces, the dialogue between the viewer and the work defines its final form.

보호

151×117×7.5cm
구운 도자기, 나무

나에게 인간이라는 존재는 예술 행위의 출발점이다. 점토는 표현에 매우 유연한 재료이어서 시간의 역사를 품고 있다. 예술가로서 나는 미완결된 이야기를 만든다. 그리고 작품의 물리적인 외양에도 불구하고 이 작품이 건물의 입면에 놓인건지, 몇 개의 조각들로 구성된 설치작품인지는 관람자와 작품 사이의 대화를 통해 최종적인 상태를 정의한다.

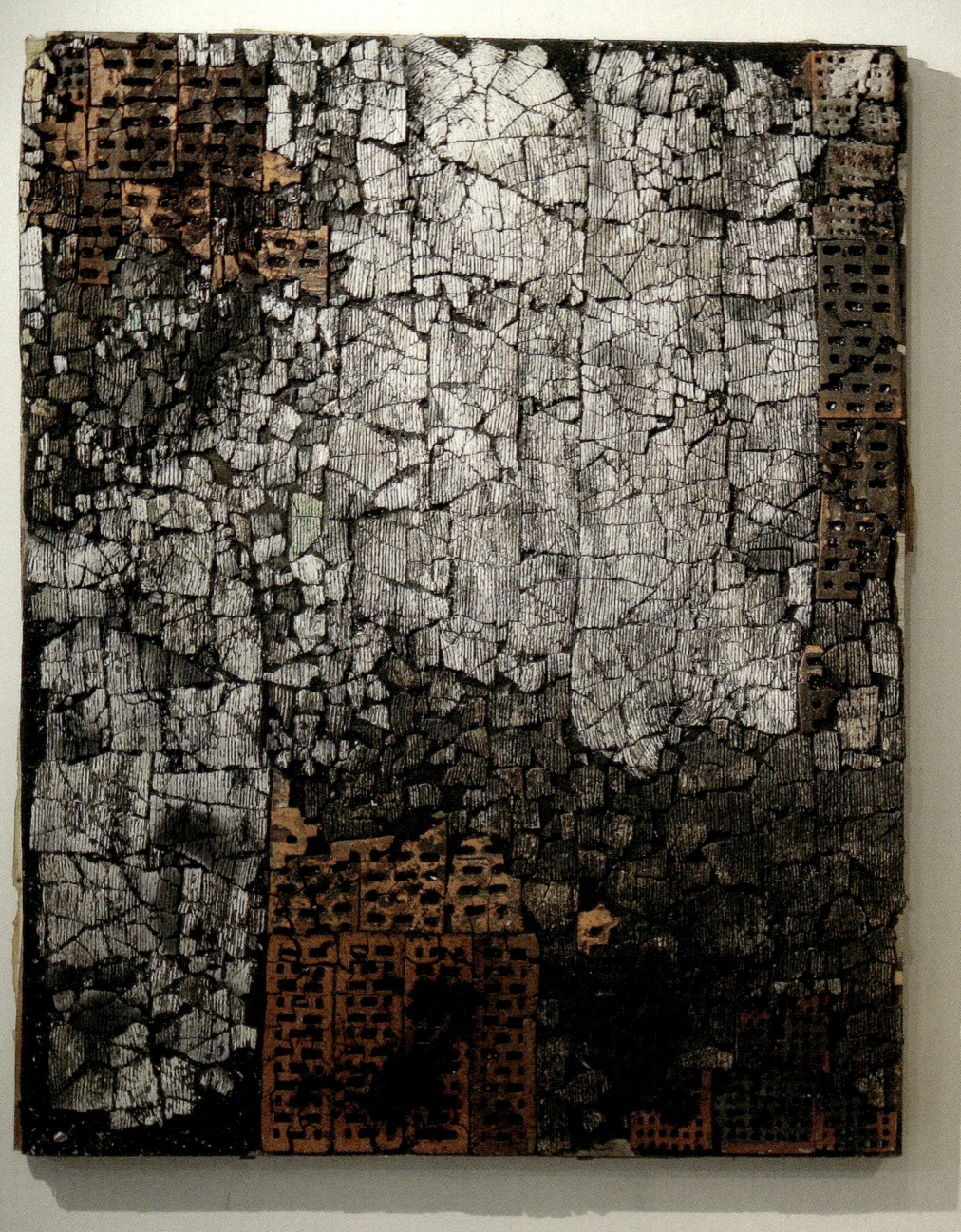

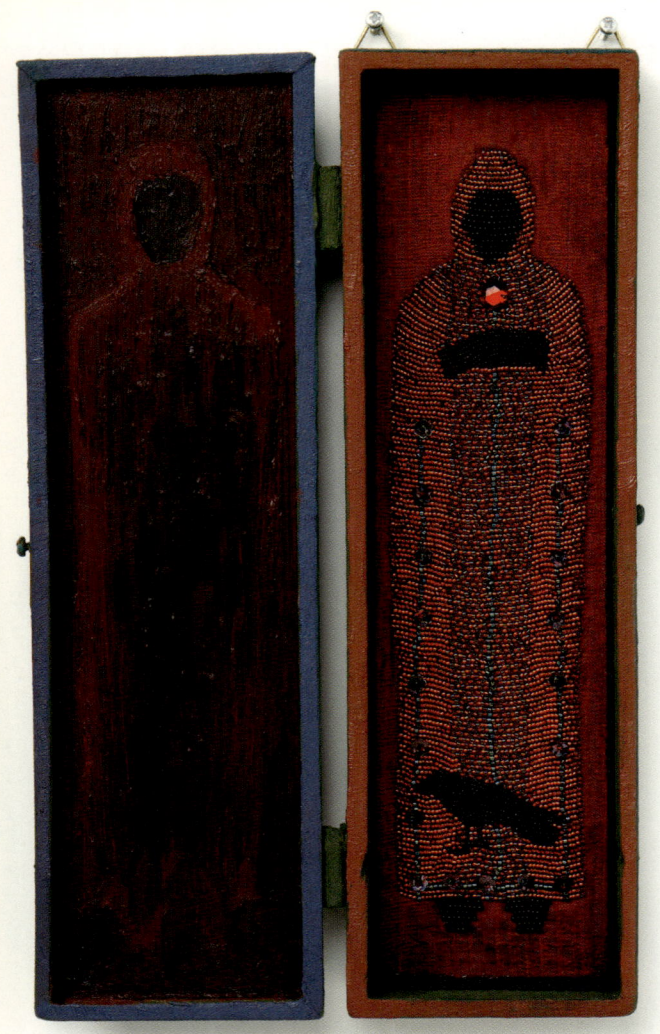

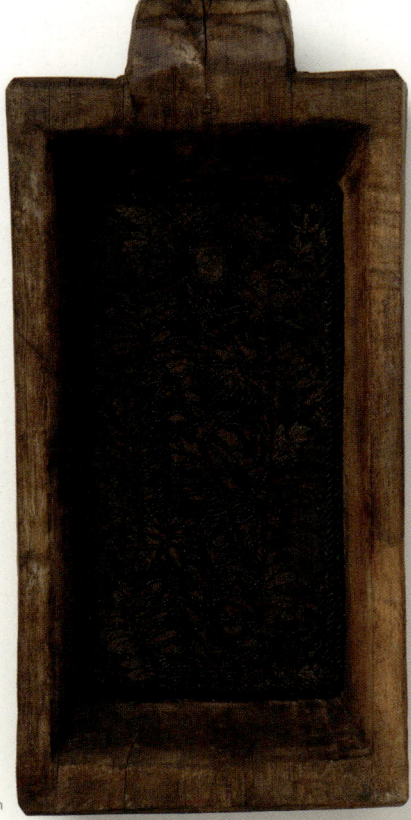

Ulla Pohjola 울라 포흐욜라

Father´s grave

hand embroidery
17×37×7cm
silk, pearls, tar painted wood

The Poplar Admiral

hand embroidery, oil painting
29.2×18cm
silk, oil color, metal container

Grave of an Unknown

hand-made embroidery
18×29.6×3.7cm
silk, pearls, painted wood

With the little stitches I make pictures of people. I use embroidery and combine it with oil painting, dyeing and various other techniques. As my materials I use silk, velvet, pearls, plants, tar painted wood, mirrors, sheet metal and boxes bought from flea markets, among others. I make pictures of the invisible that surrounds me but cannot be put into words.

아버지의 무덤

수작업 자수
17×37×7cm
실크, 진주, 타르 처리된 목재

포플러 나비

수작업 자수, 유화
29.2×18cm
실크, 유화 물감, 금속 용기

이름없는 무덤

수작업 자수
18×29.6×3.7cm
실크, 진주, 채색된 목재

나는 자그만한 자수들로 사람들의 모습을 만든다. 그리고 이러한 자수에 유화와 염색 기법과 함께 다양한 기술들을 결합한다. 그리고 실크, 벨벳, 진주, 식물, 타르 처리된 목재, 거울, 판금, 벼룩 시장에서 사온 박스 등 다양한 재료들을 활용하고 있다. 나는 주변에 있지만 말로 딱히 표현할 수 없는, 즉 보이지 않는 것들을 작품으로 만든다.

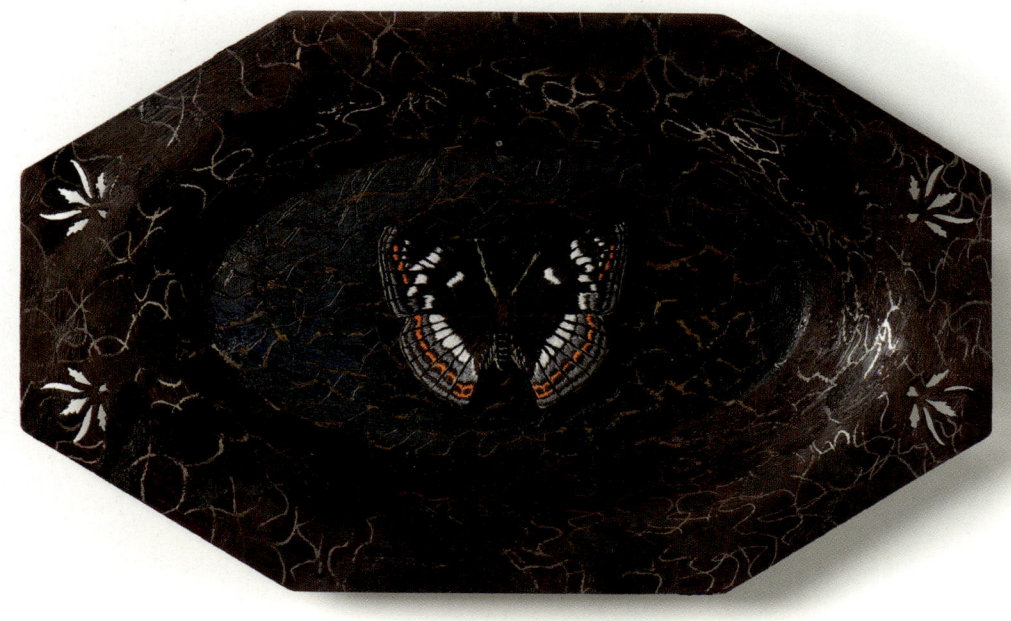

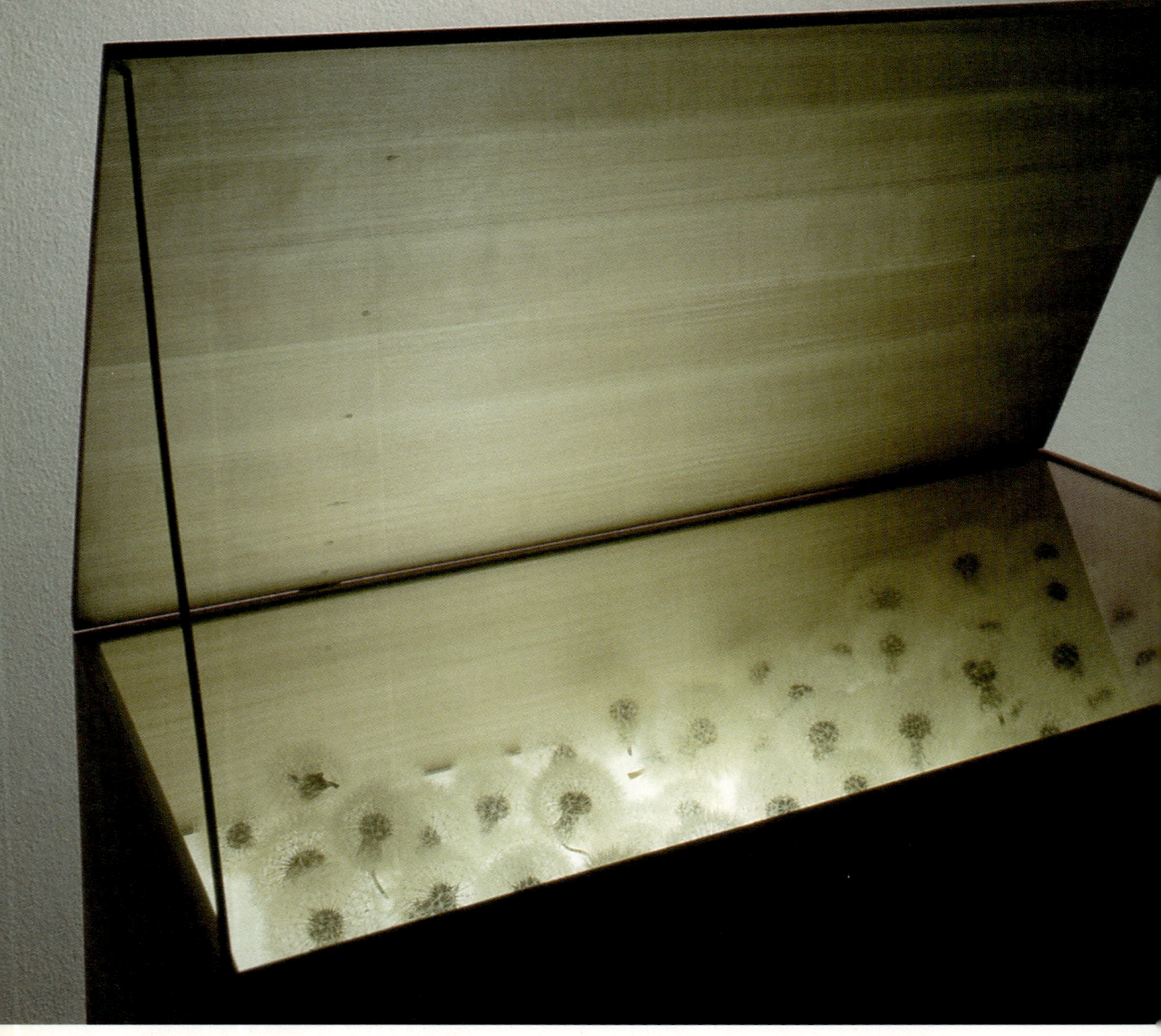

Kaija Poijula 카이야 뽀이율라

Sleeping Beauties, 2/4

34×21×17cm
aspen, glass, gold leaf, dandelions, paper

"It is a dreamlike thing, hinting of some other reality besides the one we see with our eyes."

잠자는 미녀, 2/4

34×21×17cm
사시나무, 유리, 금박, 민들레, 종이

이것은 하나의 꿈과 같은 것으로, 우리가 우리 눈으로 볼 수 있는 것 외에 뭔가 다른 현실을 암시하고 있는 것이다.

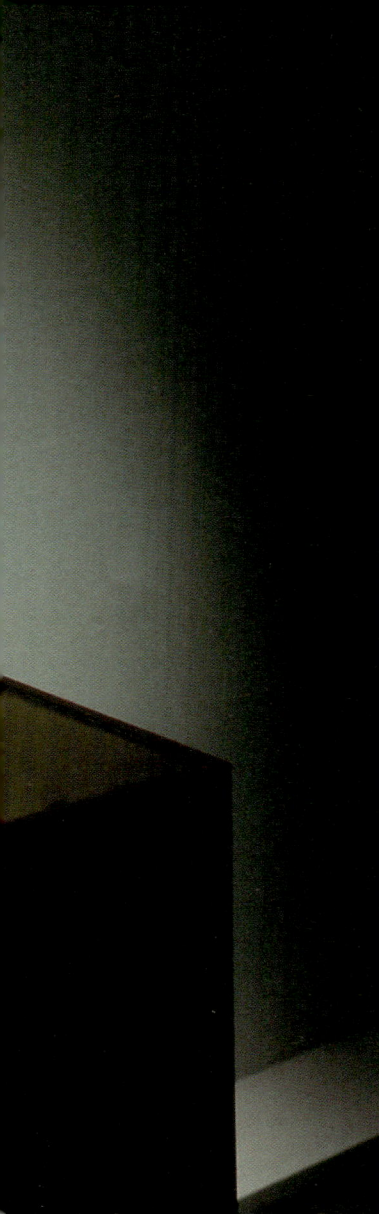

©Matti Huuhka

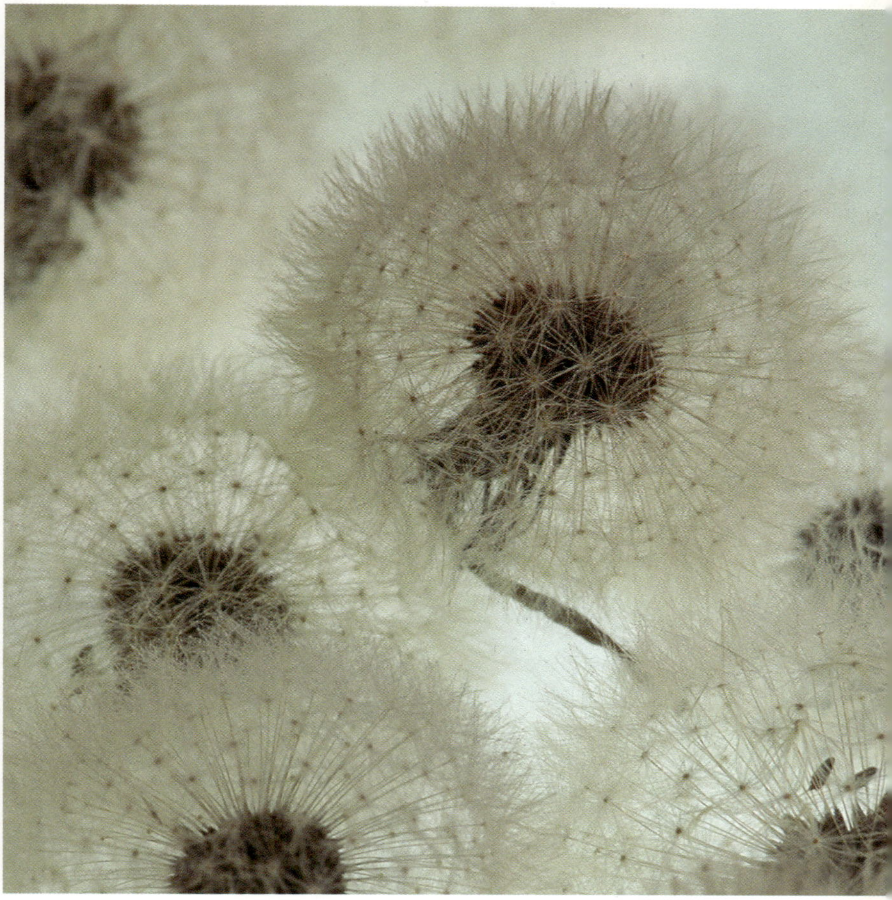

Silja Puranen 실리야 뿌라넨

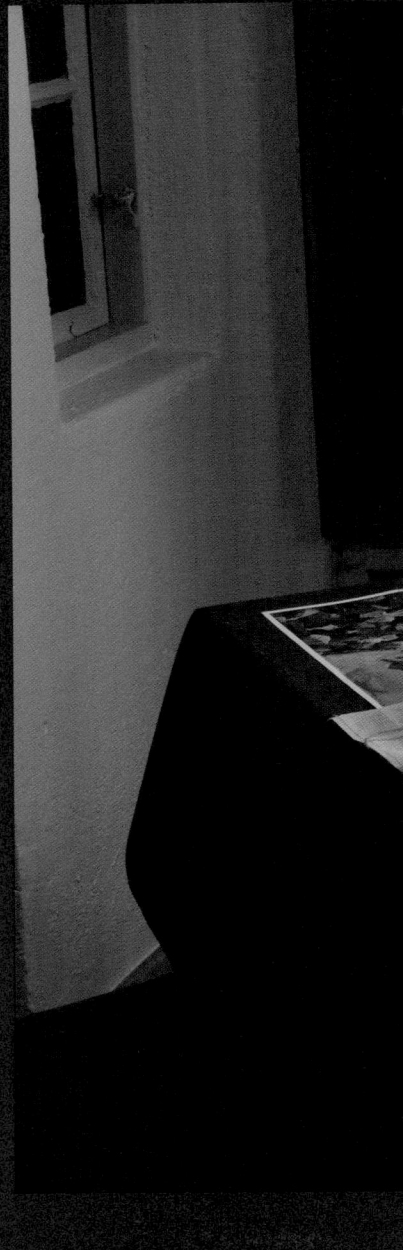

Temptress

interactive embroidery work / installation
table 120×75cm

The work parallels painting and embroidery. My idea is to speculate on the value of an artwork in relation to the technique and material of the work, the originality and uniqueness of the piece, the gender of the artist or the branch of art. What is fine or "pure" art?
The work is based on a painting of Akseli Gallén-Kallela, the most outstanding artist of the golden era of Finnish art in the turn of 20th century. The interactive embroidery work, Temptress, gives the authority of the work to the public, the heroic male painting is replaced by prosaic feminine stitching, the copy becomes original by the stitches of numerous authors.

Seamstress

video installation

Seamstress is a video projection showing a woman's hands patiently and endlessly stitching a cloth. The simple but never-ending cross-stitch embroidery forms a white square on white implying to the search of purity in the later evolution of art.

요부

쌍방향적인 자수 작업/설치작품
table 120×75cm

<Temptress>은 페인팅과 자수를 병행해서 만든 작품이다. 이 작품의 개념은 작품에 쓰인 기법과 재료, 작품의 오리지널니티와 독창성, 예술가의 성별이나 예술의 갈래를 연결시키면서 예술 작품의 가치를 짐작해 보는 것이다. 무엇이 순수 예술 혹은 "순수한" 예술인가?
이 작품은 20세기의 전환기에 핀란드 미술의 황금기의 가장 뛰어난 화가로 평가받은 악셀리 갈렌칼렐라(Akseli Gallén-Kallela)의 그림에 영감을 받아 만들었다. 그리고 이 작품은 쌍방향적인 자수 작품으로, 대중에게 작품의 저작권을 주어 영웅적인 남성의 그림을 평범하기 그지없는 여성의 바느질로 대체하였다. 이로 인해 수많은 작자가 생길 수 있으며, 바느질을 통해 복제물이 원본이 될 수도 있다.

여자 재봉사

비디오 설치작품

<Seamstress>는 어느 여성이 천을 붙들고 한없이 끈질기게 바느질을 하는 장면을 담은 비디오 영상물이다. 매우 단순하지만 끝없이 가로지르며 바느질하는 자수 작업은 백색 위의 백색 사각형을 만드는데, 이는 예술의 최근 진화에서 순수성을 탐색하는 것을 내포하고 있다.

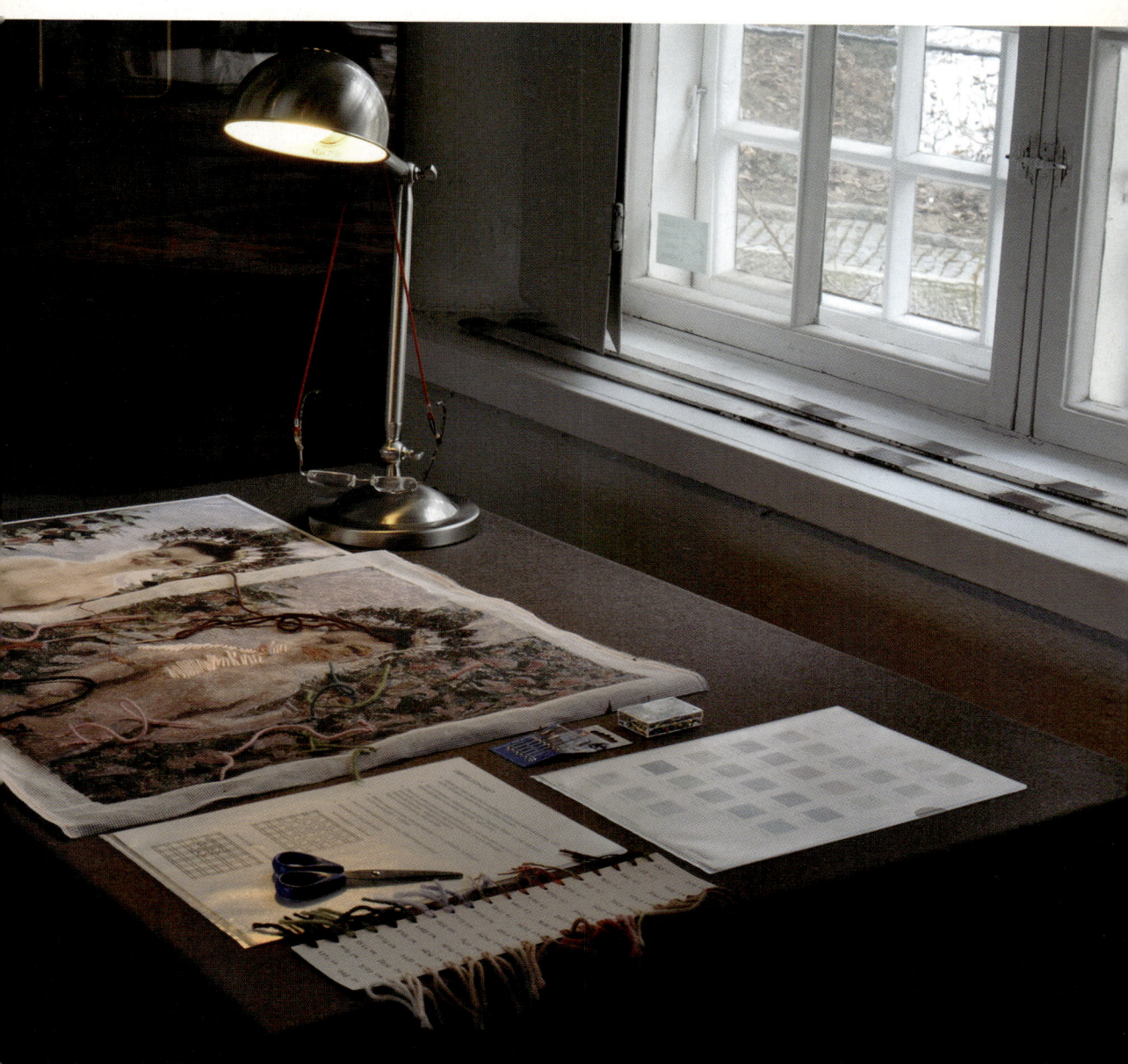

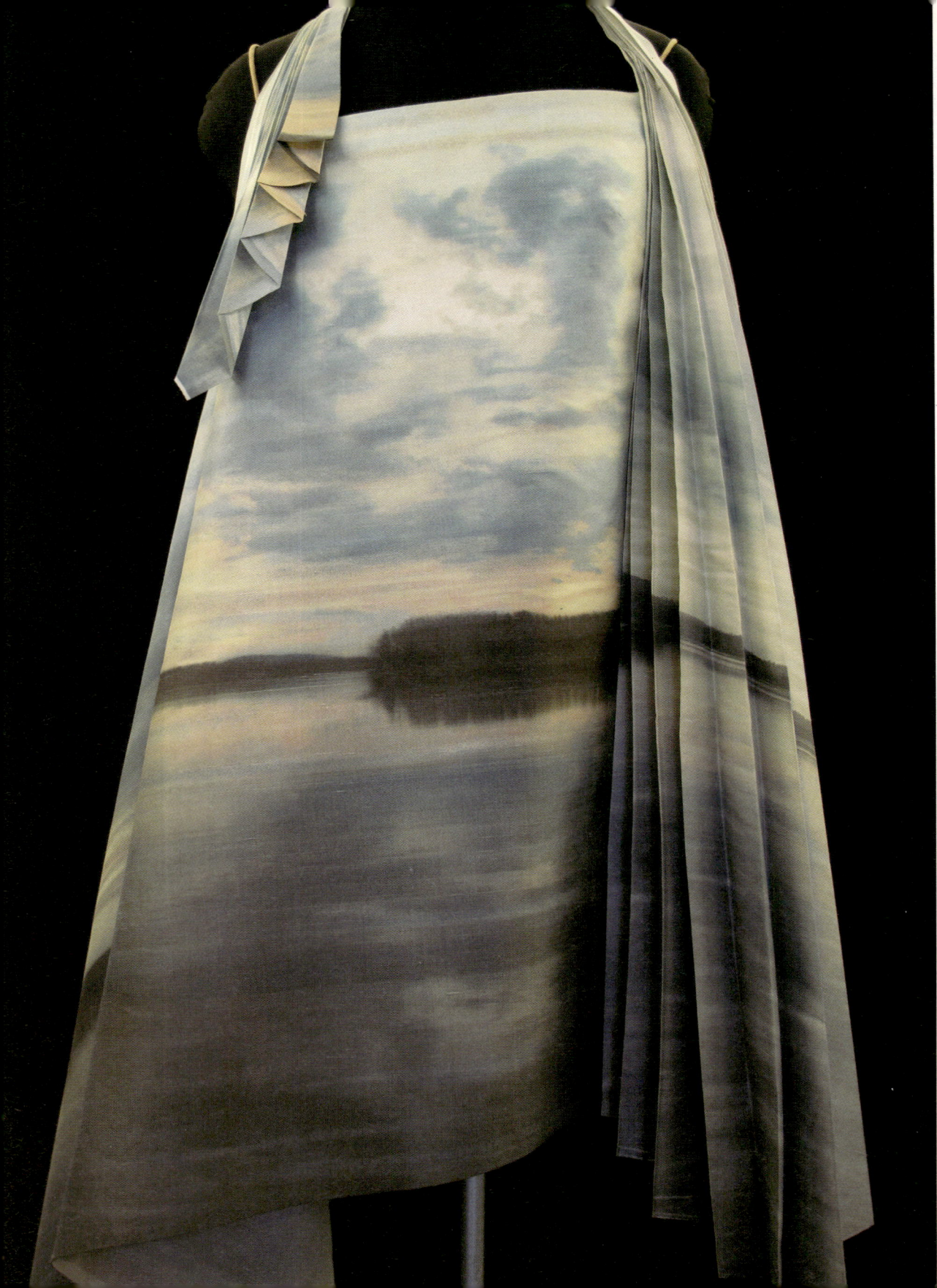

Pasi Räbinä 파시 라삐나

Landscape in Costumes

Digital printing on silk

Mylandscape is costume designer Pasi Räbinä`s unique collection of costumes, in which photographs have been digitally printed to fabrics to be part of the costumes.
Mr. Räbinä has photographed his favourite landscapes of Northern Finland in different seasons in the purpose of designing fabrics. The photographs have been reworked to be more picturesque for bringing out the beauty and atmosphere as a state of mind.
Mr. Räbinä has combined the human being and landscape and transferred the experience of a landscape into human body and into the movement of the costume. "My aim in costumes is a meditative, quiet impression. Both the wearer and the spectator can feel a quiet pause by the costume."

의상 속 풍경

실크에 디지털 프린팅

작품 <Landscape>는 의상 디자이너 파시 라삐나의 독창적인 의상 컬렉션으로 부분적으로 천위에 디지털 프린트로 사진을 남겼다.
작가는 작품의 디자인을 목적으로 매 계절마다 북유럽의 그가 좋아하는 풍경들을 사진으로 남긴다. 그리고 이 사진들은 그의 마음 상태에 따라 좀더 미적인 분위기를 주고 그림에 생기를 불어넣기 위해 재작업 된다.
작가는 인간과 풍경을 결합시키고, 그가 경험한 풍경들을 사람의 몸으로 가져다 주거나 의상속에 활기를 불어넣어 준다. "나는 옷을 통해 명상적이고도 고요함을 남기고 싶다. 입는 사람이나 그것을 보는 사람 모두 이 옷을 통해 잠시 멈춰서 고요함을 느낄 수 있길 바란다."

Tiina Rajakallio 띠나 라야깔리오

Necklace

2.5×27×48cm
teak, pine, linen, nails

A little bird made a nest to my chest
when Autumn fell it was gone
but still sometimes I can hear its
chirping

목걸이

2.5×27×48cm
티크나무, 소나무, 마, 못

작은 새가 내 가슴 속에 둥지를 틀었다.
이제 가을도 지나가고 그 새도 떠나버렸지만,
나는 여전히 그 새의 지저귐을 들을 수 있다.

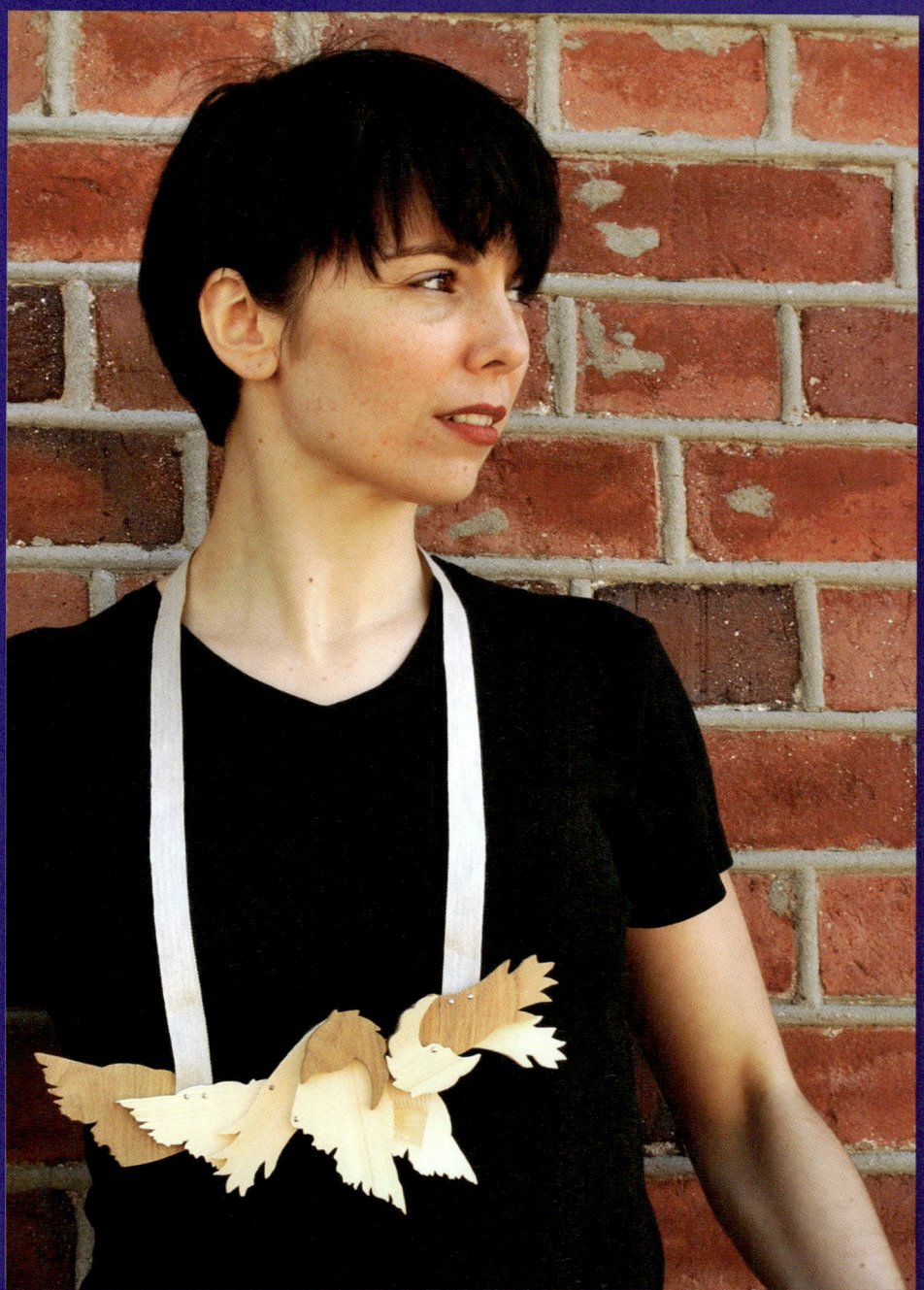

©Tiina Rajakallio

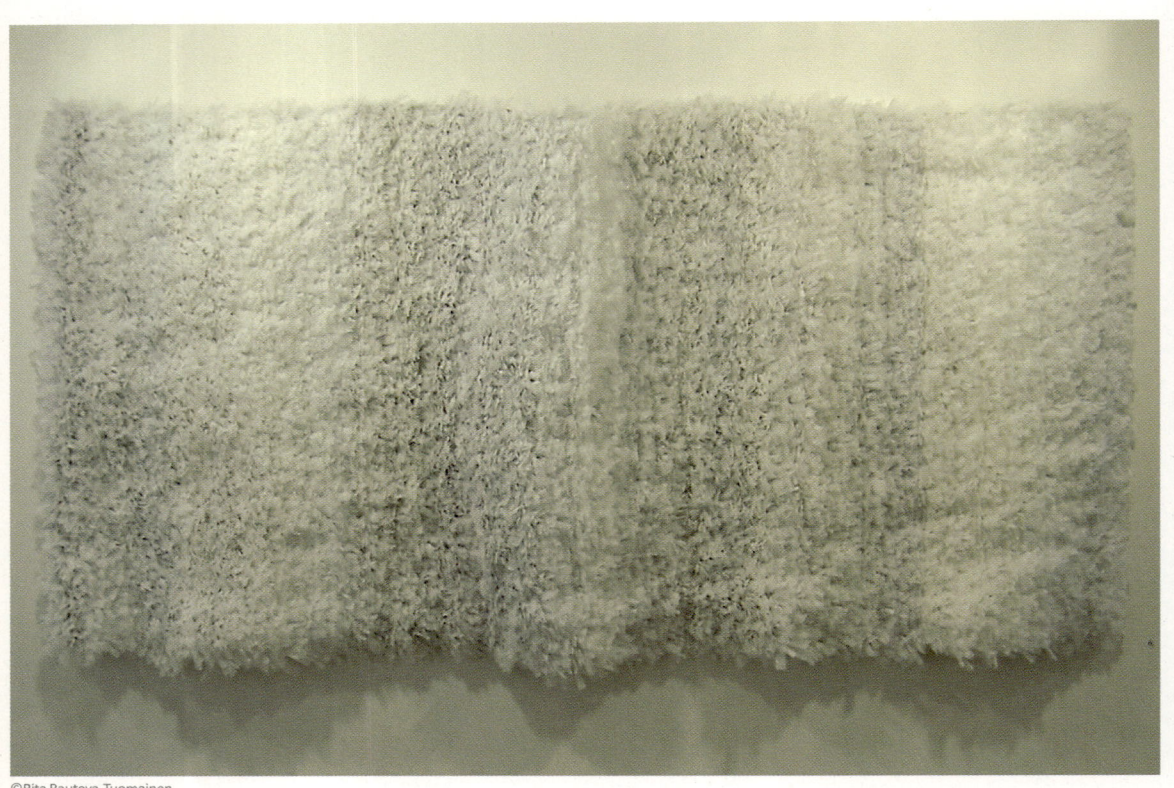
©Rita Rauteva-Tuomainen

Rita Rauteva-Tuomainen
리타 라우테바 투오마이넨

Winter Forest

rug
300×150×5-25cm

Winter Forest is a relief-like rug, based on traditional Finnish rug techniques, but made with artist's self developed modern method. The material is recycled industrial overages - a statement to protect the environment.
Winter Forest is an impression of Finnish woods in the middle of a hard winter. The trees are fully covered by thick snow, the lights and shadows compete there – the variances of white color are endless. There is no other place like Finnish winter forest where the silence has such a deep dimension, where the frost and snow creates a unique atmosphere; a true blue moment to experience.

겨울 숲

러그
300×150×5-25cm

<Winter Forest>는 부조적 효과를 가진 러그 작품으로서 핀란드의 전통적인 양탄자 직조 기법에 기초하고 있지만, 작가 스스로 현대적인 방식으로 발전시켰다. 작품의 재료는 환경을 보호한다는 의미로 산업적으로 과잉 생산된 것들이 재활용되었다.
이 작품은 혹독한 한겨울의 핀란드 숲에서 영향을 받고 있다. 나무들은 두꺼운 눈으로 가득 덮여있고, 그 속에서 빛과 그림자는 경쟁하듯 존재하는데, 흰 빛의 변화는 끝이 없다. 이렇듯 핀란드의 겨울 숲은 어디에서도 볼 수 없는 침묵 속에서 심원한 차원을 만들어 낸다. 서리와 눈이 독특한 분위기를 자아내는 핀란드의 겨울 숲은 진실로 푸른 찰나를 경험하게 한다.

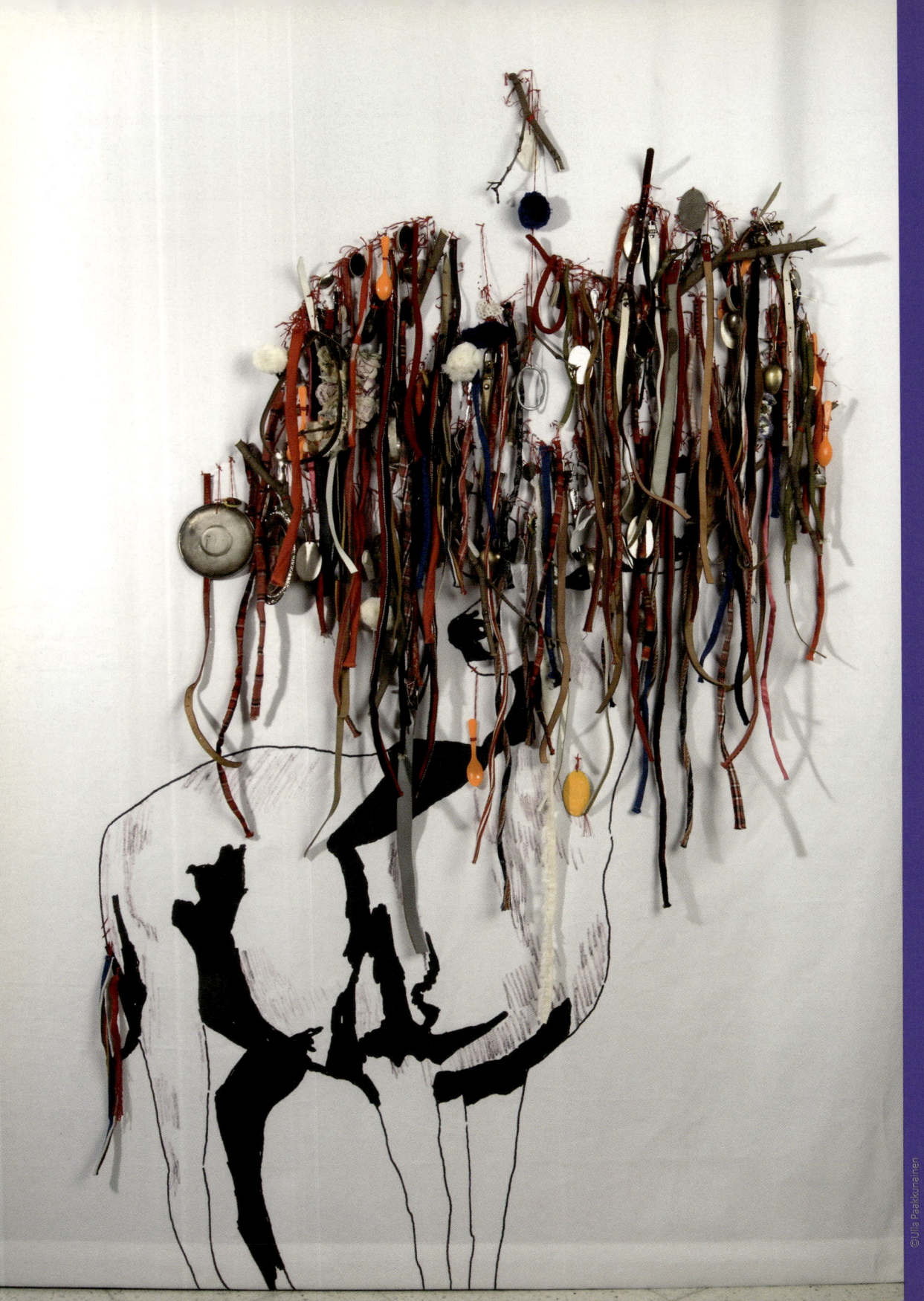

Anna Rikkinen 안나 리끼넨
Nelli Tanner 넬리 탄너

Tamed

mixed media
290×150×15cm
textile (Finnish national costumes), wood, metal,
found objects, thread

Tamed is a part of a series of participating art works
by Anna Rikkinen and Nelli Tanner. Its character
aimed at the inclusion of viewers, inviting them to
become involved in the work of art. The starting
point was a hornless deer waiting for the actions
of viewers who made the horns to the animal from
the jewelry related objects by sewing. Tamed talks
about identity: What we think is original in identity
and what is borrowed. Is identity about layers not
originality?
This work has travelled in München (DE) and
Ghent (BE) in 2008 and afterwards also in Finland.
Now Tamed is shown as a finished artwork.
Rikkinen and Tanner have been working together
since 2005.

Tamed

혼합 매체
290×150×15cm
섬유(핀란드 전통 의상들), 나무, 금속, 수집 재료들, 실

<Tamed>은 작가 안나 리끼넨과 넬리 탄너가 기획한 참
여형 예술 작품 시리즈 중 하나이다. 작가들은 이 작품에
관람자들을 끌어들여 그들이 이 예술 작품의 일부가 되도
록 기획하였다. 관람자의 행동을 기다리는 뿔 없는 한 사
슴에서부터 시작된다. 관람자들은 여러 오브제들을 바느
질하며 사슴의 뿔을 만들어 주게 된다. 즉, 작품 <Tamed>
는 나의 정체성의 원형은 무엇이고 차용한 것은 무엇인지
에 관해 말하고 있다.
다층적인 정체성은 진정한 원형이라 할 수 없을까?
이 작품은 2008년에 독일의 뮌헨 München 과 벨기에의
겐트 Ghent 에서 후에는 핀란드에서 전시를 가졌다. 현재
이 작품은 하나의 완성작으로 전시되고 있다. 작가 리끼넨
과 탄너는 2005년부터 함께 작업을 해왔다.

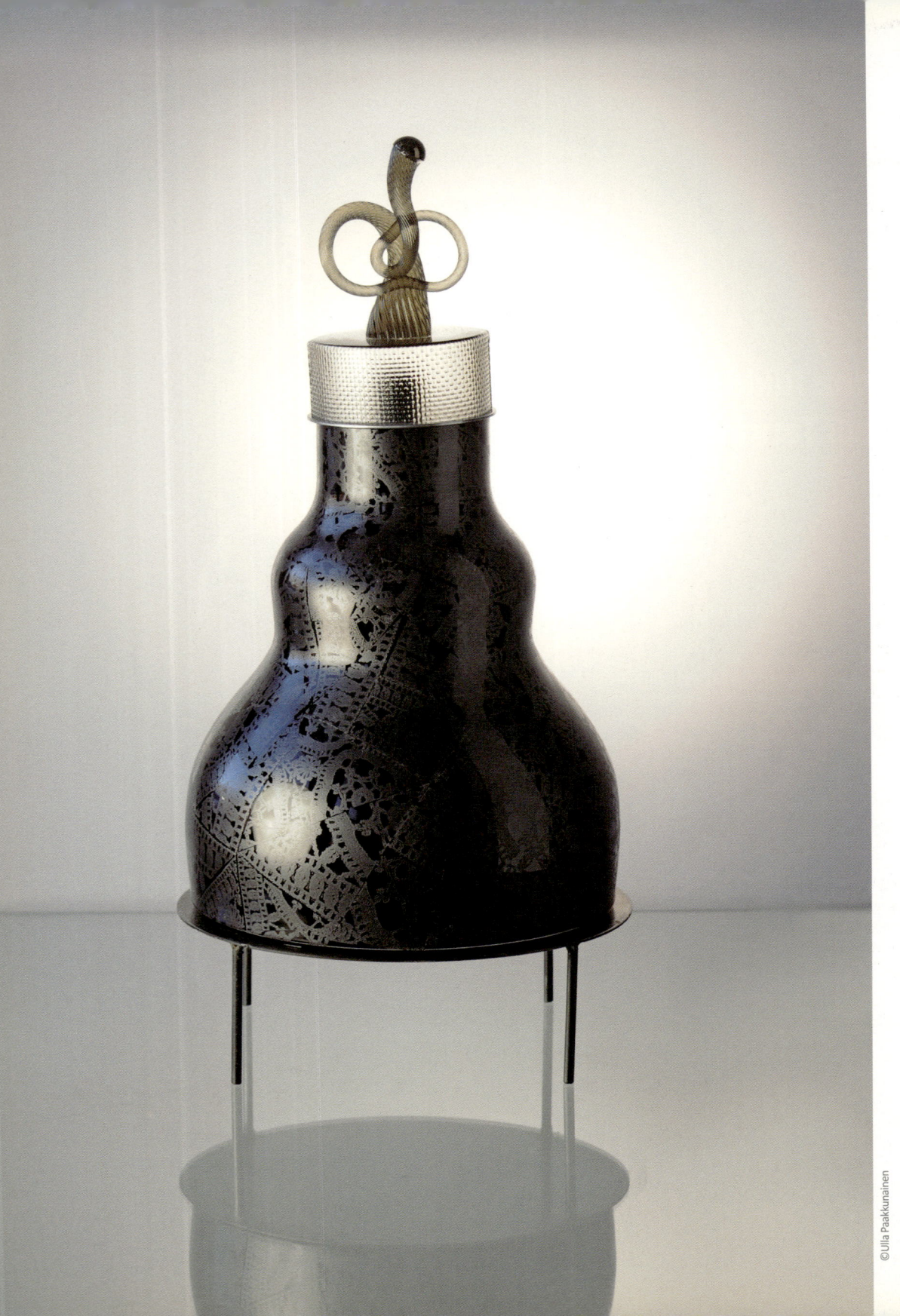

Markku Salo 마르꾸 살로

Samurai

37cm, Ø26cm
glass, plate glass, metal

Pro Sprout

57cm, Ø25cm
glass, filigrane glass, metal

Faithful for Lace

57cm, Ø27cm
glass, metal, transfer

Movement, experiment, size, different materials –I am interested in finding new ways to express glass-materials´ artistic quality. But the techinque never outranks the content of the works. Design and art are an integral part of my work. They are different ways to approach the glass material"
Markku Salo has been working as a glass-artist from 1983 in Nuutajärvi Glass Village, Finlands oldest glassvillage. All his works are made in Nuutajärvi.

사무라이

37cm, Ø26cm
유리, 평판 유리, 금속

새싹

57cm, Ø25cm
유리, 필리그라네(filigrane) 유리, 금속

Faithful for Lace

57cm, Ø27cm
유리, 금속, 전사

나는 유리의 예술적인 특징을 표현하기 위한 새로운 방법 (움직임, 실험, 크기, 다양한 재료 등)을 찾는 것에 흥미가 있다. 그러나 이것은 작업 '기술(테크닉)'이 가장 우선 순위에 있다는 것은 아니다. 디자인과 예술은 유리라는 재료에 접근하는 각자 다른 방식을 가지고 있기 때문에 내 작업에 꼭 필요한 요소라 할 수 있다. 작가 마르꾸 살로는 1983년부터 핀란드에서 가장 오래된 유리 예술 마을인 누타야르비Nuutajärvi 유리 공방에서 유리 예술가로 활동하였다. 그의 모든 작품들은 누타야르비에서 만들어진 것이다.

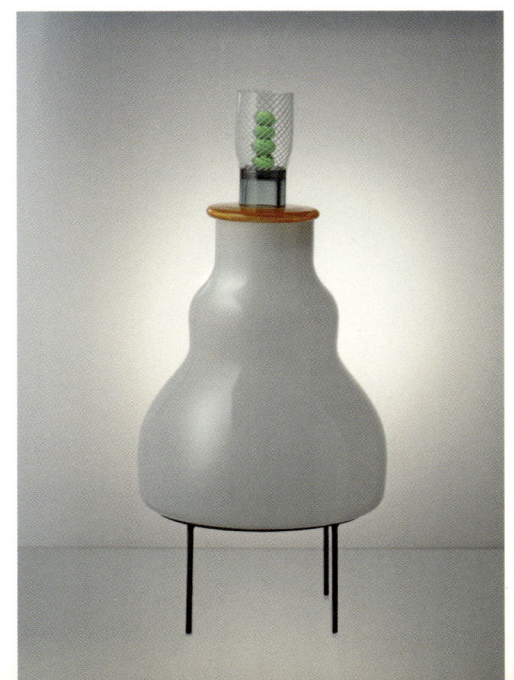

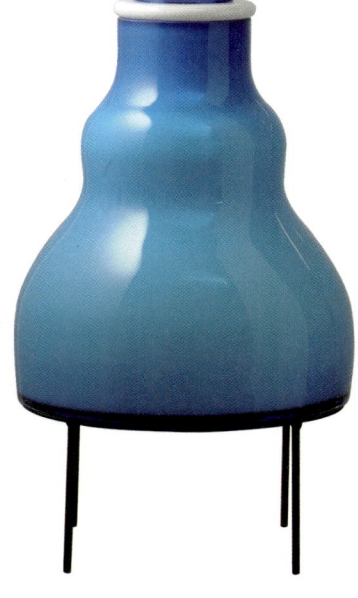

Caroline Slotte 카롤린 스롯떼

Going Blank Again - the act of emptying
From the series Going Blank Again 1,2

Ceramic
Ø25.5cm, Ø20cm

Central to my work as an artist is the reworking of existing objects. I manipulate found objects, primarily second-hand plates, so that they take on new meanings. The tension between the recognizable and the enigmatic, the ordinary and the unexpected occupies me.
I work directly with the ceramics by cutting, sculpting, sanding or joining together. The work process thus becomes a way by which I can, through physical intervention, pose questions to the material itself and point to the narratives inherent in the objects.

Going Blank Again -비움의 행위
_ Going Blank Again 1, 2 시리즈들로부터_

도자기
Ø25.5cm, Ø20cm

예술가로서 나는 기존의 오브제들을 가지고 재작업을 하는 것에 중심을 둔다. 나는 주로 쓰던 접시들을 가지고 능숙하게 작업을 하는데 이는 새로운 의미를 가진 작품으로 변모한다. 이렇게 이미 인지하고 있는 것과 수수께끼 같은 것, 일상적인 것과 예기치 못한 것들 사이의 긴장감은 나를 사로잡는 요소들이다.
나는 도자기들을 자르거나, 조각하거나, 연마 또는 결합하는 과정에 직접 참여한다. 이러한 물리적인 개입을 통해 재료 그 자체에 질문을 던지고 그 속에 내재된 이야기를 이끌어낼 수 있다.

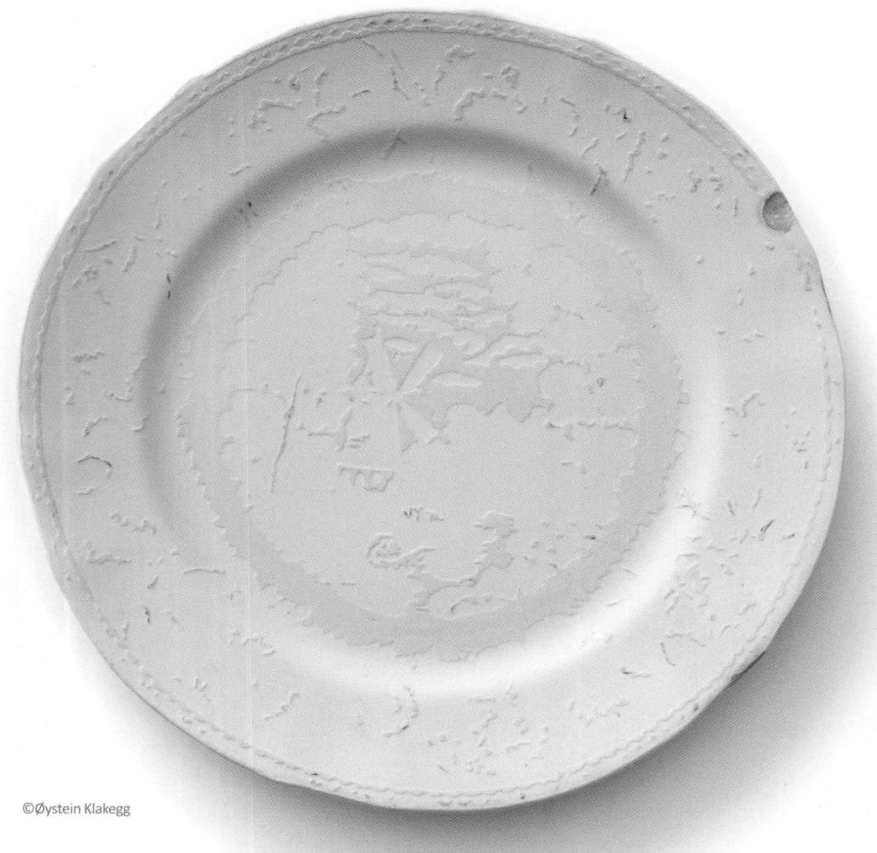

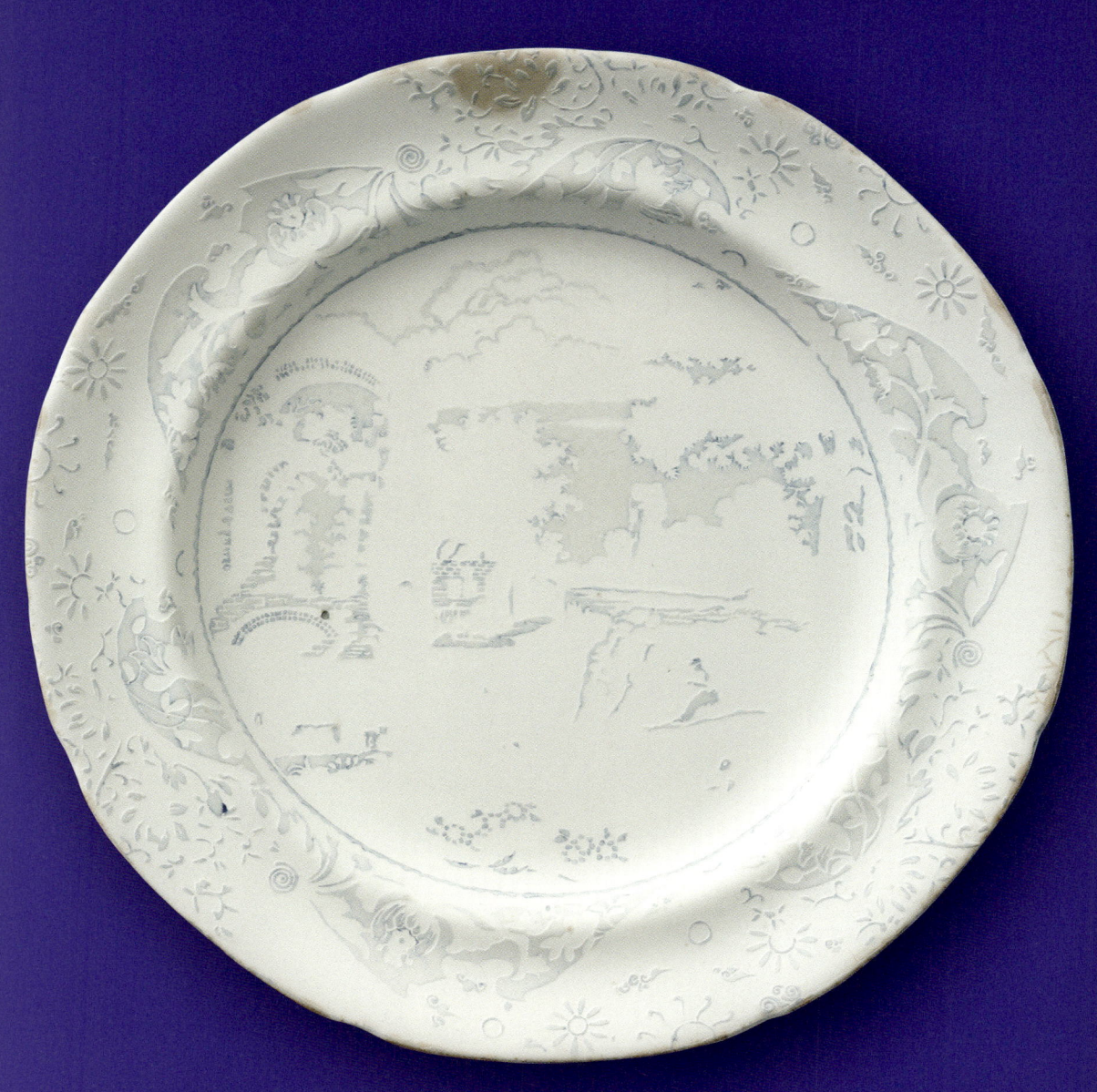

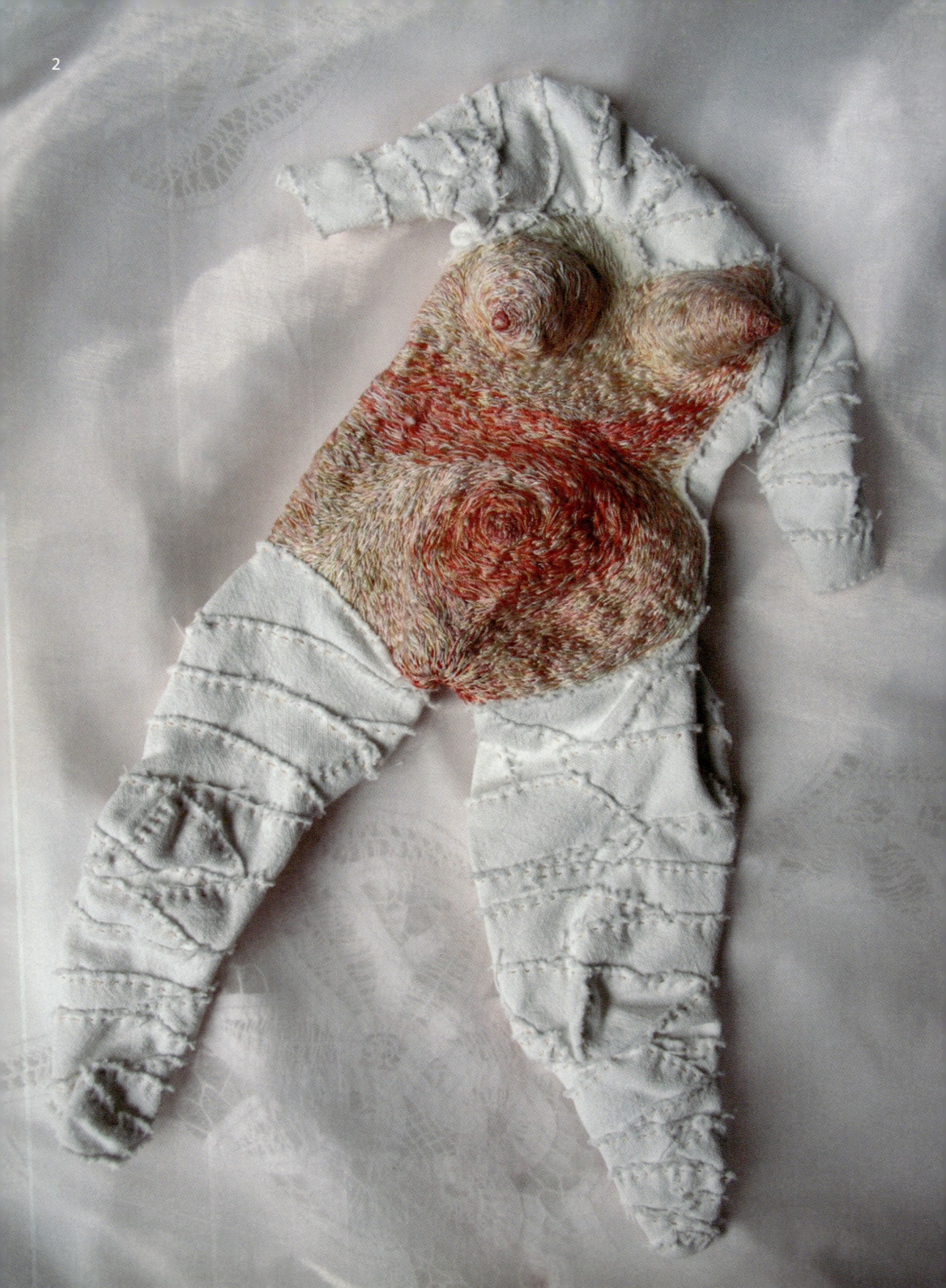

Pia Staff 삐아 스타프

1. **The White Maiden** 40cm, 2002

2. **The Skin Lady** 43cm, 2003

3. **The Red Legged Madonna** 46cm, 2003

4. **Cyborg** 56cm, 2004

5. **Calendar Gir** 39cm, 2006

6. **Wellamo** 49cm, 2007

7. **The Snow Queen** 64cm, 2007

recycled cloth, sewing, embroidering and padding

The making of the rug doll has been over the years a repetitive act. The dolls have enabled me, as an artist, to examine the experience of bodily being in the world. Skin has constantly been a source of inspiration for me; it is like a map, life is marking it with experience. I have lingered by the brutally beautiful skin, building it of recycled material that in it self carries with it stories of lived life, marking the surfaces with thread. The dolls are forming a continuous story of life.

1. 하얀 처녀 40cm, 2002

2. The Skin Lady 43cm, 2003

3. 빨간 다리의 마돈나 46cm, 2003

4. 사이보그 56cm, 2004

5. 캘린더 소녀 39cm, 2006

6. Wellamo 49cm, 2007

7. 눈의 여왕 64cm, 2007

재활용 천, 바느질, 자수, 충전재

나는 오래 전부터 헝겊인형을 만드는 일을 반복적으로 해왔다. 이 인형들은 나에게 예술가로서 가능성을 열어준 것과 더불어, 신체를 가진 존재를 경험하게 하는 일종의 실험 대상이었다. 나에게 있어 지속적인 영감의 원천이 되는 피부는 마치 하나의 지도와 같으며, 인생을 통해 경험한 흔적이 새겨져 있다. 나는 살아온 이야기를 담고 있는 재활용된 천으로 헝겊인형을 만들고, 그 표면에 실로 흔적을 남긴다. 그래서 이 인형들은 인생의 끊임없는 이야기를 형성하게 된다.

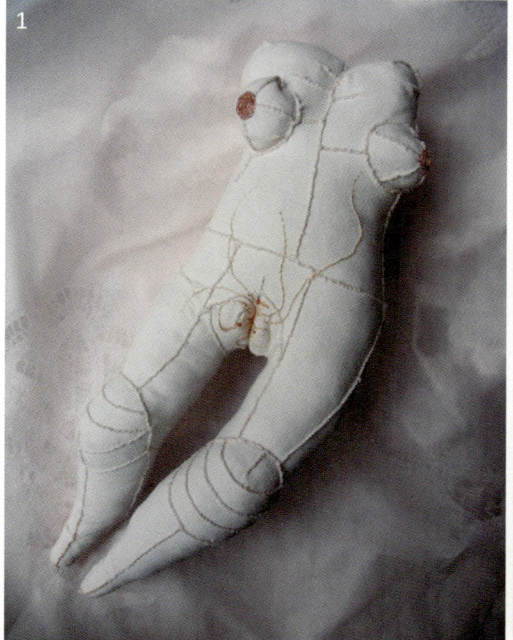

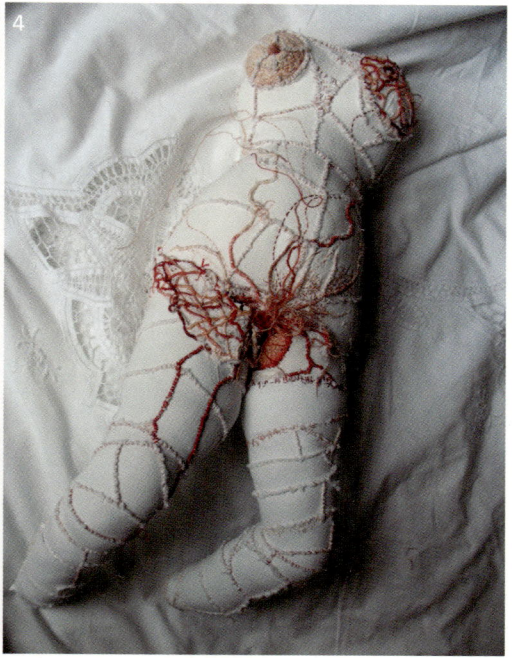

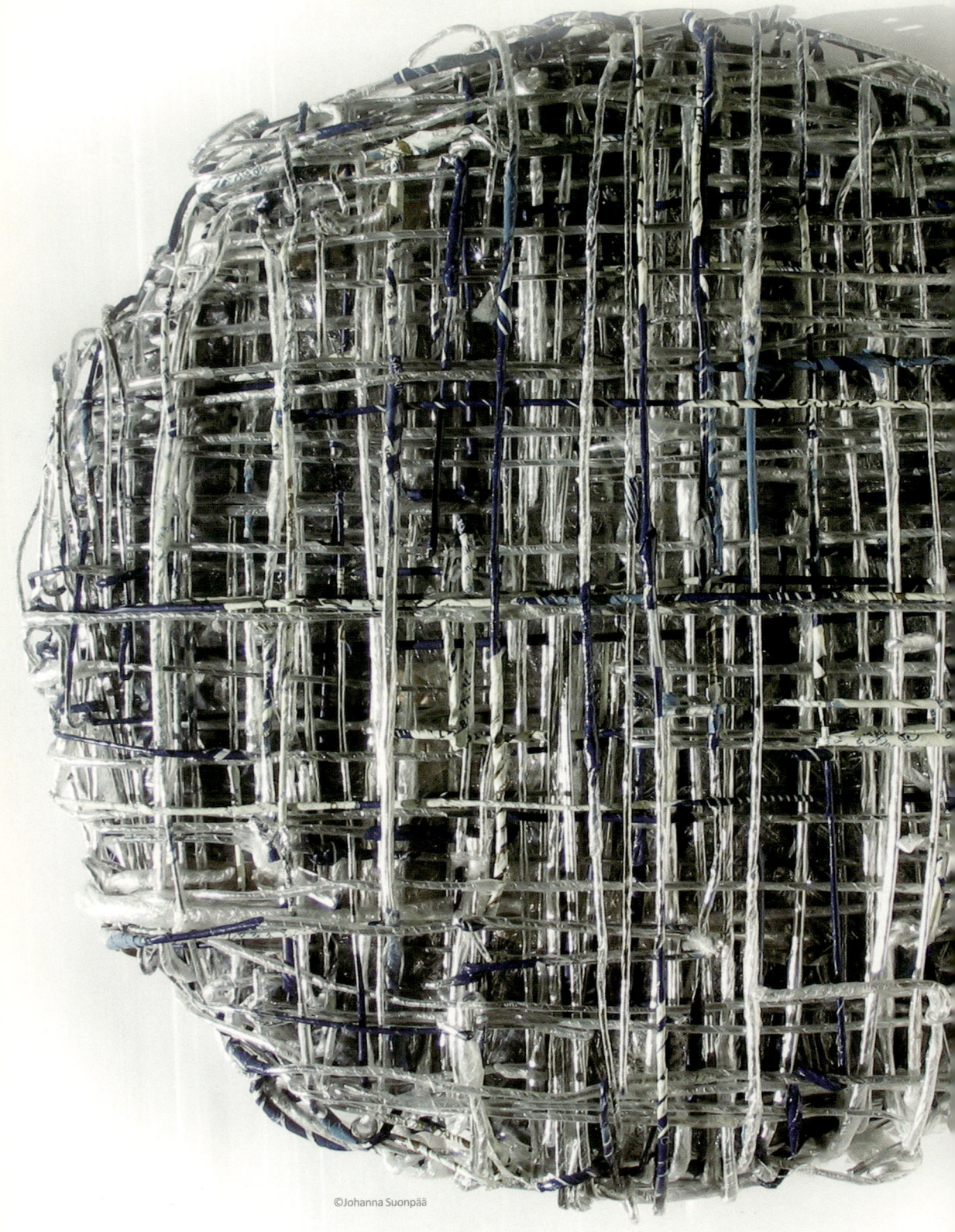

©Johanna Suonpää

Johanna Suonpää 요한나 수온파

Urban Moon

36×5cm
steel fixers wire, covered with plastic sachets of Finnish bread

The Finnish National romanticism has often been connected with a strong and real feeling of the Finnish nature. The moon, constitute from the energy and aesthetic of nature. Among other things, the moon is also often recurred subject of Finnish schlagers. For example the song, Silvery moon, interpretation by Olavi Virta, it is a one delicate image of Finnish mentality. Melody reminds me of traditional view in Finnish countryside where the fresh water´s sparkle and the aroma of nature´s materials are floating around me.

Like this, as a urban citizen my nature experience is mostly different- Shining moon is competing together with the nigh city lights and water`s glitter might easily get mixed in drifting plastic in the sea. The idea of landscape, on that kind of moment, is very urban experience. The moon symbolizes an aspect of romanticism but as well the moon has become as an universal scientific achievement´s stage. The mood of time is changing and the operation modes of man too. Among other things, as the by-product of this development the waste has became new material of wildlife even that its place is not there.

도시의 달

36×5cm
핀란드 빵 봉지를 (강철용)고착액을 이용해 철을 감쌈

핀란드 민족낭만주의는 흔히 핀란드의 자연에서 느껴지는 강하고 실제적인 느낌과 연결되어 왔다. 특히 달은 자연의 에너지와 미의식으로 구성된다. 또한 달은 핀란드의 대중 음악 스타일 중 하나인 슐라거(schlager)를 떠올리게 한다. 예를 들면 Olavi Virta가 연주한 '은빛의 달 Silvery moon '이라는 노래는 핀란드인의 심리 상태를 아주 섬세한 이미지로 표현했다. 그 멜로디는 맑은 물이 반짝이고 자연의 향기가 진동하는 핀란드의 전통적인 시골 풍경 속으로 나를 데려다 놓는다.
이처럼 도시 생활을 하는 내가 자연에 대해 경험은 대부분 다르다. 나에게 빛나는 달빛은 밤을 비추는 도시의 불빛과 비교되거나 물이 반짝이는 것은 아마도 표류하던 플라스틱이 바다 속으로 섞여 들어갔기 때문일 것이라고 생각된다. 이렇게 풍경에 대한 생각은 도시 생활의 경험과 매우 연관되어 있는 것이다. 달은 낭만적인 것을 상징하지만 일종의 우주 과학의 성취 무대가 되기도 한다. 시대의 경향은 변화하고 인간의 움직임 또한 마찬가지이다. 이러한 변화의 소산으로서 그것의 본연의 자리가 아닌 쓰레기는 야생에서 새로운 재료로 변모되어가고 있다.

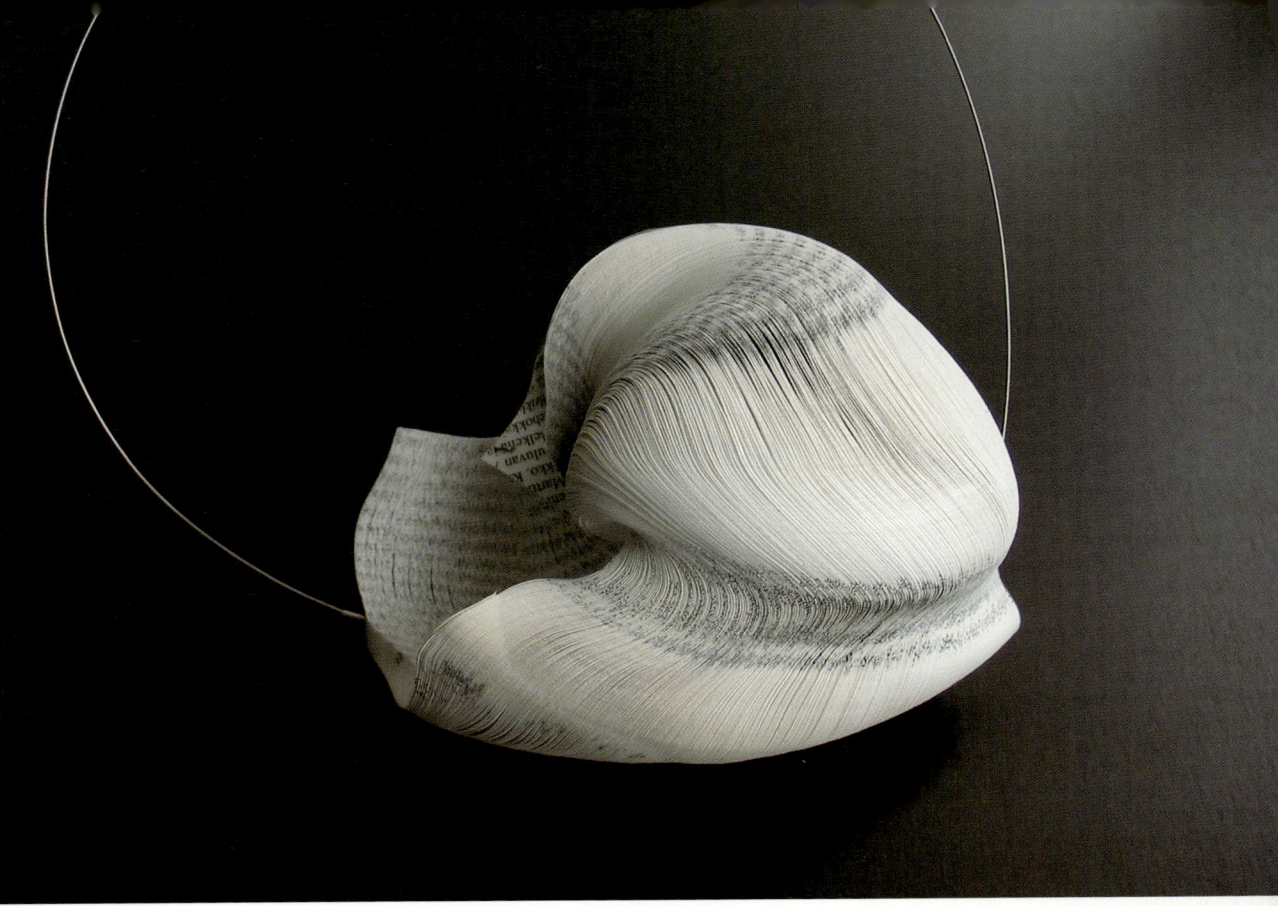

Janna Syvänoja 얀나 수반오야

Paper jewelry

necklace
14×10×9cm
paper

I can make the rules, but the piece takes the shape of its own. When certain formed components start to follow each other and find their rhythm in my hands, the miracle happens. It is a slow, meditative, and very natural process.
I use printed paper, maps, catalogues, dictionary books. They are rich by their past, carrying along certain places and accidental meanings. This material also gives the pieces their individual exterior and interior decoration – their ornaments. I see wood, stone, bone, weather, fur, field, velvet.

페이퍼 쥬얼리

목걸이
14×10×9cm
종이

나는 형태의 규칙을 만들 수 있지만 작품은 그만의 고유 형태를 가진다. 형태를 이루는 구성요소들이 각각 뒤를 잇고 내 손 안에서 그들의 리듬을 찾게 되면, 기적은 일어난다. 이것은 느리고 신중하며, 매우 자연스러운 과정이다.
나는 출력된 종이, 지도, 카탈로그 그리고 사전을 가지고 작업한다. 이것들은 어떤 장소나 예기치 않은 의도를 따라 옮겨진 것들로 풍부한 역사를 가지고 있는 재료들로 개별적으로 그들이 가진 내외부 장식을 작품에 입힌다.
나는 나무, 돌, 뼈, 날씨, 털, 들판, 벨벳을 상상한다.

Birch-Bark Paintings

80×160cm
birch bark

Bark is the skin of birch tree. It has been coating the tree at the mercy of weather, gathering inside itself colors that depend on the direction of sunlight, winds and the climate over time. There is a whole palette of colors inside the layers of bark. The patterns, lines and the merging colors on the bark remind me of the scenery around the birches: morning glows, sunsets, clouds, rain and the reflections mirrored by the lake.

Those moments, tattooed in the skin of the birch are the reason and start for these works of mine.

I would call them weather maps and landscape paintings.

Birch-Bark Paintings

80×160cm
자작나무 껍질

'Bark'는 자작나무의 껍질을 말한다. 그것은 나무가 햇빛의 방향, 바람, 기후변화에 따라 그 내부의 응축된 색들로 나무를 감싸고 있다. 또한 그 껍질의 층은 매우 다채로운 색들로 이루어져 있다.

이 자작나무 껍질의 무늬, 선, 색들 사이의 조화는 아침놀, 해질녘, 구름, 비 그리고 거울처럼 비치는 호수와 같은 자작나무를 둘러싼 풍경들이 생각나게 한다. 자작나무 껍질에 새겨있는 이 순간들이 내가 작업을 시작하게 된 이유이며 그들을 계절의 지도 또는 풍경화라고 부르곤 한다.

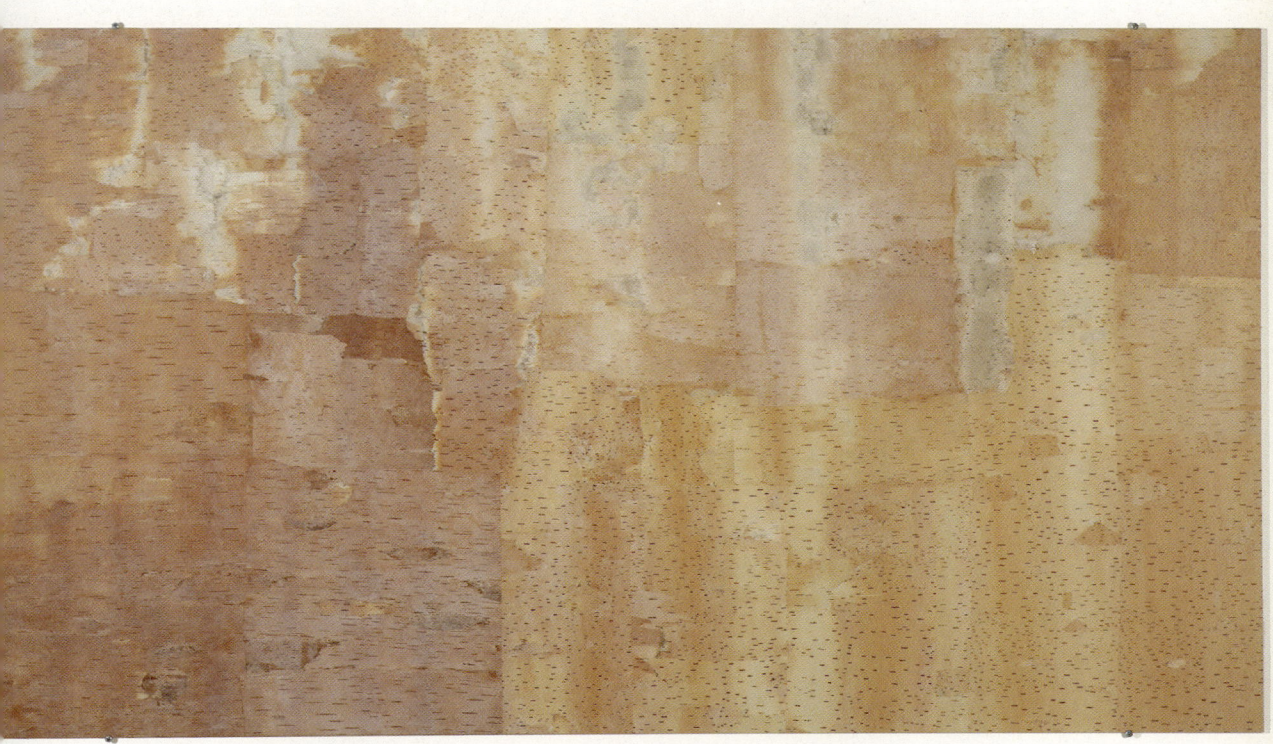

©Janna Syvänoja

Paula Taipale 파울라 타이빠레

Himmeli

120×Ø90cm
candy wrappers, crystals

I have researched and developed traditional Himmeli (a traditional Finnish Christmas chandelier) technique to be able to master it.
I have found that the structure in even larger Himmeli models is very effective and very sustainable.
The idea of using plastic drinking straws instead of traditional rye straws came to me from my childhood, from a family friend who used to use them.
The whole idea is to make a big work look massive, even the material - it looks like it's made of metal. The Himmeli itself, however, is extremely light and moves around in the breeze like a mobile. The decorative rosettes are made out of cut out candy wrappers, I've also used crystals. One of the original Himmeli techniques is to add extra decoration onto the basic structure.

Himmeli

120×Ø90cm
사탕 포장지, 크리스탈

나는 전통적인 Himmeli(핀란드의 전통적인 크리스마스 샹들리에) 제작하는 기술을 숙달할 수 있도록 연구하고 개발해왔다.
Himmeli의 큰 구조가 더 효과적이고 오래도록 지속가능하다는 사실을 알게 되었다. 또한 전통적인 밀짚을 사용하는 대신 플라스틱 빨대를 사용했는데 이것은 내 어린 시절 가족과 친구들이 사용했던 기억으로부터 착안했다.
크기를 크게 만들어 더 중량감 있게 보이도록 하고, 재료 또한 금속처럼 보이도록 의도하였다. 하지만 실제 Himmeli는 매우 가볍고 모빌처럼 미풍에서도 움직인다.
장식적인 장미모양의 매듭들은 사탕 포장지를 잘라 만들어졌고, 크리스탈 또한 재료로 사용되었다. 본래의 Himmeli 기법의 하나가 기본구조 위에 추가 장식으로 덧붙여진 것이다.

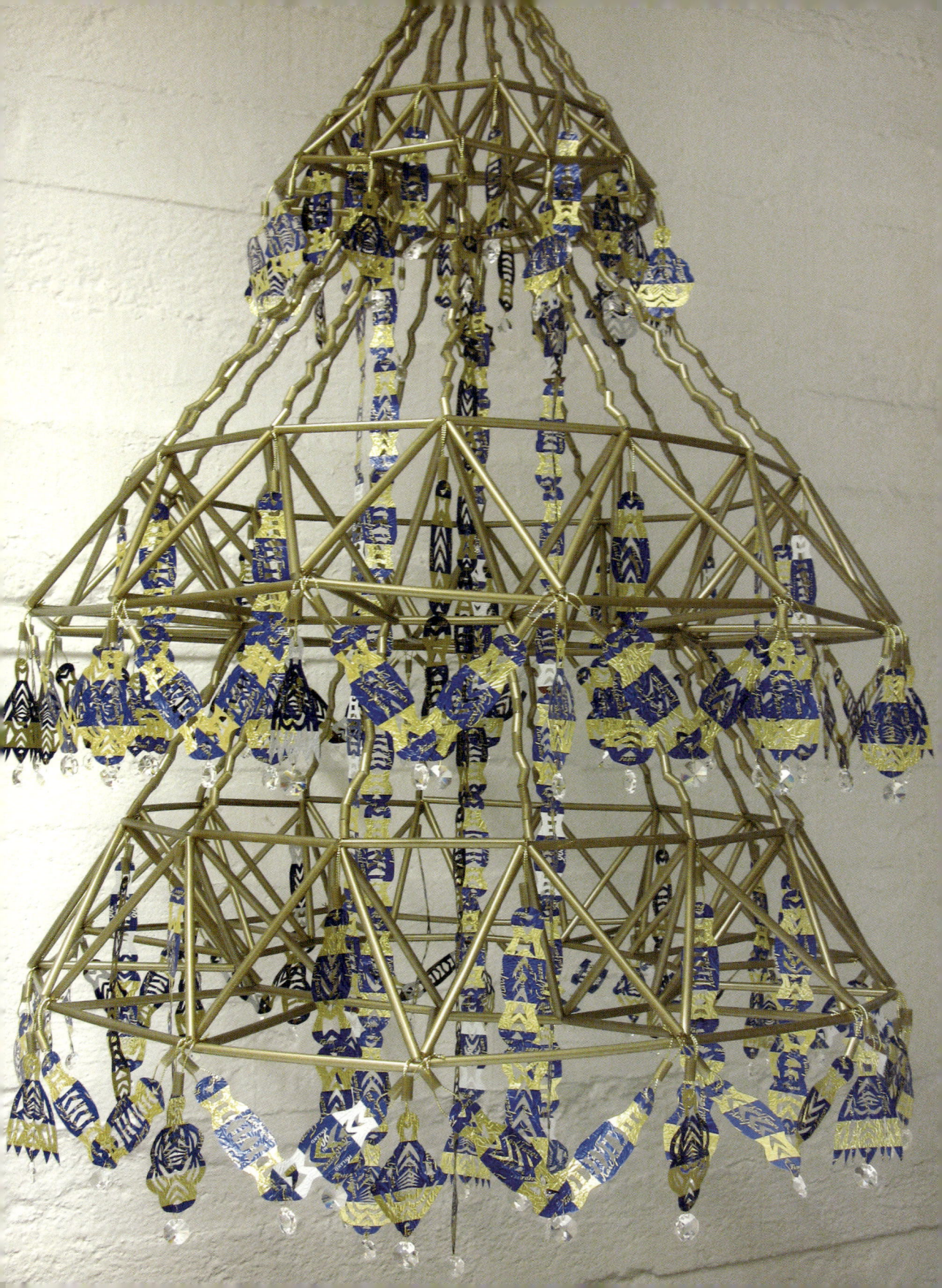

Anri Tenhunen 안리 텐후넨

Ceramics

Goblet h 17 cm, Small Bowl Ø13cm & Ø19cm, Big bowl Ø32cm
Finnish red clay

Works are made by throwing from Finnish red clay

도자기

컵 17cm, 작은 사발 Ø13cm & Ø19cm, 큰 사발 Ø32cm
핀란드 붉은 점토

이 작품은 핀란드 붉은 점토를 물레로 차서 만들어졌다.

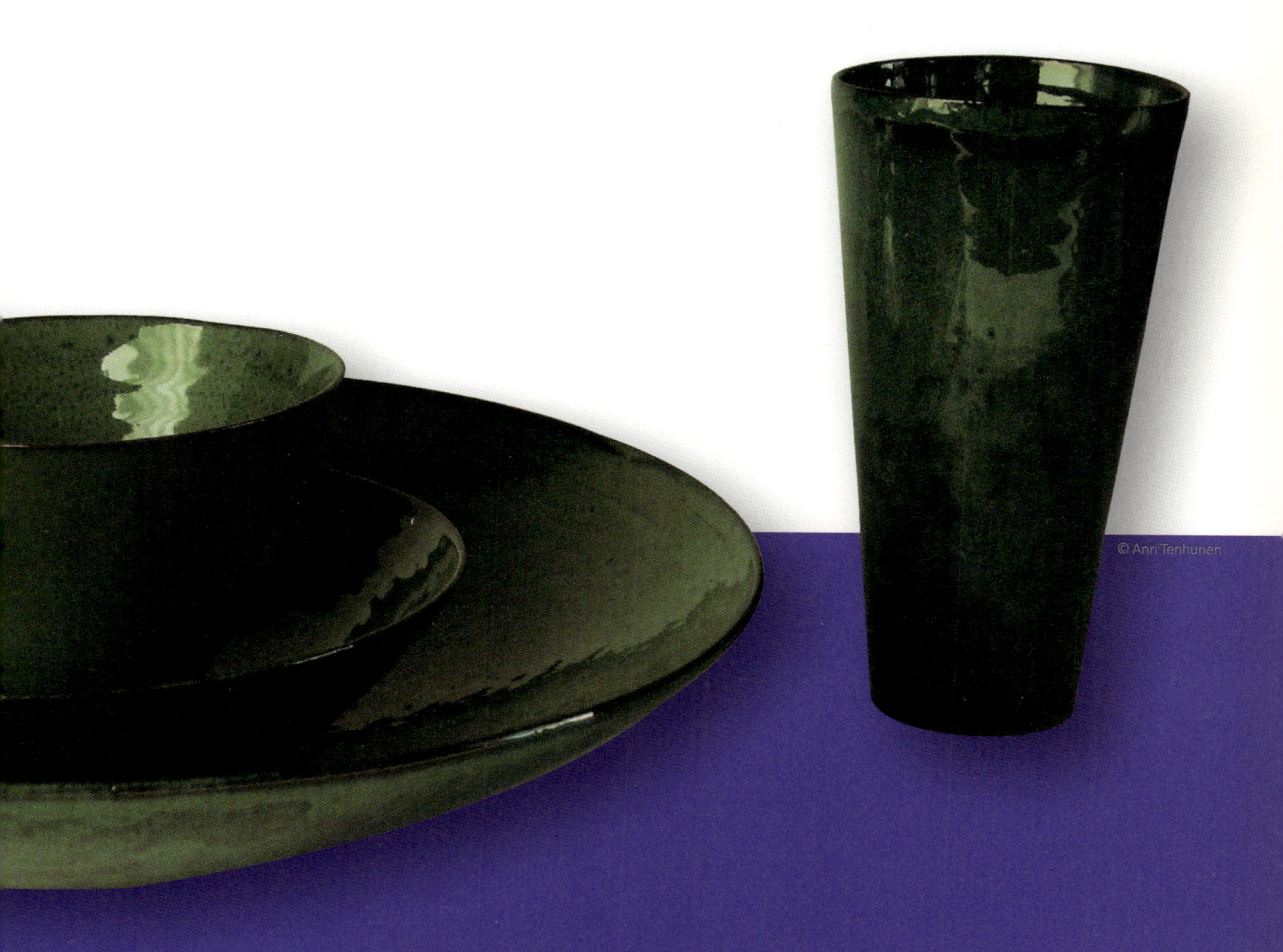

© Anri Tenhunen

129

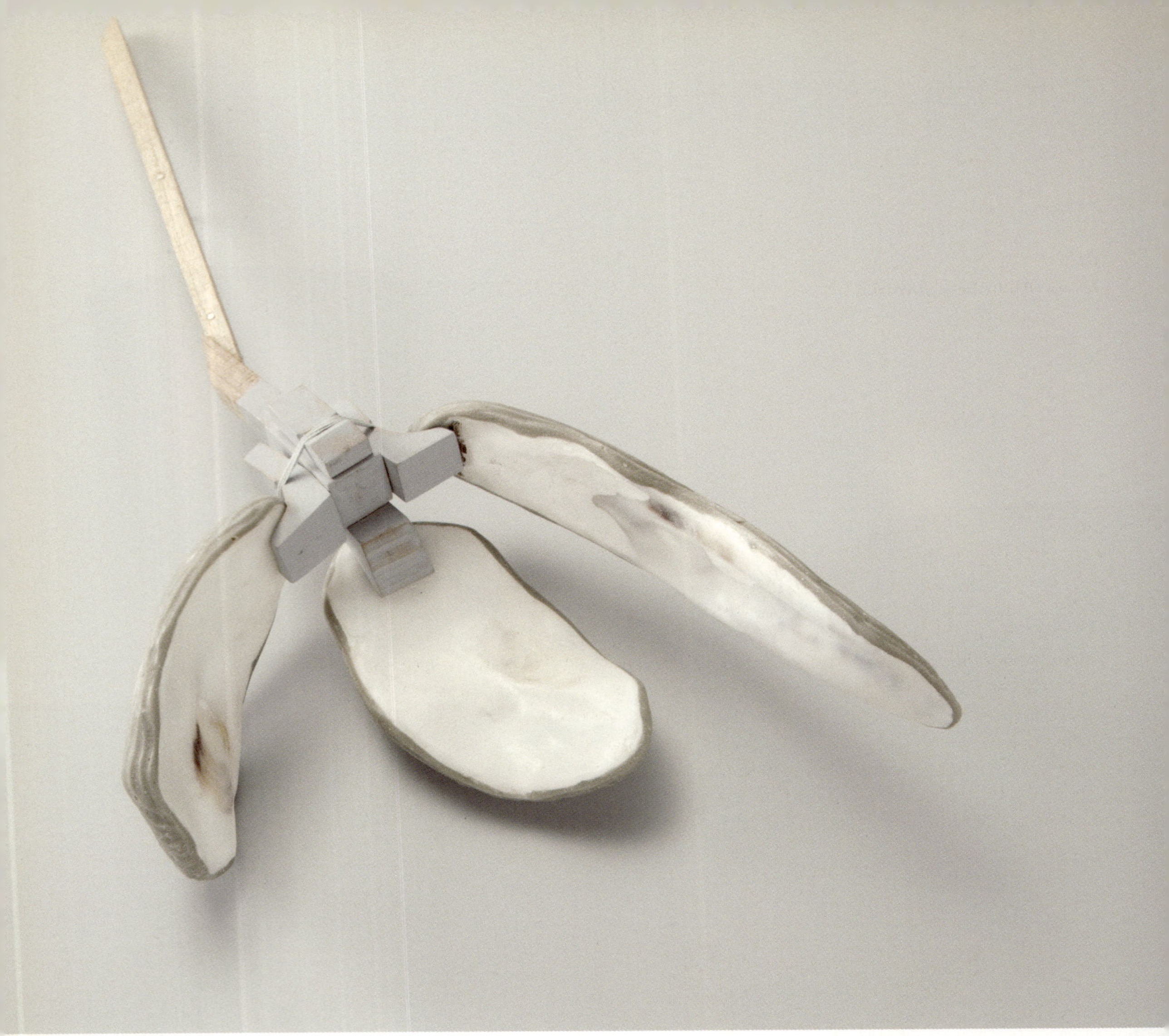

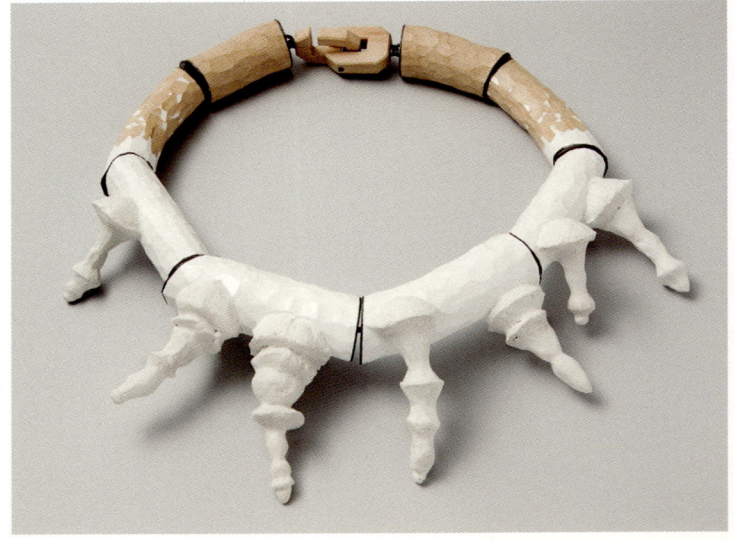

©Eddo Hartmann

Terhi Tolvanen 테르히 톨바넨

Neige

Ø18cm
wood, silver, paint, polyester

Océanne

20cm
oysters, polyester, cherry wood, paint, cotton

Rameau Bleu

14cm
hazelnut wood, silk, silver

Neige

Ø18cm
나무, 은, 도료, 폴리에스테르

Océanne

20cm
굴껍질, 폴리에스테르, 체리 나무, 도료, 면

Rameau Bleu

14cm
헤이즐넛(개암) 나무, 실크, 은

In my work I visualize the relationship between man and nature. I am fascinated especially by the human interference in the nature; the traces that are left behind by the taking care, the organizing or controlling nature. But the nature "fights back", it keeps on growing and changing. This unpredictable power of life is for me a source of inspiration. This dialogue between control and freedom has become the general theme for my jewelry.

이 작품을 통해 나는 인간과 자연 사이의 관계를 보여주고자 한다. 특히 나는 인간이 자연을 감독하고 개입, 통제함으로써 생기는 흔적들에 흥미를 느낀다. 하지만 자연은 이러한 인간의 행동에 저항하며, 계속 성장하고 변화한다. 이러한 생명의 예측 불가능한 힘은 나에게 영감의 원천이며, 이러한 통제와 해제 사이의 대화는 나의 작업에 가장 보편적인 주제가 되어왔다.

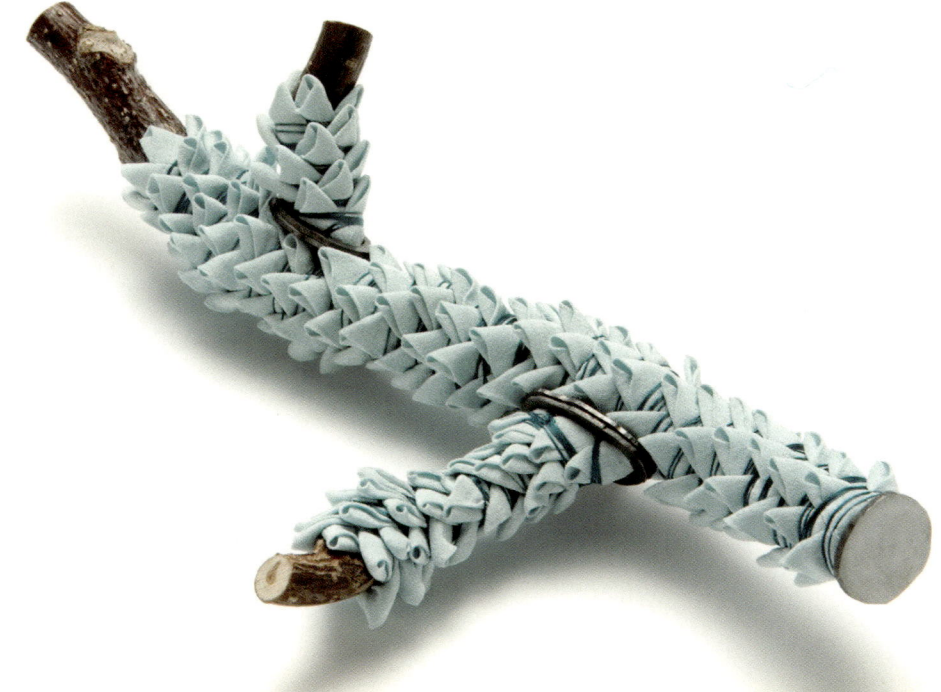

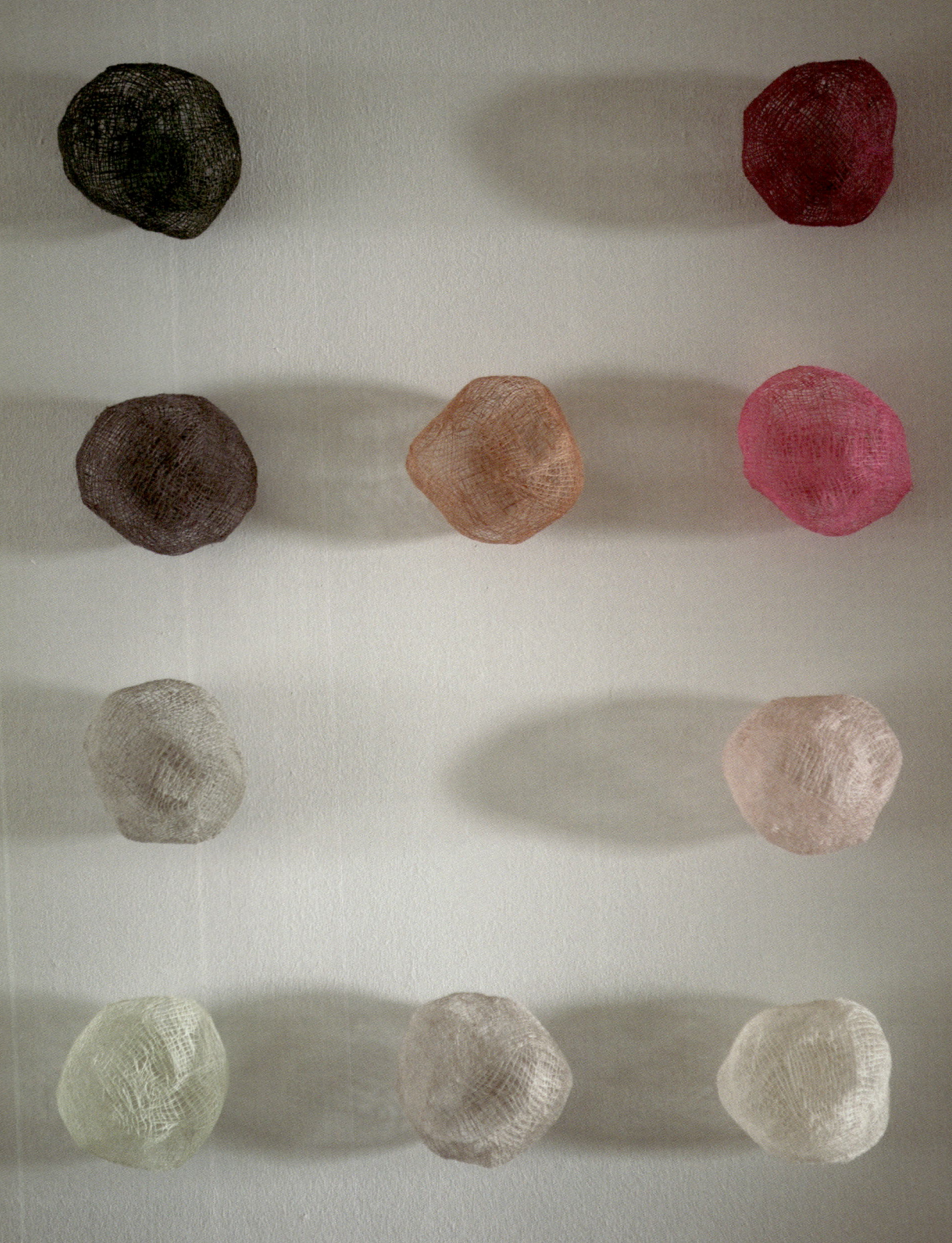

Heli Tuori-Luutonen 헬리 뚜오리 루톤넨

Be quiet, different shiver

3- dimensional darning
80×60×10cm
Linen

In my work the color is quiet and light on the wall.
A soundless shiver.

고요하게, 다른 전율

입체적 감침질(짜깁기)
80×60×10cm
마

색이 벽 위에서 고요하게 빛난다.
바로 소리없는 전율이다.

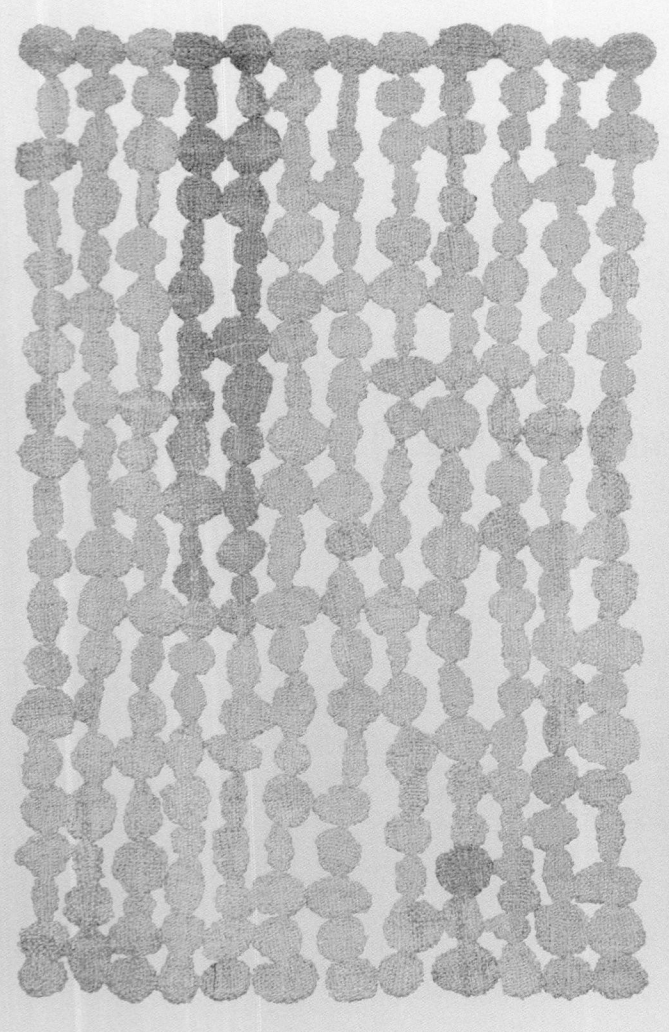
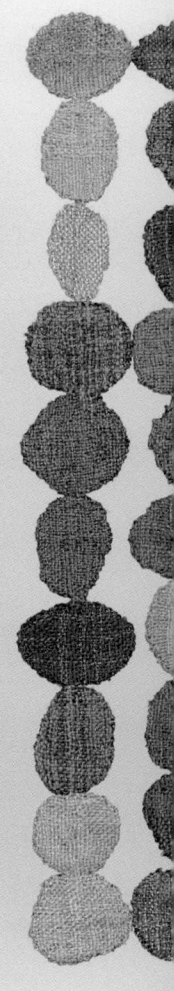

©Petter Martiskainen

Anna-Mari Vierikko
안나 마리 비에리꼬

Long Autumn

75×112cm
linen, cotton silk

My work "Long Autumn" got it´s idea quite straight from my life and my neighbourhood. I live in the country side, near by the nature and its seasons. It was autumn when I begun my work: yellow leaves were falling, daytime became shorter and shorter. Falling leaves as passing moments, grey weeks. Yellow and grey - the main colors of autumn.

오랜 가을

75×112cm
마, 실크 면

작품 <Long Autumn>은 나의 삶과 이웃들로부터 직접적인 아이디어를 얻어 제작되었다. 나는 자연과 그 계절을 느낄 수 있는 시골에서 살고 있으며, 이 작품을 시작했을 때가 바로 가을이었다: 노란 잎들이 떨어지고 낮 시간은 점점 짧아지고 있었다. 그 떨어진 잎들은 순식간에 회색으로 바뀌었다. 노란색과 회색, 가을의 주요 빛깔이다.

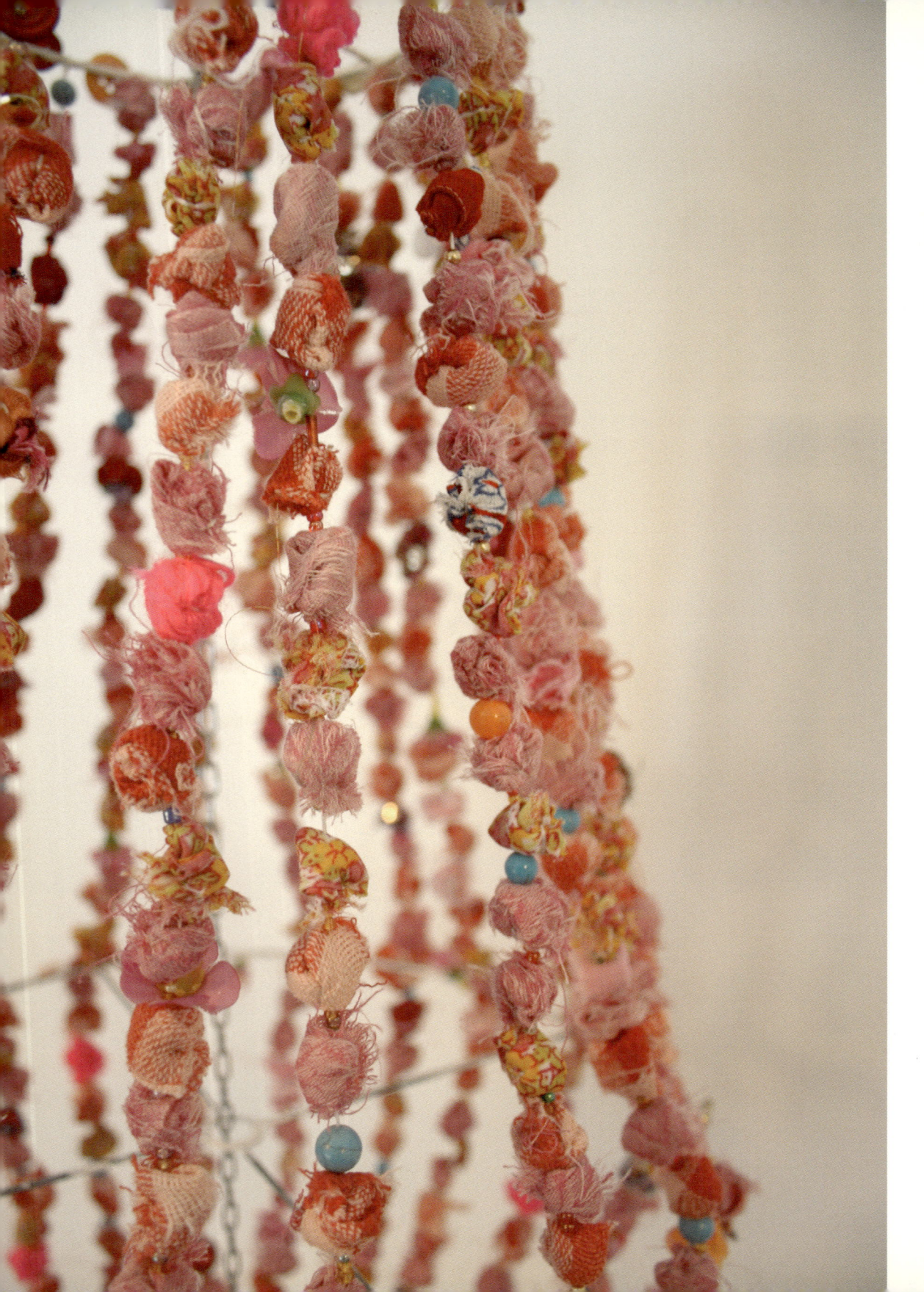

Sanna Ukkola
산나 우꼴라

Chandelier
35×Ø55cm

My method of working is based on materials in the field of textile art and design. I collect and preserve, sew and weave new entities from the fragments of abandoned materials. The combining of motifs and objects becomes the realization and meaning, the thing that makes textile art a unique genre of contemporary art.
I am not afraid of decorativeness: by the means of abundance I treat the chain of generations, which I belong to. Little pieces of fabric, yellowed laces, old buttons and pearls form relief-like surfaces. I embroider, darn and weave, slowly, stitch by stitch. The slowness of the technique becomes a part of the work.

샹들리에
35×Ø55cm

나는 섬유 예술과 디자인 분야에 속하는 재료들을 기본으로 작업한다. 재료를 수집하고 보존하며, 버려진 재료들의 조각들은 바느질하여 새로운 것을 만든다. 이러한 요소들과 대상들의 조합은 섬유 예술을 동시대 예술의 독특한 장르로 실현시키고 의미화시킨다.
나는 "장식하는 것"에 대한 두려움은 없다. 이것은 내가 속한 세대에서는 '장식'은 바로 '풍부함'으로 간주되기 때문이다. 섬유 조각, 노란색 레이스, 낡은 단추 그리고 진주들은 작품 표면에 입체감을 준다. 나는 수를 놓고, 꿰매고, 한 땀 한 땀 느리게 작품을 짜는데, 이러한 "느림" 의 과정도 작품의 일부분이 된다.

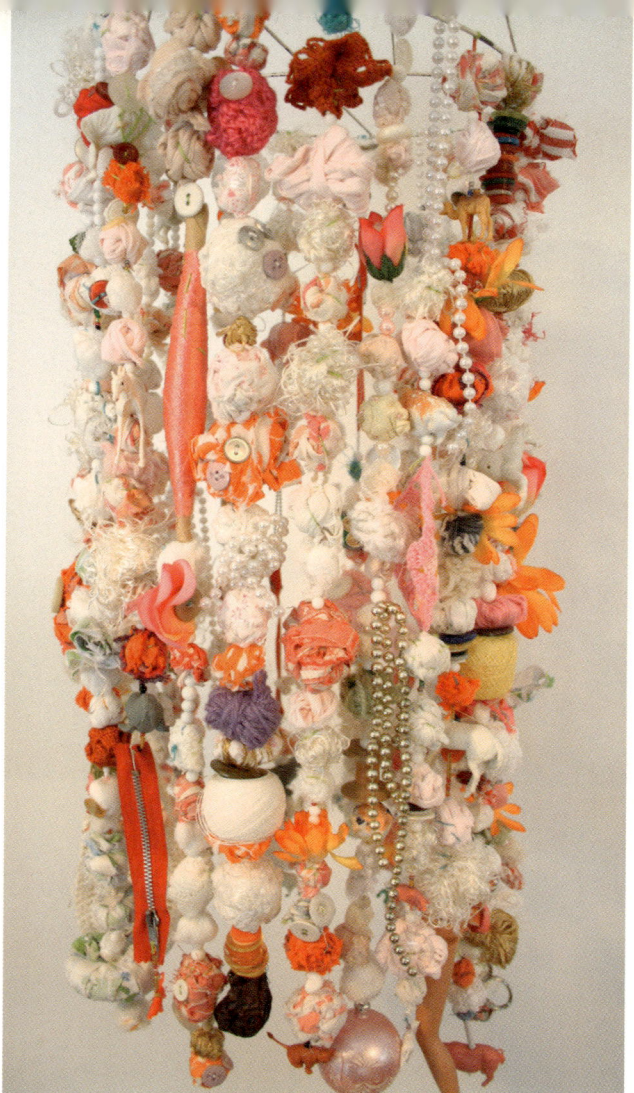

©Sanna Ukkola

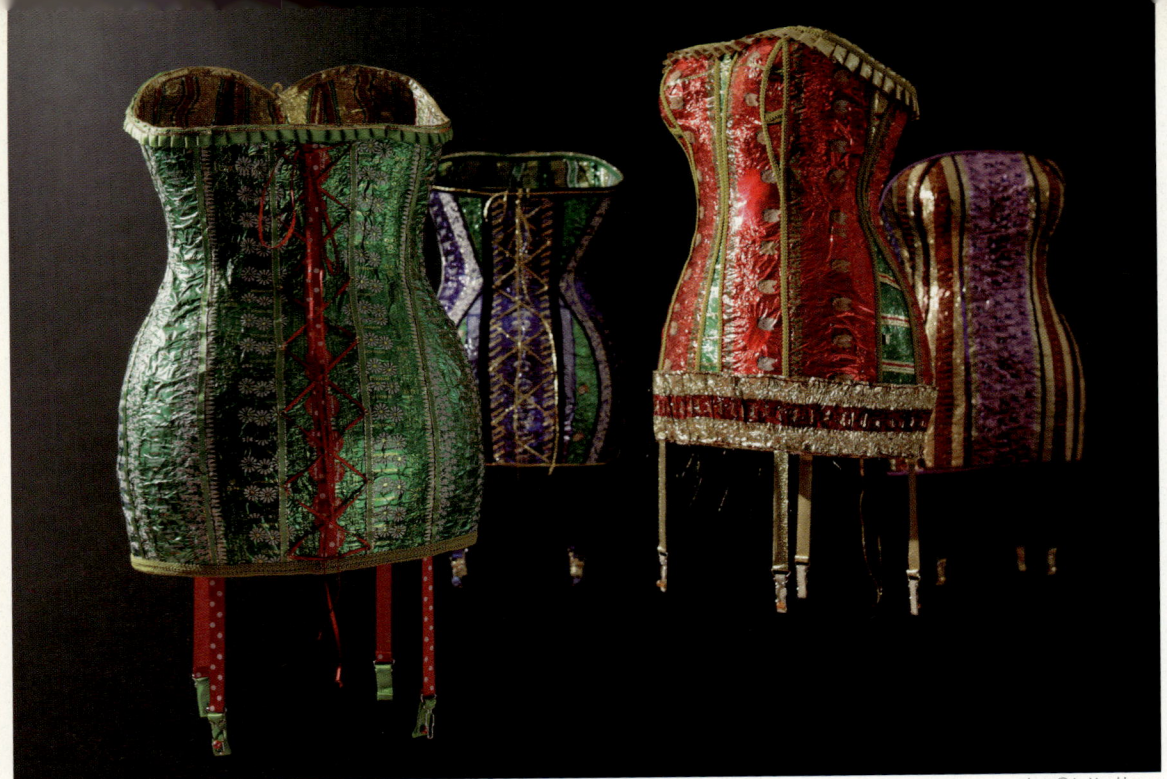

Virpi Vesanen-Laukkanen
비르피 베사넨 라우까넨

**Sweetie and Candy Corsets
(Eve, Ava, Salome and Marguerite)**

170×100×100cm, à 70×45×30cm
candy wrappings

Most of my artworks are interpretations of a woman's life. The ideas come to life at the moment when stories I've either lived through or seen or read somewhere meet the material that our culture has produced. This gives rise to mental associations and visions, through which both elements acquire a new form.
I like recycled materials that have travelled through many hands. They are imbued with some of the life they've seen. Sweetie and Candy Corsets are made of thousands of candy wrappers. From inside each wrapper a sweet delicacy was once unwrapped and eaten – with feelings of either gratification or guilt. Sweetie, Eve, Ava, Salome and Marguerite love sweets, and still they fit into their slim-waist dresses – a dream unfulfilled.

스위티와 사탕 코르셋
(이브, 아바, 살로메, 마르그리트)

170×100×100cm, 70×45×30cm
사탕 포장지들

내 작품의 대부분은 여성의 삶을 해석한 것으로, 이제까지 살면서 들은 이야기들이나 보거나 읽은 것, 우리 문화가 만들어낸 어떤 것들을 만났을 때와 같은 순간의 경험에 기인하고 있다. 이것들은 내가 작업할 때 정신적인 연상 작용이나 상상력을 가져다 주며, 이를 통해 새로운 형태를 얻게 된다.
나는 많은 사람들의 손을 거친 재료들을 좋아하는데, 이런 재활용 재료들은 그들이 거쳐온 작은 역사로 채워져 있기 때문이다. <Sweetie and Candy Corsets>은 수천 개의 사탕 포장지로 만들어진 작품이다.
달콤한 사탕을 먹는 것은 어떤 희열감과 죄책감을 동시에 느끼게 한다. 스위티, 이브, 아바, 살로메, 마르그리트는 '달콤한 것'을 좋아하면서 실현될 수 없는 꿈인 '갸날픈 허리를 가진 드레스'를 갈망한다.

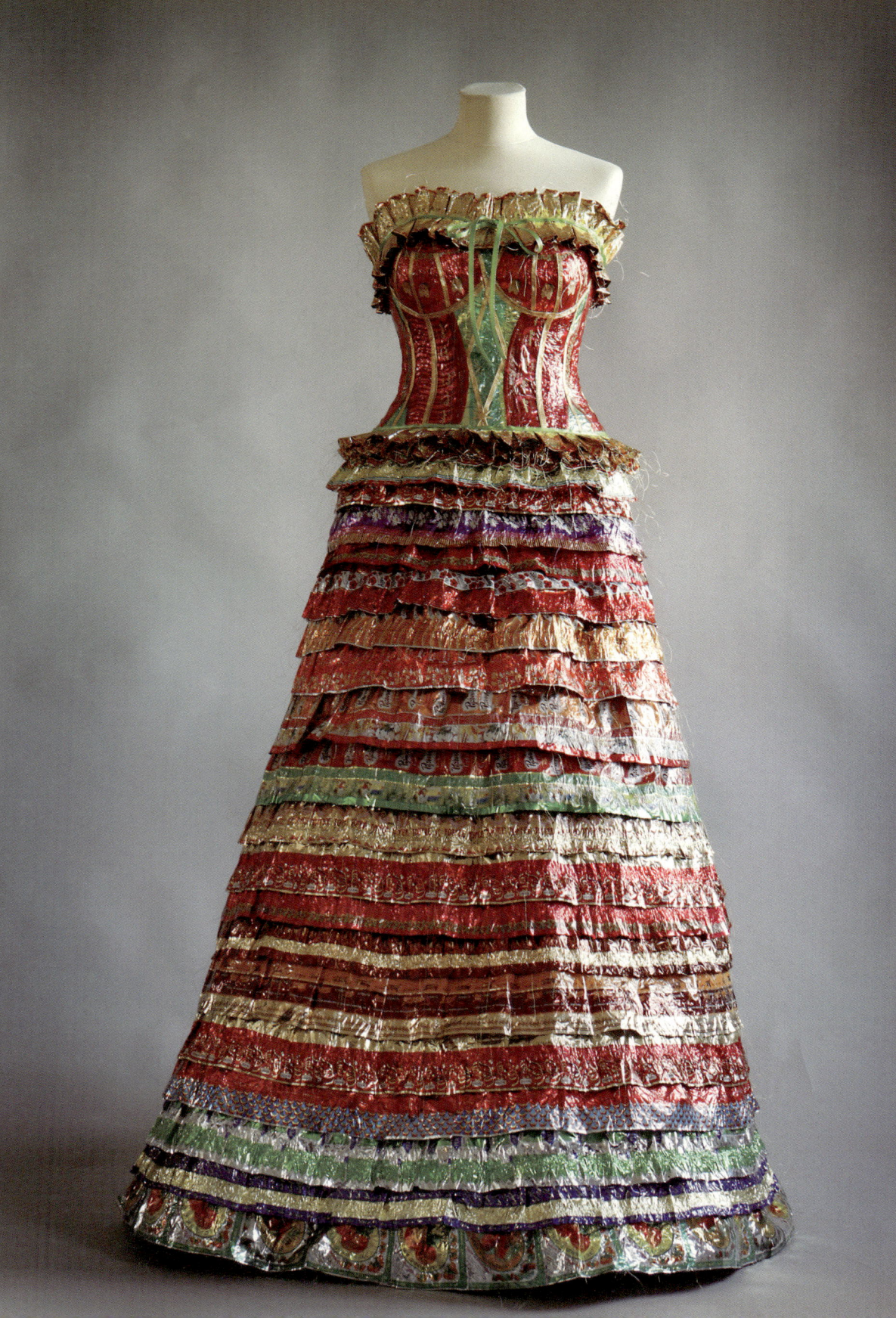

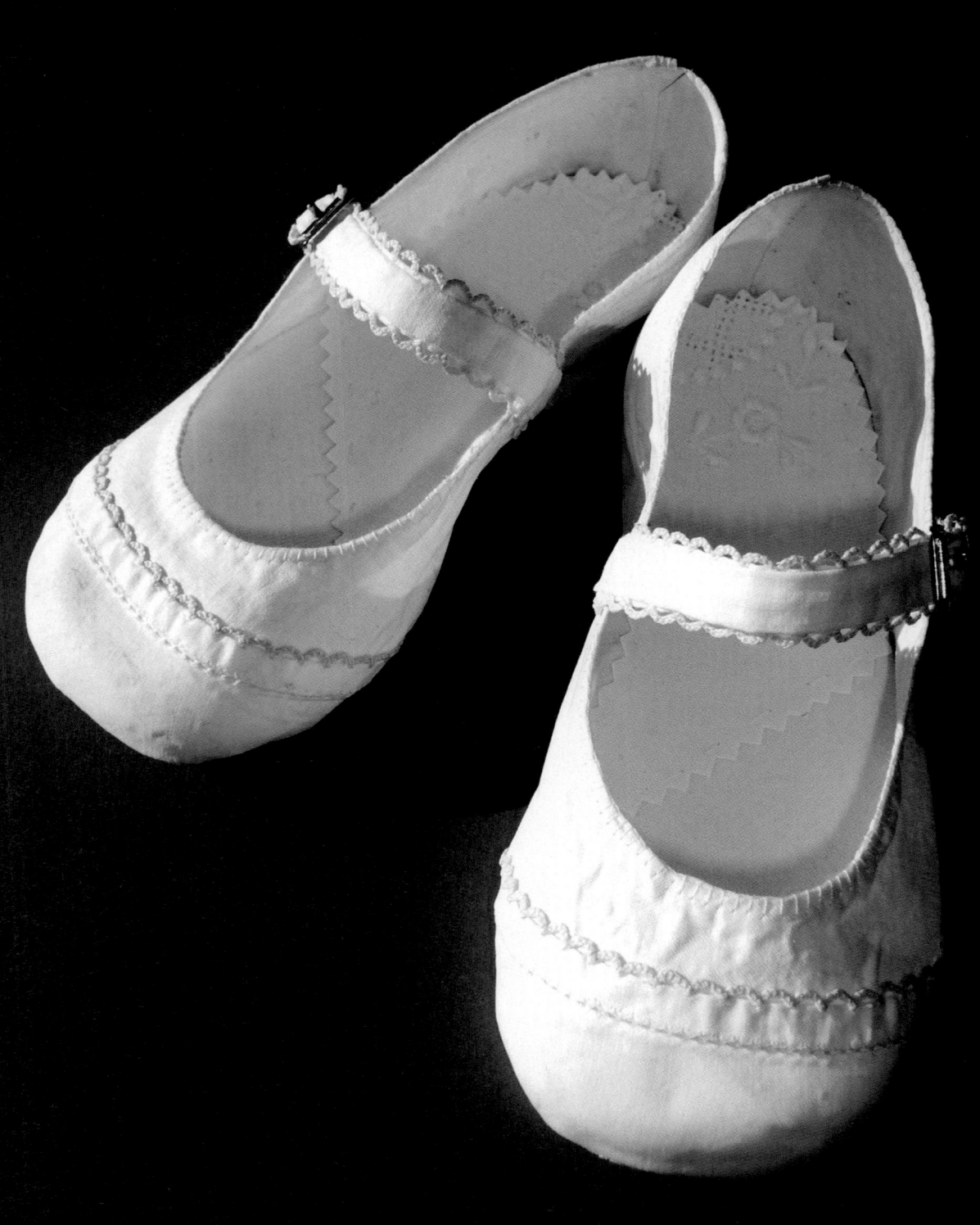

Anna-Mari Vierikko
안나 마리 비에리꼬

Sleep my Little Birds

shoes of a little girl
12×18×18cm
old handkerchiefs

The shoes of a mother, a little girl and a boy are made from old, skilfully made handkerchiefs. The textile of the shoes, from the time gone, brings the former users into being. Through the disregarded materials the past becomes palpable. The shoes with a timeless beauty are a visible culmination, documentation and memory of a woman's life.

잠자는 나의 작은 새

어린 소녀의 신발
12×18×18cm
오래된 손수건

이 작품은 어머니와 어린 소녀, 소년의 신발연작으로, 오래된 손수건을 이용해 능숙하게 만들어졌다.
이 손수건들은 시간은 흘렀지만 앞서 사용한 사람들의 존재를 생각나게 한다. 과거에 소홀히 다루어졌던 재료였음에도 불구하고 그 추억이 분명해졌다. 영원한 아름다움을 간직한 신발은 한 여성의 삶의 추억이자 기록, 그리고 완성이다.

Johanna Virtanen 요한나 비르타넨

Passionately Yours

120×25×10cm
electronic components, lead covered copper wire,
boxing gloves

I am interested in aesthetics of the line and in slowly built constructions. I weave my works of electronic components embodying much symbolism associated with communication, as they are the very parts with which the devices of our communication society are built. For me they are also symbols of our hectic lifestyle, where presence and real meetings between people are rare things.

Red is the color of fire and blood, so it is associated with energy, danger, strength and power, as well as passion, desire, and love. In my artwork, Passionately Yours, I try to express these kinds of strong and contradictory feelings. In my opinion, the passionate attitude to ideas and persons is the power of human interaction and thereby the very stuff of human existence.

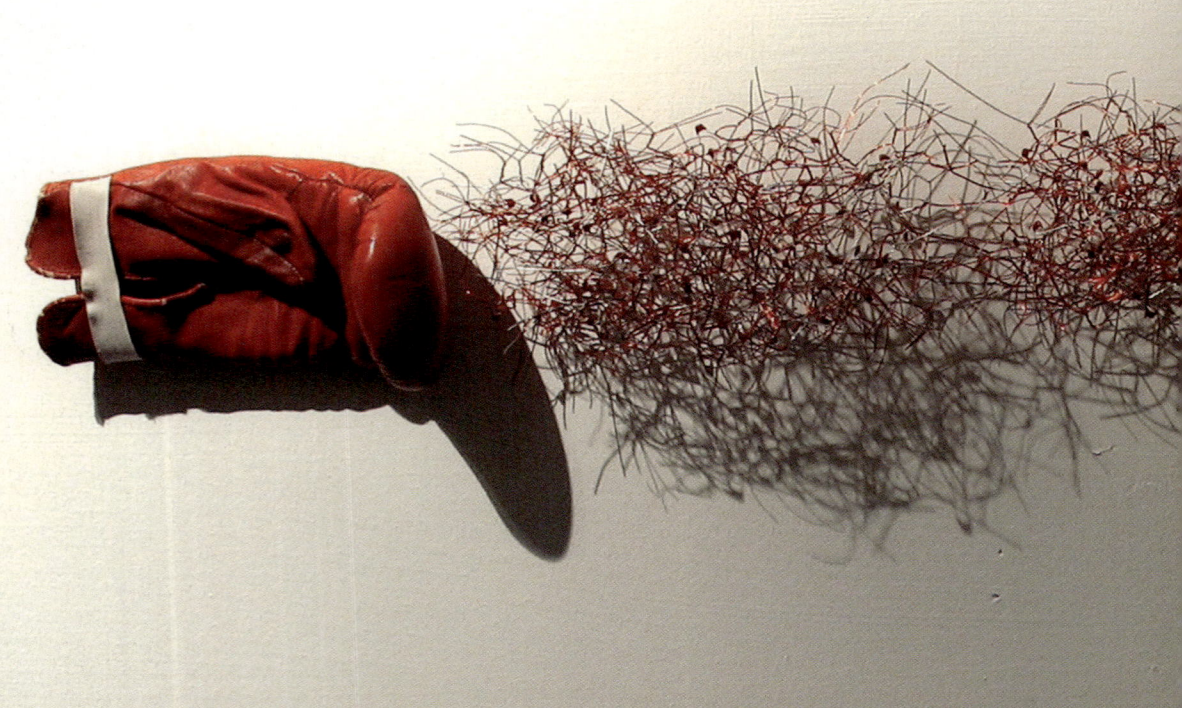

열정을 담아

120×25×10cm
전기 부품들, 피복 구리선, 권투 글로브

나는 선(line)의 미학과 그 안에 느리게 이어지는 구조에 관심이 있다. 작품에 쓰인 전기 부품들은 소통과 관계된 상징적인 것으로, 그것들이 천을 짜듯 엮어짐으로써 우리 사회의 소통 장치를 만드는 것이다. 또한 그 전기 부품들은 실제로는 직접 사람들과 만나는 일이 거의 없는 몹시 빡빡한 우리들의 일상을 상징한다.

붉은 색은 불과 피를 상징하는 색채이자 에너지, 위험, 강도, 힘과도 관련되어 있다. 그리고 열정, 욕망, 그리고 사랑과도 연관된다. 작품 <Passionately Yours>에서 나는 일종의 강하고도 모순된 감정들을 표현해 보고자 하였다. 생각과 사람에 대한 열정이 담긴 태도는 인간이 상호 소통을 하기 위한 가장 중요한 힘이고, 인간 실존을 위한 가장 중요한 요소이다.

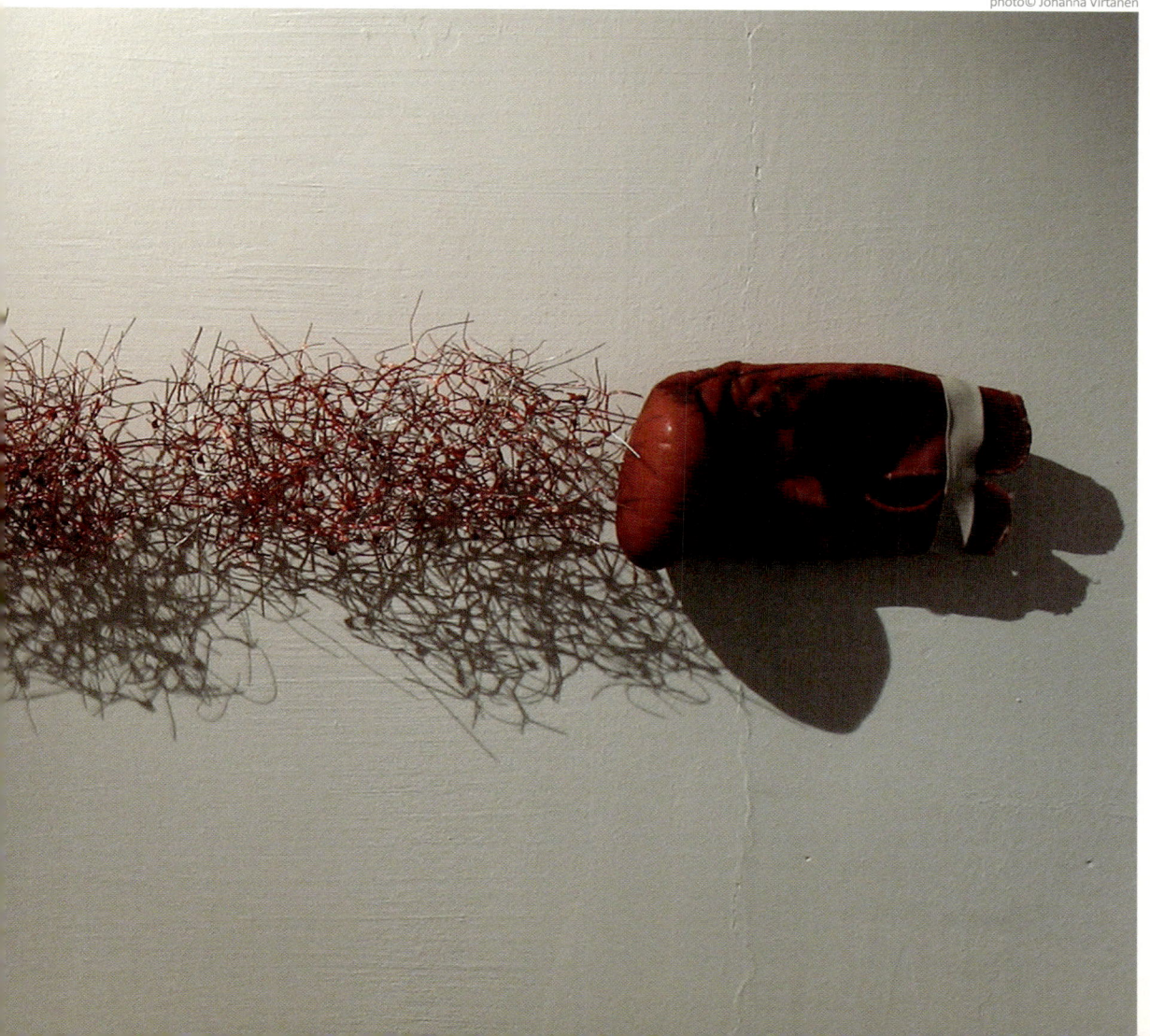

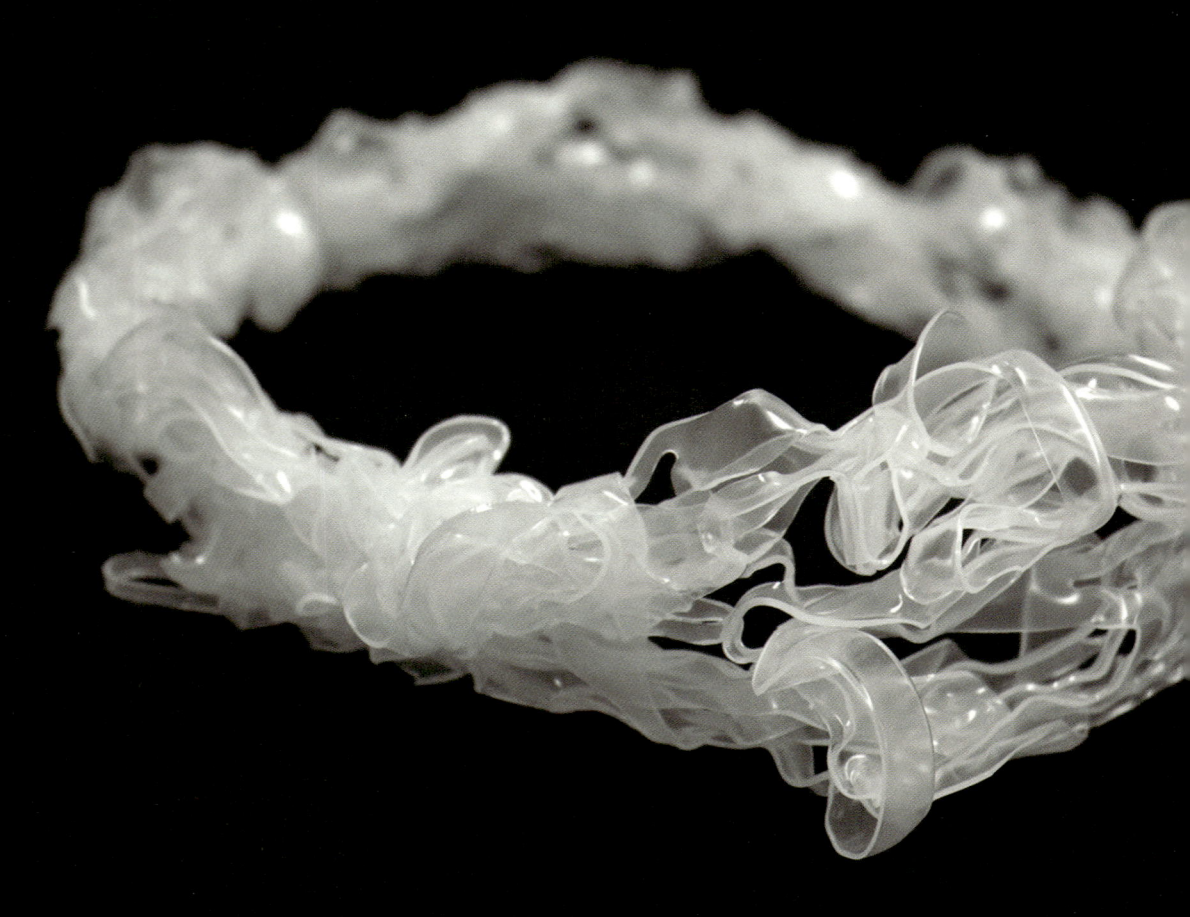

Tatu Vuorio 타투 부오리오

White Moment

rings 3×3×3cm, necklace 5×15×15cm
plastic from six-pack rings

Inspiration for white moment jewelleries came from the cold and windy snowfall day when wind blows various shapes to the snowdrifts. I started to research same various shapes from the different plastics by blowing the heat to the material. Same time I found the idea to use recycled six-pack rings which was perfect material to represent shape of snowdrifts.

눈이 오는 찰나

반지 3×3×3cm, 목걸이 5×15×15cm
반지포장용 플라스틱(6개)

작품 <White Moment>에 대한 영감이 떠오른 것은 춥고 거센 눈이 내리던 어느 날, 바람이 불어 눈이 다양한 모양으로 쌓이는 것을 본 직후였다. 나는 다양한 플라스틱에 열을 가해 부풀려보며, 여러 형태들을 얻기 위한 시도를 해보았다. 그 과정 중에 눈이 쌓인 모양을 완벽히 재현할 수 있는 반지를 포장했던 플라스틱을 발견하게 되었다.

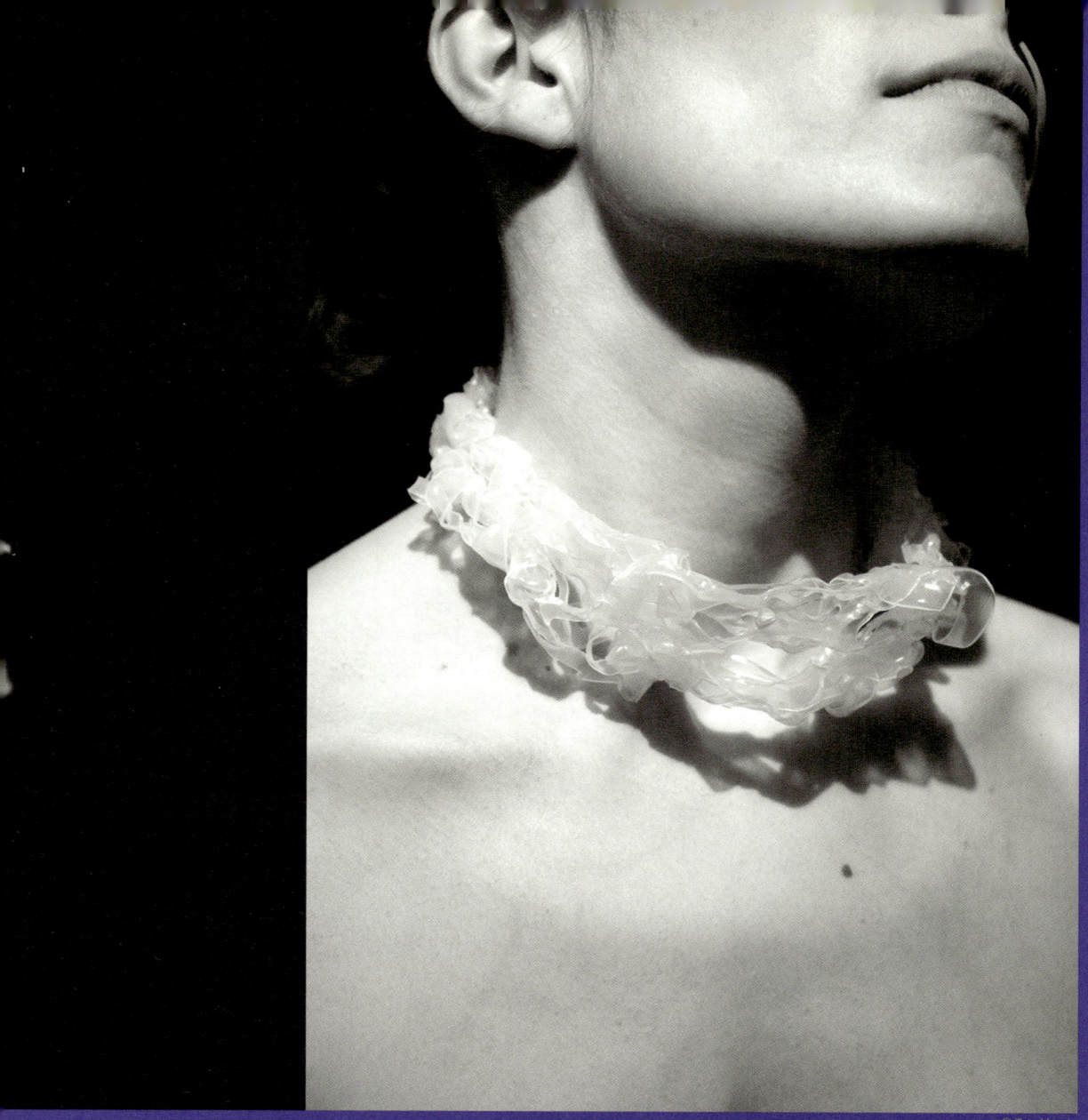

© Tatu Vuorio.

Finnish
Lifestyle

Elina Aalto 엘리나 알토

Helsinki, Better View

curtains
180×200cm
polyester, stainless steel, plastic

Better View is a series of black out roller curtains
with perforated city views. Light seeps in through
the small holes creating an illusion of a night time
cityscape. The series consists of five views; Paris,
Tokyo, Helsinki, Berlin and Stockholm.

헬싱키, 더 나은 풍경

커튼
180×200cm
폴리에스테르, 스테인리스, 플라스틱

작품 <Better View>은 롤러식 검은 커튼에 구멍을 내어
도시의 풍경을 표현한 시리즈이다. 작은 구멍을 통해 스며
들어온 빛은 도시 야경의 환영을 만들어낸다. 이 도시 풍
경 연작은 파리, 도쿄, 헬싱키, 베를린, 스톡홀름의 5개로
이루어져 있다.

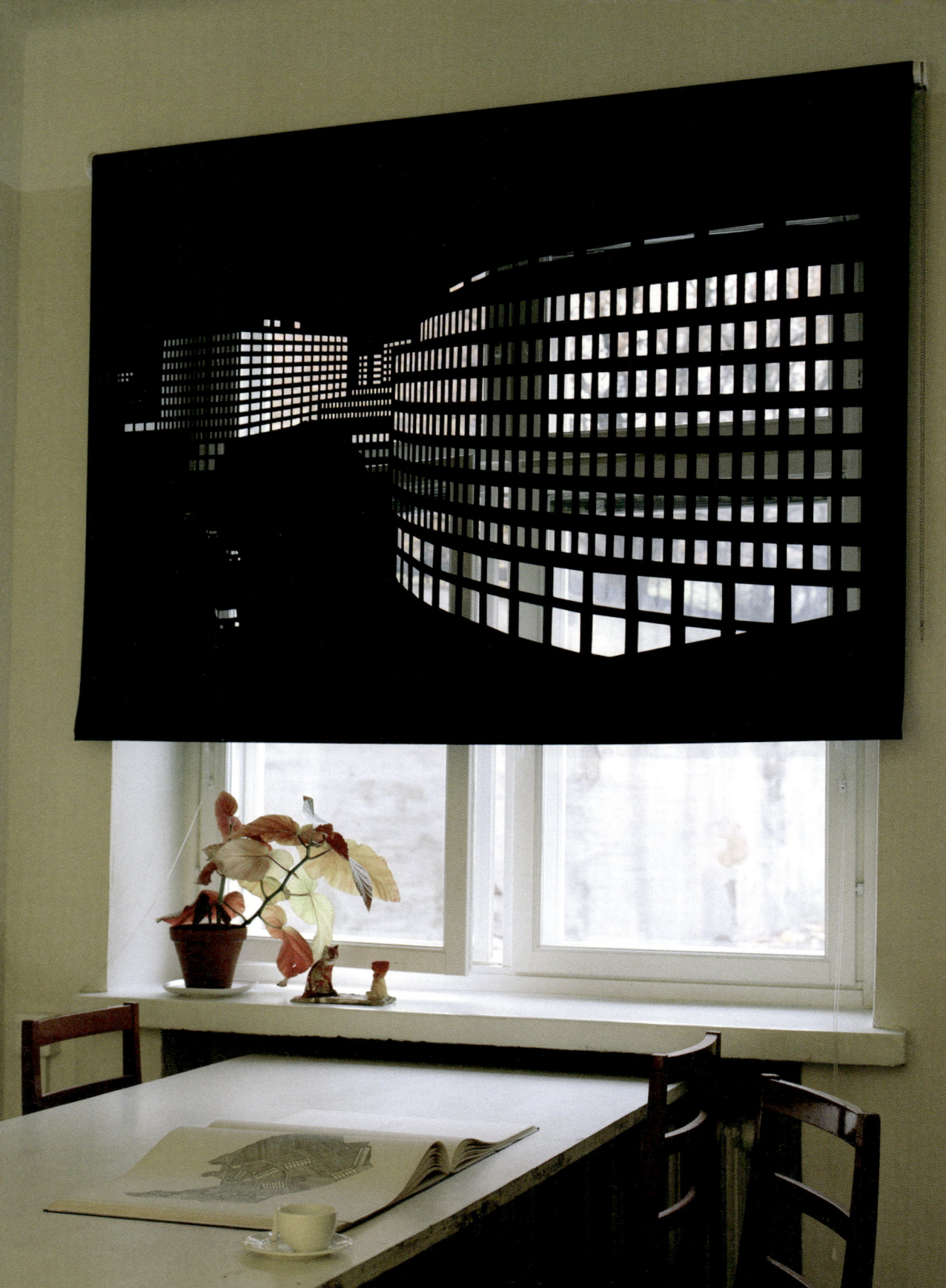

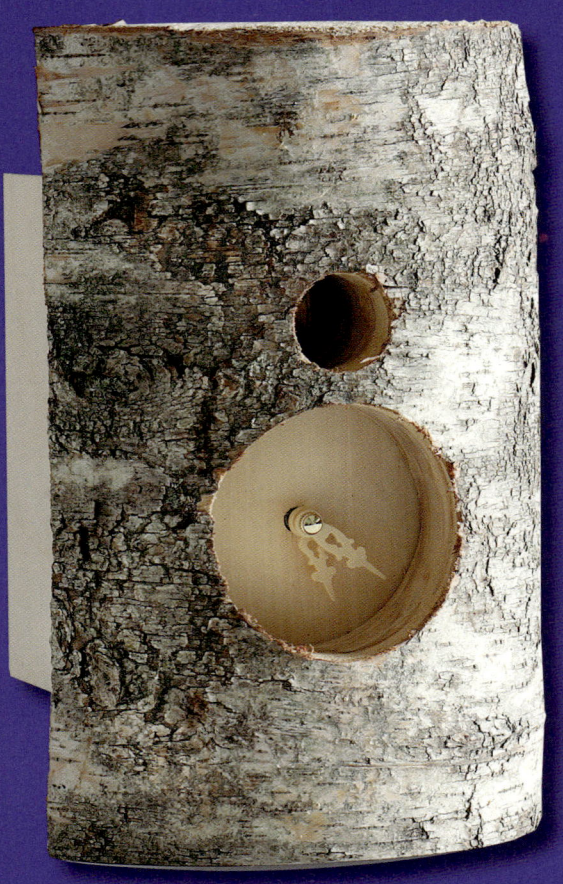
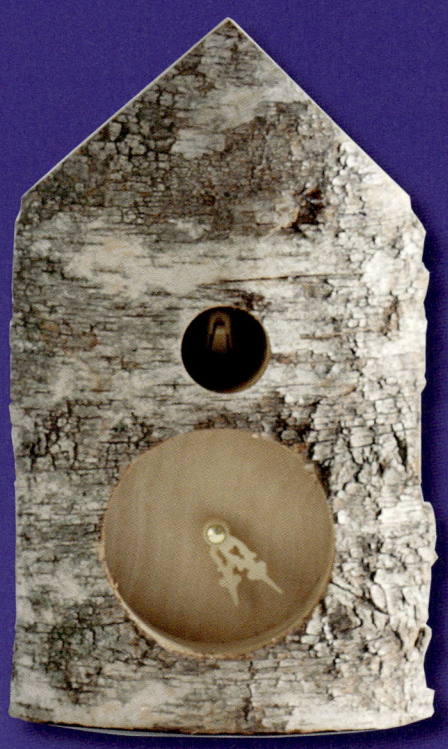

Tapio Anttila 타삐오 안틸라

Kukkuu clock

21×36×10cm
birch bark, plywood

"Kukkuu" is Finnish language and it means peekaboo. "Kukkuu" is modern cuckoo clock inspired with tradition. Bird voice is real digital with real eco. It gives original atmosphere of the Finnish summer night. (Manufacturer and marketing: Woodism)

Kukkuu 시계

21×36×10cm
자작나무 껍질, 합판

작품 <Kukkuu clock>은 전통을 상기시키는 현대식 뻐꾸기 시계이며, 'Kukkuu'는 '까꿍놀이'의 핀란드어이다. 시계의 새소리는 실제 자연에서 디지털 녹음한 것이다. 이 작품은 핀란드 여름 밤의 독특한 분위기를 느낄 수 있게 해준다. (Manufacturer and marketing: Woodism)

Tapio Anttila and Merita Soini
타삐오 안틸라 & 에리타 소이니

Palikka Stool

45×45×40cm
waste wood

Palikka stool is the multi functional furniture. It is possible to use as stool, table, side table etc. Simple construction is made with waste wood by tighten together with the belt. This ecological furniture can be burn in fireplace after its life cycle. (Manufacturer and marketing: Woodism)

Palikka Stool

45×45×40cm
폐목

작품 <Palikka Stool>는 의자, 테이블, 사이드 테이블 등 다용도로 활용될 수 있는 가구이다. 단순한 구조를 가진 이 작품은 버려진 나무를 벨트로 팽팽히 당겨서 만들었다. 이런 생태적인 가구는 수명을 다하면 벽난로에서 태워버릴 수 있다. (Manufacturer and marketing: Woodism)

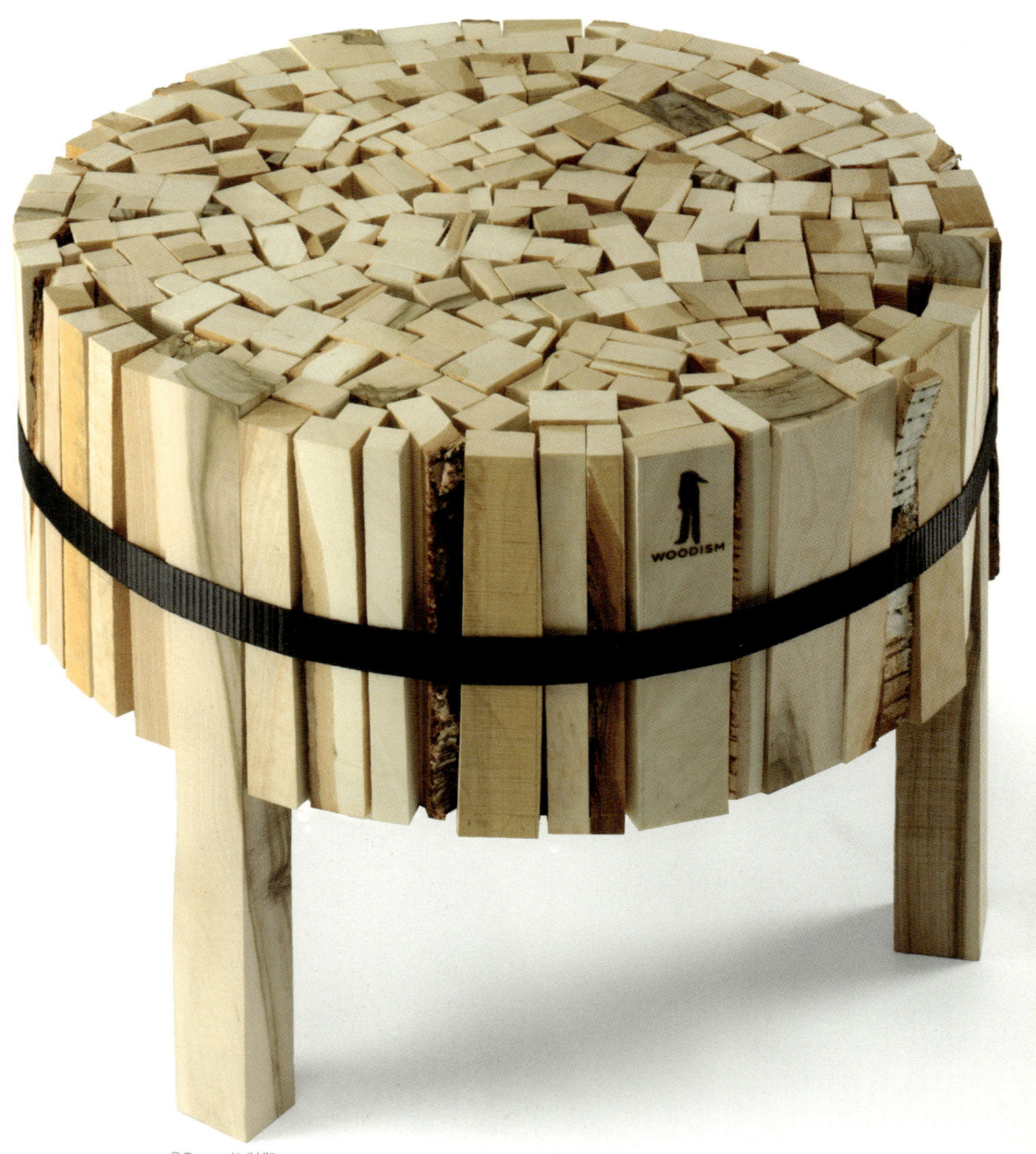

© Tuomas Heikkilä

Arders Bengs 안데르스 뱅스

Kombai 1, Moskona, Moi

25×25×25cm
wool

Costo is a combination of proper experience in handicrafts and materials, an unique vision of style and a strive for ecological and lasting solutions. All of these different aspects of Costo are connected by an all encompassing idea of quality, which guides all of Costo´s doings.

Costo was born poor, but managed to turn its constraints to contrivances. Left with nothing to create from, it started to utilize industrial leftover materials to ease its appetite for creating environmentally conscious designs. Costo combined this innovation to its unique style, which consists of experiences gathered during extensive travels throughout the world and proper knowledge of latest street fashion.

All new products are first handmade in Costo headquarters and thoroughly tested before they are submitted to production. This ensures that the quality of work is in check and that no flawed products escape from Costo´s design board.

Kombai 1, Moskona, Moi

25×25×25cm
양모

'코스토(Costo)'는 수공예와 재료에 대한 그들만의 고유의 경험을 잘 살리고, 스타일에 관한 독창적인 비전을 가지고 있으며, 생태적이고 지속가능한 대안을 만들기 위해 노력하는 곳이다. 이런 다양한 측면들은 '코스토'의 운영 목표가 되고 있으며, 나아가 양질의 제품을 만들어 내는 것으로 귀결되고 있다.

'코스토'는 초기에 재정적인 어려움을 도약의 발판으로 삼고, 더 이상 새롭게 만들어 낼 수 없는 산업 잔존물에서 친환경적인 디자인을 만들어내기 시작했다. 이러한 혁신적인 아이디어는 '코스토'만의 독특한 스타일을 창출해냈는데, 이는 전 세계를 여행하면서 얻은 경험과 최근의 스트리트 패션에 대한 정확한 이해를 통해 가능했다.

모든 신상품들은 우선 '코스토' 본부에서 수작업으로 만들어져 대량생산되기 전에 철저한 사전검증 과정을 거친다. 이러한 제작 시스템은 제품의 질을 보증하며, 결함이 있는 상품이 외부로 유통될 수 없게 한다.

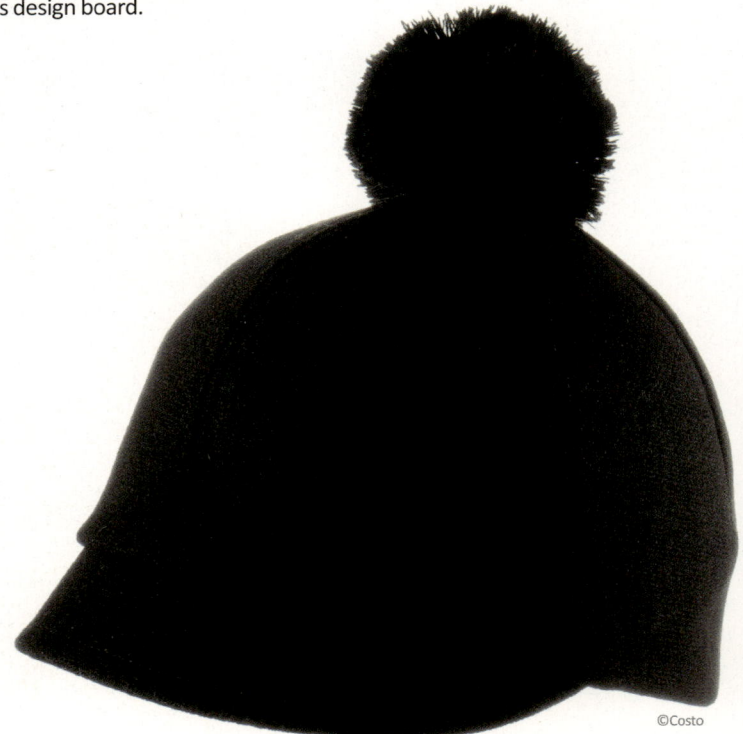

©Costo

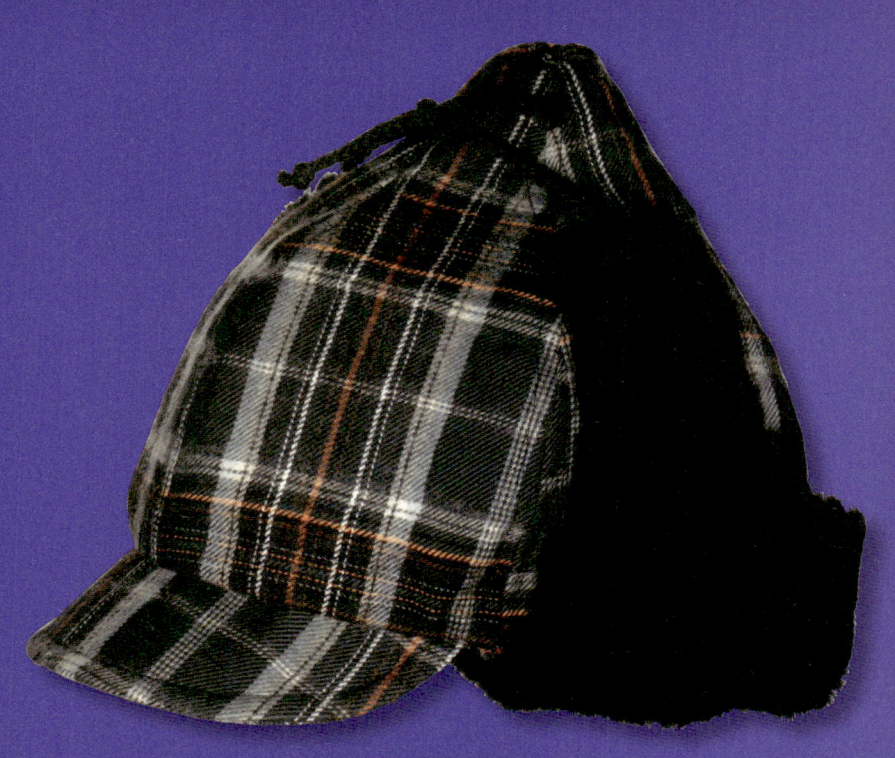
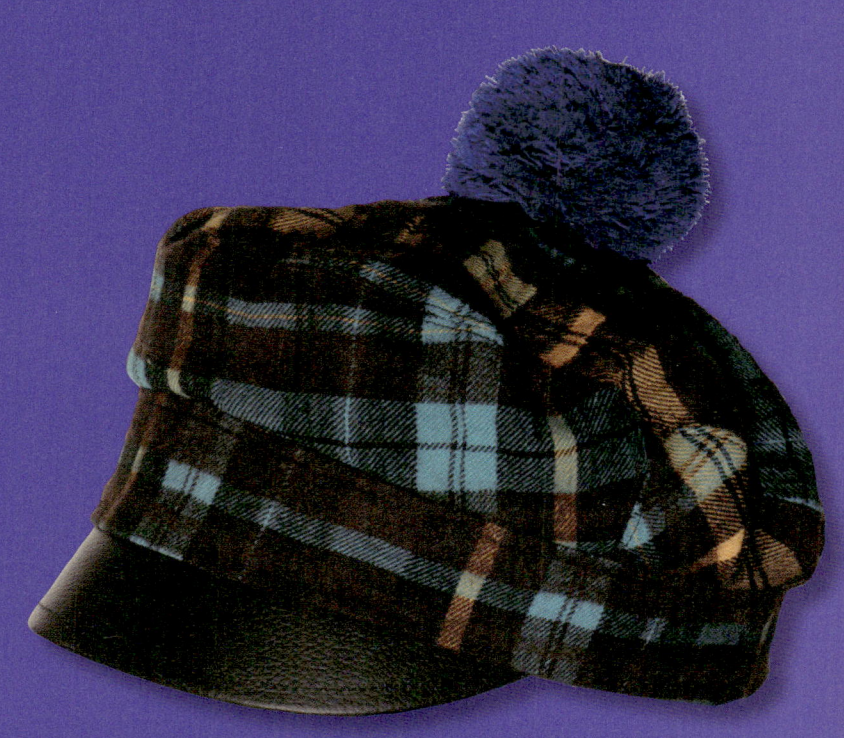

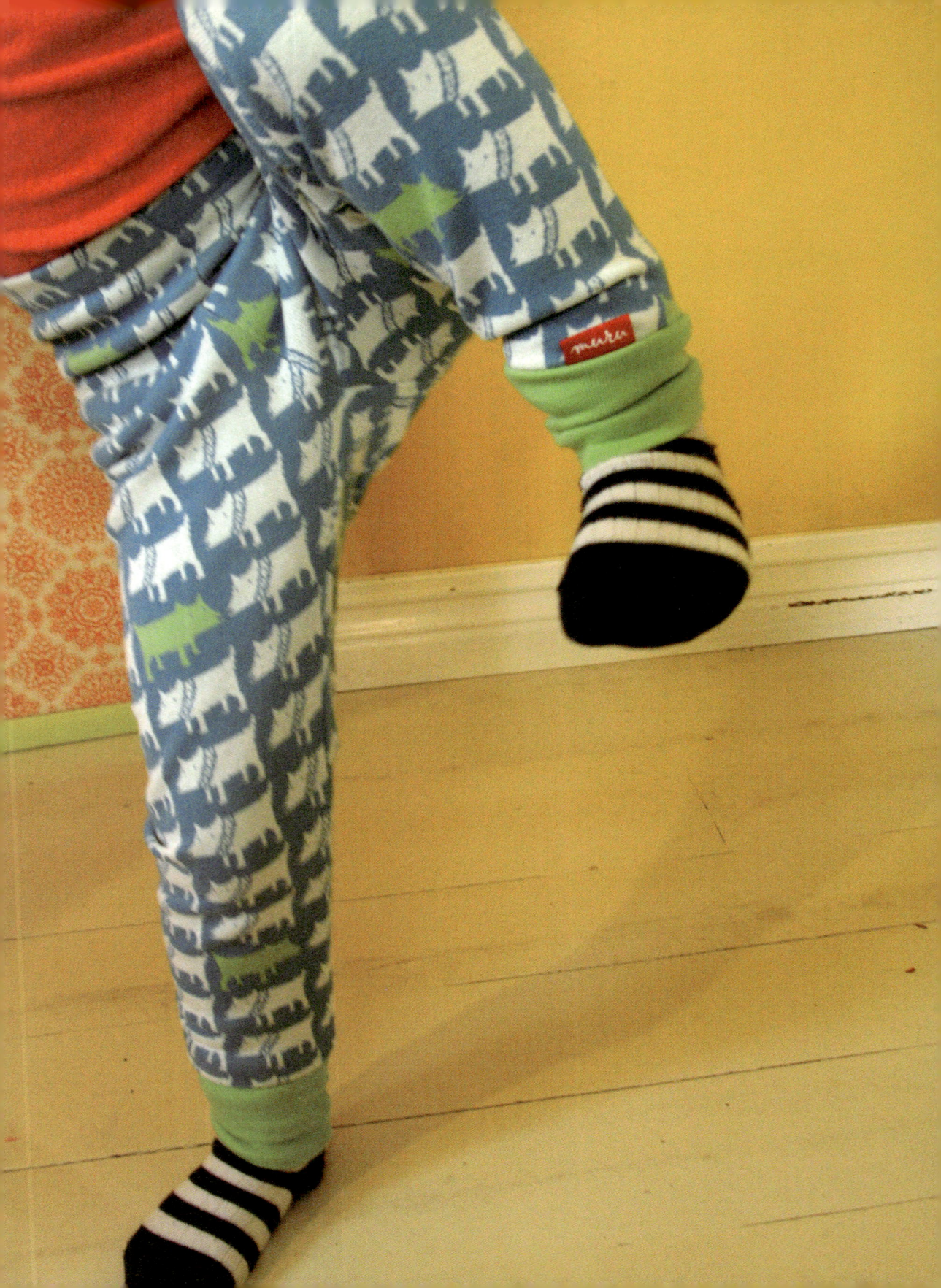

Anna Etula 안나 에뚤라
Rosa Piironen 로사 피로넨

Muru children's wear collection

Muru, organic children's wear collection, is the product of the collaboration of two Finnish textile designers Anna Etula and Rosa Piironen. The collection is aimed for the consumer who appreciates durability, high quality and personality, along with ethical and ecologic production.

The clothes are made of soft and comfortable knitted jacquard fabric; comfort has been a key element in the design, along with the cheerful unisex-colored patterns. Muru clothes are 100% organic cotton and have been entirely manufactured in Finland. The collection includes accessories and other products, also for adults.

Muru 아동복 컬렉션

유기농 아동복 컬렉션인 <Muru>는 안나 에툴라와 로사 피로넨이라는 핀란드 섬유 디자이너의 합작품이다. 윤리적이고 생태적인 이 제품은 내구성과 양질, 개성을 중시하는 소비자들을 타깃으로 삼고 있다.

Muru의 제품은 자카드 직물로 부드럽고 편안하게 만들어지는데, 이는 발랄한 유니섹스 패턴과 더불어 편안함이 Muru 디자인의 핵심적인 요소이기 때문이다. 또한 Muru의 옷들은 100% 유기농 면직물이며, 모두 핀란드에서 제작되고 있다. 이번 컬렉션에는 액세서리 및 기타 제품들이 포함되어 있으며, 성인을 위한 것도 있다.

Pekka Harni
페까 하르니

Yuka

stackable wooden chair
39.5×44.8×85.3cm
birchwood, plywood

YUKA – chair is a basic
wooden chair. It is made out
of birchwood, plywood.
This light universal chair is
stackable and easy to use.

Yuka

쌓아올릴 수 있는 나무 의자
39.5×44.8×85.3cm
자작나무, 합판

<YUKA>는 자작나무와 합판으로
만들어진 기본형 나무의자이다.
유니버설 디자인의 이 제품은 겹
겹이 쌓아올릴 수 있고 사용하기
에 용이하다.

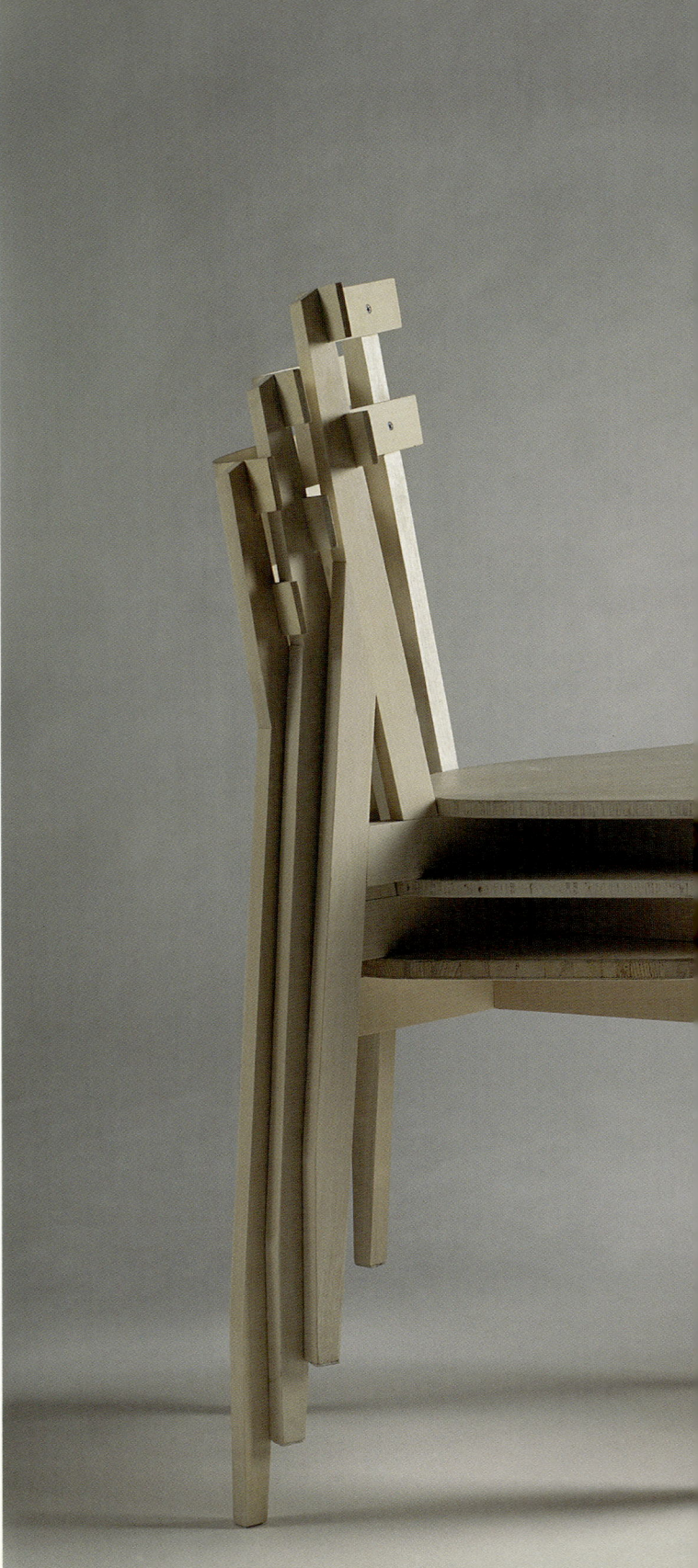

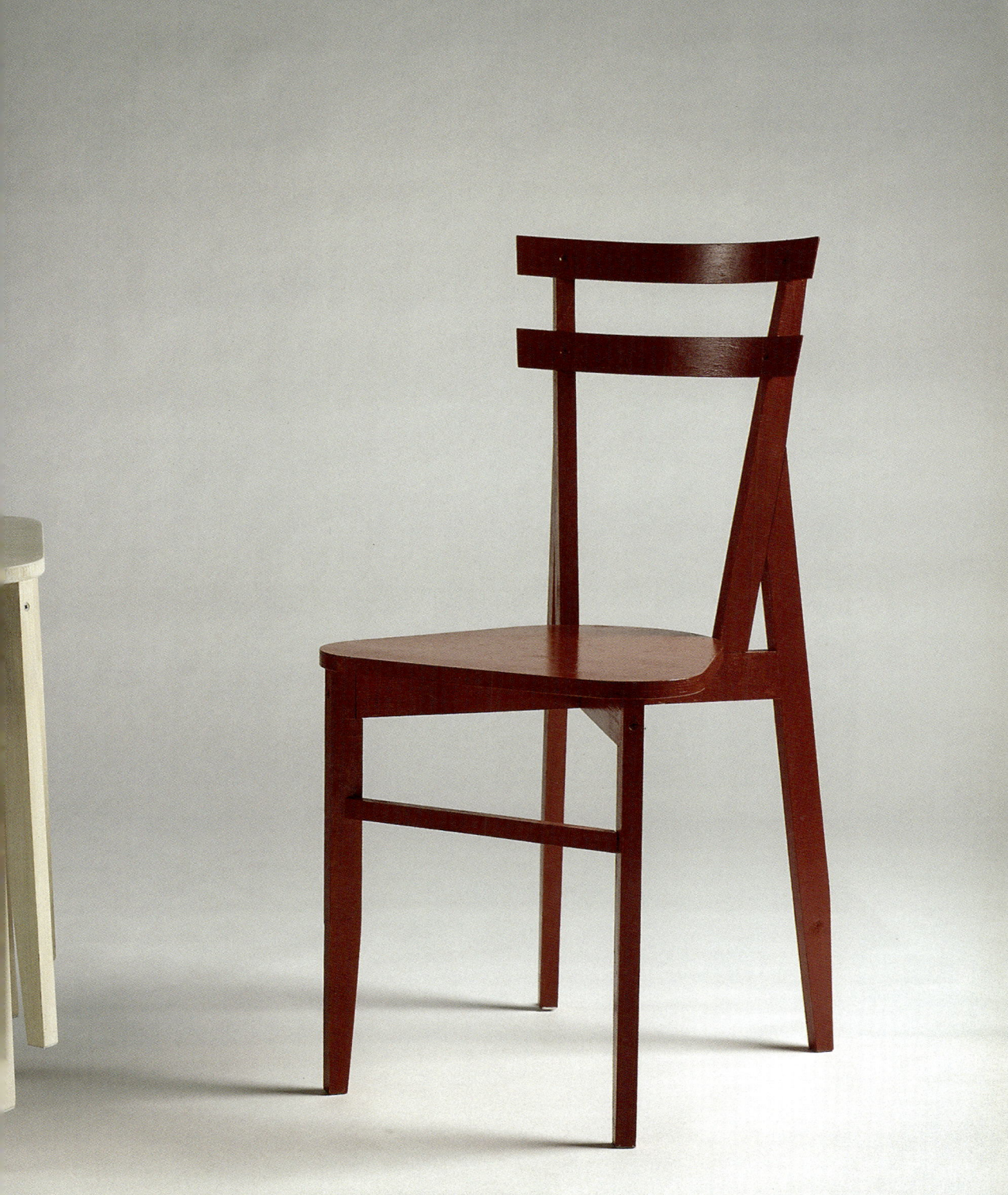

Elina Helenius 엘리나 헬레니우스

Inari

rug
170×240cm
wool-linen blend

The Inari "ryijy"-rug is a modern interpretation of Finnish folklore. Designed by textile designer Elina Helenius, it creates a contiguous pattern when several rugs are placed next to each other. The material is wool and linen blend.

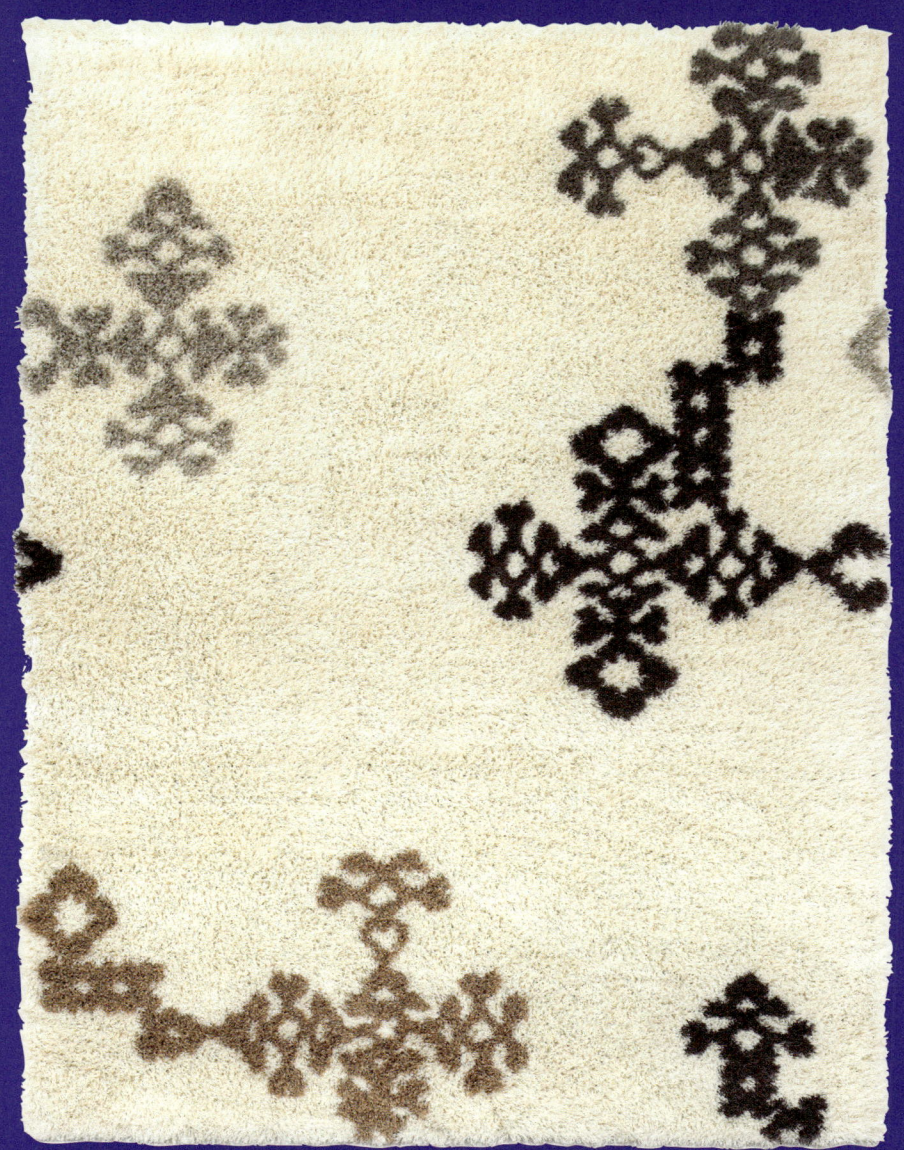

Inari

러그
170×240cm
양모와 마 혼합 융단

'Inari "ryijy" 러그'는 핀란드의 민간전승 문양을 현대적으로 해석한 작품이다. 섬유 디자이너 엘리나 헬레니우스가 디자인한 작품으로, 몇 개의 러그가 나란히 놓여졌을 때 연속적인 패턴을 만들어낸다. 그리고 이 작품의 재료는 양모와 마를 혼방한 것이다.

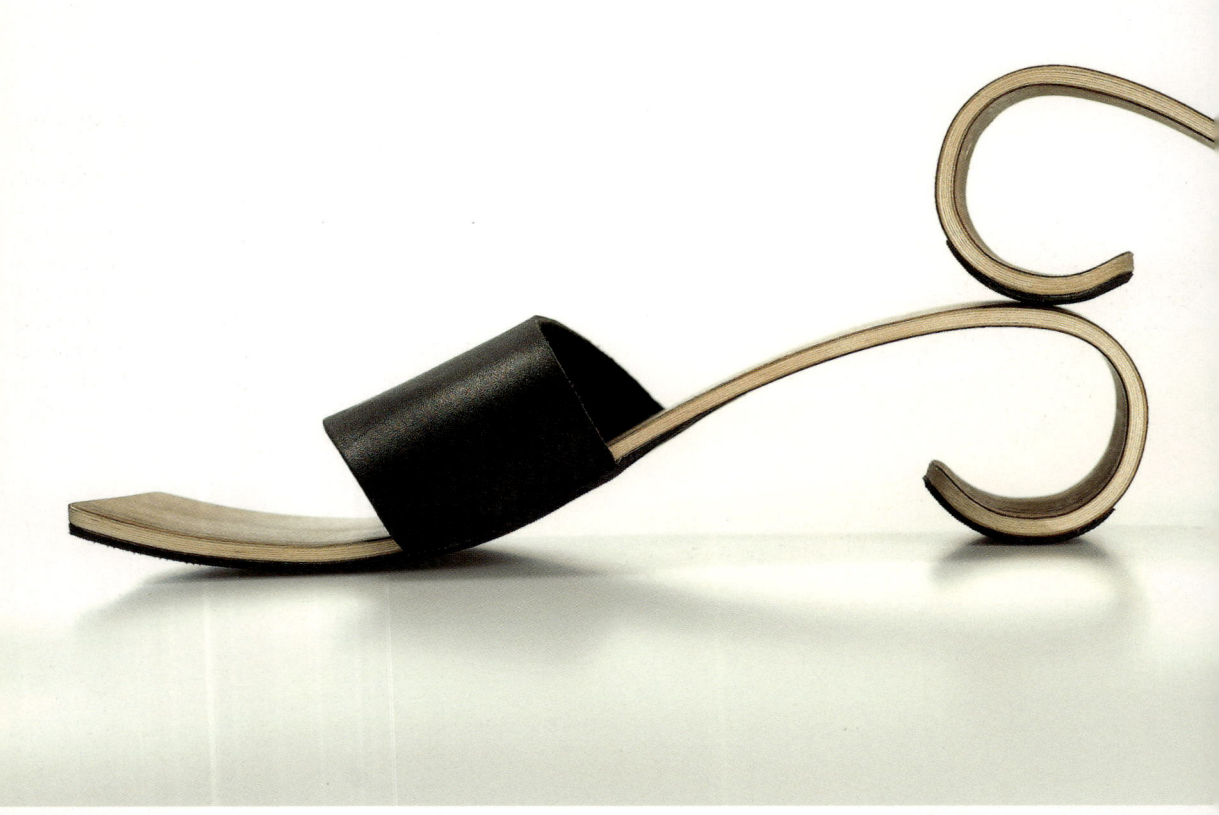

Marita Huurinainen
마리따 후리나이넨

Wave

wooden shoe
5×25×10cm
wood, leather, textile or plastic cover

Wave is a new, innovative, Finnish design product. The design is based on tradition of Nordic design artifacts, and added with a contemporary twist. Wave is a new type of wooden shoe. The heel is bent with the traditional Scandinavian technique. This creates a new, light, slightly flexible wooden shoe. Wave is a winner of the Ornamo design Award 2009, the best design product of the year in Finland. One can choose from the beautiful, natural, wood color of rose wood, birch, curly birch, and pear. Wave is fully produced in Finland.

웨이브

나무로 된 구두
5×25×10cm
나무, 가죽, 직물, 플라스틱 커버

<Wave>는 새롭고 혁신적인 핀란드 디자인 상품이다. 이 작품의 디자인은 북유럽 공예품의 전통을 토대로 하고 있으며, 현대적인 형태가 가미되었다. 이 작품은 나무 신발의 새로운 형태로, 뒤축은 전통적인 스칸디나비아 기술에 의해 구부러져 있다. 이 기술을 통해 새롭고, 가볍고, 다소 신축성 있는 나무 신발을 만들어냈다. <Wave>는 2009년 오르나모 디자인상Ornamo design Award에서 그 해 최고의 핀란드 디자인 상품으로 선정되었다. 고객들은 로즈우드, 자작나무, 박달나무, 배나무의 아름답고 자연스러운 나무색을 가진 상품을 고를 수 있다. 모든 상품은 핀란드에서 생산된다.

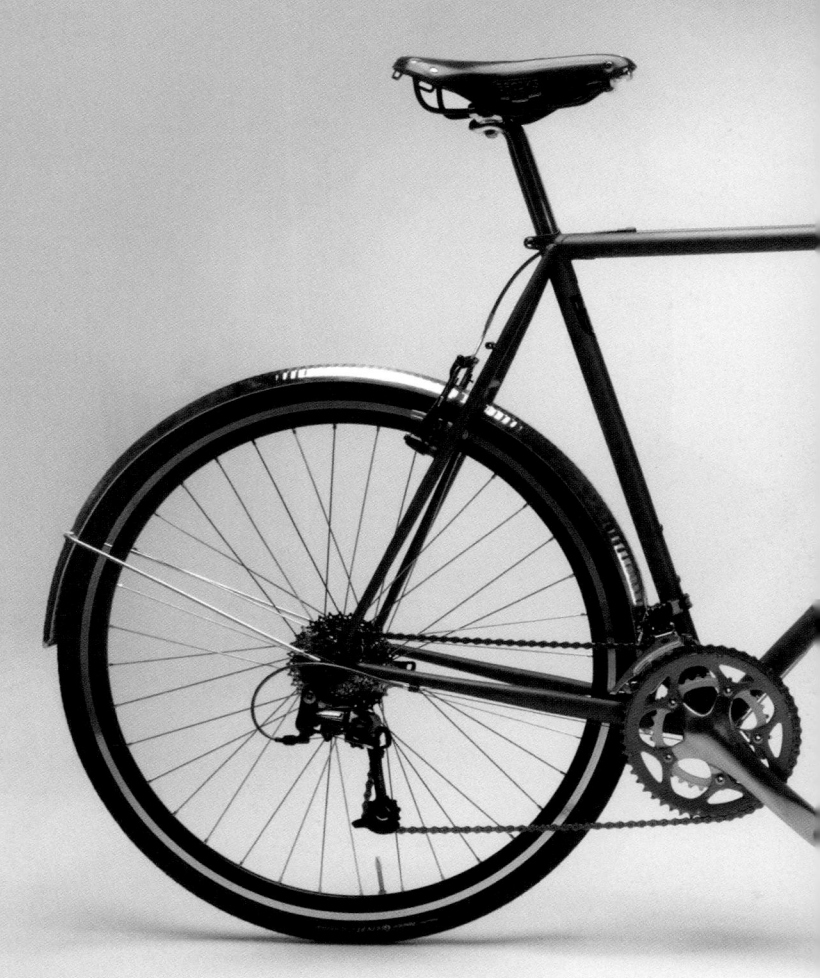

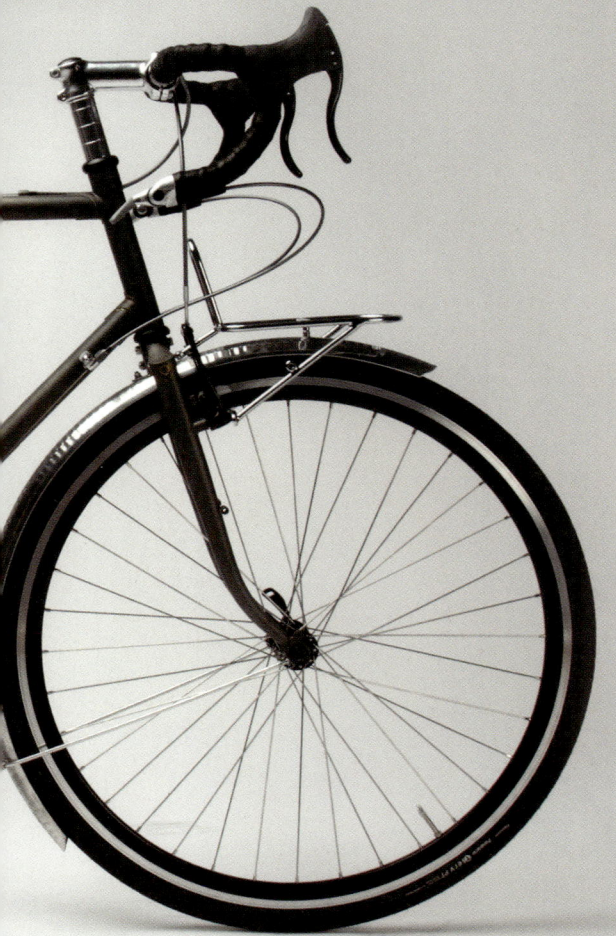

©Timo Tuomas

Mikko Hyppönen
미꼬 히뽀넨

Timo Hyppönen
띠모 히뽀넨

Pelago Stavanger

bicycle
170×100×25cm
frame material CR-MO 4130

Pelago Stavanger is a multipurpose intercity bicycle. It features a cast lugged and double butted Cr-Mo light weight frame with a geometry designed for versatile use for road, randoneuring and trekking activities.

Pelago Stavanger

자전거
170×100×25cm
구조물 CR-MO 4130

작품 <Pelago Stavanger>는 다용도의 도시형 자전거이다. 이 자전거는 틀에서 끌어올린 이중 접합 Cr-Mo 경량 프레임을 특징으로 하는데, 이 구조물은 일반 도로, 장거리 사이클링이나 여행 등에서 다용도로 사용할 수 있도록 구조적으로 디자인되었다.

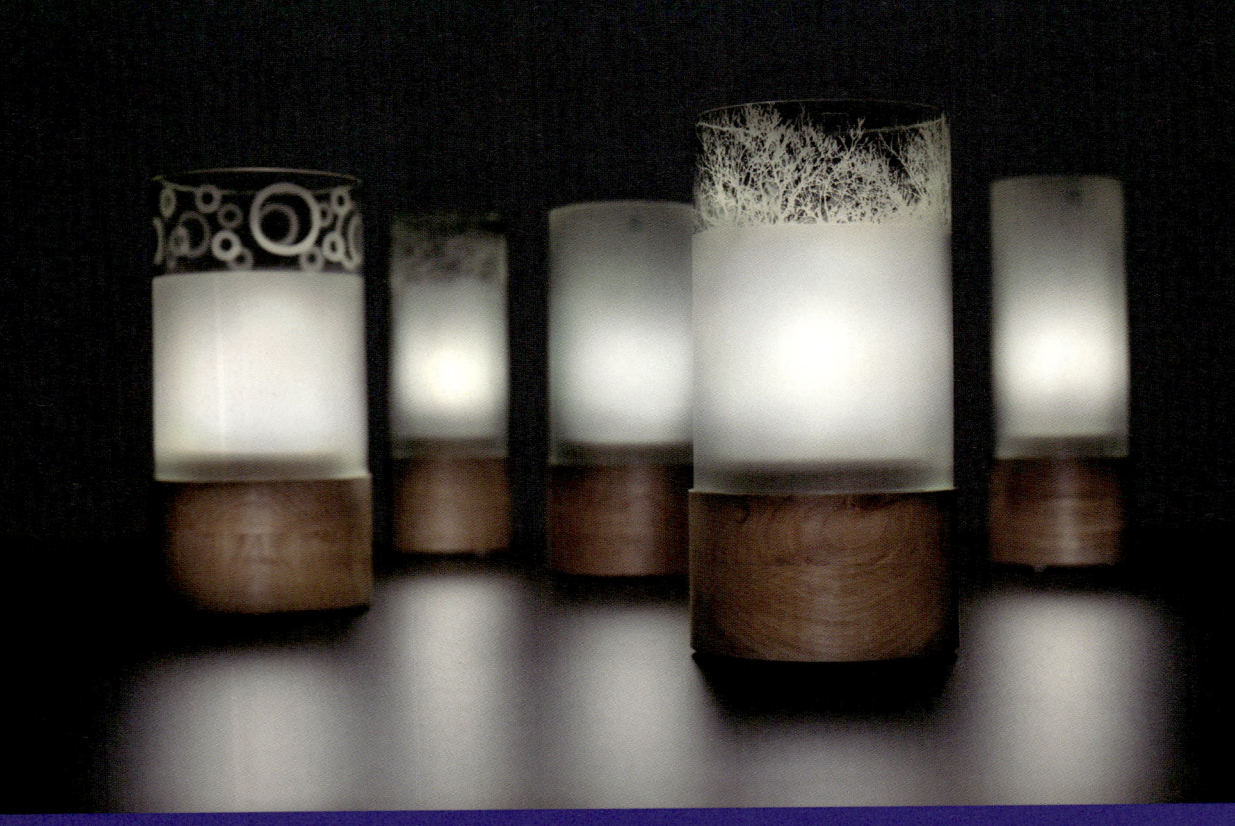

Jukka Isotalo 유까 이소탈로

Valo

table lamp (small / large)
8×8×22.4cm, 10.2×10.2×21cm
Sandblasted, reused wine bottle, common alder, lighting components

Onni

table lamp
14.4×14.4×54.4cm
Sandblasted, reused wine bottle, walnut, birch, stainless steel, lighting components

My products are handmade by grinding and polishing out of glass bottles that are not used for refilling in Finland. By making use of the original forms of the pieces I use only a few percent out of the energy that would be required to manufacture corresponding products by working at high temperatures. For decoration, I use sandblasting but no acid etching on the products. The wooden parts are of common alder or walnut which have been treated with linseed oil.
The earth is a limited space and does not allow unlimited growth. In my production I strive to combine intellect and feelings into high-quality products without compromises.

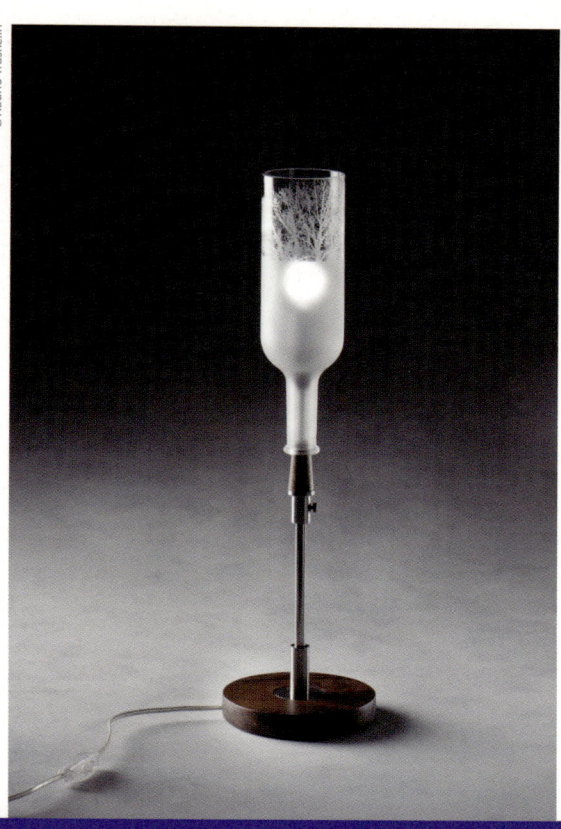

©Rauno Träskelin

Valo

테이블 램프(소형/대형)
8×8×22.4cm, 10.2×10.2×21cm
모래분사, 와인병, 오리나무, 조명장치

Onni

테이블 램프
14.4×14.4×54.4cm
모래분사, 와인병, 호두나무, 자작나무, 스테인리스, 조명장치

나의 작품들은 핀란드에서 재사용되고 있지 않는 유리병들을 연마해서 만든 수공예품이다. 나는 유리병들이 가진 초기의 형태를 활용함으로써 높은 온도에서 작업하는 같은 형태의 제품에서 요하는 것보다 훨씬 적은 양의 에너지를 사용하고 있다. 제품의 장식에는 표면을 산으로 부식시키는 에칭기법이 아닌 모래분사 기법을 사용한다. 제품의 목재 부분은 아마인유로 가공 처리된 평범한 오리나무나 호두나무를 사용한다.
지구는 유한한 공간이고 무제한적인 성장을 허락하지 않는다. 나는 제작하는 동안 어떠한 타협도 없이 고품질의 상품 속에 지성과 감정을 결합시키기 위해 노력한다.

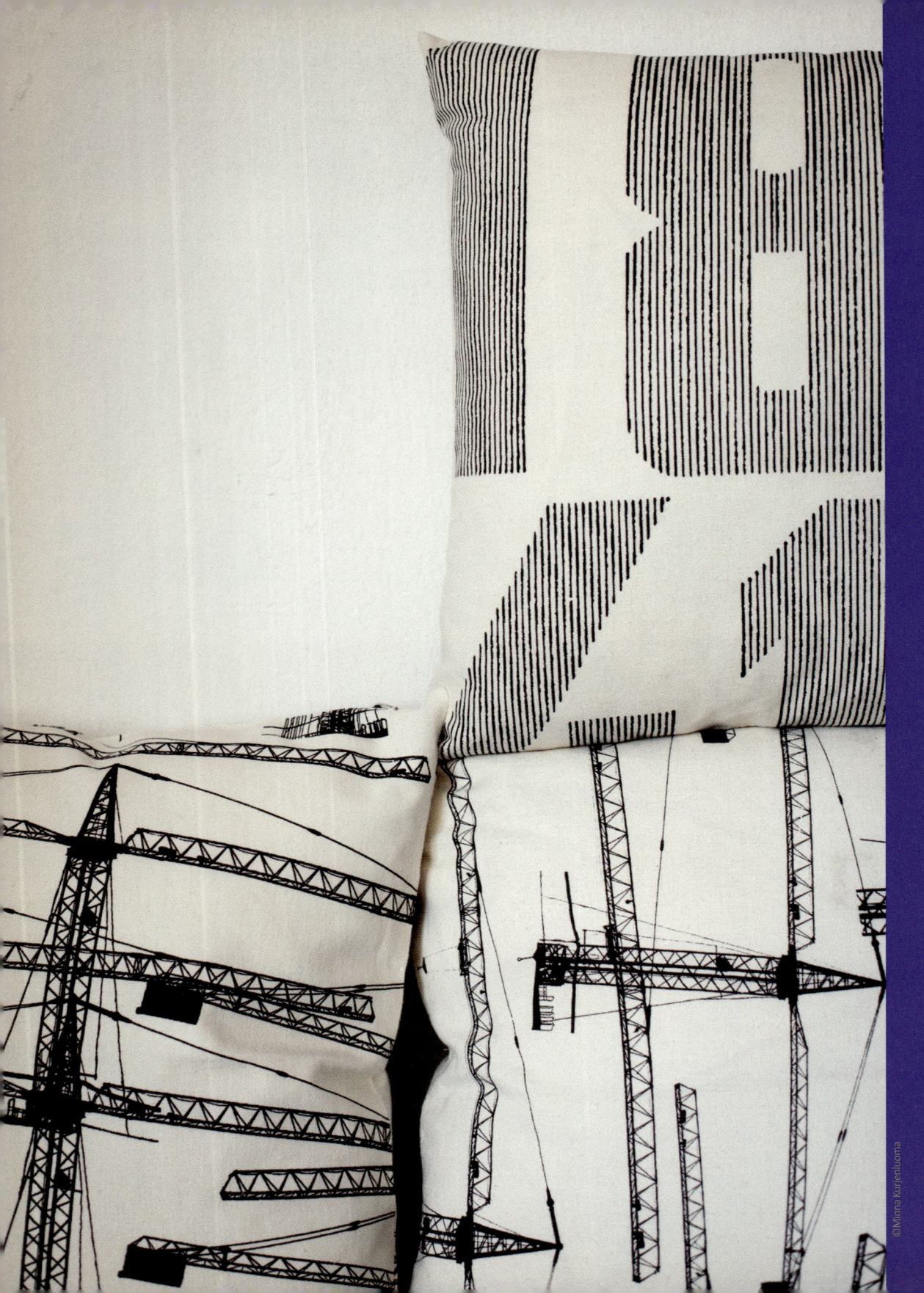

Laura Järveläinen 라우라 야르베라이넨

Fluffiest – a Cushion Wall

250×12×250cm
organic cotton, hemp

This acoustic wall element consist of 30 cushions designed by Laura Järveläinen.
In the fabrics the reflections of pulsing urban life and diverse cityscapes are captured in minimalistic combinations of prints and figures.
'Fluffiest' cushion wall makes any space comfortable, aesthetic and reduces sounds. The material of cushions is mix on hemp and organic cotton and the cushions including the Fokus Fabrik collection.

Fluffiest –쿠션 벽

250×12×250cm
유기농 면, 삼

이 흡음 벽체는 라우라 야르베라이넨이 디자인한 30개의 쿠션들로 이루어져 있다. <Fluffiest – a Cushion Wall>은 활기찬 도시에서의 삶과 가지각색의 도시경관을 문양과 형상들의 미니멀한 구성을 통해 녹여낸 섬유 작품으로, 어떤 공간이든 편안하고 아름답게 만들고 그곳의 소리를 감소시킨다. 삼과 유기농 면의 혼합물로 만들어진 이 쿠션은 Fokus Fabrik 컬렉션에 포함되어있다.

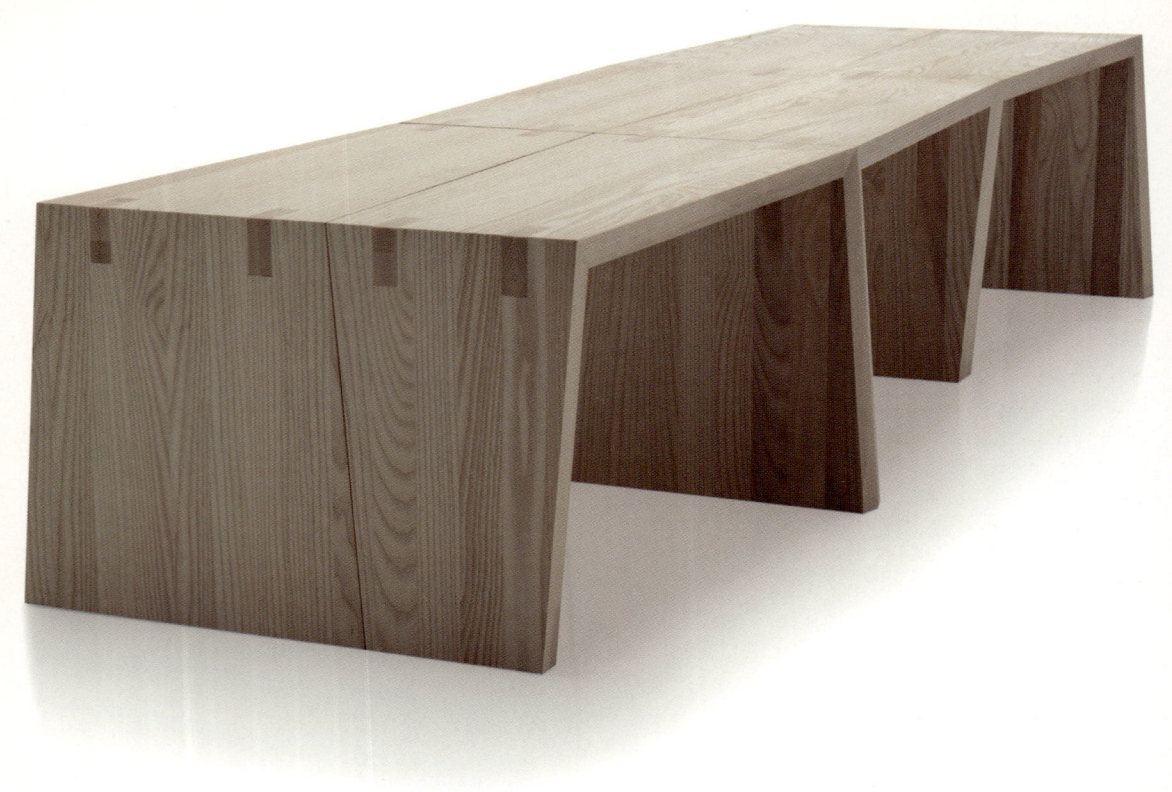

Hannu Kähönen 한누 카후넨

Kapeneva-bench

40×36.6×65cm
birch or ash

Kapeneva is a graceful, clean-cut bench; by placing several benches side by side, you can create a wider piece, closed at the front and the back, to make a living room table, for example. If you turn Kapeneva in a vertical position, it becomes a stool for the kitchen or bar. It can also serve as a sideboard for serving purposes. Kapeneva benches can be positioned circularly, thus saving space. Kapeneva is made of Finnish ash: well suited to structural purposes. The bench is finished with organic wood wax.

Kapeneva-bench

40×36.6×65cm
자작나무, 물푸레나무

<Kapeneva-bench>는 깨끗하게 마감된 기품 있는 벤치이다. 이 제품은 몇 개를 나란히 배열해서 거실용 테이블 등과 같이 다양한 용도로 사용할 수 있다. 또한 이 제품을 수직으로 세워 두면 부엌이나 바에서 사용하는 발판이나 그릇을 담기 위한 찬장으로 활용할 수 있다. 뿐만 아니라 환상(環狀)형으로 놓아둘 수 있어 공간을 절약한다.
이 제품은 구조적 목적에 부합하는 핀란드산 물푸레나무로 만들어졌으며, 그 표면은 유기농 목재용 왁스로 처리되었다.

2F- foldable chair

75×56×52cm
birch plywood

Made of laminated plywood, the foldable 2F chair has two faces, as its name indicates. You can choose whichever surface better suits the occasion. 2F is perfect for not only homes but also public spaces and auditoriums. For transport and storage, it folds into a flat board, a hundred or so of which fit into a space of 1 square metre. The form of the chair is created by cutting it from a plywood board, as if making a jigsaw puzzle piece.
2F can be hung on a wall hook, thus freeing up floor space and serving as a graphic interior decoration element.
The use of material during manufacture is optimized. The 2F chair has received the German iF award.

양면 접이식 의자

75×56×52cm
자작나무 합판

겹쳐진 얇은 합판들을 코팅하여 만들어진 <2F- foldable chair>는 그 이름처럼 두 개의 모습을 가지고 있는 양면 접이식 의자이다. 사용자는 상황에 따라 두 개의 표면 중 하나를 고를 수 있으며, 가정에서뿐만 아니라 공공장소나 강당에서도 사용할 수 있다. 그리고 이 제품은 운반과 보관에 용이한데, 하나의 평평한 판으로 접어 1m²의 공간에 100개 정도 수납할 수 있다.
또한 이 제품은 합판을 잘라서 만든 퍼즐 조각과 같은 형태이며, 벽에 매달 수 있게 디자인되어 바닥 공간을 차지하지 않으면서 실내의 장식적인 요소로 이용할 수 있다. 뿐만 아니라 최적화된 제조공정을 거친 재료를 사용했다. 이 제품은 독일의 '이프 어워드iF award'에서 수상했다.

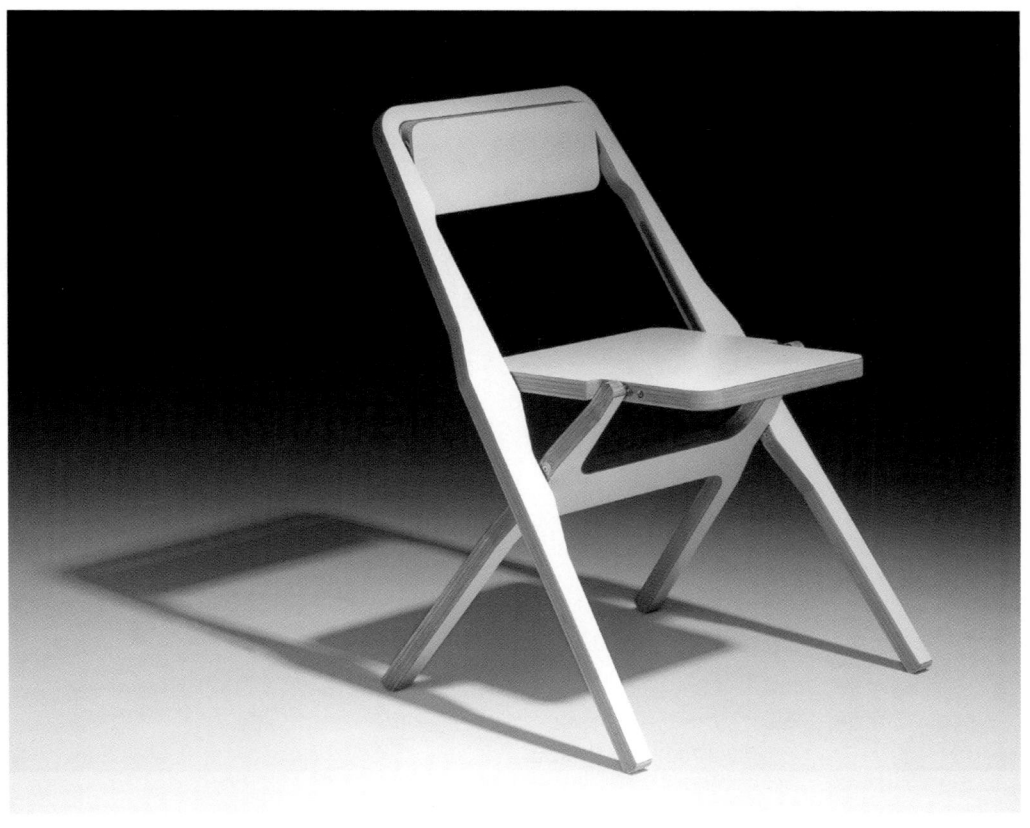

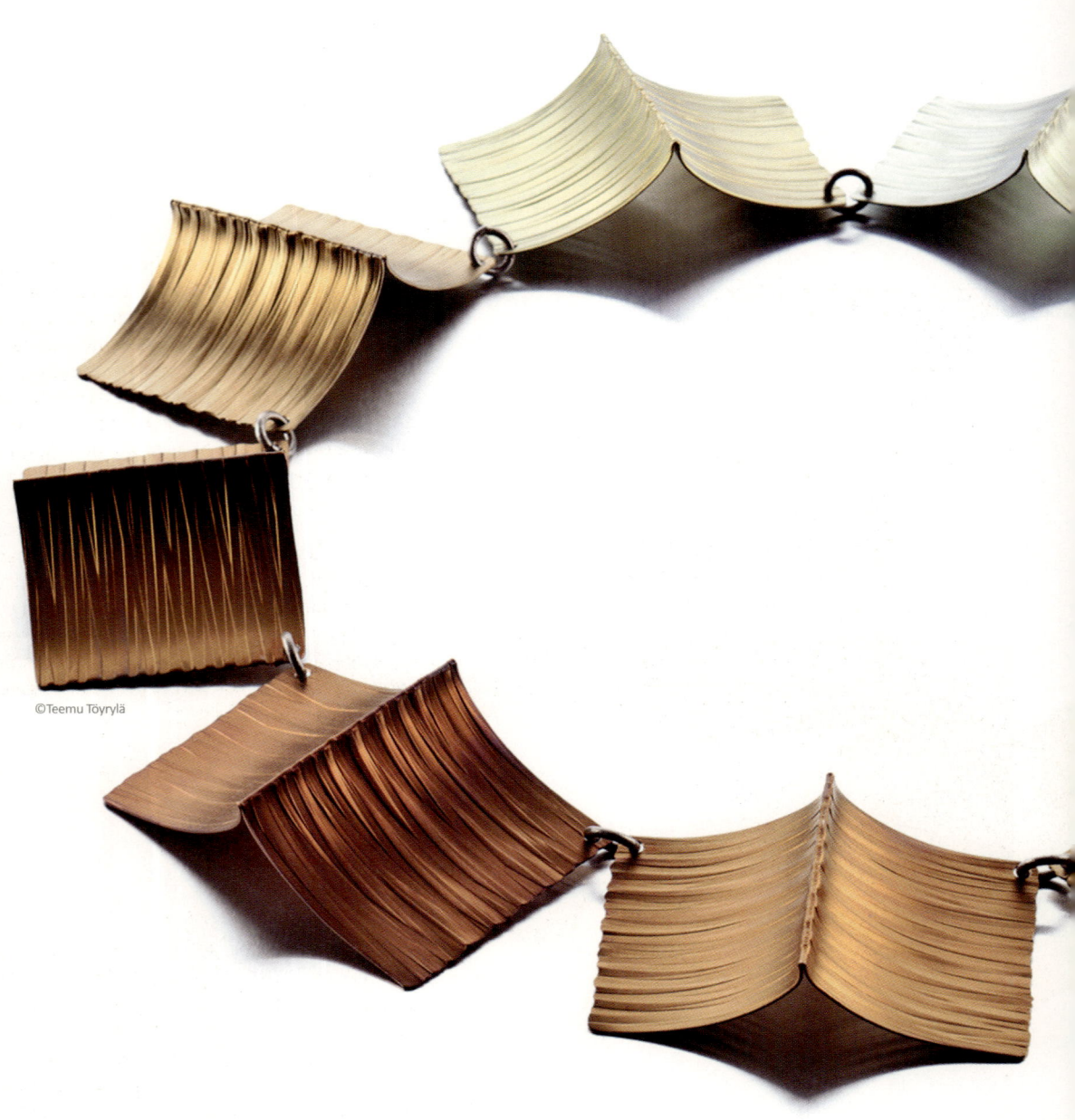

©Teemu Töyrylä

Heli Kauhanen
헬리 카우하넨

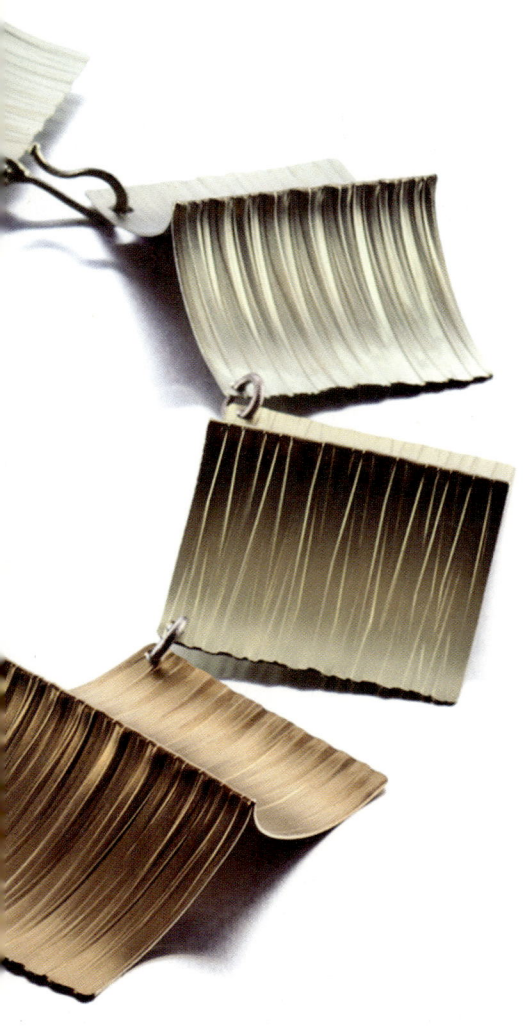

Boforia Seasons

Necklace
30×30×5cm
titan

I want my jewelry to last both physically and aesthetically, through the creation of a timeless design. I like to use durable metals and structures so that my jewelry is user friendly and can be handed down from mother to daughter. The design of the Boforia jewelry series was inspired by the wind, motion and the cycles of nature. We all leave our mark in the wind: heat, a fragrance or energy. Everyone's energy is significant to the entirety.
Boforia jewelry is made out of titanium and silver. Titanium is a durable, light and strong material. An anodising color is applied using an electric current, and this is eternally durable when used in necklaces. It does not oxidise and thus resists corrosion well. Silver is a pure and white material, which is easy to work with. Silver can be given a nice shine or matt finish.

Boforia Seasons

목걸이
30×3×5cm
티타늄

나는 내가 만든 작품이 시간을 초월한 디자인 창작물로서, 물리적이고 미학적으로 오래 지속되기를 희망한다. 그리고 나는 내 작품이 사용자 친화적이어서 어머니가 딸에게 물려줄 수 있는 것이 되게 하기 위해, 내구성 있는 금속과 구조를 사용하는 것을 즐긴다. <Boforia Seasons> 시리즈의 디자인은 바람과 움직임, 자연의 순환에서 영감을 얻은 것이다. 사람은 모두다 바람 속에 열, 향기, 에너지 등과 같은 자신의 흔적을 남긴다. 그리고 이러한 모든 에너지는 하나로 됨으로써 중요한 의미를 가지게 된다.
이 작품은 티타늄과 은으로 만들어졌는데, 티타늄은 내구성이 있고 가볍고 강한 물질이다. 그리고 전류에 의해 양극산화처리한 금속 미립자를 입히는 방식을 사용하여 좋은 내구성은 가지게 한다. 이러한 방식을 통해 만들어진 목걸이는 산화되지 않아서 잘 부식되지 않는다. 은은 순수한 백색의 재료로서 작업하기에도 용이하고, 유·무광으로 표현할 수 있다.

KAUNISTE COMPANY
카우니스트 컴퍼니

KITCHEN TOWEL
47×70cm
55% linen, 45%cotton

Kauniste was founded in summer of 2008 in Helsinki, as a joint effort of young Finnish craftsmen and designers. We design, manufacture and market inspirational everyday textiles. Our aim is to make items which can be enjoyed and cherished for decades to come.

In the autumn of 2009 we presented our first collection of hand printed kitchen linens. This collection was inspired by the quality of the old Scandinavian textiles which, despite their age, can still outline today's mass-produced products.

We want to combine the skilled, traditional craft of screen printing, with the new design ideas of young Scandinavian designers. Our products are printed with water based, non-toxic inks, and we are careful not to waste water in the production. We want to make patterns and products that last and keep bringing joy to your home.

KAUNISTE CONTACT DETAILS
www.kauniste.com
e-mail: info@kauniste.com
Address: Kongontie 12 A K, 00560 Helsinki, Finland

키친 타올
47×70cm
마 55%, 면 45%

'카우니스트 컴퍼니'는 핀란드의 젊은 장인들과 디자이너들이 함께 노력하여 2008년 여름 헬싱키에서 설립되었다. 우리 회사에서는 영감을 주는 일상용 직물을 디자인하고 제작한 뒤 시장에 내놓고 있으며, 소비자로 하여금 수십 년간 애용될 수 있는 제품을 만드는 것을 목표로 하고 있다.

2009년 가을, 수작업으로 만든 부엌용 면제품을 처음 선보였다. 이 컬렉션은 오래 전의 것임에도 불구하고 여전히 오늘날의 대량생산품에 적용할 수 있는 스칸디나비아 텍스타일에서 영감을 받고 있다.

우리는 전통적인 스크린 프린트 기술과 젊은 스칸디나비아 디자이너들의 새로운 디자인 아이디어를 결합하고자 한다. 그리고 무독성 잉크와 물을 사용하여 제품을 인쇄하고 있으며, 제조공정 상에 물을 낭비하지 않도록 주의를 기울이고 있다. 또한 내구성이 있고 모든 가정에 기쁨을 가져다 주는 직물류와 제품을 만들고자 한다.

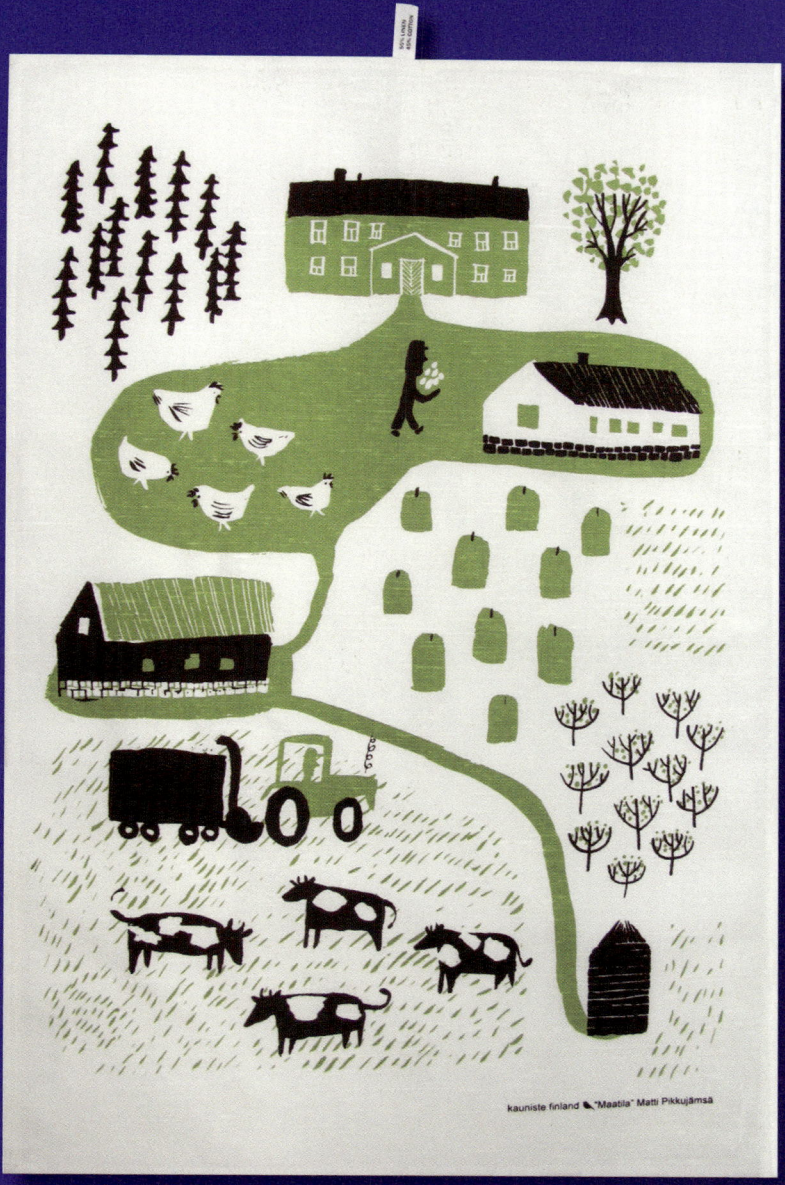

kauniste finland 🖌 "Maatila" Matti Pikkujämsä

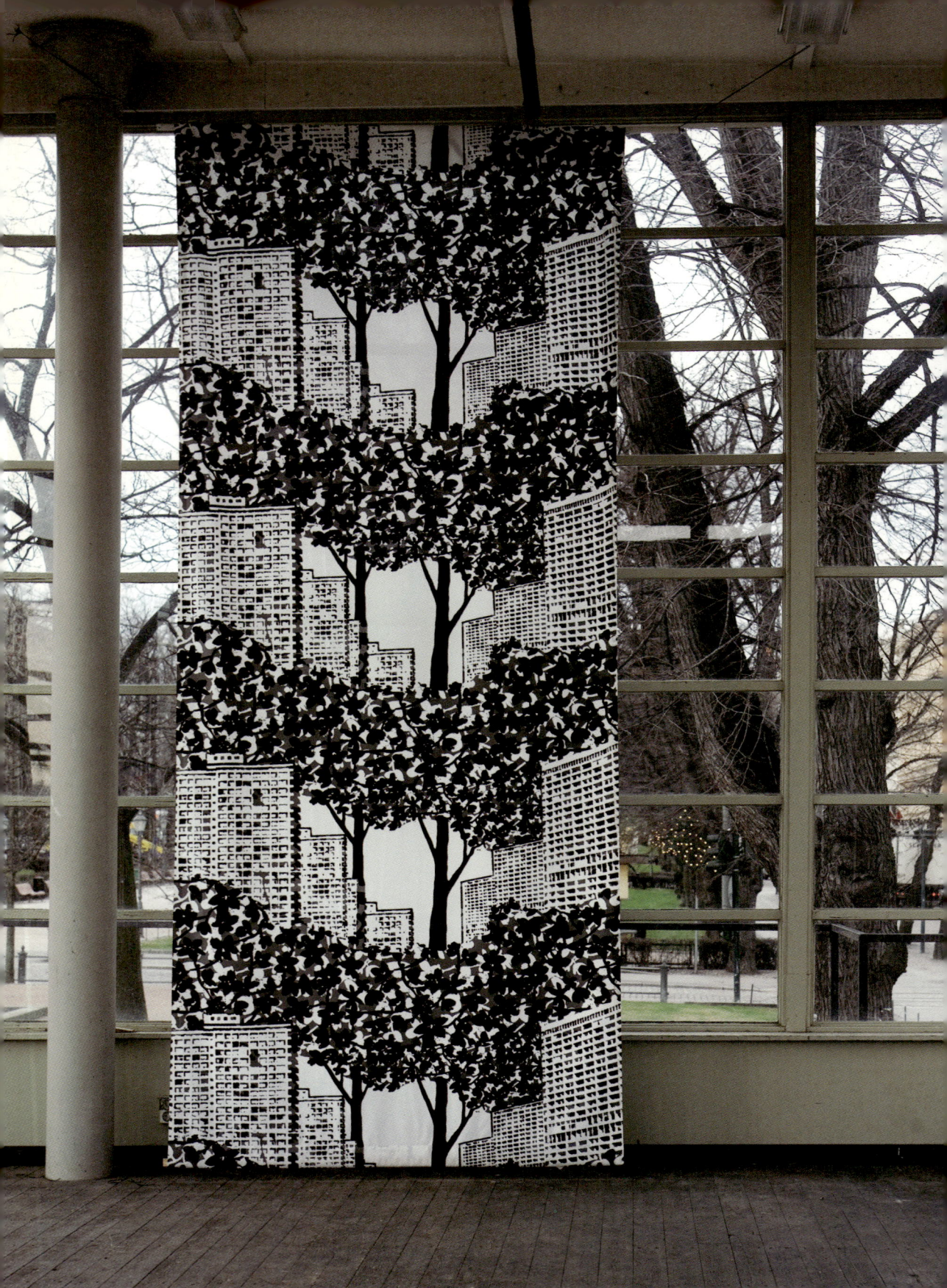

Hanna Kerman 한나 케르만

Katve

150×220cm
organic cotton, hemp

In my patterns for Fokus Fabrik's collection, I have considered the diversity of city life, the relation between pure nature and man-made milieu. This urban nature, in my view, is a wide concept. It includes not only grass, flowers and trees, but also people, buildings, and traffic - in other words, modern infrastructure in general. This dynamic environment with its fascinatingly colored signs, buildings surrounded by leafy trees of striking shapes, and the horizon from a distance inspires me.

Katve

150×220cm
유기농 면직물, 삼

'Fokus Fabrik' 컬렉션에서 선보인 내 작품은 도시생활의 다양성과 함께, 순수한 자연과 인간이 만든 환경 사이의 관계를 고찰하고 있다. 내가 생각하기에 '도시의 자연'은 광의의 개념으로서 풀, 꽃, 나무뿐만 아니라 사람, 건물, 교통 등과 같은 일반적인 현대 기반시설을 포함한다. 황홀한 색의 간판들, 잎이 무성한 나무에 둘러싸인 인상적인 형태의 빌딩들, 멀리 보이는 지평선이 만드는 역동적인 도시 환경은 나에게 영감을 불어넣는다.

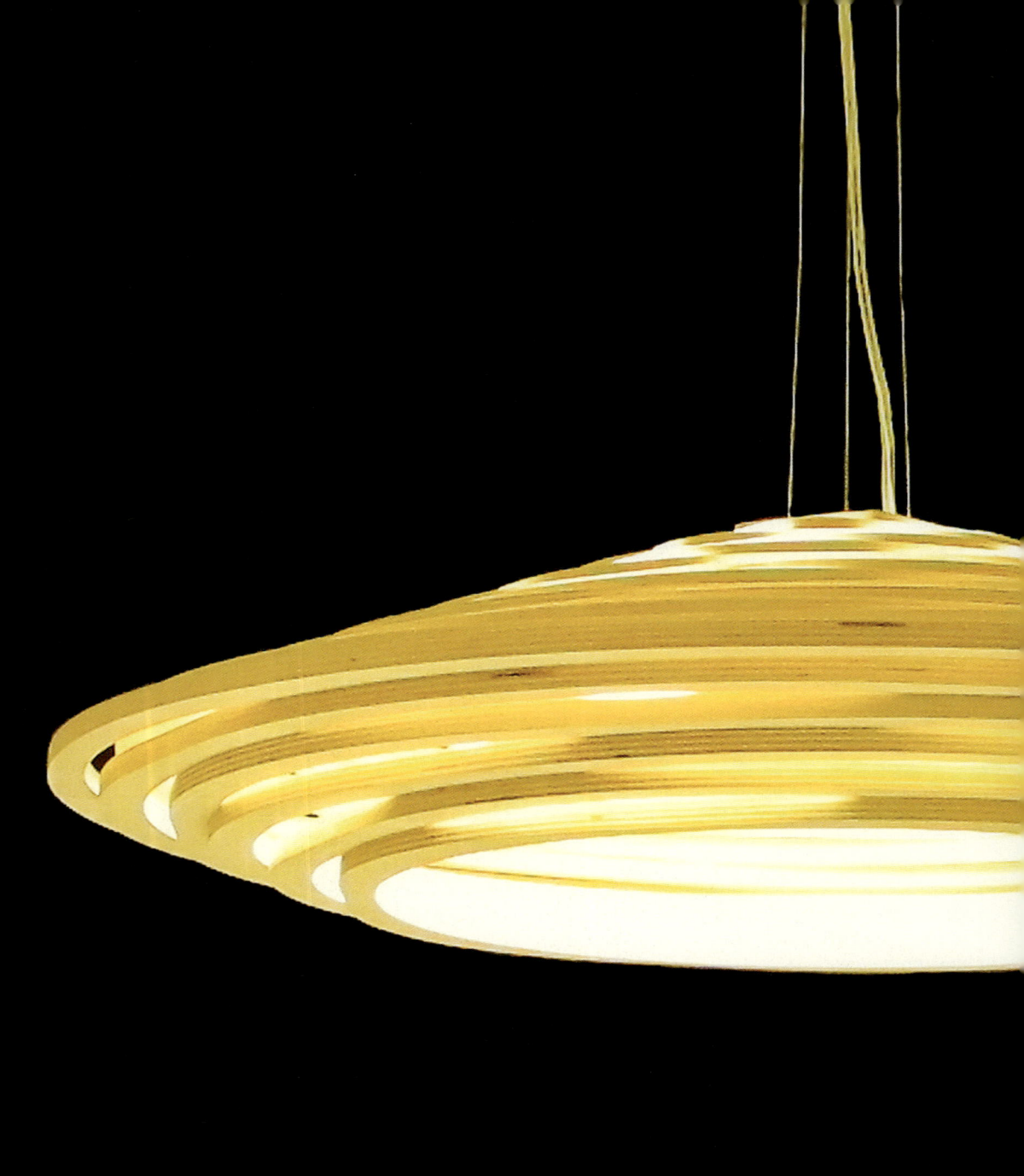

Seppo Koho 세뽀 코호

VAVO

70×17cm
wood

The lamp is made from a single wood based board by cutting a nestable shape and stacking the pieces together in a turning motion. The lamp has a strong identity with sharp shadow lines and light stripes. The way it is stacked together and non blinding light makes the materiality disappear. It forms a perfect center point and is the eye catcher of the room.

©Seppo Koho

VAVO

70×17cm
나무

<VAVO>는 둥지에 들 수 있는 모양으로 커팅되고, 회전하는 듯 쌓아올린 하나의 나무판으로 만들어졌다. 그리고 뚜렷한 선모양의 그림자와 줄무늬 모양의 빛을 통해 독특한 개성을 자아낸다. 이 작품에서 사용된 하나로 쌓아올린 방식과 눈부시지 않게 하는 방 법은 그 물성을 감춘다. 이 작품은 완벽한 중심점과 같은 구실을 해서 공간에서 시선을 사로잡는다.

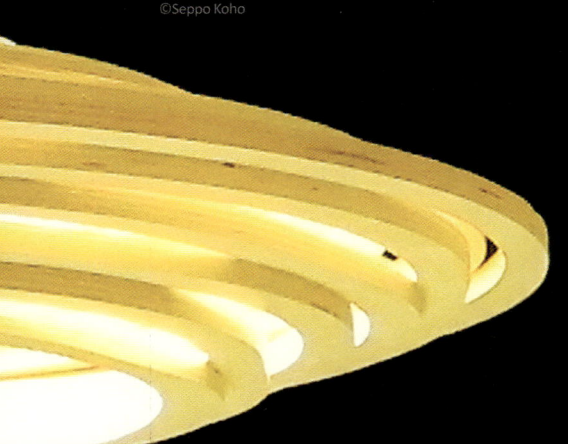

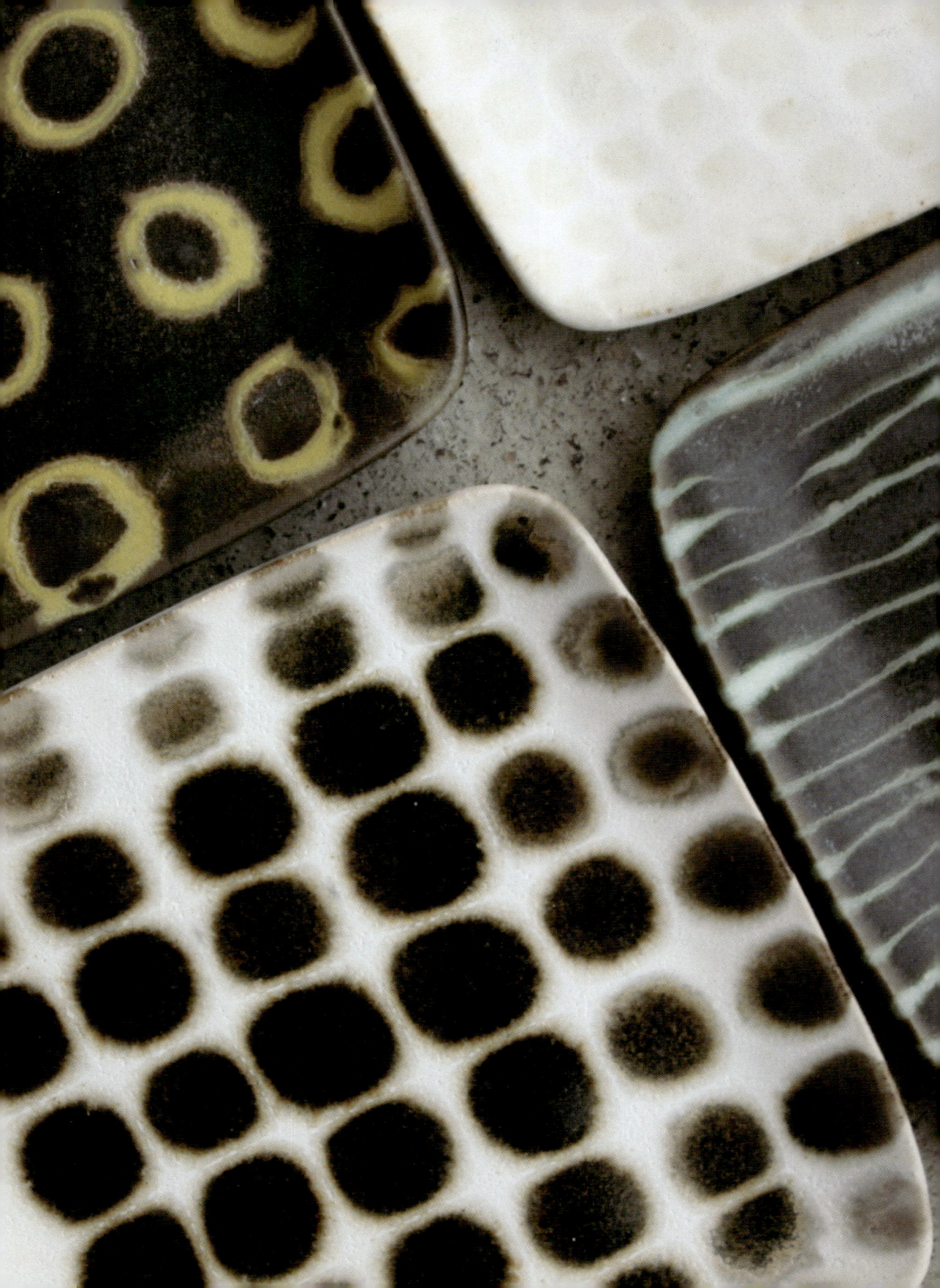

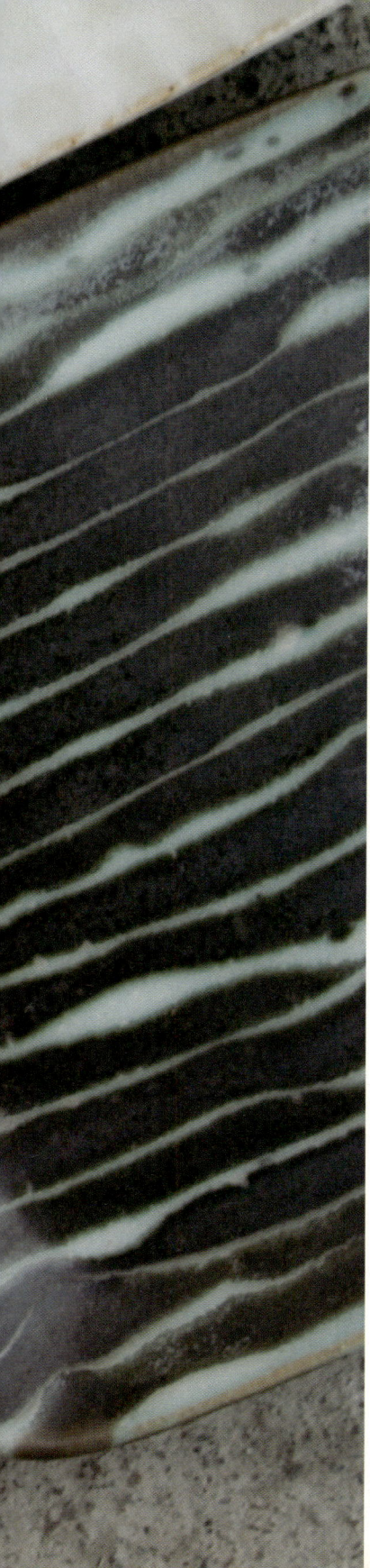

Sarita Koivukoski
사리타 코이부꼬스키

Ruutu

ceramic plates
14×14×1cm

I represent a collection of plates in the exhibition.
Every piece is unique and different. They are
designed and made in my studio in Helsinki,
Finland. Plates are called "ruutu" which means
"square" in English. Material is highly burned and
glazed stoneware clay.
Glazes are important to me and I design them
myself. In the exhibition I represent wide selection
of my glazes used on the plates.
My source of inspiration lies in the ground, in the
Finnish landscape and nature; bright sky, frosty
soil, soft moss, slight freeze. That is what I try to
imitate and express through glazes and patterns in
my ceramic pieces.

Ruutu

도자 접시
14×14×1cm

나는 이번 전시에서 접시 컬렉션을 선보이고자 한다. 이
접시들은 독특하고 각각 다른 모양을 가지고 있다. 이것들
은 핀란드 헬싱키에 있는 나의 스튜디오에서 제작되었다.
이 접시들은 'Ruutu'라는 명칭으로 불리는데 영어로는 '정
방형'을 의미한다. 작품의 재료는 높은 온도에서 구워지고
광택이 나는 석기질 점토이다.
나는 유약을 중요시하기 때문에 직접 만들어 쓰고 있는
데, 이번 전시에서는 작품에 사용되었던 다양한 종류의 유
약을 볼 수 있을 것이다.
내 작품의 영감의 원천은 대지, 즉 핀란드의 풍경과 자연
인데, 예를 들어 빛나는 하늘, 서리가 앉은 토양, 부드러운
이끼, 살짝 낀 서리와 같은 것이다. 나는 도자기 작품을 만
드는 과정에서 이런 것들을 유약과 문양을 통해 모사하고
표현하기 위해 노력한다.

Sirkka Könönen 시르까 코노넨

Hand knitted sweaters
75-90cm
wool

손 뜨개질한 스웨터
75-90cm
양모

I design wool knitting with nature themes mainly for humans, but also for animals. Skilled knitters make them in Finland, using either knitting needles, or domestic knitting machine. Knitting are colorful, often a single item can consist of 30-50 different colors, or even more. But I also use non-color natural wool of Finn lambs. My knitting have got a long life, some have been used well over 20 years. They are very also ecological in that sense that they do not need washing, as keeping them overnight outside will mostly be enough. In Finland it is also possible to "wash" knitting in snow!

나는 자연을 주제로 털실 뜨개질을 하는데, 이는 주로 인간을 위한 것이지만 동물들을 위한 것이기도 하다. 핀란드에서 뜨개질에 능숙한 사람들은 뜨개바늘이나 가정용 편물기계 중 어느 것이든 사용한다. 니트는 색이 다채로운데, 종종 하나의 작품이 30 내지 50가지, 혹은 그보다 더 많은 색채로 이루어져 있다. 그러나 나는 색채가 없는 핀란드산 천연 램스 울을 사용한다. 나는 오래된 니트들을 가지고 있는데, 이중 어떤 것들은 20년 넘게도 잘 입어 왔다. 이런 옷들은 하룻밤 동안 밖에 놔두면 세탁이 필요치 않는데, 이런 점에서 니트는 매우 친환경적이다. 또한 핀란드에서는 니트를 눈으로 세탁하는 것 또한 가능하다!

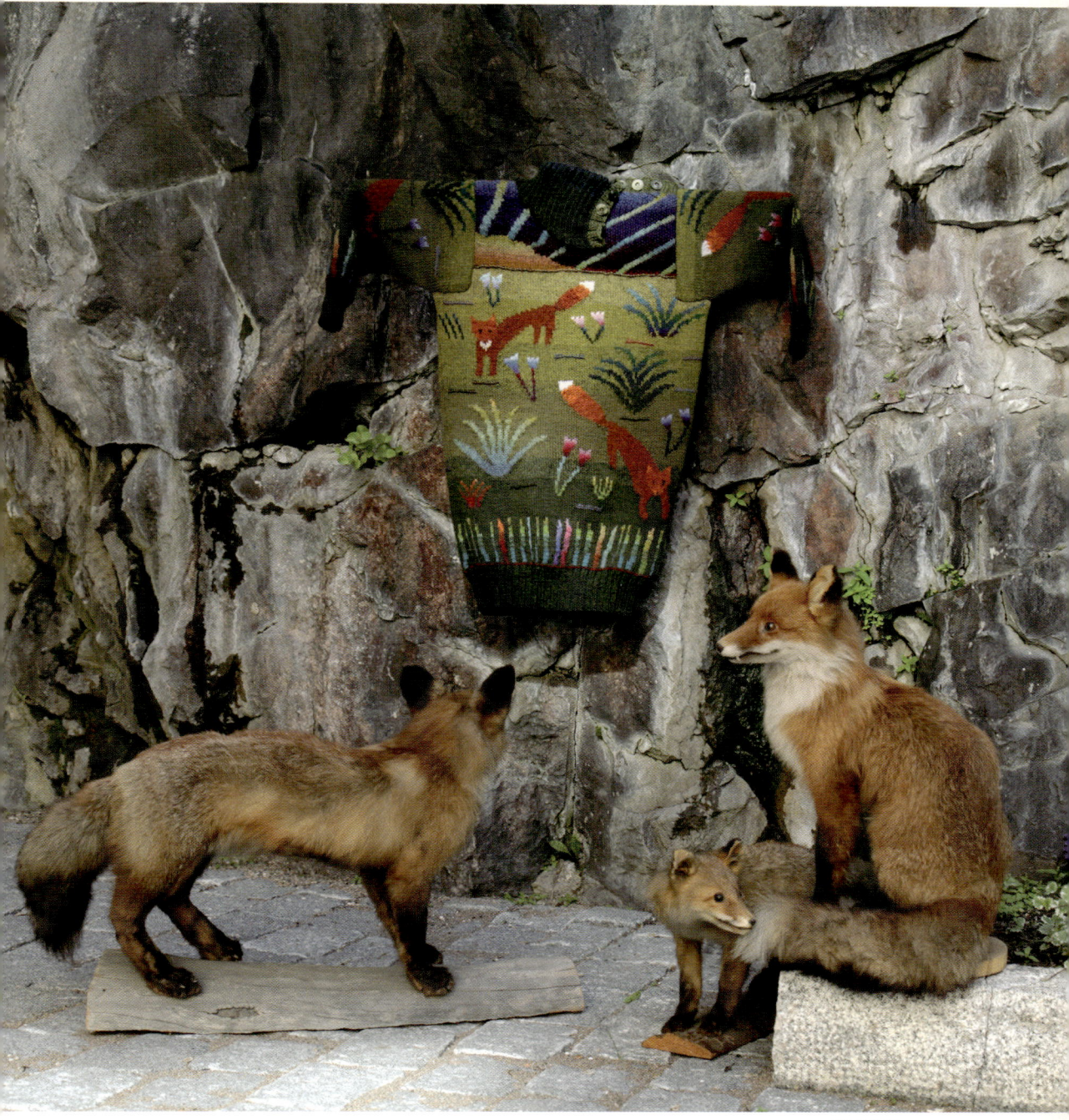

Ulla Koskinen
울라 코스끼넨

My sack chair

90×140×90cm
Upholstery with paper yarn cotton fabric, foam
filling

Soft but sturdy, My and Roo lounge chairs are
designed for casual, relaxed seating. The cover is
removable and changeable made with Sand paper
yarn cotton fabric. The filling of these practical
chairs is a mixture of materials that is guaranteed
to stay in shape. My is smaller and perfect for
watching TV, for example. Roo is longer and divan-
like, inviting you for a moment of rest.

나의 마대(麻袋) 의자

90×140×90cm
방적사 면직물로 된 쿠션 융단, 발포 충전재

부드럽지만 견고한 <My sack chair>와 <Roo lounge
chair>는 캐주얼하고 안락하게 앉을 수 있도록 고안되었
다. 사포 방적사 면직물로 만들어진 커버는 떼어내고 교체
할 수 있다. 이 실용적인 의자의 속은 형태 유지되는 혼합
재료들로 충전되어 있다. <My sack chair>는 소형 의자로
TV 시청에 적합한 반면, <Roo lounge chair>는 그보다 더
길고 소파와 비슷해서 잠깐 동안의 휴식에 적절하다.

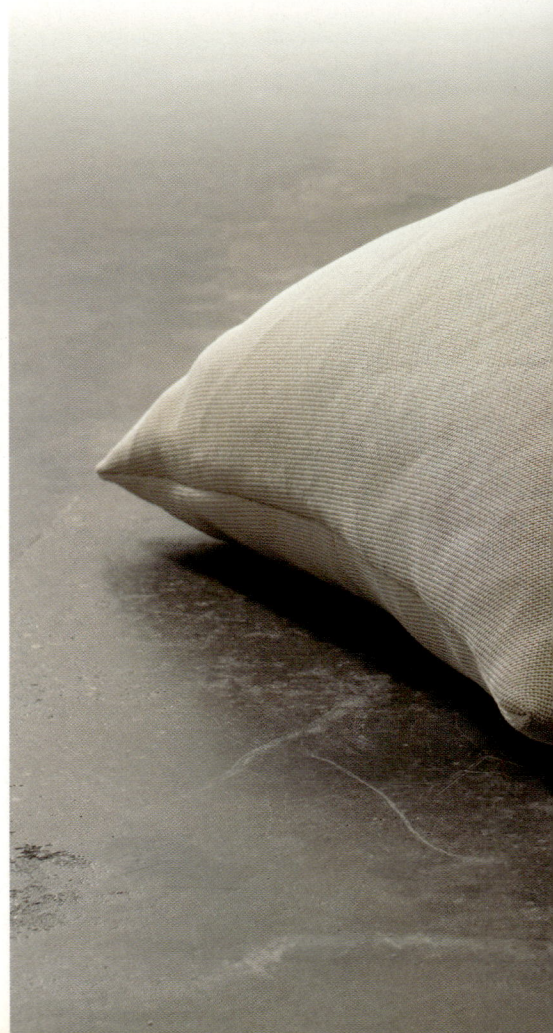

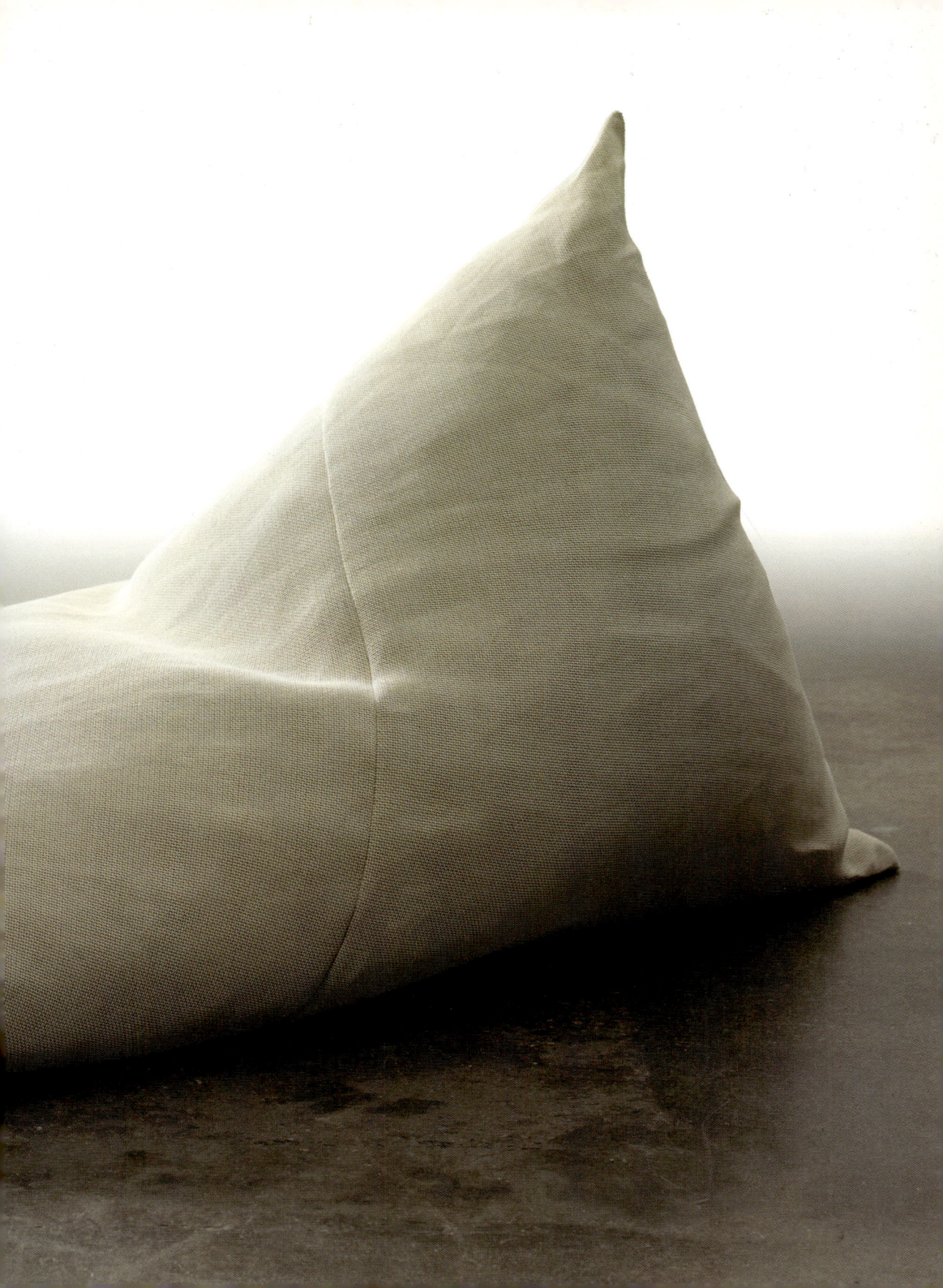

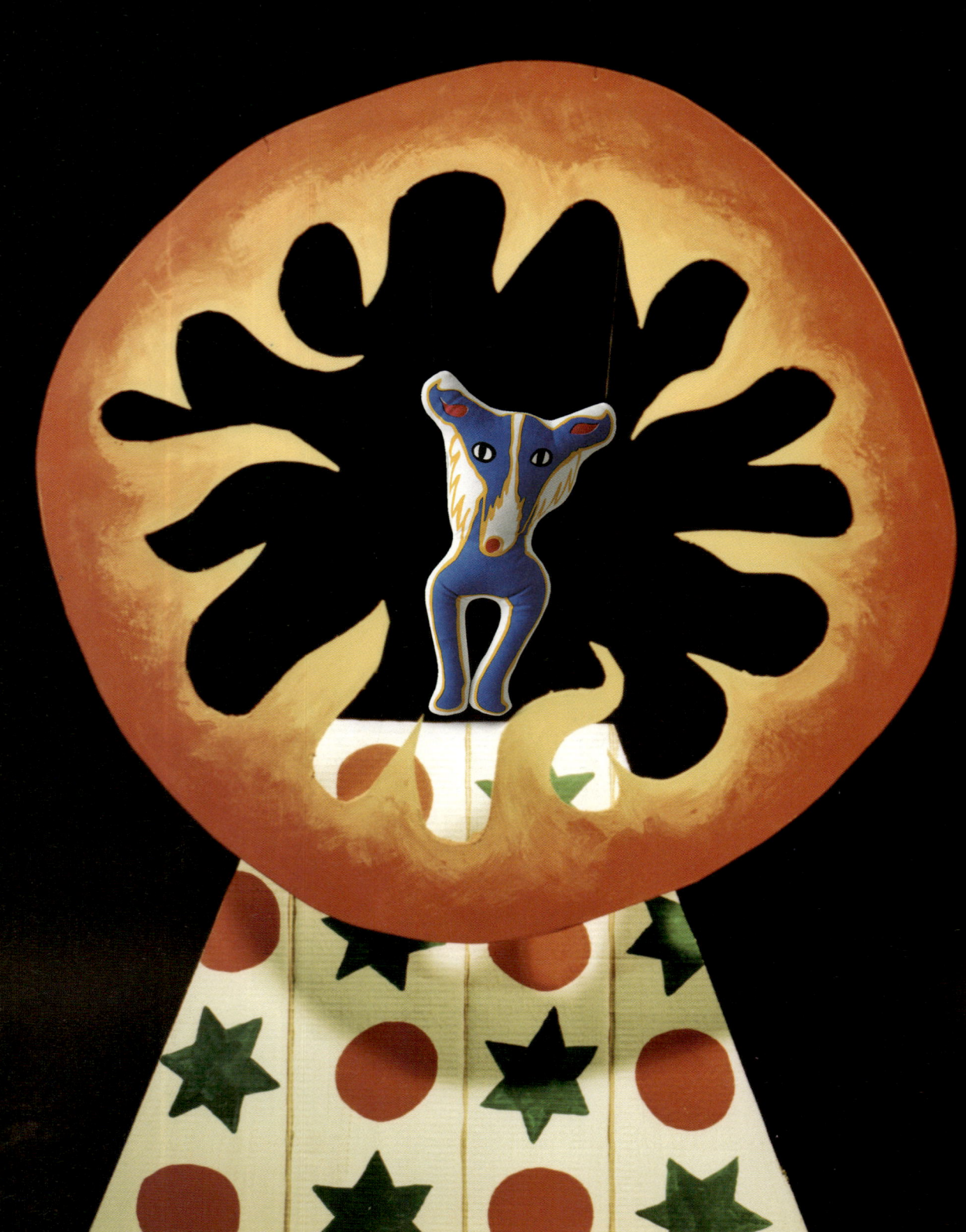

Johanna Kunelius 요한나 쿠넬리우스

Ilmiriita

print collection

Ilmiriita is a collection of expressive Finnish prints that are used in unique textile products for interior decoration and play. The collection includes bold decorative pillows and humorous soft dogs that all charm the viewer with their naive and happy stories. The design ideology is a combination of Slavic temperament, Finnish freshness and a playful goal to fight against too much seriousness in life.

Ilmiriita is a Finnish word for an open quarrel, but designer Johanna Kunelius explains that it has several meanings for her. The collection was named after her grandmother Ilmi and designer's playful attitude towards art and design.

Ilmiriita is a collection of fearless textiles for fearless people!

Ilmiriita

프린트 작품

<Ilmiriita>는 인상적인 핀란드 문양을 가진 직물 작품으로, 인테리어와 연극을 위해 사용된다. 대담하고 장식적인 받침대와 익살스러운 개가 있는 이 작품은 소박하고 행복한 이야기들로 인해 보는 이들을 매료시킨다. 작품의 디자인 이념은 슬라브 민족의 기질, 다시 말해 삶에 있어서 지나치게 심각한 것들에 대항하는 핀란드인의 생기와 익살을 조합하는 것이다.

'Ilmiriita'는 '노골적인 다툼'을 일컫는 핀란드어이지만, 이 작품의 디자이너인 요한나 쿠넬리우스 에게 있어서는 이 단어가 몇 가지 다른 의미를 가진다고 말한다. 작품의 제목은 그녀의 할머니 일미Ilmi와 예술과 디자인에 대한 그녀의 장난기로부터 유래하였다.

<Ilmiriita>는 대담한 사람들을 위한 대담한 직물 작품이다!

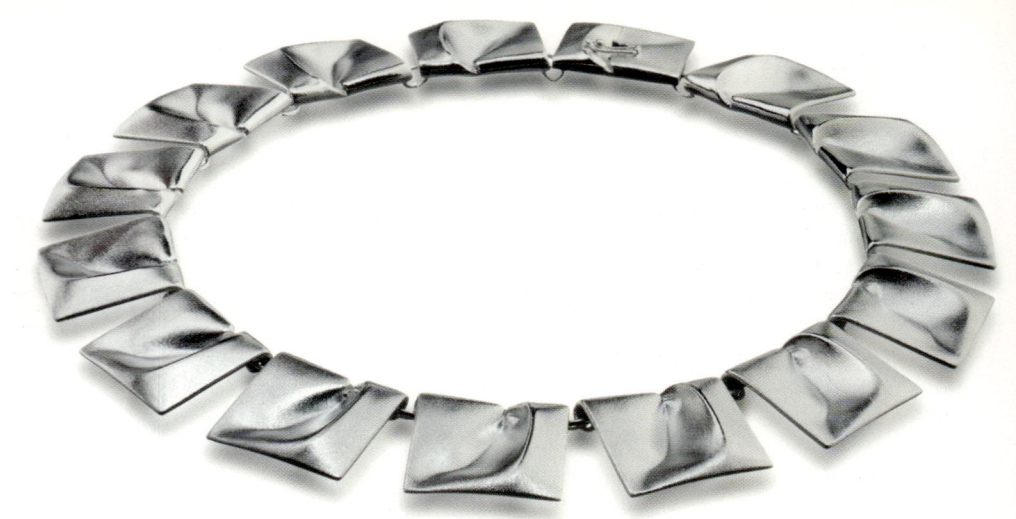

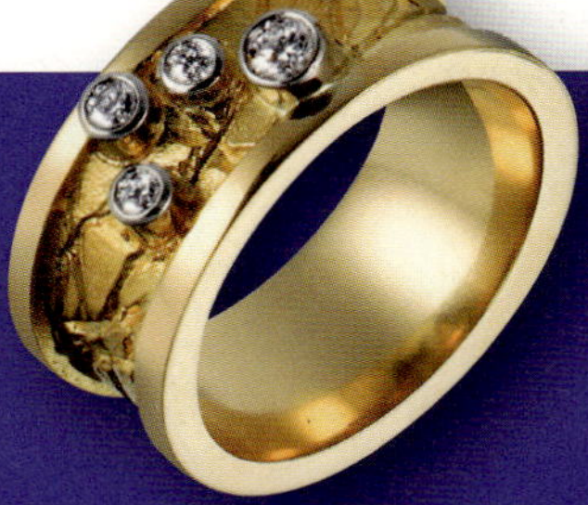

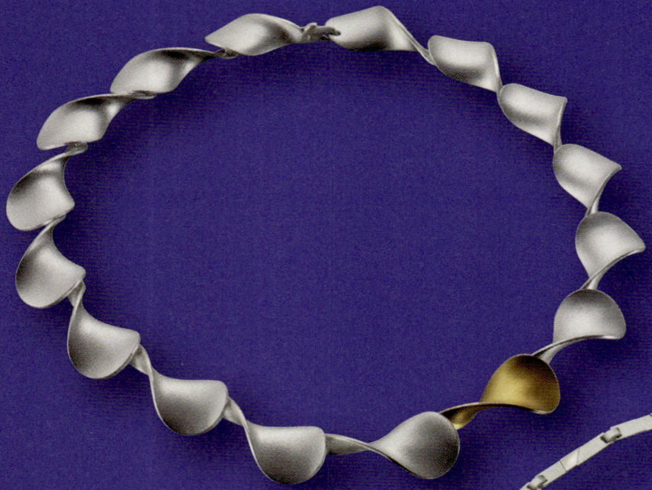

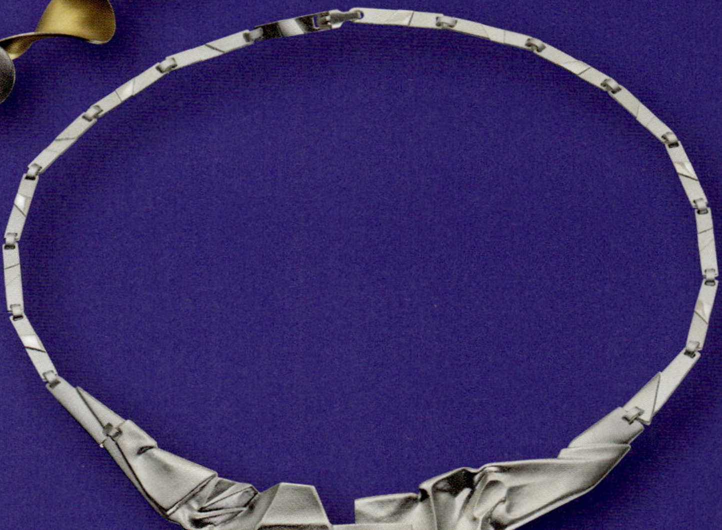

Lapponia Jewelry 라뽀니아 쥬얼리

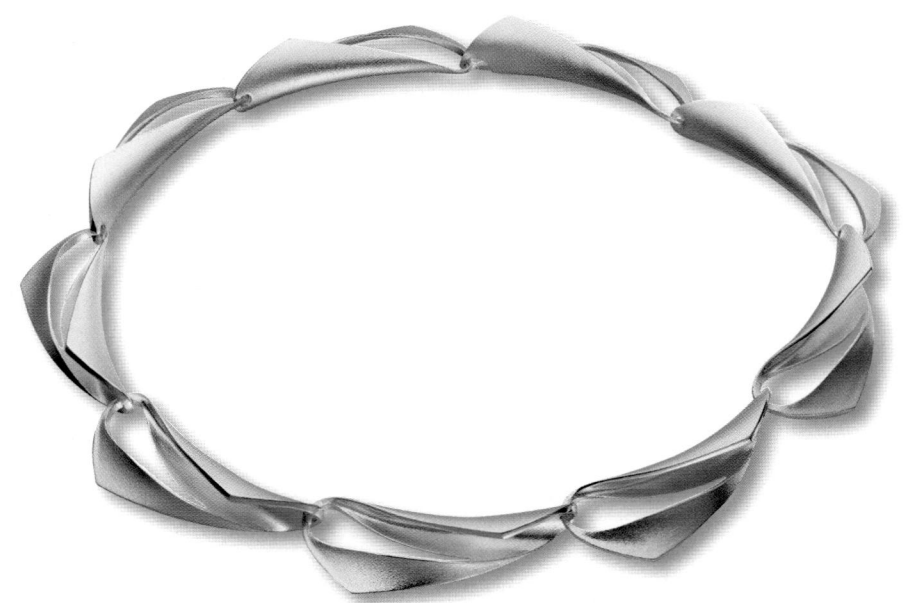

Founded in Finland in 1960, Lapponia Jewelry has always followed its bold intuition. Björn Weckström, who designed the first collection, established a new sculpture-like jewelry, drawing his inspiration from the shape and matte surface of gold nuggets from Finnish Lapland. Lapponia's trademark, unique motifs and genuine design, was born. Today, Lapponia employs an international team of jewelry designers.

The uniqueness of Lapponia jewelry lies in the combination of artistic design, sculpture-like jewelry, choice of material, skillful handicraft and small series. Each piece of jewelry is a carefully considered whole, finished right down to the most minute detail.
Lapponia´s mission is to revolutionise the conservative approach to jewelry design through its unique art-jewelry inspired by Nordic nature.

Postal address
Strömbergintie 4
00380 HELSINKI, FINLAND
Tel. +358 (0) 207 611 311
Fax +358 (0) 207 611 260
info@lapponia.com
http://www.lapponia.com/en

1960년 핀란드에서 설립된 라뽀니아 쥬얼리Lapponia Jewelry는 항상 대담한 통찰력에 따라 제품을 만들어 왔다. 첫 컬렉션을 디자인한 Bjön Weckströ은 핀란드 라플란드 지방의 금덩어리가 가진 형태와 광택이 없는 표면에서 영감을 받고 조각품과 같은 새로운 장신구를 만들어냈다. 이를 통해 라뽀니아 쥬얼리만의 트레이드마인 독특한 모티브와 순수한 디자인이 탄생되었다. 현재 라뽀니아 쥬얼리는 국제적인 보석 디자이너들로 이뤄진 팀을 고용하고 있다.

라뽀니아 쥬얼리만의 독특함은 예술적인 디자인과 함께 조각과 같은 장식, 재료의 선택, 숙련된 공예기술, 소량의 시리즈 등이 조합된 것에서 찾을 수 있다. 제품들은 모든 부분에서 주의를 기울이고 있으며, 마지막까지 세심하게 세공된다.
그리고 라뽀니아 쥬얼리은 북유럽 자연에서 받은 영감을 통해 독특한 예술적 장신구를 디자인함으로써 틀에 박힌 디자인 접근방식을 변혁시키는 것을 사명으로 하고 있다.

Juha Laurikainen 유하 라우리카이넨

Holotna

blanket collection
137×213cm
wool

Holotna (chilly) collection of five different blankets is designed 2009 by textile designer Juha Laurikainen in cooperation with Tekstiiliverstas. Textile weaving is operated by the Degree Program in Design (HAMK University of applied sciences) in Hmeenlinna Finland. The Design is based on Scandinavian design tradition with a strong color combination and a clear composition.
The blankets are industrially woven and a light after-treatment is made in a spin dryer, which felts the wool material gently and gives a luxurious warm and misty feeling. The product development is made by the weavery.

Holotna

모포(毛布) 컬렉션
137×213cm
양모

다섯 점의 다른 모포들로 이루어진 <Holotna> 컬렉션은 2009년 섬유 디자이너 유하 라우리카이넨과 Tekstiiliverstas의 합작으로 디자인되었다. 섬유 직조는 핀란드 하메엔린나(Hmeenlinna) 지역에 있는 HAMK 응용과학대학교HAMK University of applied sciences의 디자인 학위 수여 프로그램을 통해 이루어졌다. 이 작품은 강렬한 색채 조합과 명확한 구성을 특징으로 하는 스칸디나비아 디자인 전통을 기반으로 제작되었다. 그리고 산업용 양모를 회전식 건조기에서의 약하게 후가공하여 부드럽고 따스하며 보송보송한 감촉을 더하였다.

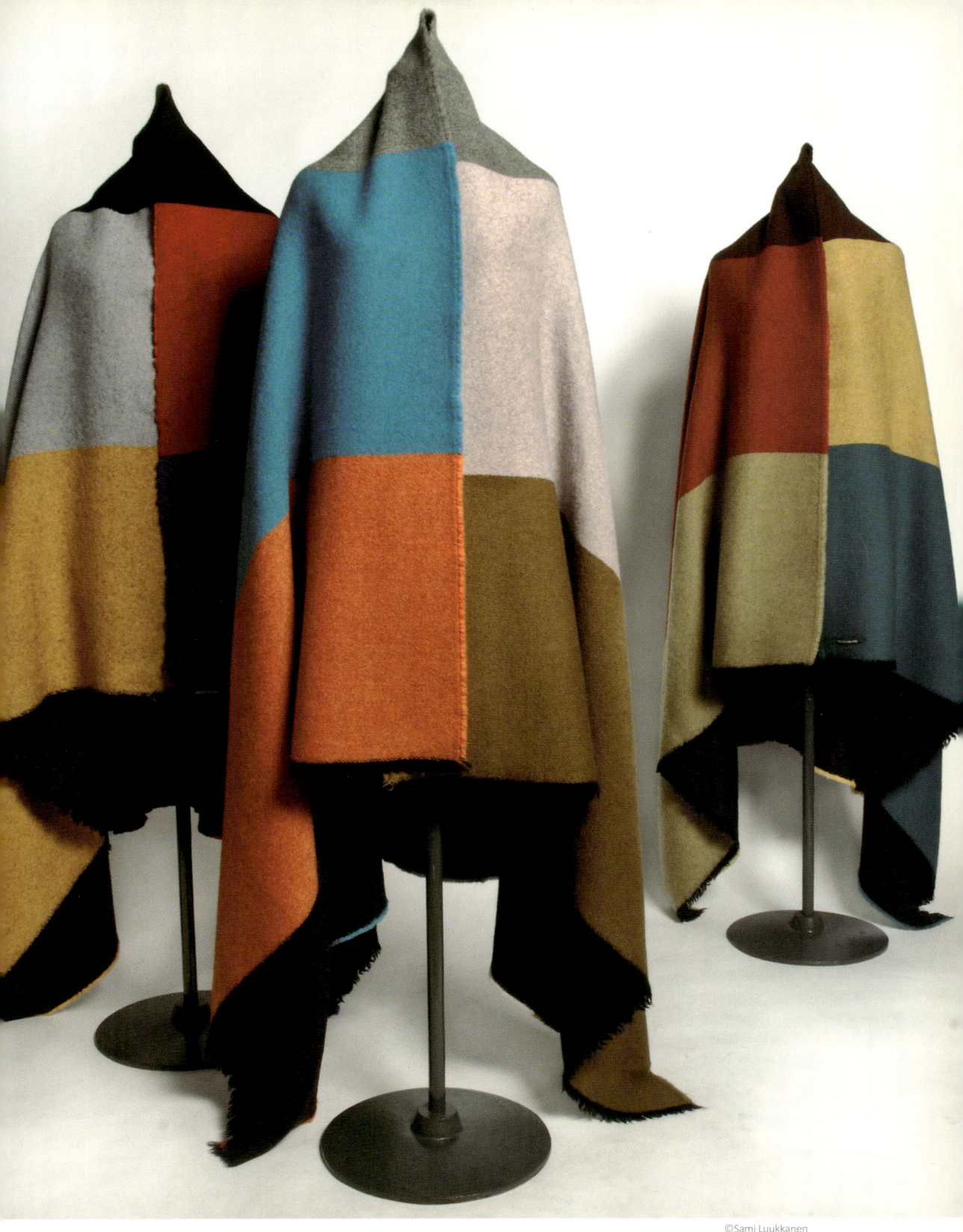

Eeva Lithovius 에바 리토비우스

Klaffi

shelf, 3pcs
S 26×6/15.5×190cm,
M 28×6/17.5× 190cm,
L 36×6/ 25.5 ×190cm
painted MDF, solid wood oak and birch

Create order among all the little
important things that float around the
apartment: keys, sunglasses, phones,
DVDs, magazines, books... When not in
use, the shelf is very slim; the individual
drop leaf can be opened when needed.
The shelf also serves as a "chaos
meter": when it is full, it's time to
think whether one should reduce
the number of objects, or whether
it is simpler to buy another shelf.

Klaffi

선반 3개(대,중,소)
소 26×6/15.5×190cm,
중 28×6/17.5×190cm,
대 36×6/25.5×190cm
채색한 MDF, 떡갈나무와 자작나무의 원목

방 속을 어지럽히는 작지만 중요한 모든 것
들, 예를 들어 열쇠, 선글라스, 전화기, DVD,
잡지, 책들 사이의 질서를 만들어라. 이 선반
작품은 사용하지 않을 때 접어둘 수 있어 매
우 슬림하며, 필요할 때 개별적으로 접이식
보조판을 열 수 있도록 되어있다. 그리고 이
선반은 불필요한 물건이 쌓여가고 있거나 수
납공간이 부족하다는 것을 판단할 수 있는
기능을 한다. 선반에 물건들이 가득 차있
다는 것은 물건의 수를 줄여야 하거나 다
른 선반을 사야 하는지를 결정해야 할 순
간이다.

©Kalle Kataila

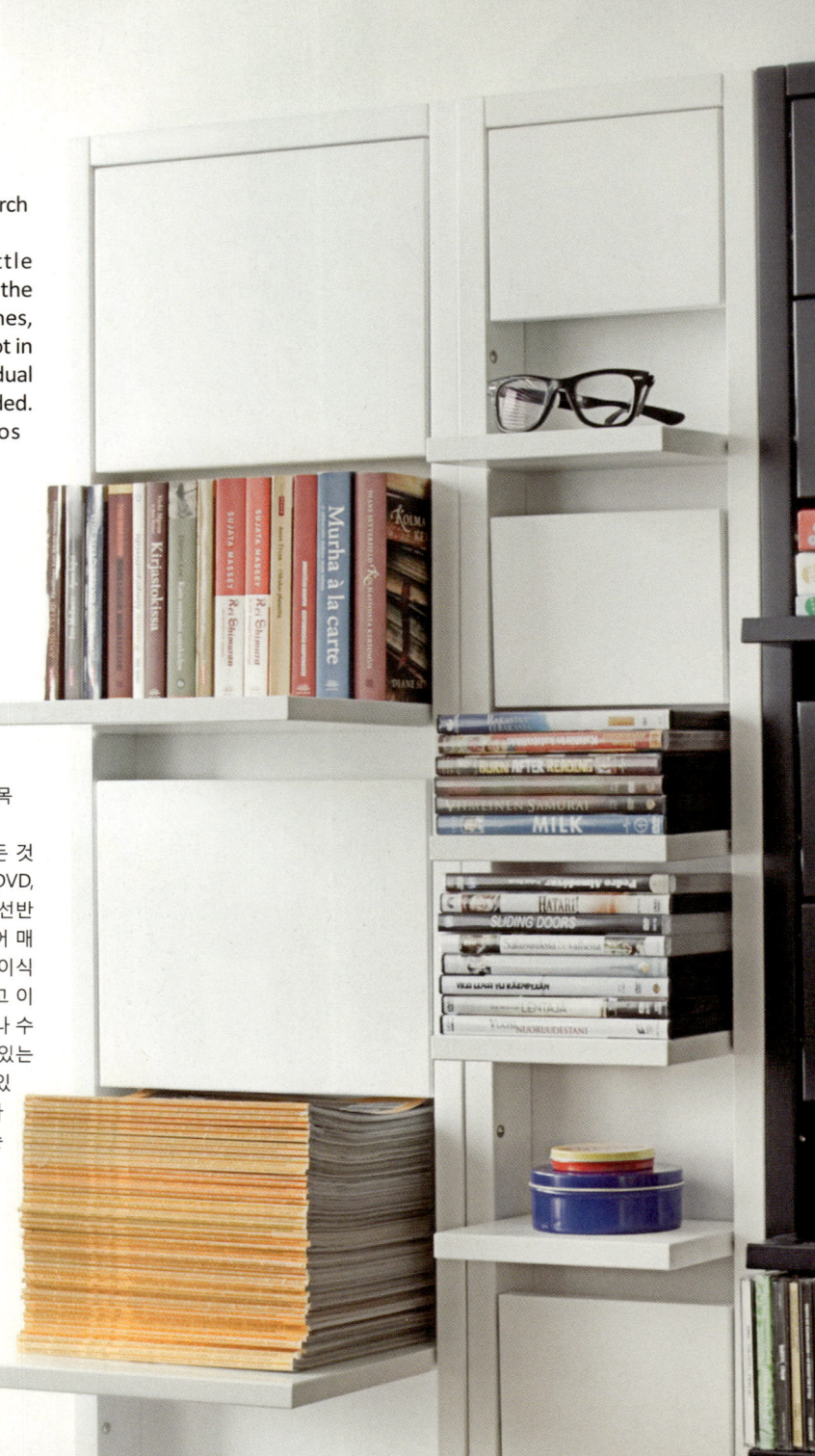

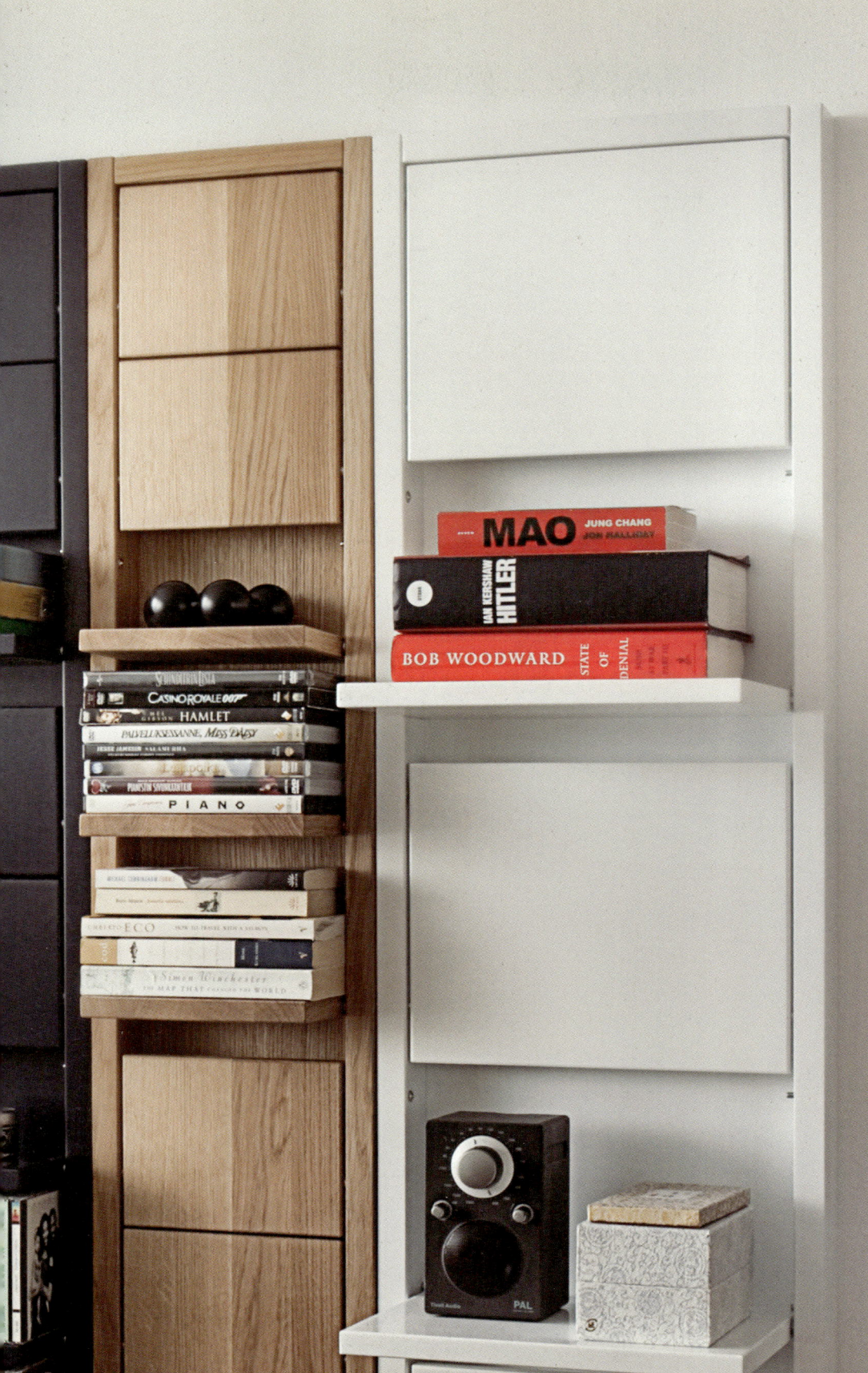

Marko Luoma 마르꼬 루오마

Light Wood

Lamp
56×56×70-160cm
plywood

Light Wood is based on the old splint basket tradition, which has been revitalized for the present day using high-quality aircraft plywood and LED ribbons. Wood and the different ways it can be processed and worked embody many traditional Finnish handicrafts. Aircraft plywood is plywood that is less than 3 mm thick. Light Wood is made using plywood that is 0.4 mm thick and through which light is defused in a reddish yellow. That gives the entire lamp a warm tone which forms a balancing contrast to the cold light given by LEDs. The lamp's weightless essence is maintained by the thin cables which support the shade. The form embodies classic Nordic simplicity, tradition and present day.

Light Wood

램프
56×56×70-160cm
합판

<Light Wood>는 오래된 스플린트(얇게 켠 판자) 바구니의 전통에 기반하고 있으며, 고급 항공기용 합판과 LED를 사용하여 오늘날의 쓰임에 맞게 새롭게 제작된 것이다. 나무라는 재료는 다수의 전통적인 핀란드 수공예품들이 구현하고 있듯이 다양한 방식을 통해 가공 처리될 수 있다. 항공기용 합판은 3mm보다 얇은 합판이다. 작품 <Light Wood>는 0.4mm 두께의 합판을 사용하여 만들었는데, 이를 통해 나오는 빛은 불그스름한 노란색으로 누그러진다. 또한 램프 전체를 따스한 톤으로 만들어 LED가 발하는 차가운 빛과 균형을 맞추어 대비를 이루게 한다. 작품이 가지는 중량이 없는 듯한 느낌은 램프의 갓을 지탱하는 얇은 선들에 의해 유지된다. 그리고 작품의 형태는 고전적 북유럽풍의 간결성과 더불어 전통과 현재를 나타내고 있다.

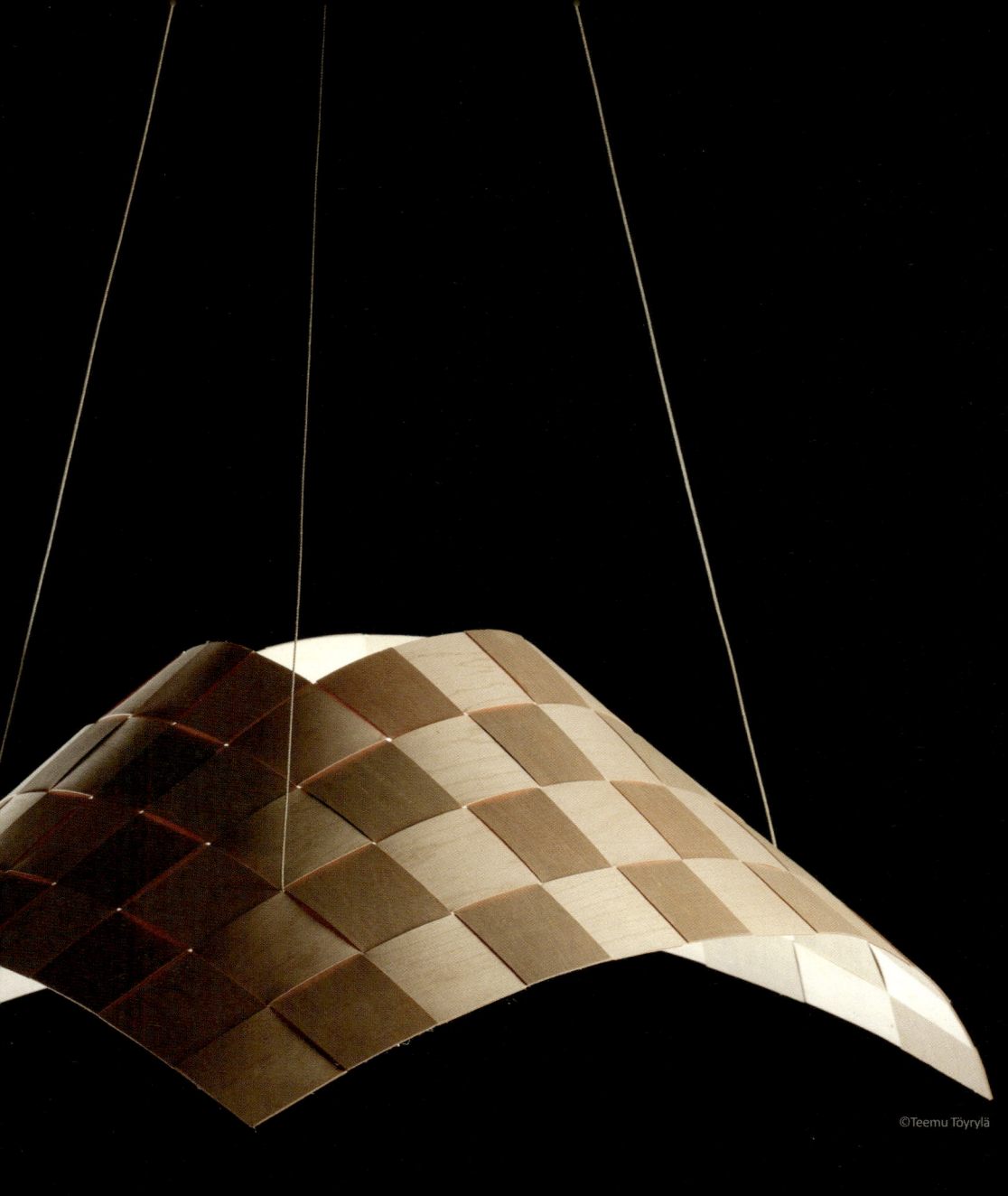

Samuli Naamanka 사무리 나만카

Tomoto Tableware set

S 6.5×14.3cm, M 7.7×22.6cm, L 10×39cm
bio based composite

Tomoto Tableware set represents totally new kind of thinking, consuming and most of all serving. The ingenious design of bowls and lids is stunning. It is not only the beauty but the multifunctional usage. Put the soup to the bowl, keep it warm with the lid and use the lid as a tapas tray at the same time. Serve simply with style!
Tomotos are made of bio based material and there are three different sizes: small, medium and large.

Tomoto 식기세트

소 6.5×14.3cm, 중 7.7×22.6cm, 대 10×39cm
바이오 합성물

<Tomoto Tableware Set>는 생각하는 것, 소비하는 것, 그리고 무엇보다 음식을 대접하는 것에 관한 새로운 방법을 보여준다. 독창적인 디자인의 오목한 그릇들과 뚜껑들은 미학적으로 뛰어날 뿐만 아니라 다양한 실용적인 쓰임새를 가지고 있다. 예를 들어 뚜껑은 그릇 속 수프를 따뜻하게 유지시켜주는 동시에 식사를 위한 접시로 사용될 수 있어서, 고상하면서도 간편하게 음식을 접대할 수 있게 해준다. 그리고 이 작품은 바이오 합성물을 재료로 만들어졌으며, 세 개의 서로 다른 크기로 구성되어 있다.

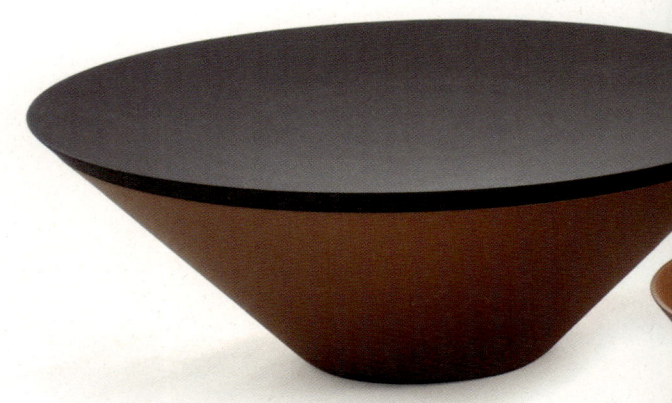

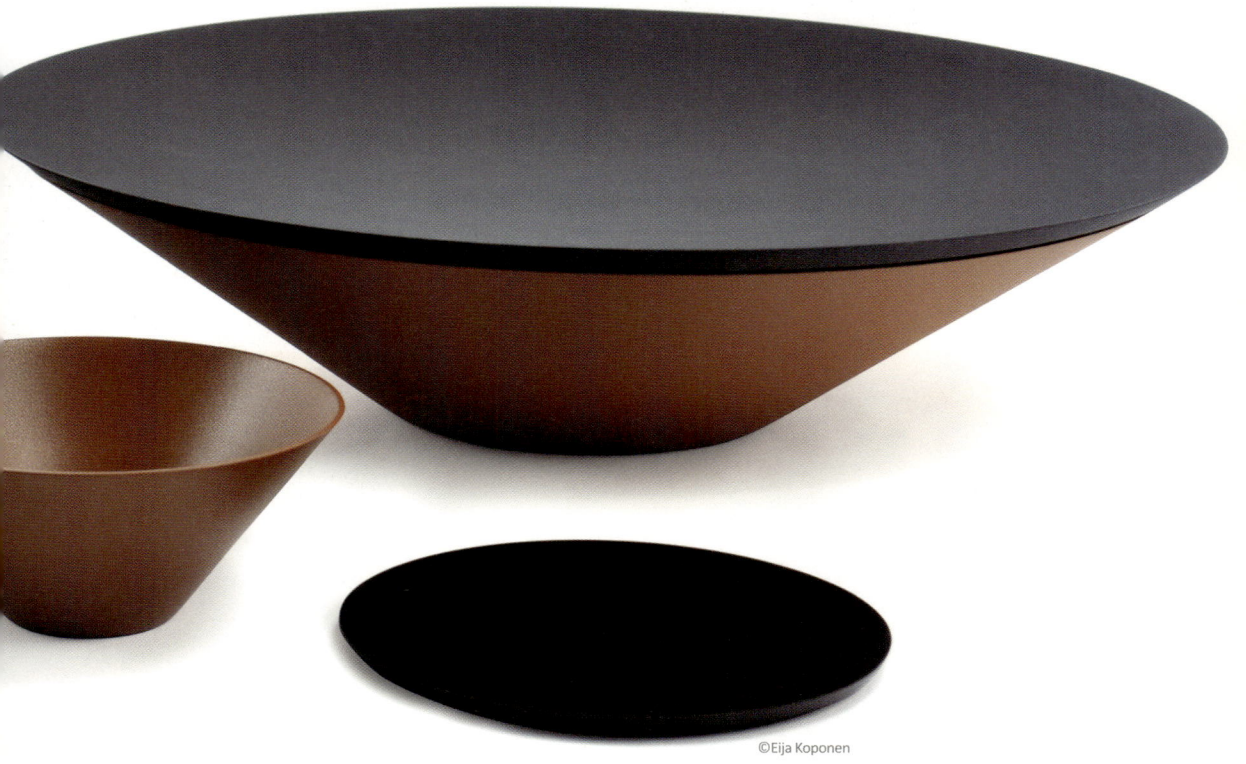

©Eija Koponen

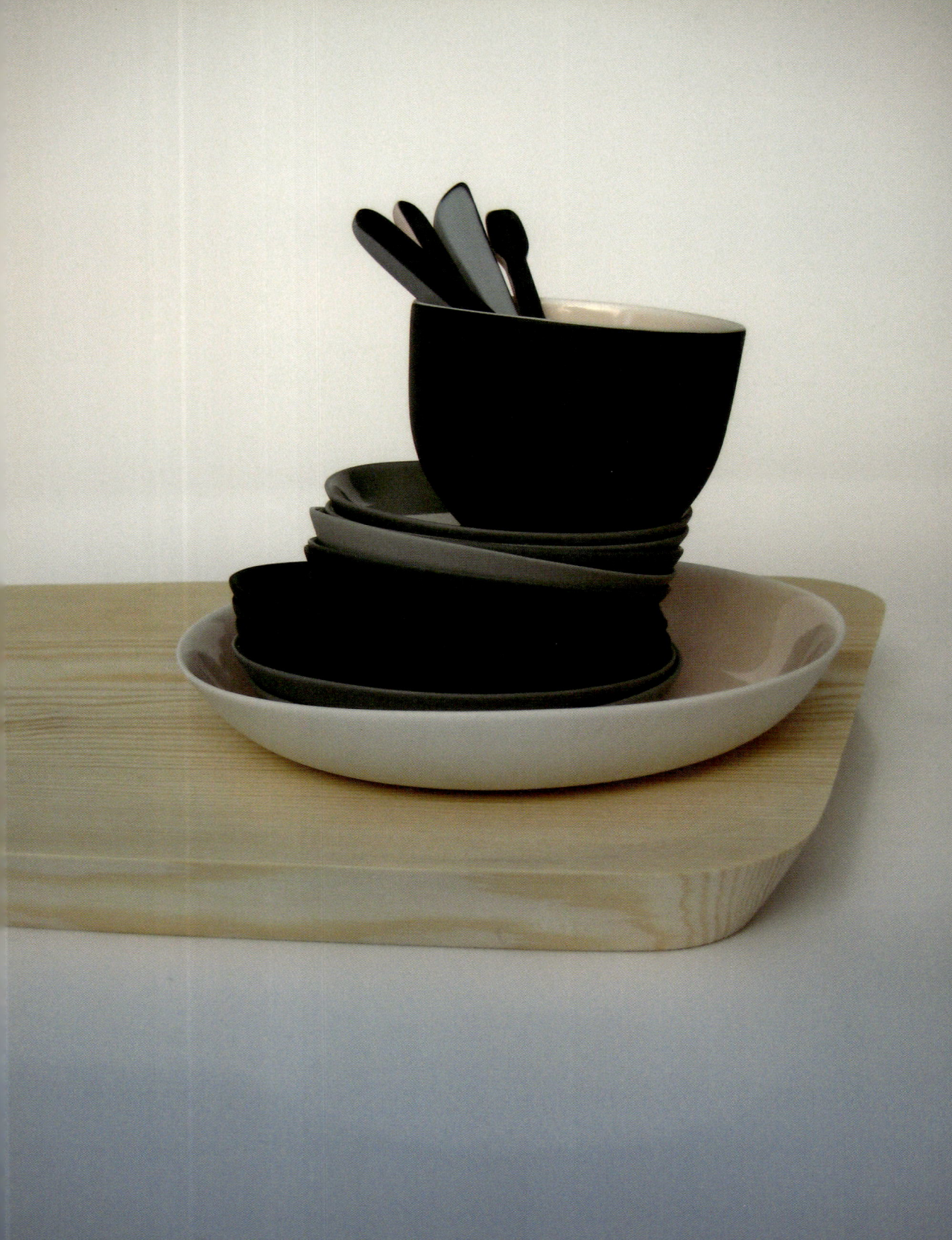

Nathalie Lahdenmäki 나탈리 라흐덴마끼
Naoto Niidome 나오토 니도메

Archipelago

tabletop items

ARCHIPELAGO is a set of tabletop items. The wooden bases, which hold the ceramic tableware, remind of islands on the top of the dining table.
Lahdenmäki´s vessels are made of thin, stained porcelain of gentle colors and soft textures. Niidome´s bases of thick, solid wood show the pure spirit of the natural material. The cutlery is inspired by traditional Finnish wooden spoons.
The settled combination of tableware with slightly accidental shapes, create a sophisticated atmosphere to the tabletop.

Archipelago

테이블 아이템

<Archipelago>는 도자식기와 목재 밑동으로 구성된 테이블 아이템 세트로, 식탁 위의 섬을 생각나게 한다.
두께가 얇고 채색된 도자 제품으로 이루어진 나탈리 라흐덴마끼의 그릇들은 은은한 색과 매끄러운 질감을 가지고 있다. 나오토 니도메의 두꺼운 목재 밑동은 자연적 재료의 순수한 기풍을 보여주고 있다. 나이프, 포크, 스푼 등은 핀란드의 전통적인 나무 스푼에서 영감을 받았다.
이처럼 조금 뜻밖의 형상들이 조합된 식기류는 테이블 위에서 세련된 분위기를 자아낸다.

Vuokko Nurmesniemi 보우꼬 누르메스니에미

Pyörre 1964

costume
cotton

Designing a product starts with designing the fabric. Pyörre 1964 costume is a good example of the Vuokko-philosophy: lifetime of a product is immeasurable.

"Creativity is my goal, it comes through finding and trying out new things. I don't understand trends. Pyörre 1964 costume is still in production. This is my idea of sustainable development. I don't want to fill the world with garbage".

Pyörre 1964

의복
면

제품을 디자인하는 것은 옷감에 대한 디자인과 함께 시작된다.
<Pyörre 1964> 의상은 '제품의 수명은 끝이 없어야 한다"라는 나의 철학을 보여주는 좋은 예이다.

"창의성은 나의 목표이다. 이것은 새로운 것들을 발견하고 실험해보는 것을 통해 달성된다. 나는 유행을 따라가지 않는다. Pyörre 1964 의상은 지금도 여전히 생산되고 있다. 이것은 지속가능한 성장에 대한 나의 생각이다. 나는 쓰레기로 이 세상을 채우길 원치 않는다."

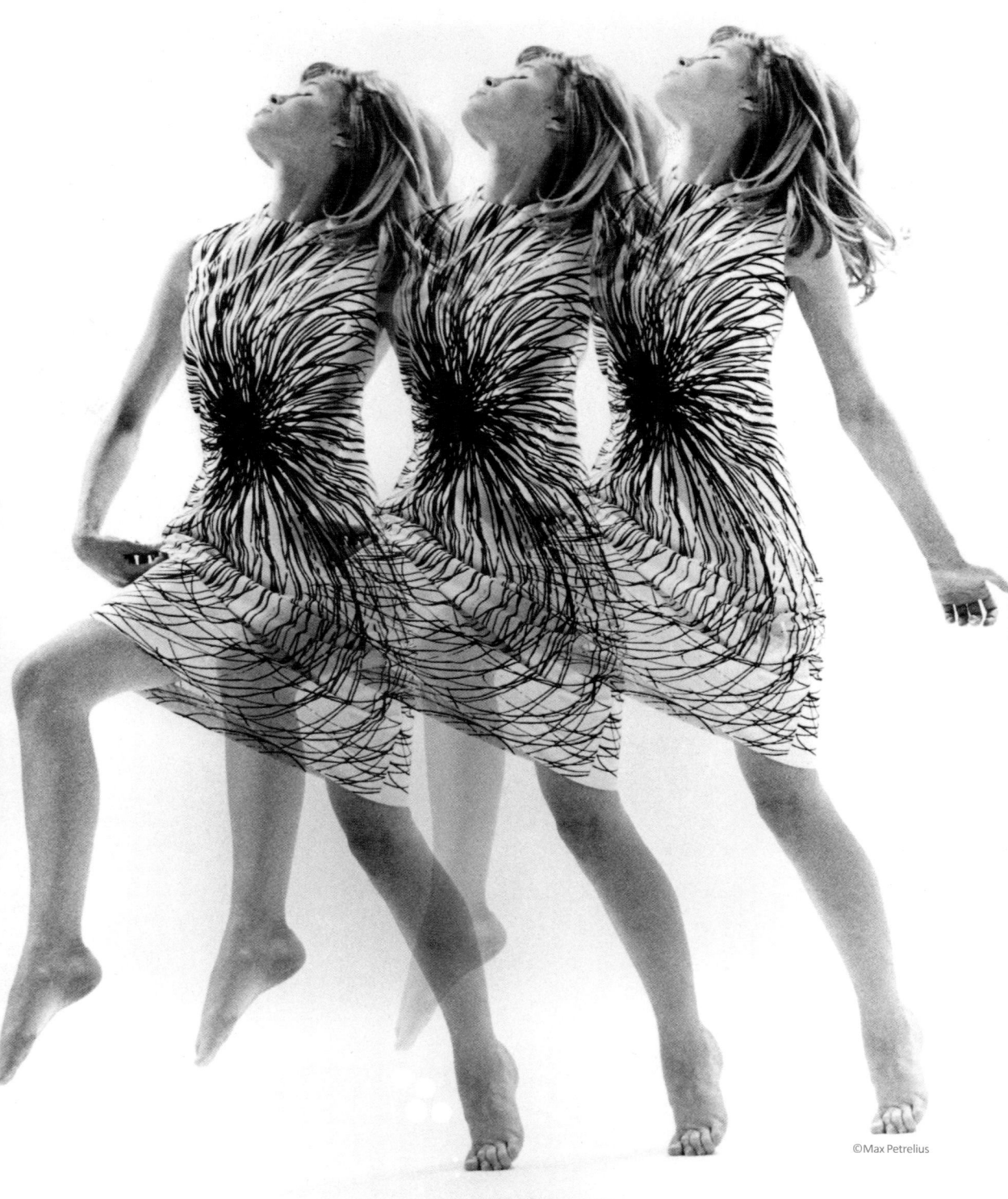

©Max Petrelius

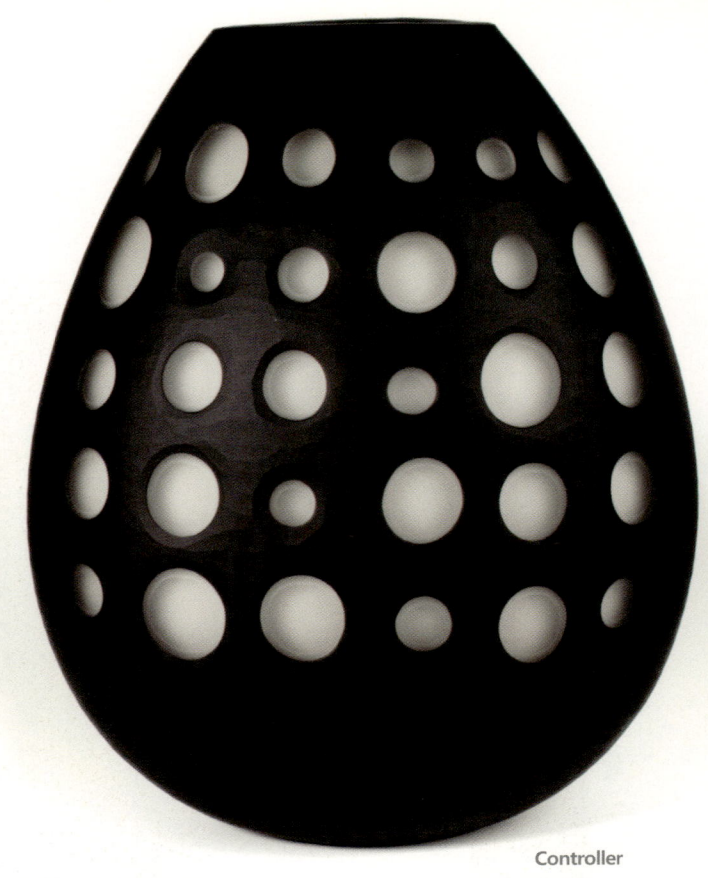

Controller

Anu Penttinen 아누 펜띠넨

Infra, Controller, Walkaway

hand-blown and carved glass
42cm, 30cm, 38cm

I use the glass material to express my fascination towards urban, man-made surroundings.
Order in chaos, different systems or structures and on the other hand the smallest of details, graphic messages or neon signs can trigger further designs process, ending up as the textured, abstract surface patterning on the glass vessels.
=Infra, Controller and Walkaway are hand-blown and carved works that represent one-off collections, which I have been, working on for more than a decade now. They are a challenge to make, but the endless possibilities of combining the contrasting colors, soft textures and strong patterns never cease to inspire me as an artist.

Infra, Controller, Walkaway

블로잉 기법을 사용한 유리 위 조각
42cm, 30cm, 38cm

나는 유리라는 재료를 사용하여 도시 및 인공적인 환경에 대한 나의 관심을 표현한다. 혼돈 속의 질서, 다양한 시스템들이나 구조들, 또 다른 한편의 아주 작은 세부적인 것들, 생동감 있는 광고나 네온사인들은 작품 제작에 대한 욕구를 불러일으켜서 유리 그릇 위에 짜임새 있고 추상적인 패턴을 만들어낸다.
<Infra, Controller, Walkaway>는 블로잉 기법을 사용하여 형체를 만든 뒤 조각한 작품으로, 지난 10여 년간 제작해 온 컬렉션을 대표하는 작품 중의 하나이다. 이러한 작품은 내게 일종의 도전과도 같지만, 대조적인 색채와 부드러운 질감, 강렬한 패턴의 조화에 대한 무한한 가능성은 예술가인 나에게 끊임없이 영감을 불러일으킨다.

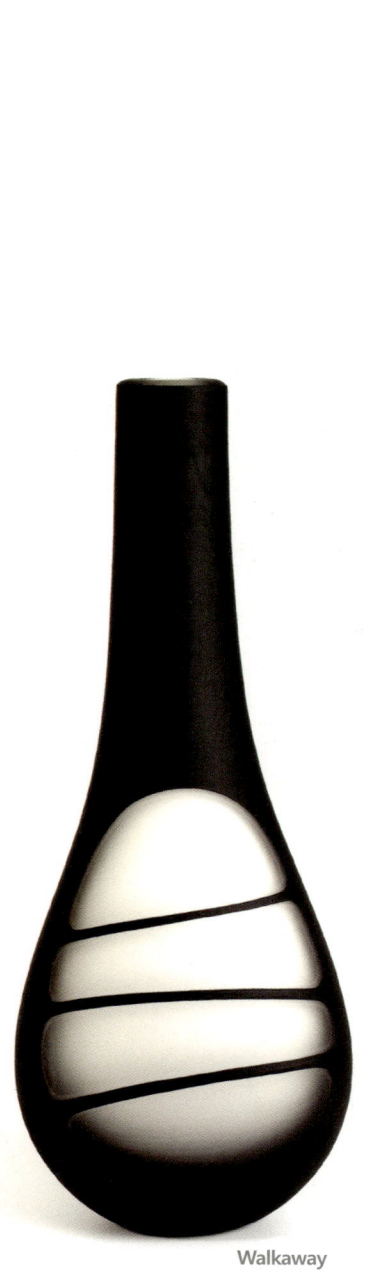

Walkaway

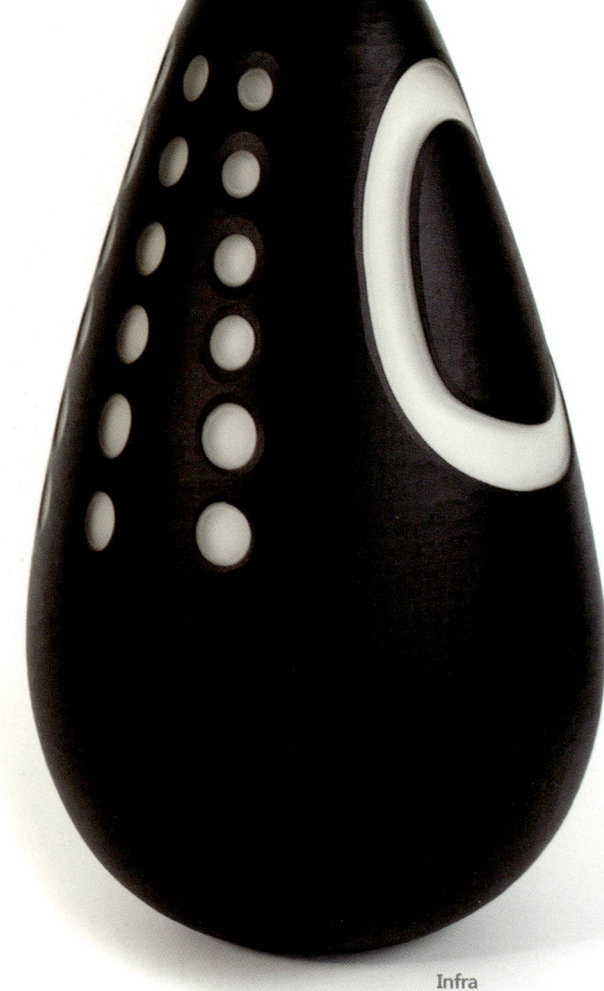

Infra

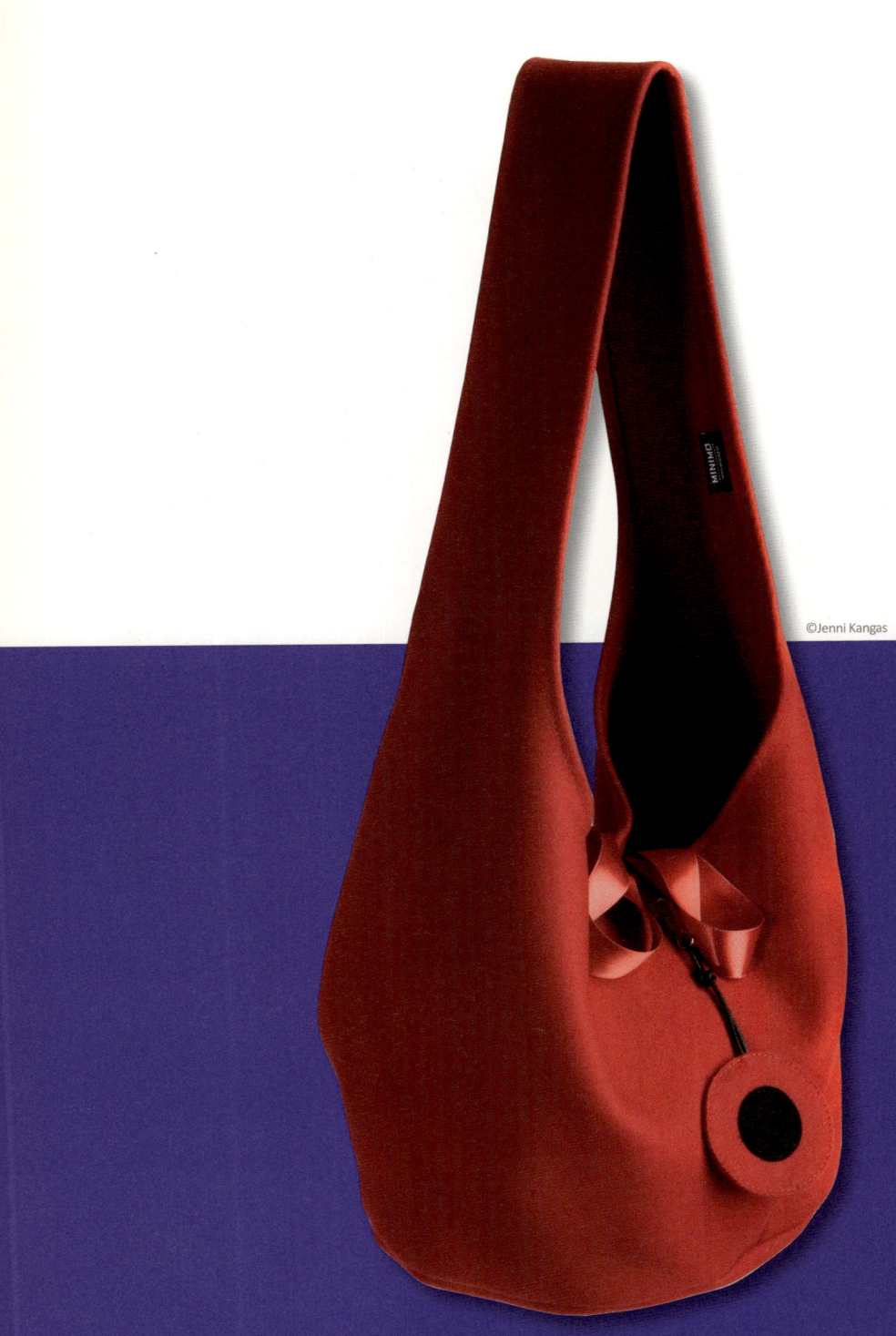

©Jenni Kangas

Riitta Peteri 리타 페테리

Minimo

Bags
24×24×34cm
80% wo, 20% pa

Woolen Minimo Bag series consists of four
different sizes of bags with different colors and
fasteners.
It includes also various purses, key holders and
decorations. Minimo Bag is a five year old classic
product from Minimo.

Minimo

가방
24×24×34cm
양모 80%, 폴리아미드 나일론 20%

양모로 된 <Minimo> 가방 시리즈는 각각 크기와 색상,
지퍼모양이 다른 4개의 가방들로 구성되어 있으며, 가지
각색의 주머니와 열쇠고리, 장식들이 달려있다. 그리고 이
가방들은 'Minimo'의 5년된 클래식 제품이다.

A P R

M	T	W	T	S	S
				2	**3**
4	5	6	7	9	**10**
11	12	13	14	16	**17**
18	19	20	21	23	**24**
25	26	27	28	30	

M A Y

M	T	W	F		
2	3	4	6		
9	10	11	13		
16	17	18	20		
23	24	25	27		
30	31				

J U L

M	T	S	S
			S
		2	**3**
			10

A U G

M	T
1	2

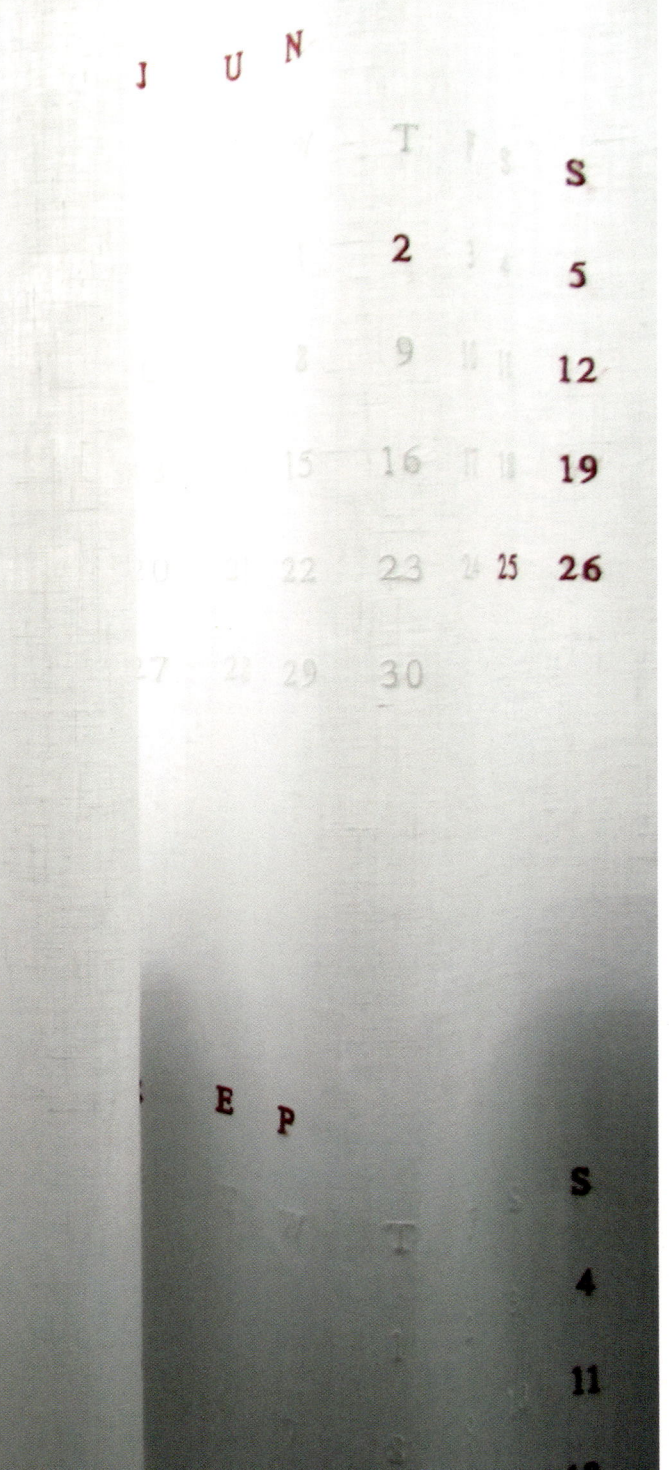

©Tiina Ripatti

Tiina Ripatti 티나 리빠띠

Red Letter Days

curtains
144×250cm

Red Letter Days 2011 and 2012 are sheer curtains, which at the same time work as calendars. Besides those two different functions the textiles also combine old traditions with contemporary forms and technique.
The material is white linen fabric, on which the calendar years are machine embroidered. Weekdays are made with white and Sundays, Finnish holidays as well as abbreviations of months with red. The font is Times, according to the subject. Depending on how much the curtain is drawn open or closed, the whole year or only some months can be scoped out.

<달력의 빨간 날>

커튼
144×250cm

작품 <Red Letter Days 2011 & 2012>은 달력으로 사용할 수 있는 투명한 커튼으로 두 가지 다른 기능을 가지고 있으며, 이는 오래된 전통에 현대적 형태와 기술을 결합한 것이다.
이 작품은 흰색 마를 재료로 하고 있으며, 그 위에 있는 달력의 날짜는 기계로 수를 놓았다. 평일은 흰색 수를, 일요일과 핀란드 공휴일, 그 외 달의 약자는 붉은색 수를 놓았으며, 글자체는 "Times" 를 사용하였다. 커튼은 얼마만큼 열고 닫느냐에 따라 전체 혹은 몇 개의 달만을 보일 수 있다.

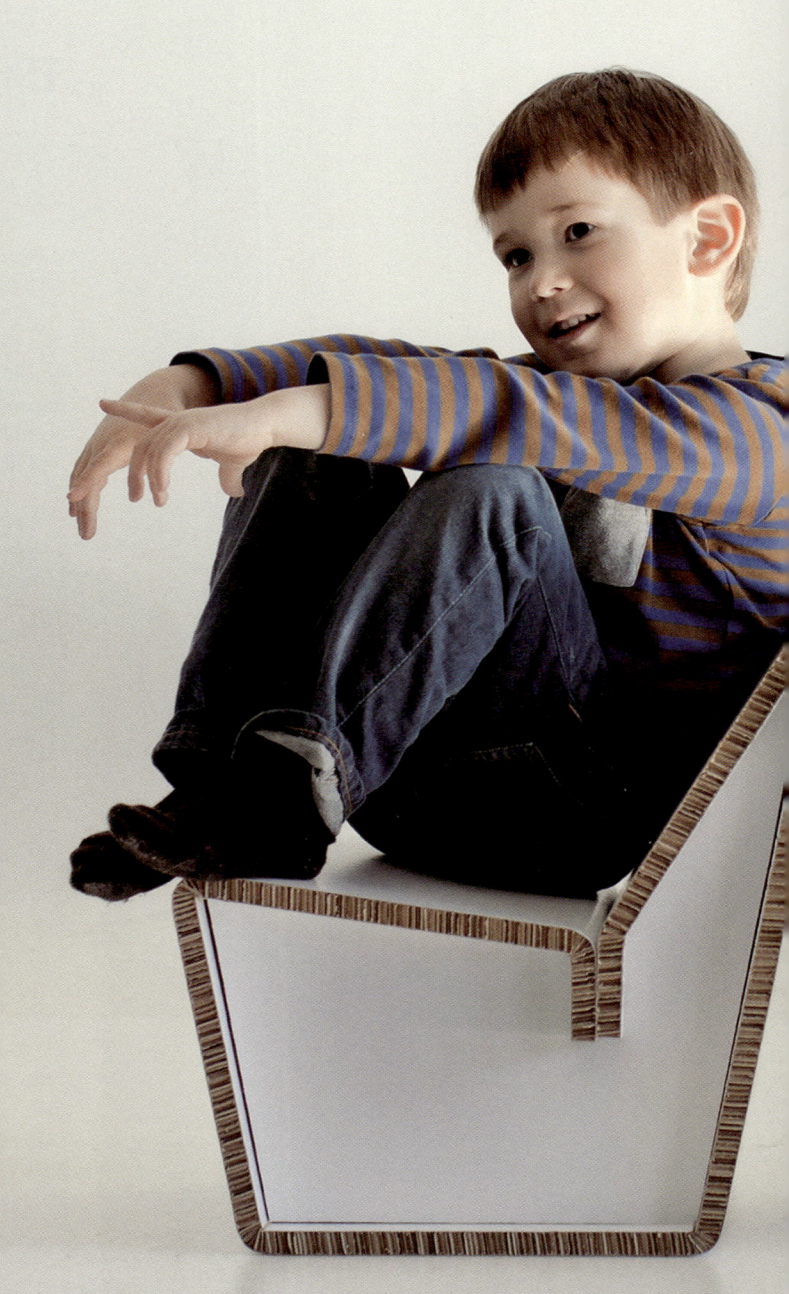

Heikki Ruoho 헤이끼 루오호

Kenno Kid Cardboard-chair

41×31.5cm
recycled corrugated cardboard

Despite its appealing feel, warmth, lightness, durability and versatility, corrugated cardboard has seldom been used for final products, especially not for furniture. The Kenno (children's) chair is the result of experimentation with a new kind of recycled cardboard. The sturdy yet lightweight material can be re-recycled as paper; water-based adhesives are used to create its sandwich construction. Kenno packs flat. Four pieces of cardboard form a robust structure with no need for glue or screws. Kenno is manufactured by using computer-aided cutter, with little manual work required in the process. The chair is perfect for children as it can be personalized by painting or drawing on the surface and then discarded when the child has outgrown it.

Produced by: Showroom Finland

Kenno 아이를 위한 골판지 의자

41×31.5cm
재활용 골판지

골판지는 그것의 감촉, 보온력, 경량성, 내구력, 다목적성 등과 같은 매력에도 불구하고 최종적인 제품, 특히 가구 제작에는 좀처럼 사용되지 않는 재료이다. <Kenno Kid Cardboard-chair>는 새로운 종류의 재활용 판지에 대한 실험의 산물이다. 튼튼하지만 경량인 이 재료는 다시금 종이로 재활용될 수 있고, 수성 접착제를 사용하여 샌드위치 구조를 만들 수 있다. 이 작품은 평평하게 포장될 수 있고, 4개의 부분들을 접착제와 나사 없이 조립하여 튼튼한 구조물을 만들어낼 수 있다. 또한 이 작품은 컴퓨터 재단기를 통해 생산되어 제작과정에서 수작업은 거의 필요하지 않다. 이 의자는 표면에 색칠하거나 드로잉을 함으로써 개별화될 수 있고, 어린이가 커서 그것을 사용할 수 없게 되면 폐기할 수 있다는 점에서 어린이들은 위한 의자라고 할 수 있다.

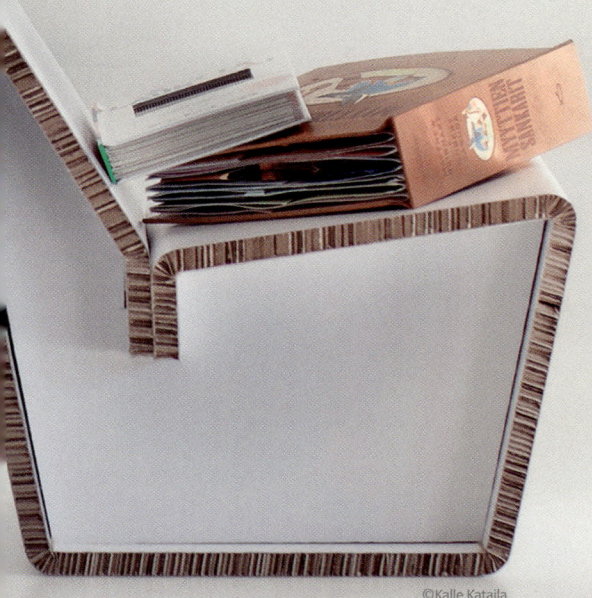
©Kalle Kataila

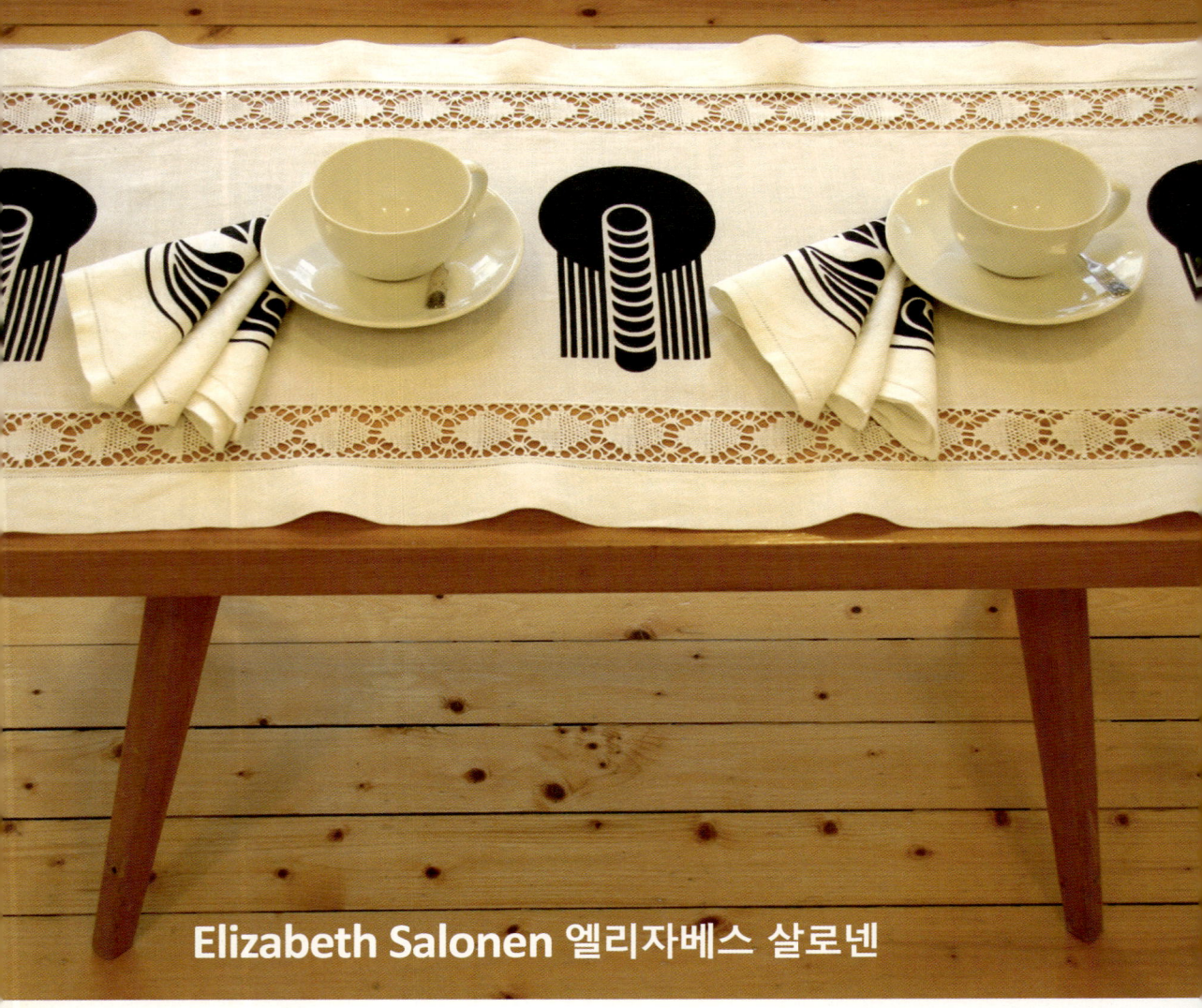

Elizabeth Salonen 엘리자베스 살로넨

Helsinki Remade

55×75cm
vintage linen, cotton textile

Helsinki Remade is a collection of hand-printed vintage linens inspired by relief patterns found in Helsinki Art Nouveau architecture from the early 20th century. These one-of-a-kind repurposed linens merge contemporary living with Finnish traditions. The graphics celebrate the beauty of architectural details we forget to notice in our day-to-day living. Each textile embodies the unique history of a previous life in a home or cottage – where signs of age and use are marks of beauty. It's a collection of old things made new, each with its own story and design.
The textiles are hand-selected, individually numbered and signed.

헬싱키 리메이드

55×75cm
오래된 마, 면직물

<Helsinki Remade>는 20세기 초의 헬싱키 아르누보 건축에서 발견한 부조양식에서 영감을 받아 제작되었으며, 오래된 마 섬유에 손으로 프린트한 작품이다. 이렇게 다른 용도로 사용된 마 섬유는 핀란드 전통과 함께 동시대 삶이 서려있다. 작품의 그래픽은 우리가 일상 속에서 인지하지 못했던 건축적인 디테일의 아름다움을 알게 한다.
각각의 작품은 시대의 상징이자 아름다움의 지표로 이용되는 '주거'라는 공간 속에 담긴 지난 삶이 가진 독특한 역사를 나타내고 있다. 또한 이 작품은 개개의 이야기와 디자인으로 낡은 것들을 새롭게 만들었다.
재료로 사용된 섬유는 직접 고른 것이고, 개별적으로 번호가 매겨지고 서명된 것이다.

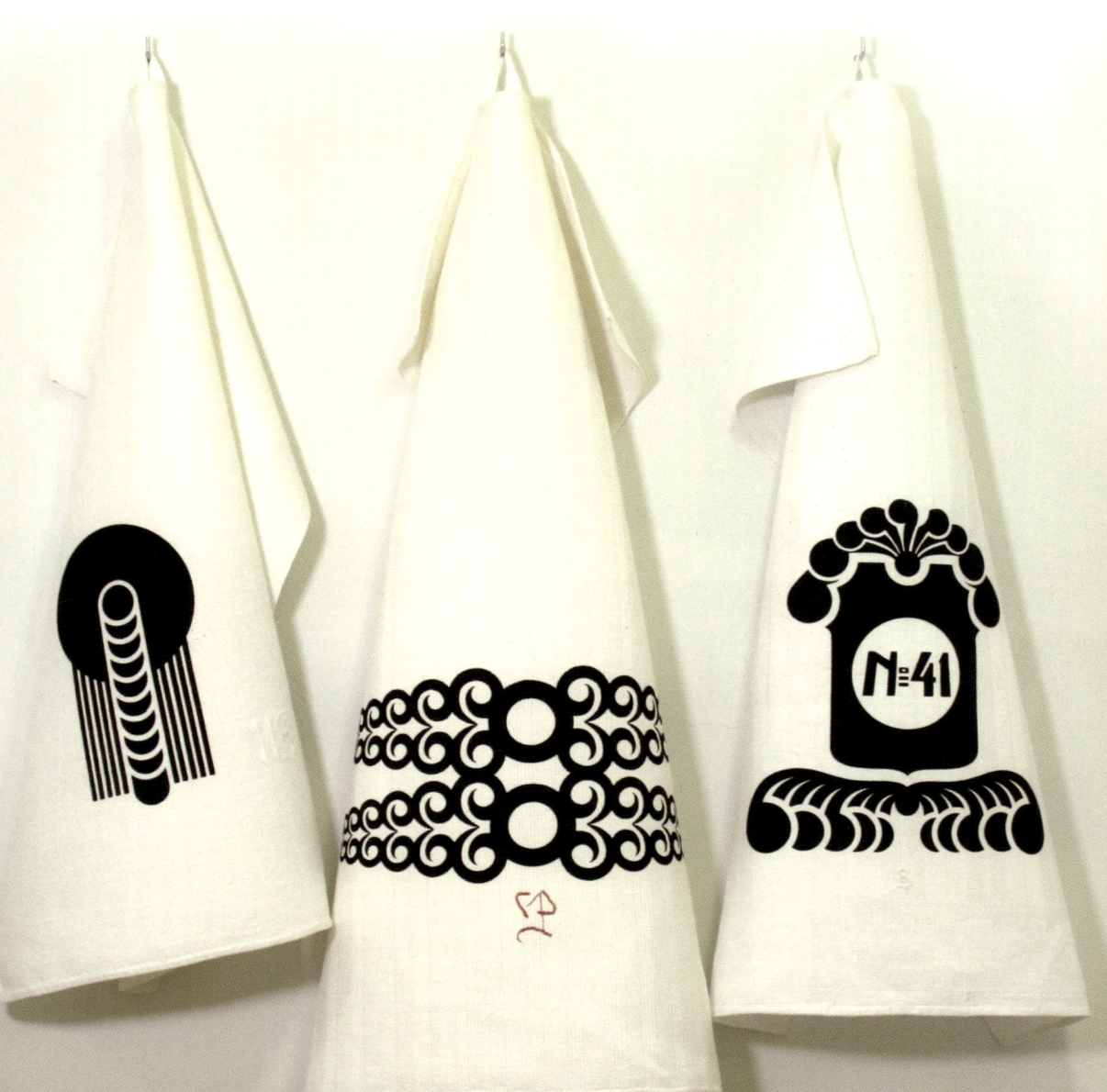

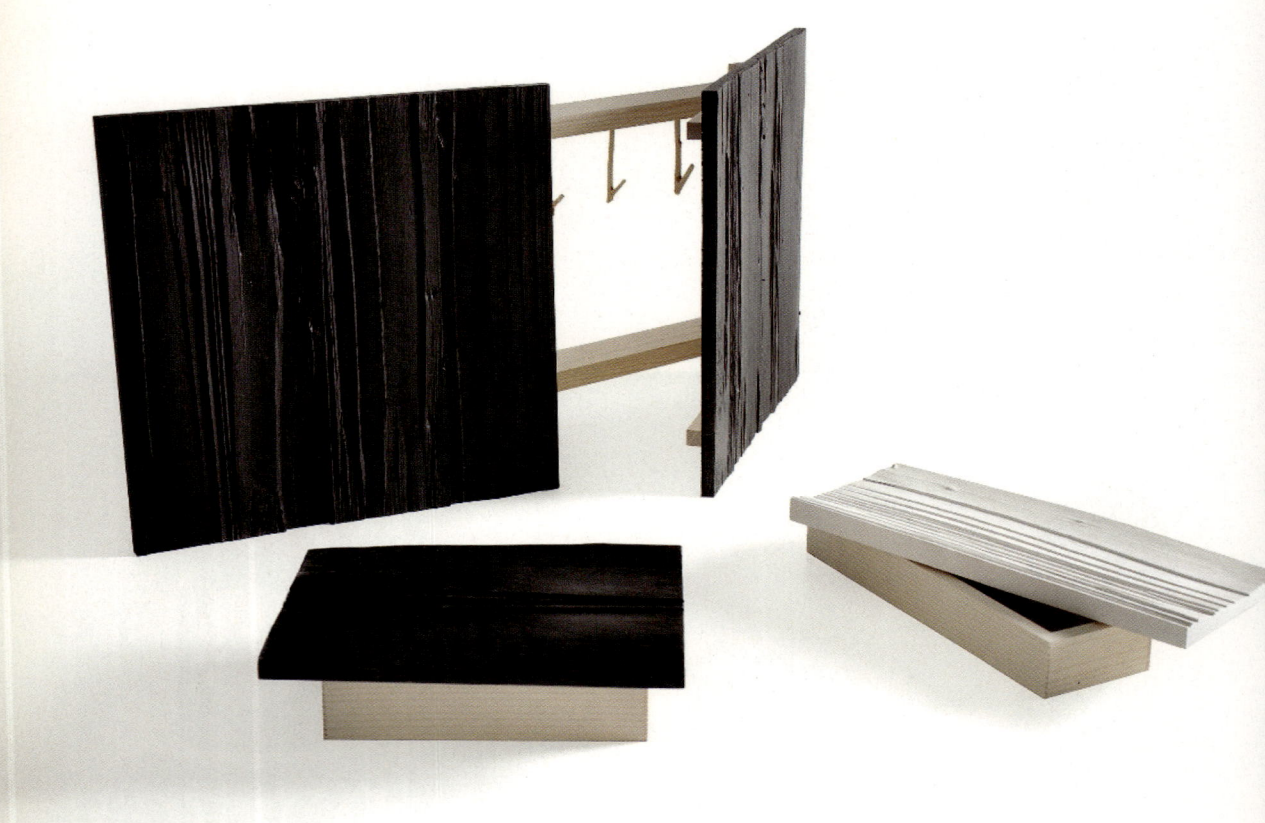

Markku Tonttila 마르꾸 톤띨라

Paanu collection

cabinet for keys
66×33.5×7cm
wood

Boxes
31×12×5.5cm, 25×17×6cm
wood

The technique of making roofs by splitting the wood in a certain way is very old.
The way of doing so has been well justified giving the wood good water resistance.
I discovered the aesthetics of this surface and made some improvements with spruce and aspen to use it in small items and even furniture and interior design.

Paanu 컬렉션

열쇠 걸이 캐비넷
66×33.5×7cm
나무

박스
31×12×5.5cm, 25×17×6cm
나무

나무를 쪼개서 지붕을 만드는 기술은 아주 오래된 것이며, 이는 나무가 물에 대한 저항력을 가지고 있다는 것을 증명해 온 것이다.
나는 전나무와 사시나무의 표면에서 미적인 요소를 발견하였고, 이것을 사용해서 작은 소품들과 가구, 인테리어 디자인 등에 활용할 수 있는 것을 만들었다.

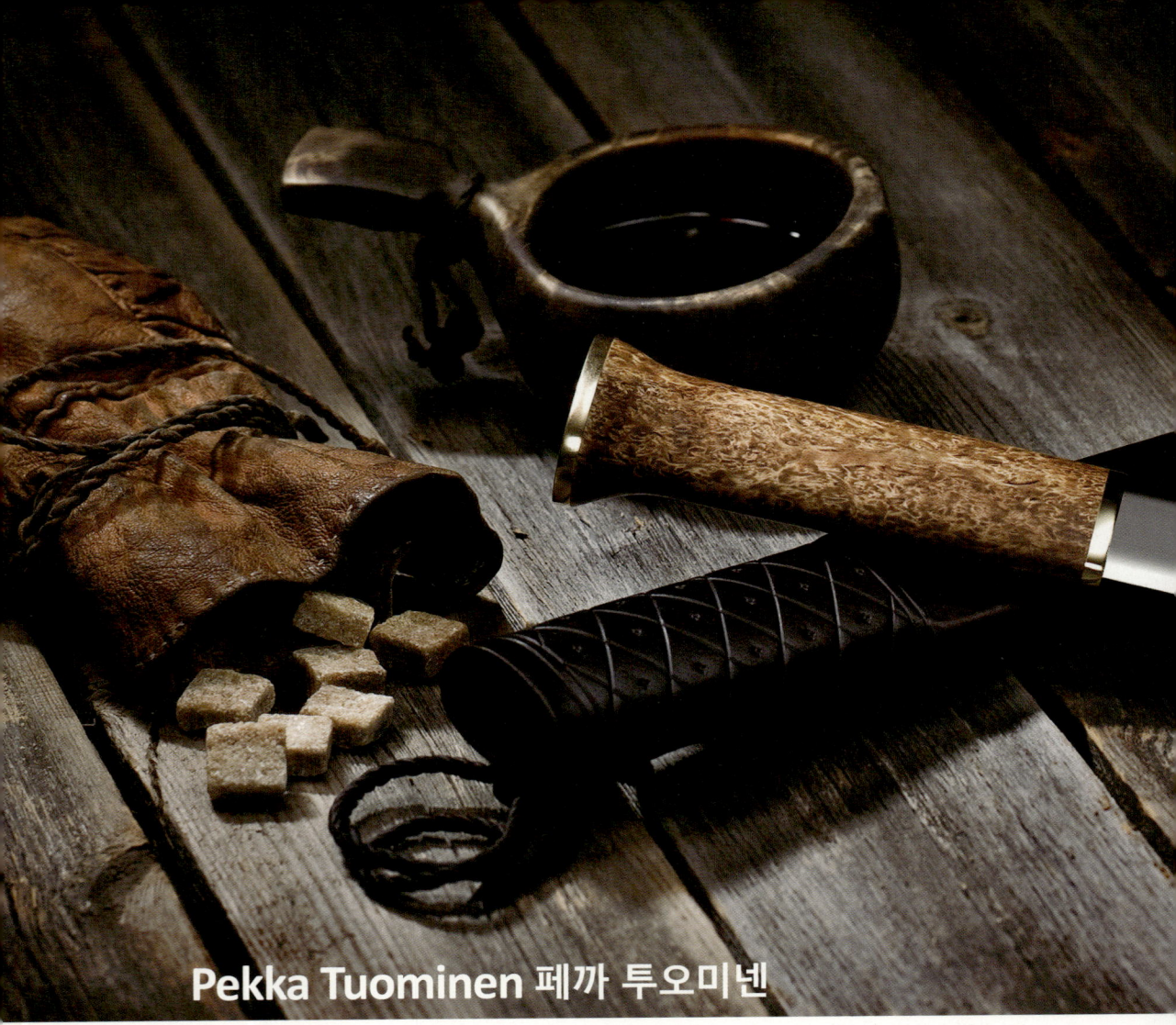

Pekka Tuominen 페까 투오미넨

Puukko-knife

20cm
hand forged silversteel, brass, birch bark, leather

Leuku-knife

40cm
hand forged 52100-steel, brass, curly birch, leather

Puukko-knife is a traditional Finnish multi-purpose knife model. Puukko's design is very simple, which gives a possibility to handle it in different ways and for multi use. I like to make puukkos with traditional style, but I also enjoy trying modern materials for it, such as Kydex neck sheath or more artlike materials as homemade damascus (pattern welded) steel.
Leuku is a traditional big knife from Lapland and its design is made for hacking.
My design of the folding knife has the idea of a folder which looks, works and feels like a puukko knife when open. I have a Spyderco ltd. license to use the round opening hole for my folding knives.

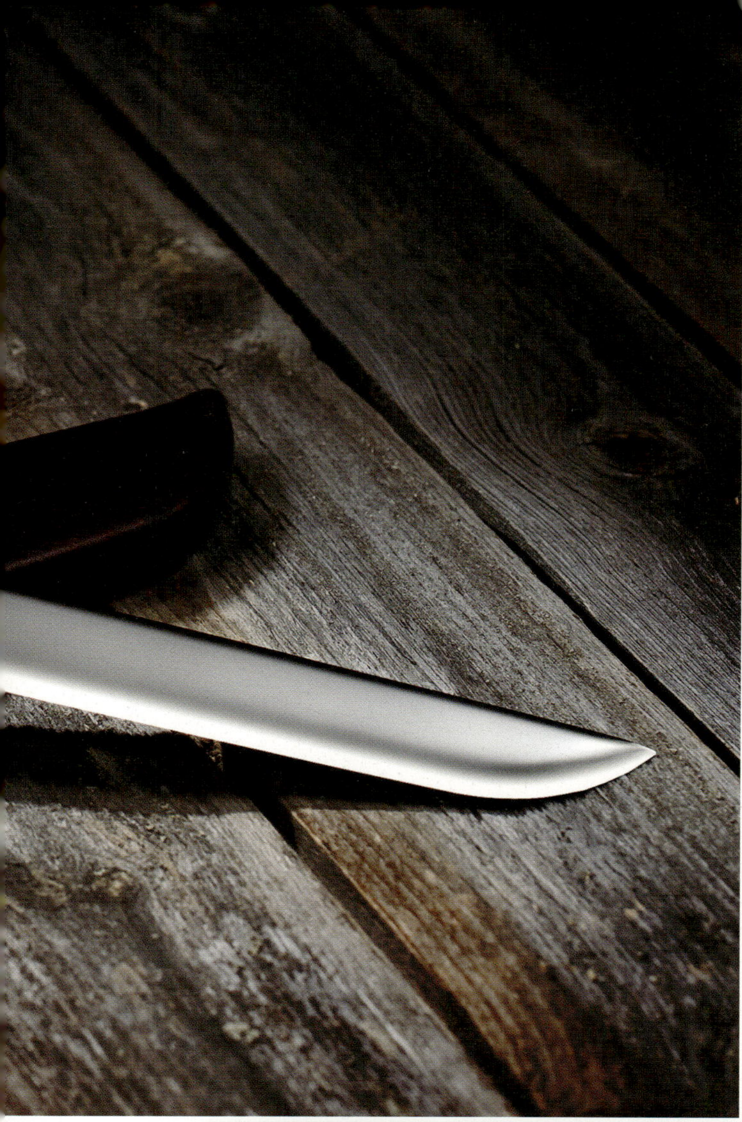

Puukko 나이프

20cm
은(단조기법), 놋쇠, 박달나무, 가죽

Leuku 나이프

40cm
52100-steel(단조기법), 놋쇠, 박달나무, 가죽

<Puukko knife>는 핀란드 전통적인 다목적 칼로서, 디자인이 매우 단순하고 다양한 용도와 방식으로 사용할 수 있다. 나는 전통적인 양식으로 작품을 만들어 내고자 할뿐만 아니라 이런 전통 양식을 만들기 위해 현대적인 재료들을 사용해보는 것을 즐긴다. 이런 재료들에는 Kydex neck 칼집이나 손수 만든 다마스쿠스 damascus 철과 같은 재료들이 있다.
<Leuku knife>는 라플란드 지방으로부터 연유한 전통적인 큰 칼이며, 디자인은 자르기 편리하게 고안되었다.
내 작품의 디자인은 폴더의 개념을 가지고 있는데, 폴더는 펼쳤을 때 모양, 조작, 느낌이 <Puukko knife>와 유사성을 가지고 있다. 그리고 나는 나이프의 둥근 개구부를 사용하기 위한 Spyderco ltd. 라이센스를 가지고 있다.

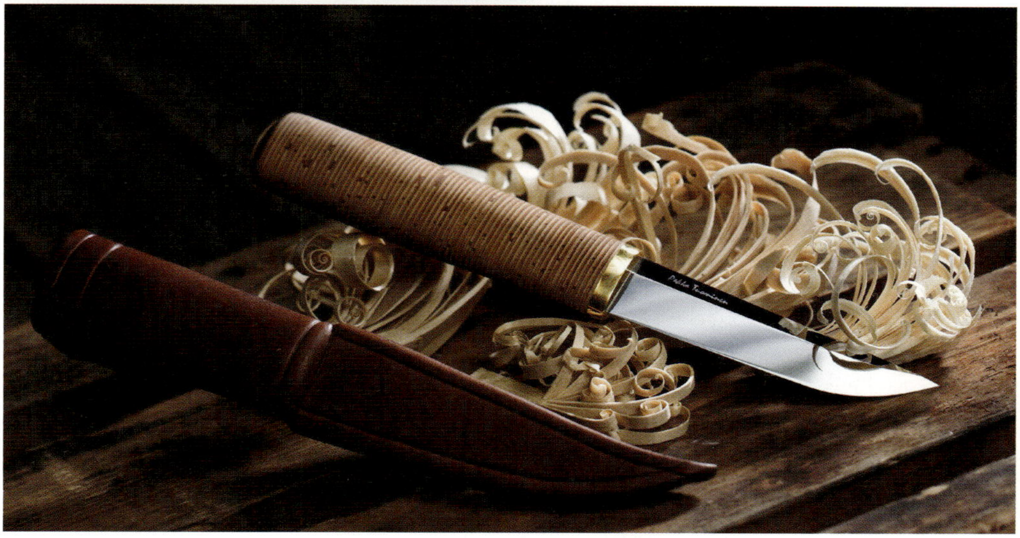

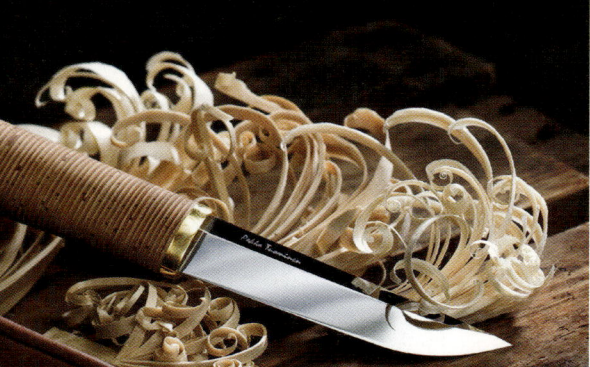

Heli Tuori-Luutonen 헬리 투오리 루토넨

Stripe

rug
92×45cm
wool

The basic concept behind the rug "Stripe" is that there is 54 different colored stripes that are weaved in a fixed order. You can choose any part of the 54 stripes. For example in rug "Stripe, blue" there are eighteen stripes of which the eighteenth is stretched in to a square the rest of the stripes measuring the same length as the square. It is also possible to have the selected piece of the rug completely striped and as long as you want.

줄무늬

러그
92×45cm
양모

작품 <Stripe>의 기본 컨셉은 정해진 순서에 따라 54개의 서로 다른 색상의 줄무늬들이 직조되어 있는 것이다. 당신은 54개의 줄무늬들에서 어떤 부분이든 선택할 수 있다. 예를 들어 "Stripe, Blue" 러그에는 18개의 줄무늬가 있는데 이들 중 18번째 줄무늬가 정사각형으로 늘어져있으며 나머지 줄무늬들은 그 정사각형과 같은 길이로 되어있다. 이 작품은 완전히 무늬를 갖춘 러그의 특정 부분을 선택하거나 당신이 원하는 만큼의 길이를 선택하는 것도 가능하다.

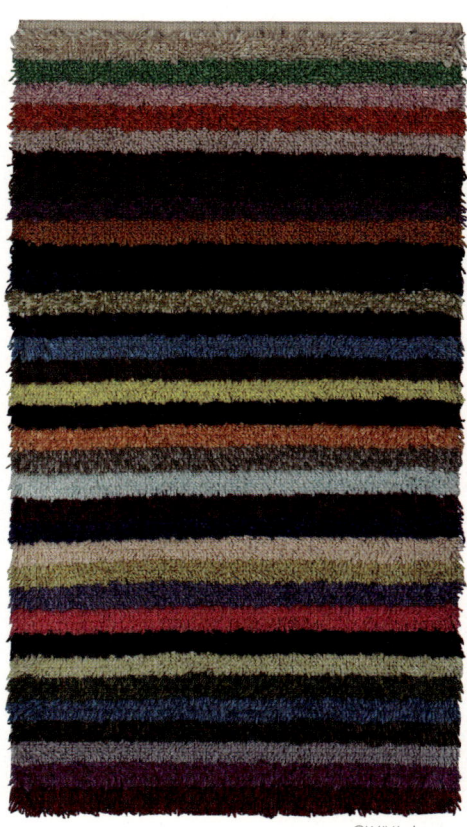

©Yrjö Korhonen

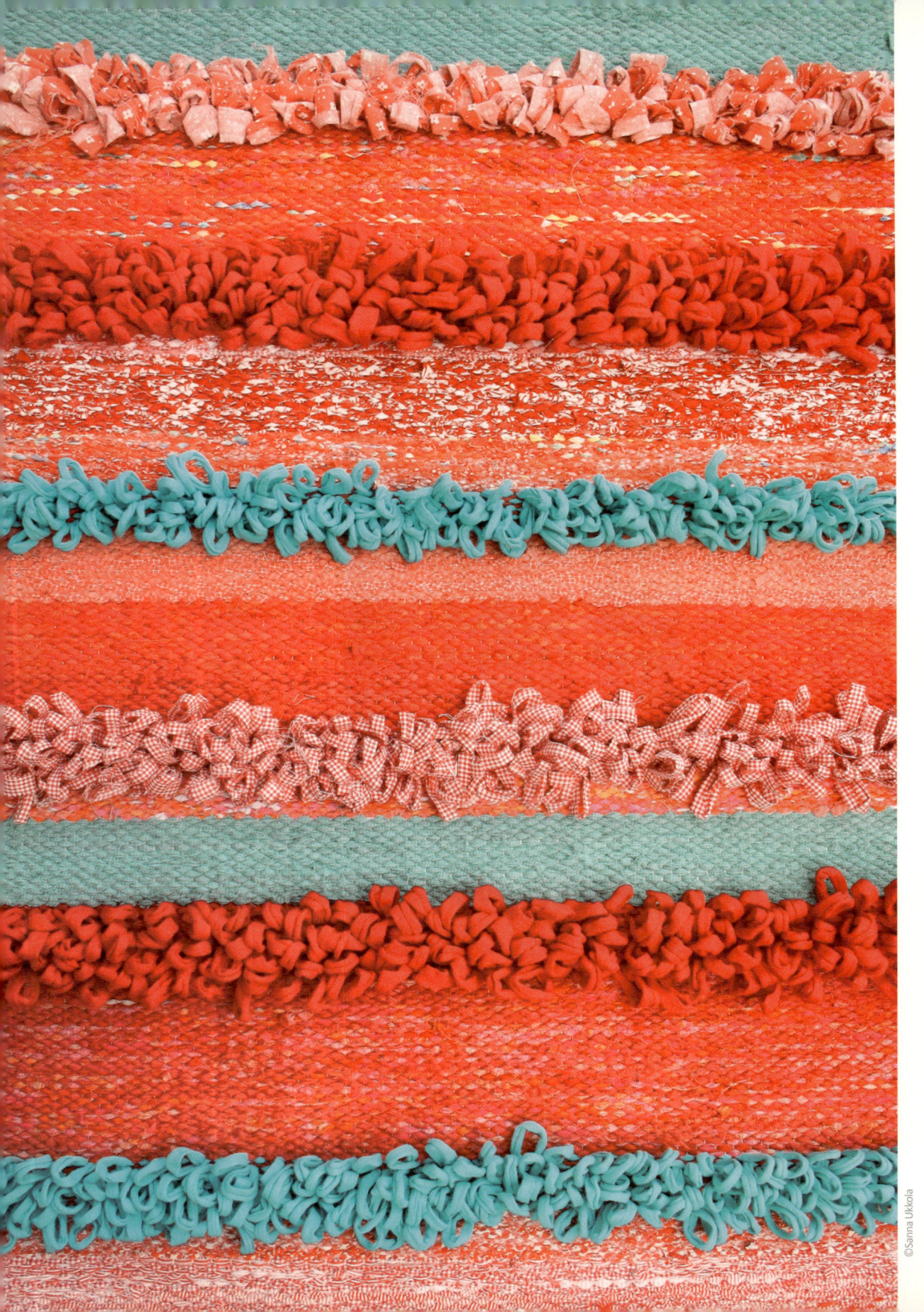

Sanna Ukkola
산나 우꼴라

Gelsomina

rag rug
120×75×5cm

Gelsomina

래그 러그(작은 천 조각들로 만든 깔개)
120×75×5cm

Heli Valaja
헬리 발라야

Suka

Milk jug, sugar bowls
110×75×135cm, 90×70×80cm,
80×60×70cm
stoneware

Suka is a collection of three objects: coffee milk jug and small or medium size sugar bowls. Suka means currycomb in Finnish-language. The name originates from the form of lid of the sugar bowls.
The objects have been manufactured with traditional casting technique using stain colored stoneware. Different layers of color have been achieved by sliced casting mould.
Finnish design is represented in clear, timeless and natural forms. Colors close to nature such as white, dark and light grey, sand brown, has been used.

Suka

우유 담는 단지, 설탕 그릇
110×75×135cm, 90×70×80cm,
80×60×70cm
석기질 점토

<Suka>는 커피 밀크를 담는 단지와 작은 크기, 중간 크기의 설탕 그릇으로 이루어진 컬렉션이다. 'Suka'는 핀란드어로 말빗(currycomb)을 뜻하며, 이 이름은 설탕 그릇의 뚜껑 형태에서 비롯되었다.
이 작품은 색소지를 사용하여 전통적인 캐스팅 기법으로 제작되었으며, 주물 틀에서 완성하여 다양한 층의 색들을 얻어냈다.
핀란드 디자인에서는 명쾌하고 시대를 초월한 자연적인 형태가 표현된다. 색상은 흰색, 진회색, 연회색, 갈색 등과 같은 자연에 가까운 색이 사용되고 있다.

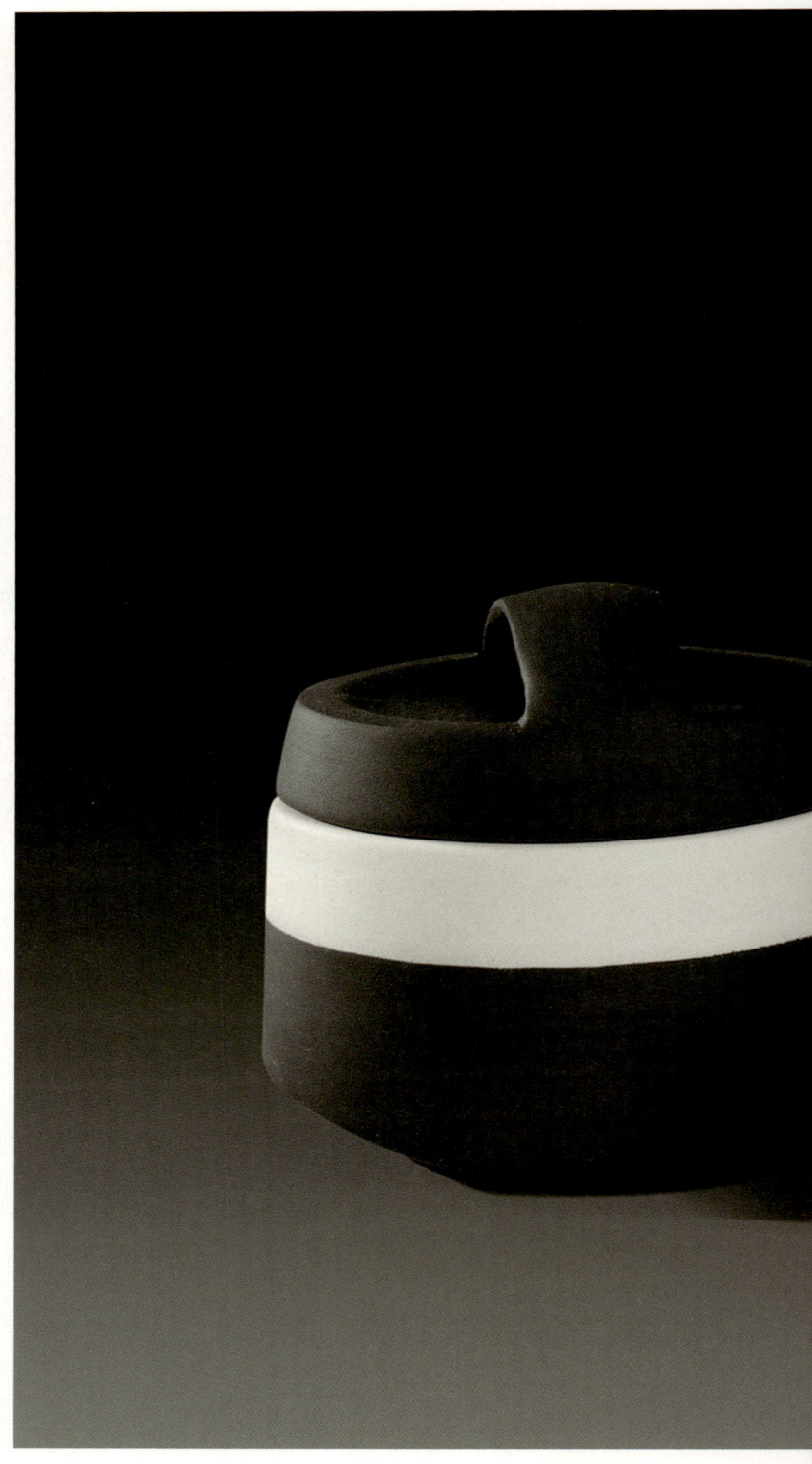

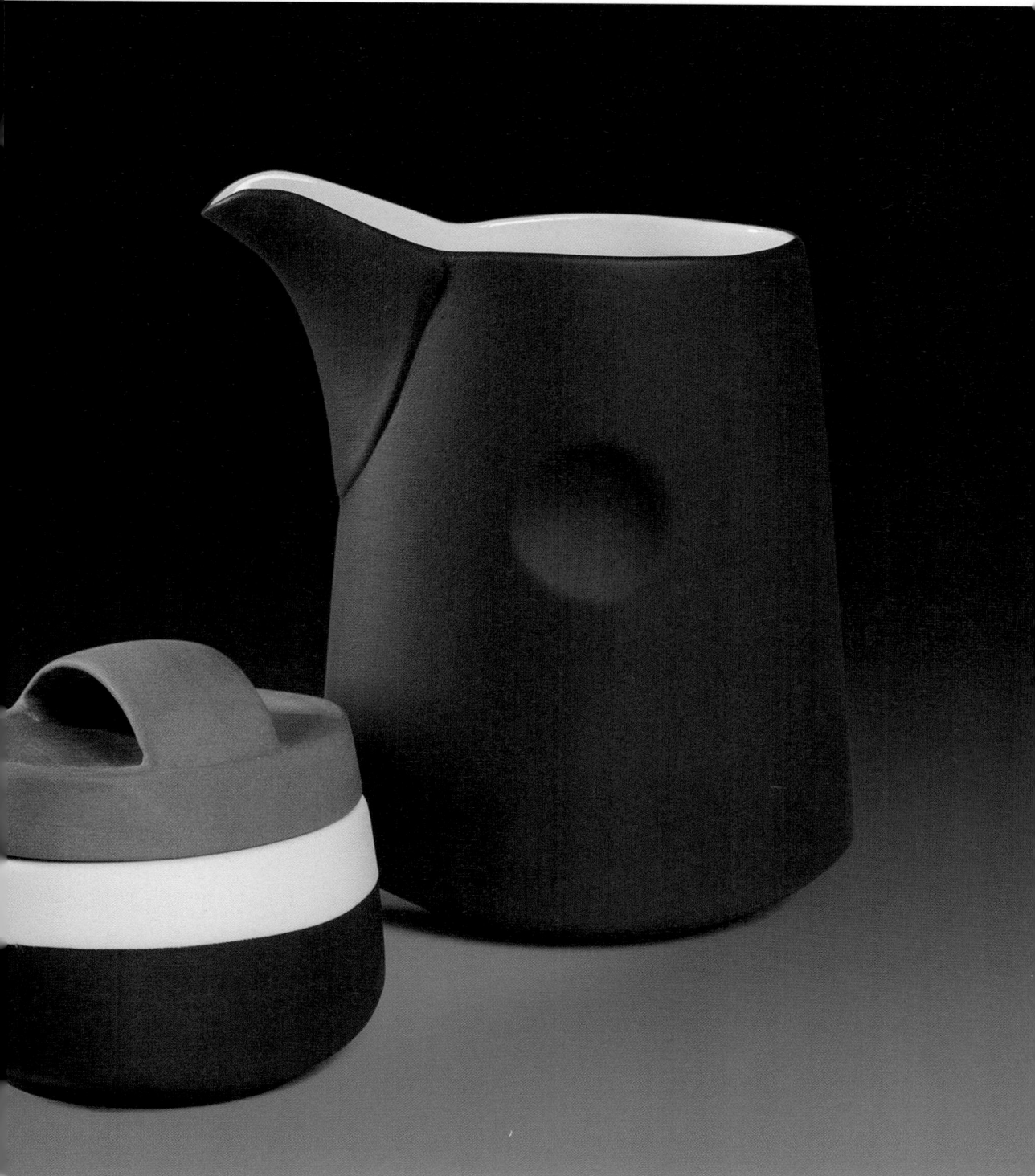

©Petri Kivinen

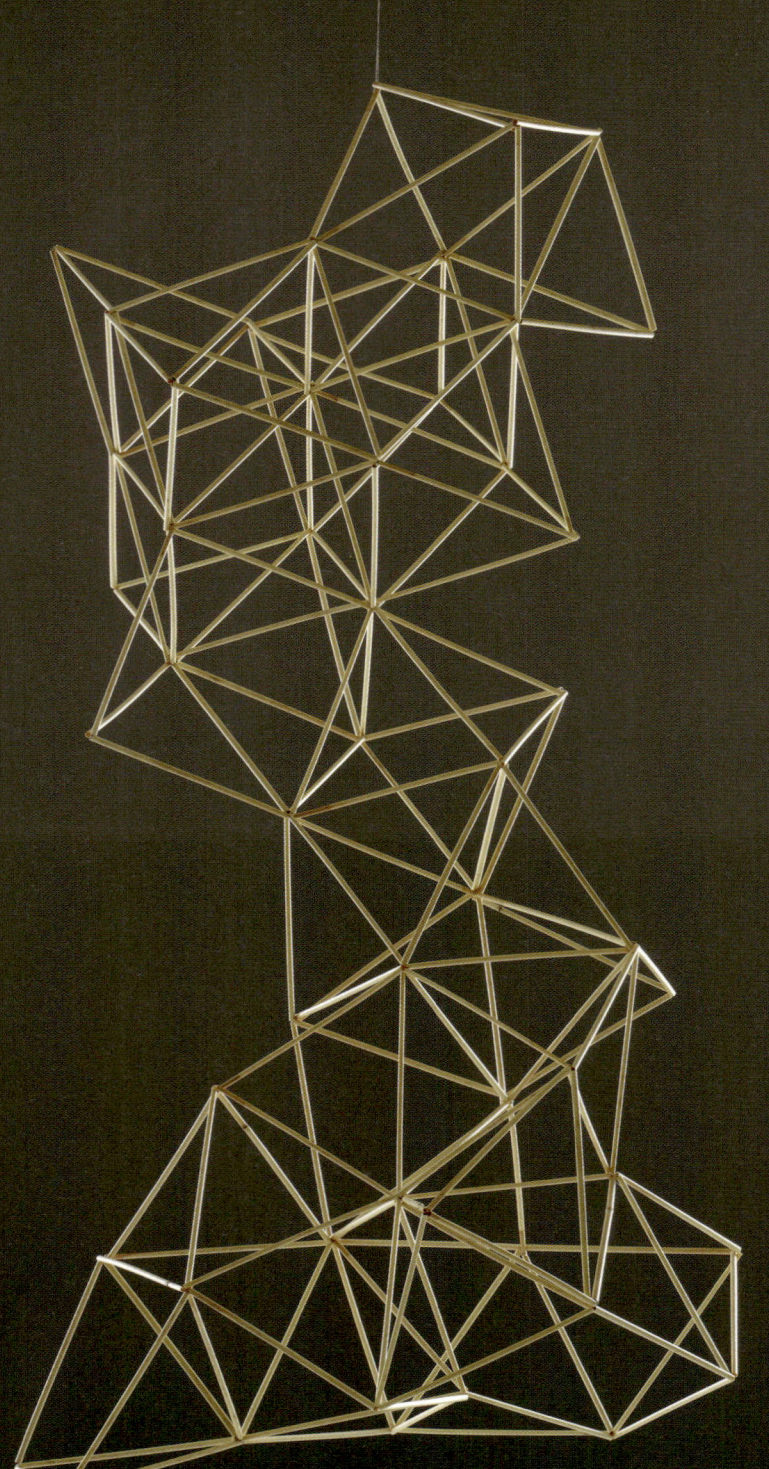

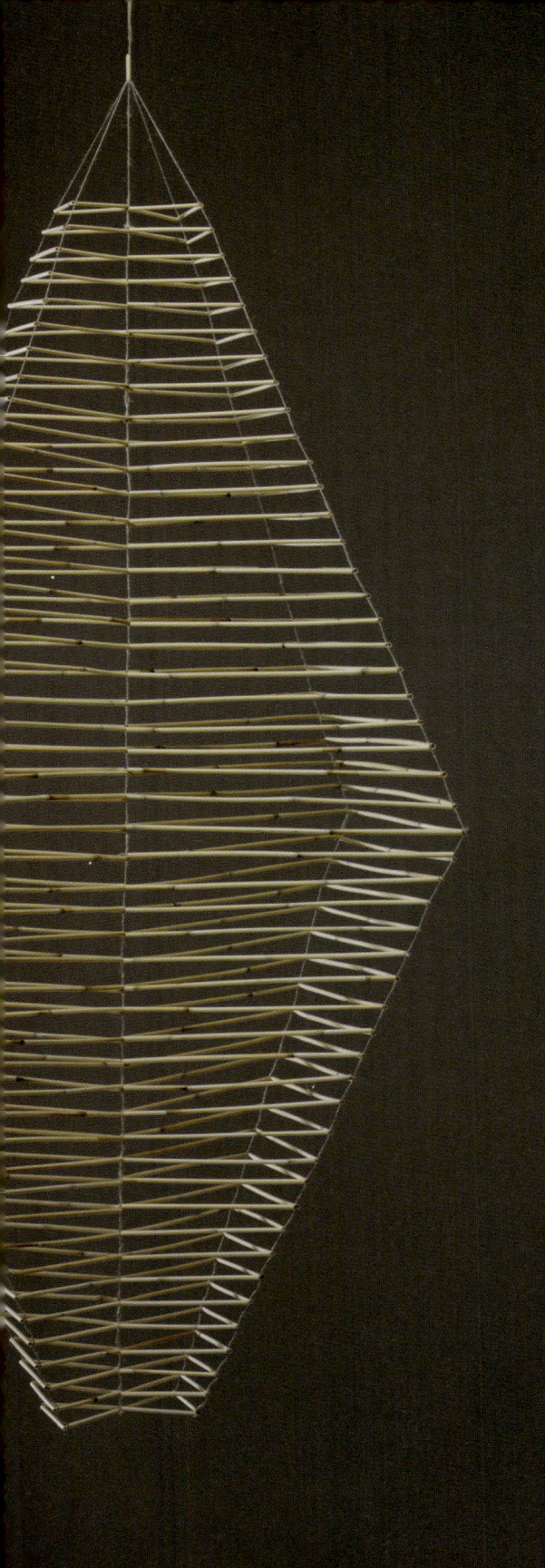

Annele Valkama
안넬리 발카마

Vaakaan / Polku

mobile
100×45cm, 100×45cm
natural reed

Vaakaan ("horizontally") and Polku ("Path") reed mobiles by Annele Valkama reflect Finnish folk traditions through a modern approach. The materials are natural reed - gathered at the shores of Southern Finland - and linen thread. Mobiles are collapsible for easy packaging. Valkama wishes to emphasize the welfare-promoting effect of her mobiles: looking at decorations that exude natural warmth and move quietly in the air is a soothing experience.
Vaakaan and Polku belongs to the series Mennen Tullen ("come and go") that includes three different contemporary mobiles made of reeds, complemented by matching hand-embroidered linen table textiles. Vaakaan and Polku are custom made by Creadesign Oy.

Vaakaan/Polku

모빌
100×45cm, 100×45cm
천연 갈대

천연갈대로 제작한 모빌 <Vaakaan>과 <Polku>는 현대적인 접근을 통해 핀란드의 민속전통을 재현한 작품이다. 이것은 핀란드 남부 해변에서 얻은 갈대와 베실을 재료로 하였고, 손쉽게 포장될 수 있도록 접을 수 있게 만들어졌다. 작가는 사람들이 허공 속에서 조용히 움직이고 있는 모빌 장식물을 바라봄으로써, 마음 속에서 따스함을 느끼고 안정을 찾아 그들의 행복감이 커져가기를 희망하고 있다.
<Vaakaan>과 <Polku>는 손수 수놓은 마소재의 테이블 천과 갈대로 만든 세 종류의 모빌 <Mennen Tullen> 시리즈에 속한 작품이다. <Vaakaan>과 <Polku>는 Creadesign Oy 의해 주문 제작되었다.

Marianne Valola 마리아네 발로라

Peat Box

13×25cm, 25×35cm, 28×39cm (three boxes)
birch, wool

Peat Box combines two natural materials: Birch
and wool. The materials feel good and inviting
to touch. Peat Box has a northern natural look.
The inspiration came from soft moss growing on
stone surfaces in the forest. The woolen part of
Peat Box is made using an innovative knotted pile
technique.

Peat Box

13×25cm, 25×35cm, 28×39cm (박스 3개)
자작나무, 양모

작품 <Peat Box>는 자연적 소재인 자작나무와 양모를 결
합하여 제작했다. 이 재료들은 감촉이 좋아 보는 이로 하
여금 만지고 싶은 느낌을 들게 한다. <Peat Box>는 북부
지방 자연의 모습을 가지고 있는데, 이는 그곳 숲 속에 있
는 돌 표면에서 자라는 부드러운 이끼로부터 영감을 얻었
기 때문이다. 작품의 양모로 된 부분은 혁신적인 편물기술
을 사용하였다.

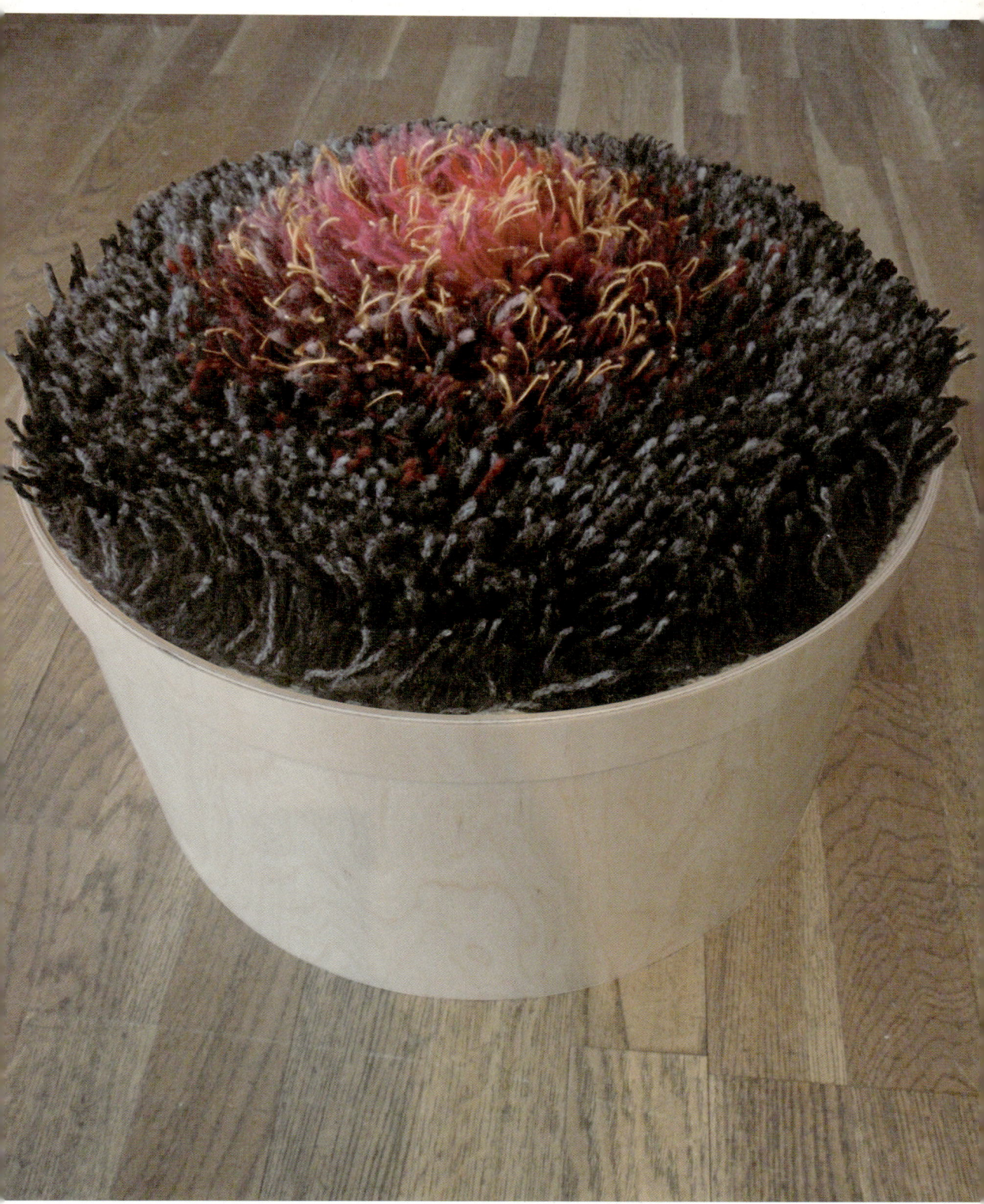

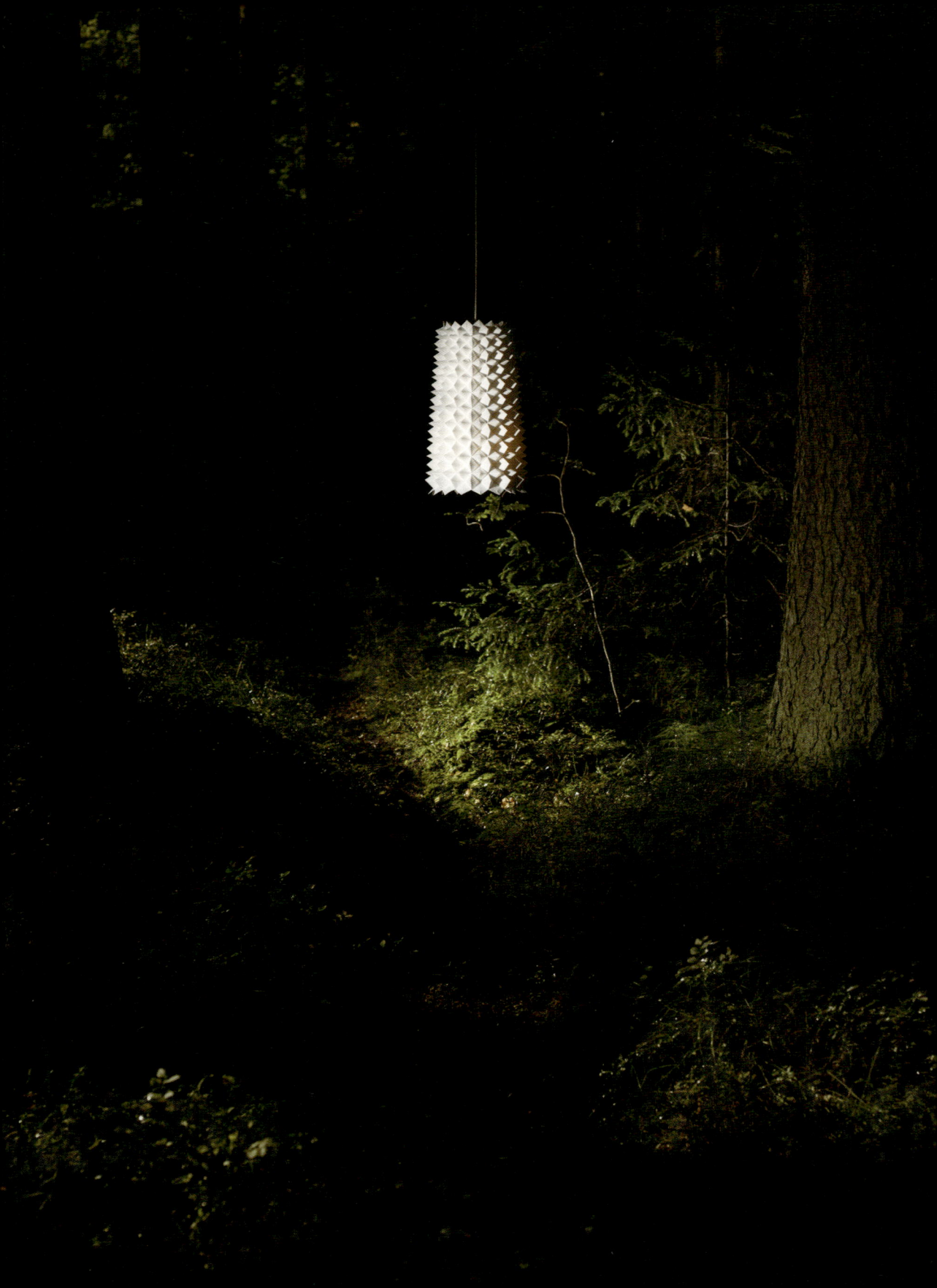

Anna-Mari Vierikko 안나 마리 비에리꼬

Cone

46×l.16, 26cm
hand-made from the paper folding

The yearning for peace and nature in opposition to urban lifestyle made Cone-collection.
Cone-lamps create "real" atmosphere, slowing down and quieting. Slowness, the meditative repetition of the simple elements, is underlined in the process of manufacturing the lamps.
The shape of the Cone reminds us simultaneously of the old and the new and respects Finnish landscape, our "the softwood cathedrals" that radiates peace of mind.

원뿔

46×l.16, 26cm
종이 접기

<Cone> 컬렉션은 도시의 라이프스타일에 반하여 평화와 자연을 염원하는 마음에서 만들어졌다. 원뿔형 램프들은 우리의 마음을 진정시키고 평온하게 하는 실존적인 분위기를 연출한다. 램프를 제작하는 과정에서도 단순한 요소들을 심사숙고하며 반복함으로써 '느림'이 강조된다. 이 작품의 형태는 우리에게 오래된 것과 새로운 것을 동시에 상기시키며, 마음에 안식을 주는 "부드러운 침엽수 재목을 사용한 대성당"과 같은 핀란드의 풍경과 관련된다.

Fiskars

Erna Aaltonen 에르나 알토넨

My great concern as a ceramist is the simplicity and elegance of form. The works are hand-built of horizontal strips of clay, a slow and deliberate process.

Color has fascinated me all my life. When I began studying ceramics, it was the results that came from the kiln, the glaze colors and structures, that hooked me and still continue to keep me excited. The ceramic medium gives me the possibility to bring together form, color and surface structure in perfect unite. I wish my work to extend warmth, peacefulness and a lifting of the spirit.

도예가로서 나의 최대 관심사는 형태의 단순성과 간결함에 있다. 내 작품들은 가늘고 긴 점토들을 수평으로 쌓아 올려 만드는데, 이것은 상당히 느리지만 신중한 과정이다.

나는 항상 색(color)에 매료되어왔다. 내가 도예 공부를 시작했을 때 가마, 유약 색, 구조들로부터 얻게 된 결과물들이 나를 사로잡았으며, 여전히 그것들은 나에게 흥미를 불어 일으키는 요소들이다. 나에게 있어 흙이라는 재료는 형태, 색, 그리고 표면구조 모두가 완전히 결합될 수 있는 가능성을 제공한다. 나는 나의 작품이 따뜻한 온정과 평화로움 그리고 영혼을 고양시킬 수 있는 작품이 되길 바란다.

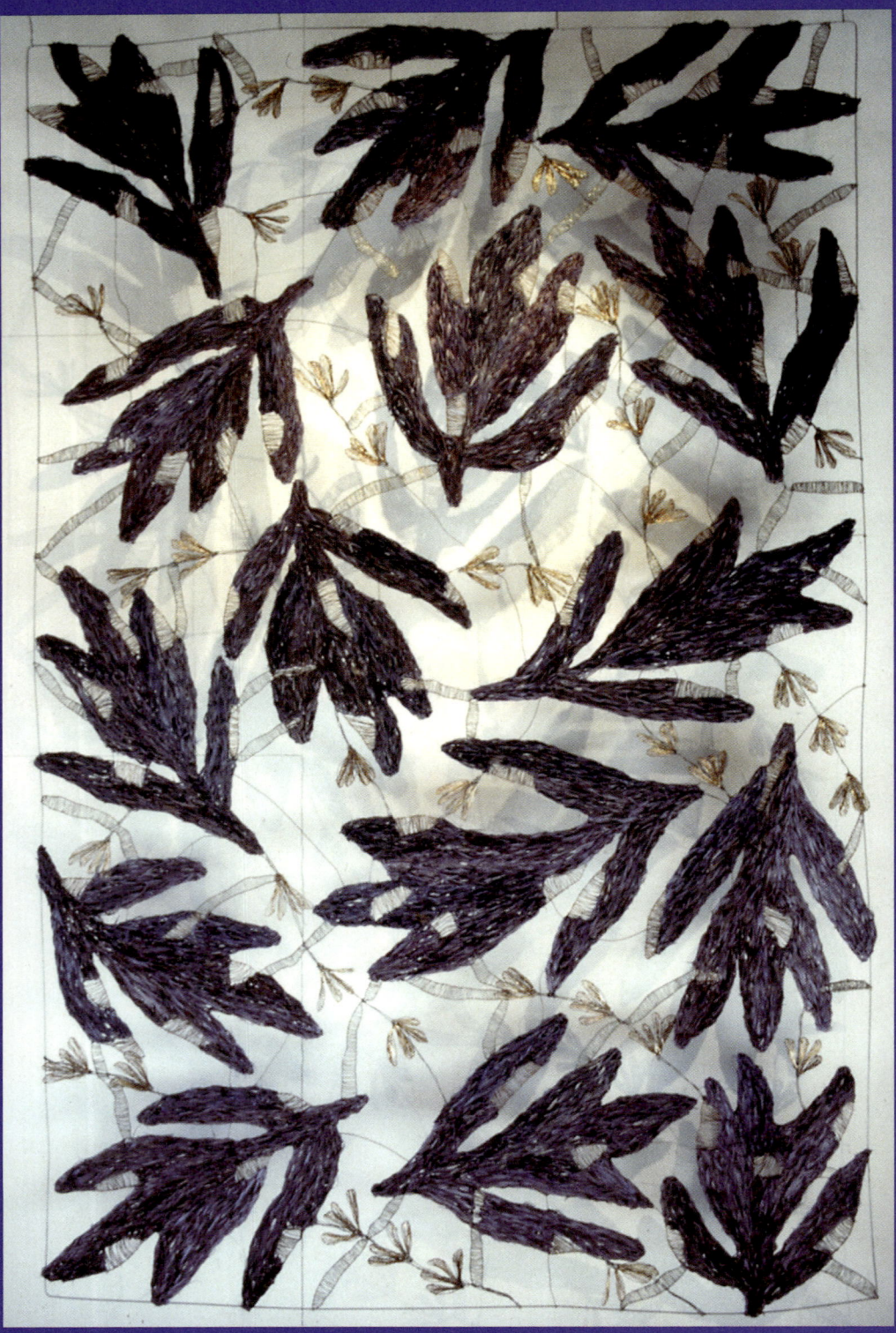

Soili Arha 소이리 아르하

Leaf cover

In one autumn evening there was a blooming Goldball at my courtyard. At one moment the leaves were showing their strong shapes and characters glowing against the dusk.

Rose bush

To balance my mind when listening the radio and the news from Iraq war I started to work with a rose motif. Behind the "Rose bush" one might still see the blood red and bullet holes even though for me the work is full of hope.

풀잎으로 가득 채우다

어느 가을밤 나의 마당 안뜰에 황금색 공과 같은 것 (Goldball)이 화려하게 빛나고 있었다. 그 순간 풀잎들은 그들의 강렬한 형상과 특성들을 보이면서, 어둠과 마주한 채 빛을 발하고 있었다.

장미 덤불

이라크에서 전해오는 라디오와 뉴스들을 경청하면서 나는 마음의 평정을 유지하기 위해 장미꽃을 모티브로 한 작업을 시작했다. 누군가 나의 작품 <Rose bush>을 통해 그 배후에 숨겨진 유혈의 붉은색과 탄환 구멍이 의미하는 바를 읽어낼 수 있다면, 그것은 희망으로 가슴 벅찬 일이 될 것이다.

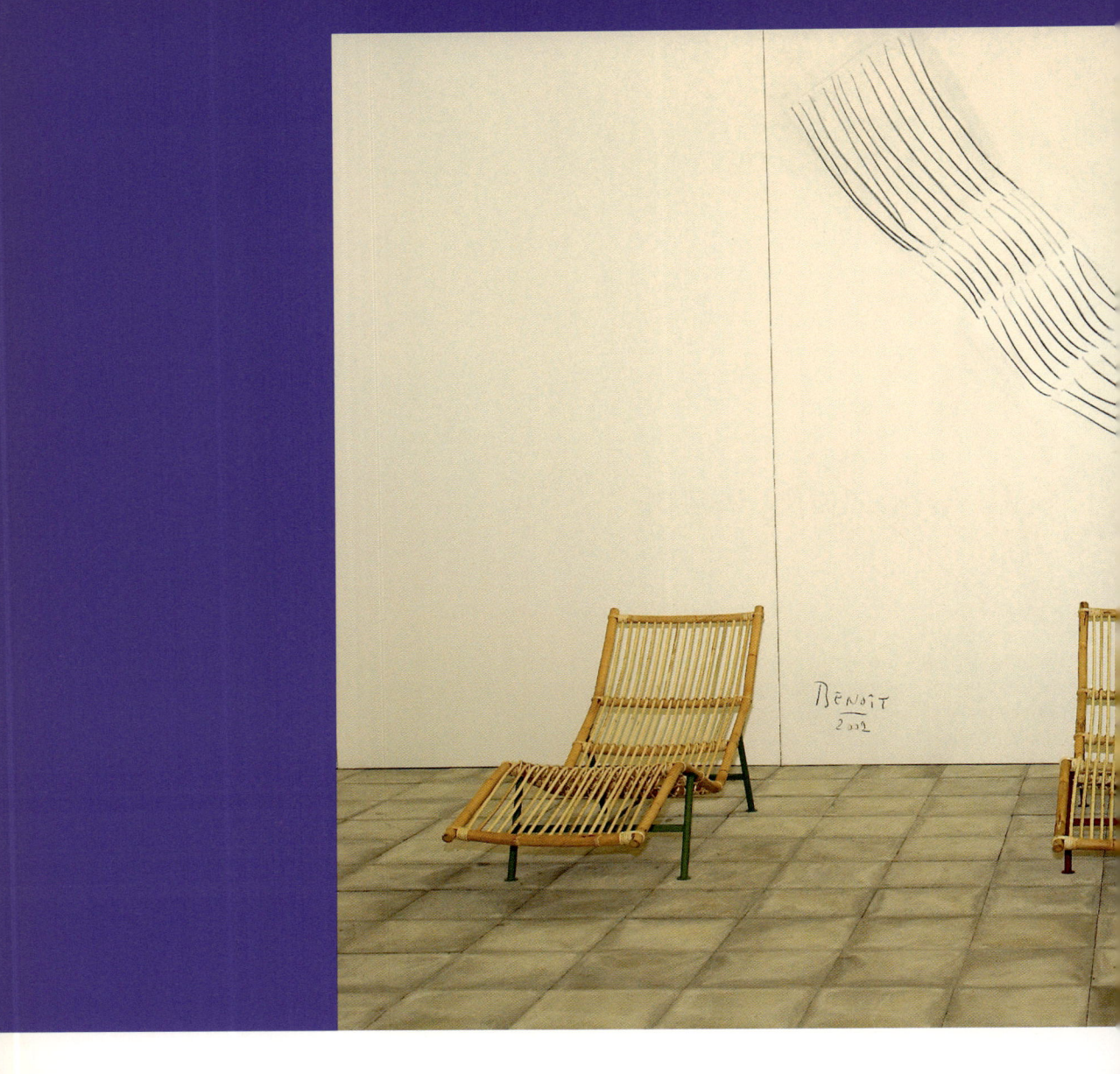

Simo Heikkilä 시모 헤이낄라

Ratan divan

ratan, painted steel

For a long time I was dreaming a seat suitable for rest and relaxation as an alternative to the conventional armchair. It has taken about 10 years before the Ratan divan got its final form.

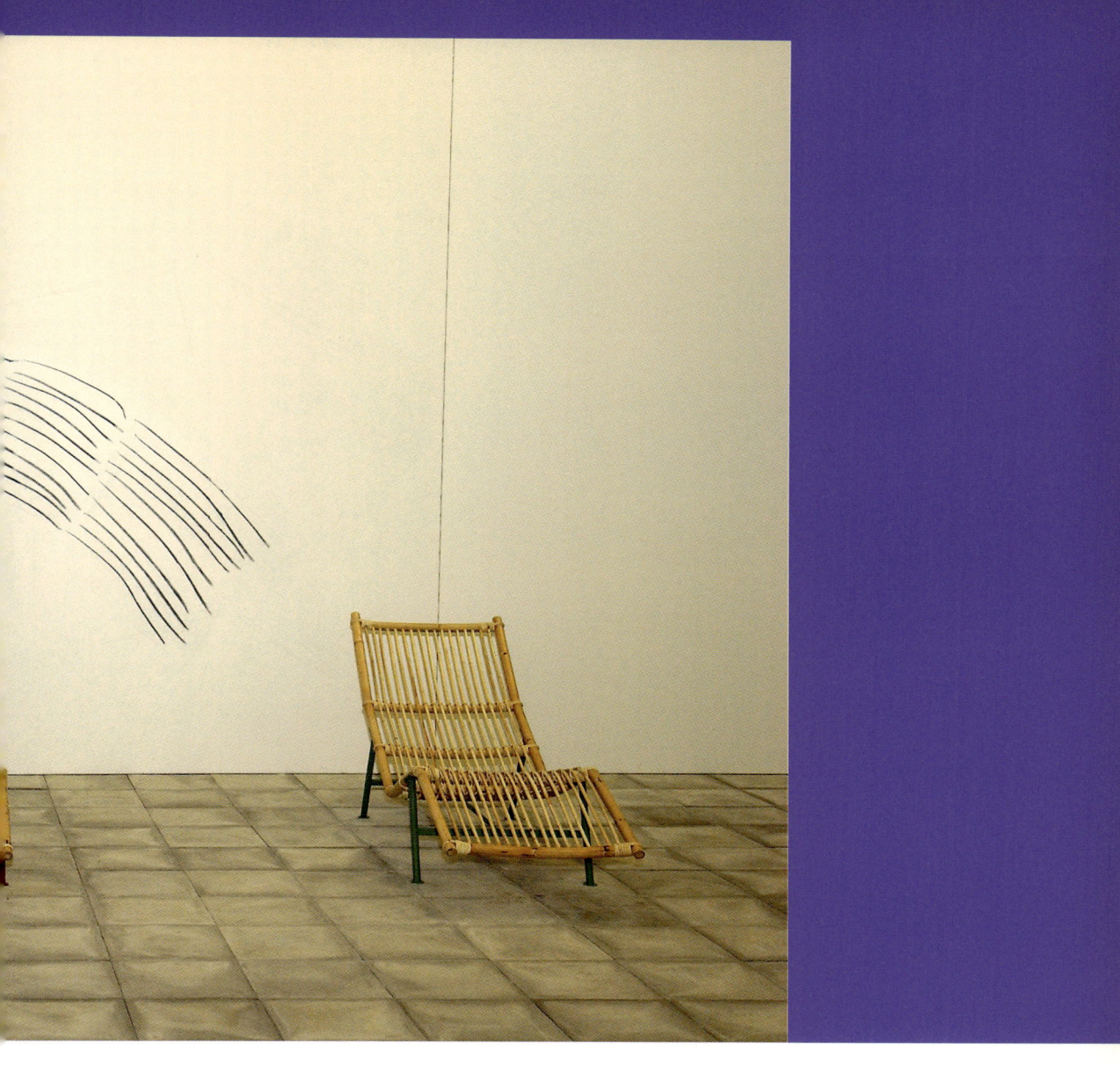

긴 등나무 의자

등나무, 채색된 철

언젠가 나는 휴식과 기분전환을 위해서는 더할 나위 없이 적격인 오래된 안락의자에 오랜 시간 앉은 채 잠이 들어 꿈을 꾼 적이 있다. <Ratan divan>는 이 작품이 최종 완성에 이르기 전 10년간의 이야기를 다루고 있다.

Erika Kelter 에리카 켈터

"Pullaukko – project"

"Pullaukko – project"

120×200cm
wheat bun (not to be used as food supplies),
wooden structure

My work depends on people and togetherness and those have become not only the theme but also the driving force behind my philosophy of making art. For me, art is not about self-expression. It's a way to bring people together, make them exposed and responsive to something surprising and ultimately to make people make art happen for themselves. "Pullaukko Project" is a social art happening where people living in Fiskars Village have been asked to bake traditional, Finnish, man-shaped pastries, called "Pulla-ukko". The pastries are presented together, as a sort of community and also photographed individually with the maker.

Pullaukko 프로젝트

120×200cm
(식용으로 사용하는 것이 아닌)밀빵,
나무 구조물

나의 작품은 사람들과의 연대감에 의존한다. 이것은 작품의 테마가 되는 동시에 작품제작을 위한 나의 철학을 움직이는 힘이기도 하다. 나에게 예술은 단순히 나를 표현하기 위한 것이 아닌 사람들과 함께 할 수 있는 방법이고, 그들에게 예기치 않을 것을 경험하고 반응하게 만들어 주는 것이다. 그리고 궁극적으로 그들 자신들을 위한 예술을 만들게끔 하는 것이다. 작품<Pullaukko Project>는 피스카스 마을에 사는 사람들로 하여금 "Pulla-ukko"라 불리는 '사람의 형체'를 한 핀란드 전통 빵을 굽도록 요청한 사교적인 예술 해프닝이다. 이 작업은 그 지역공동체 사람들이 함께 했으며, 각기 만든 빵과 함께 사진을 찍었다.

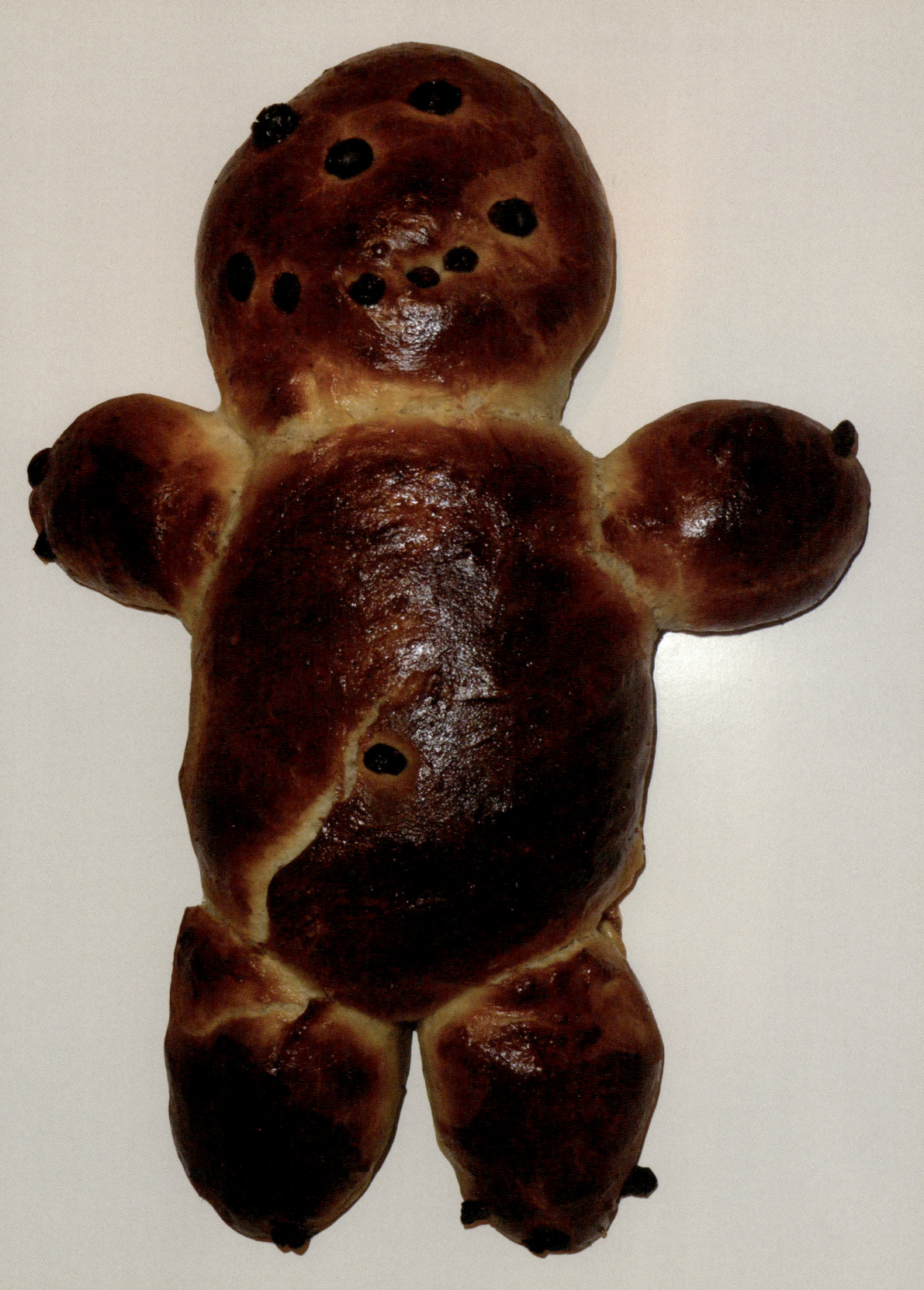

Barbro Kulvik 바브로 쿨빅

Magic Stick

Lamp
50×20cm
acrylics, aluminium, led

요술봉

램프
50×20cm
아크릴, 알루미늄, LED

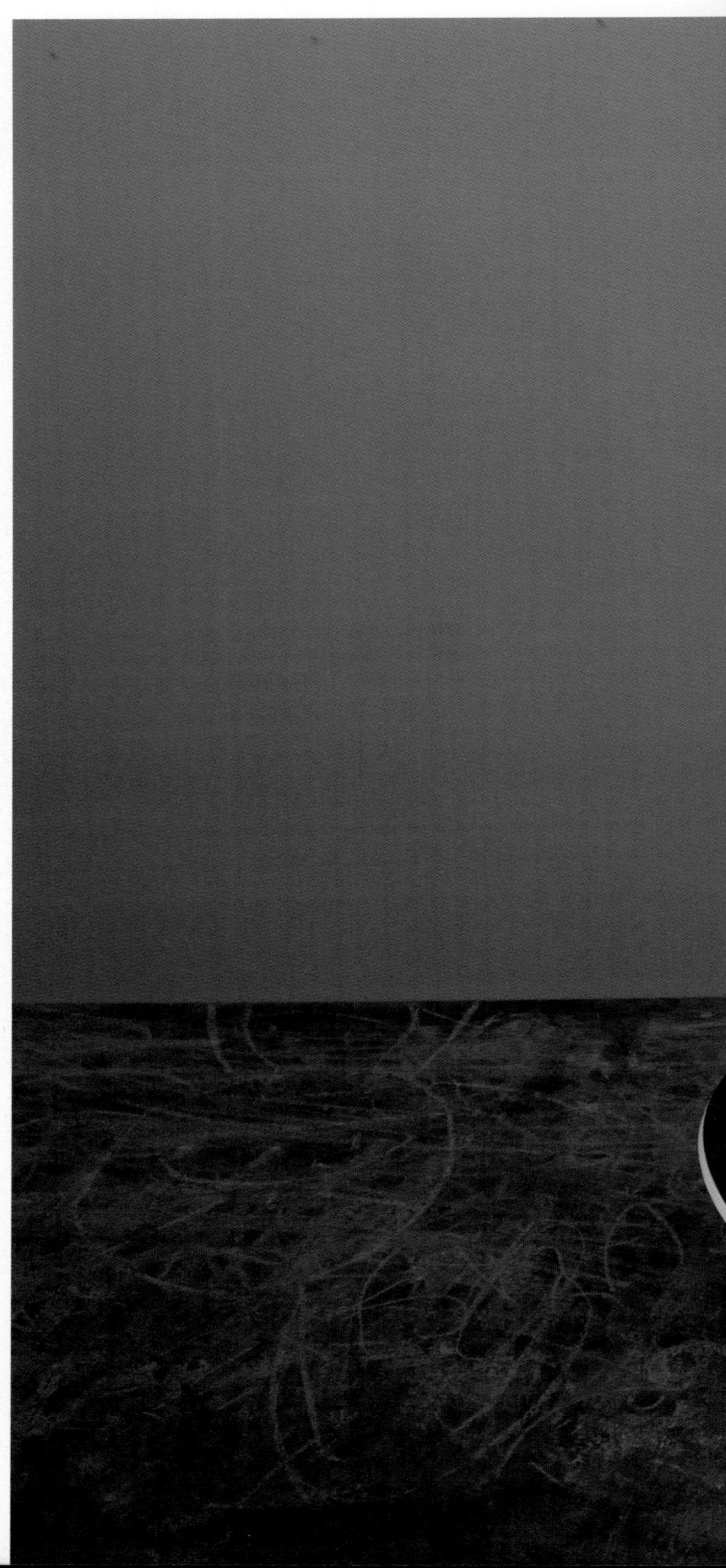

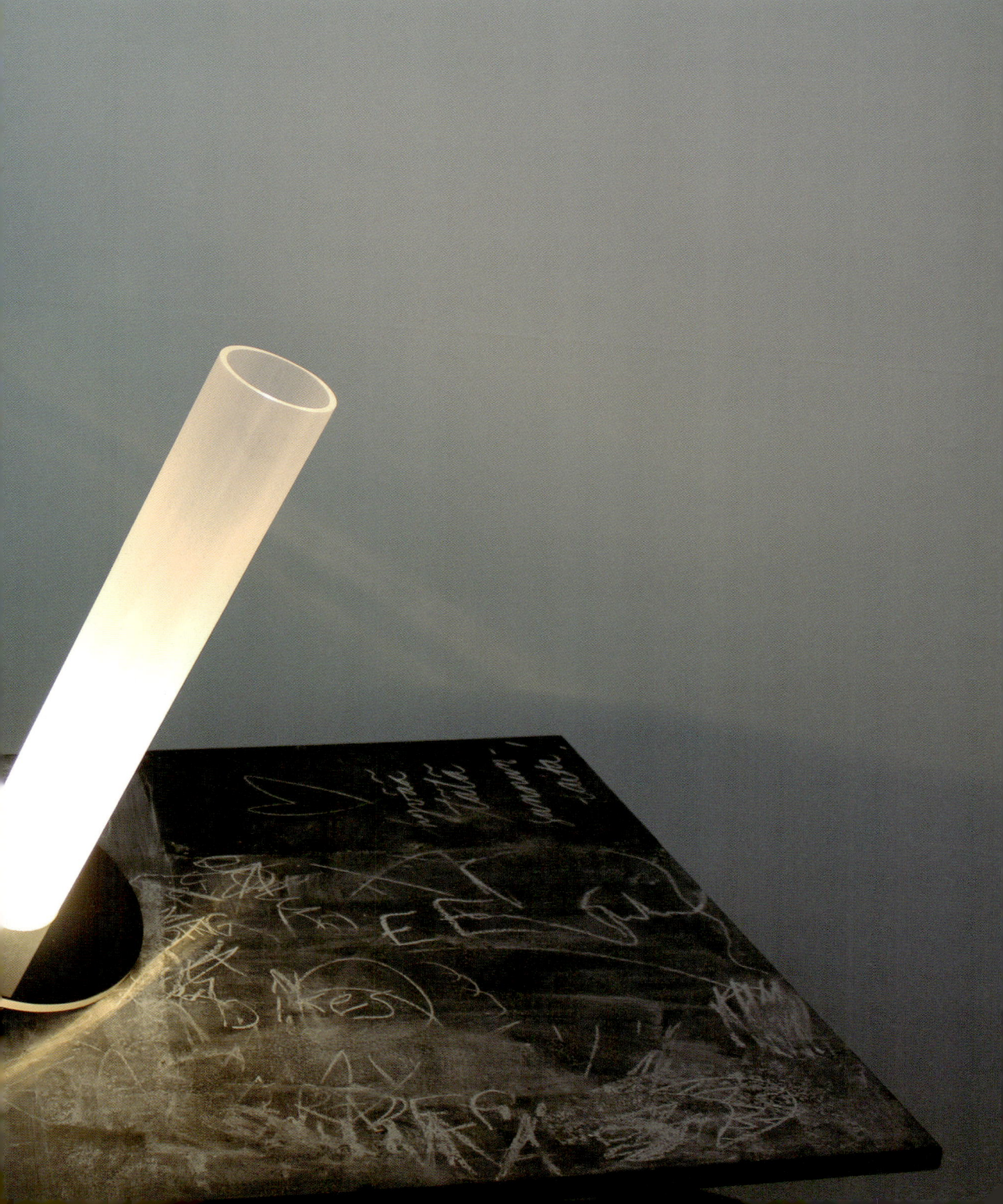

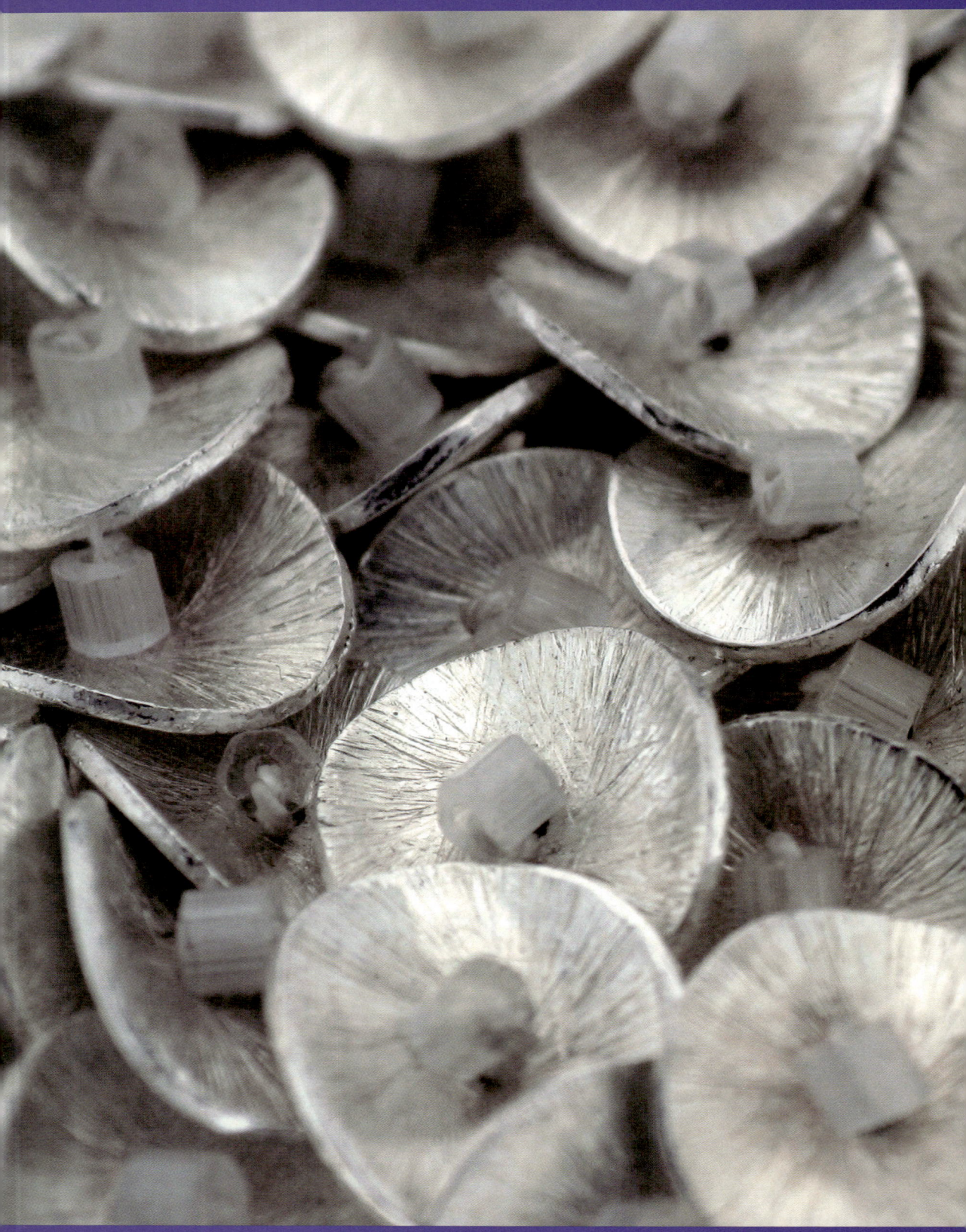

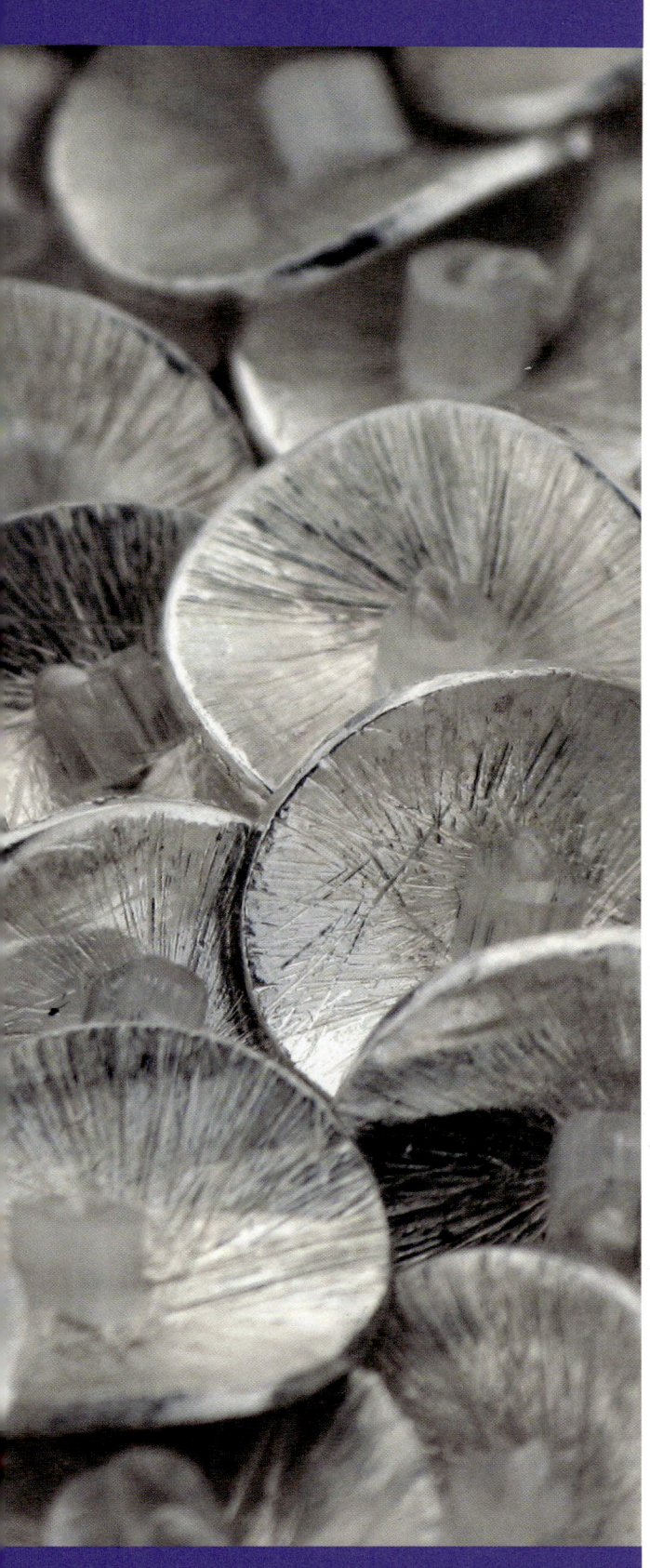

Elina Makkonen
엘리나 마꼬넨

Elsi Necklace

silver, textile

My own interest in forms and different materials besides metal can be seen in my works. This way I wish to add contrast as well as an individual story in every piece. With this series the light and gentleness of nature meets with roughness of itself. It´s dialogue between sensitivity and unpredictability of life.

Elsi 목걸이

은, 섬유

형태(forms)와 금속을 포함한 여타 재료들에 대한 나의 관심은 작품 속에 고스란히 녹아 있다. 이것은 작품 속에 나의 개인적인 이야기뿐만 아니라 그와 반대되는 것들 또한 더해지길 바라는 것이다. 자연의 빛과 온화함을 그린 이 작품 시리즈는 그 자체의 거친 속성과 만난다. 이것은 곧 감수성과 삶의 예측할 수 없는 것들 간의 대화라고 할 수 있다.

Rudi Merz 루디 메르즈

RTM5 chair

450×790×400cm (2 pcs)
ash and felt (felt by Rutsuko Sakata)

RML1 armchair

700×885×750cm
ash and pillows (pillows by Kristiina Wiherheimo)

I am always in search for making better furniture. Products that can be sold to customers with pride. The chair RMT5 and lounge chair RML1 are made of ash. The armrests of the lounge chair RML1 can be made according to customer wishes. The upholstery consists of loose pillows and blankets. The joints of the chairs are strengthened by wedges. This structure makes the product very durable and long-lasting.

RTM5 의자

450×790×400cm
물푸레나무(재목)와 펠트

RML1 팔걸이 의자

700×885×750cm
물푸레나무(재목)와 쿠션

나는 언제나 더 나은 가구를 만들기 위해 연구한다. 이렇게 만들어진 가구는 자긍심을 가지고 고객에게 팔 수 있다. <RMT5 chair>와 <RML1 armchair>는 물푸레나무(목재)로 만들어졌다. <RML1 armchair>는 고객의 요청에 의해 제작된 것이며, 느슨한 재질의 쿠션과 담요로 이루어졌다. 그리고 의자들의 접합부분(이음새)는 쐐기를 이용해서 튼튼하게 고정했다. 이러한 구조는 내구성이 강하고, 오래 사용할 수 있도록 해준다.

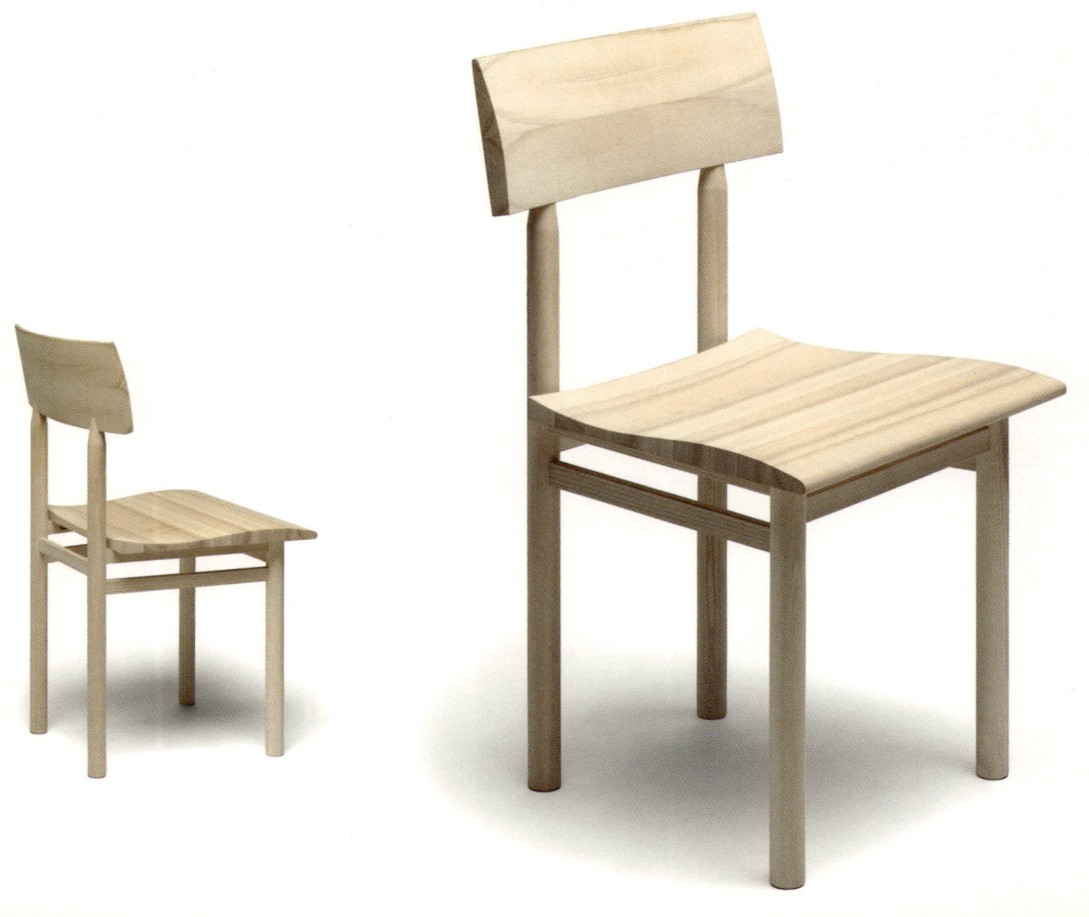

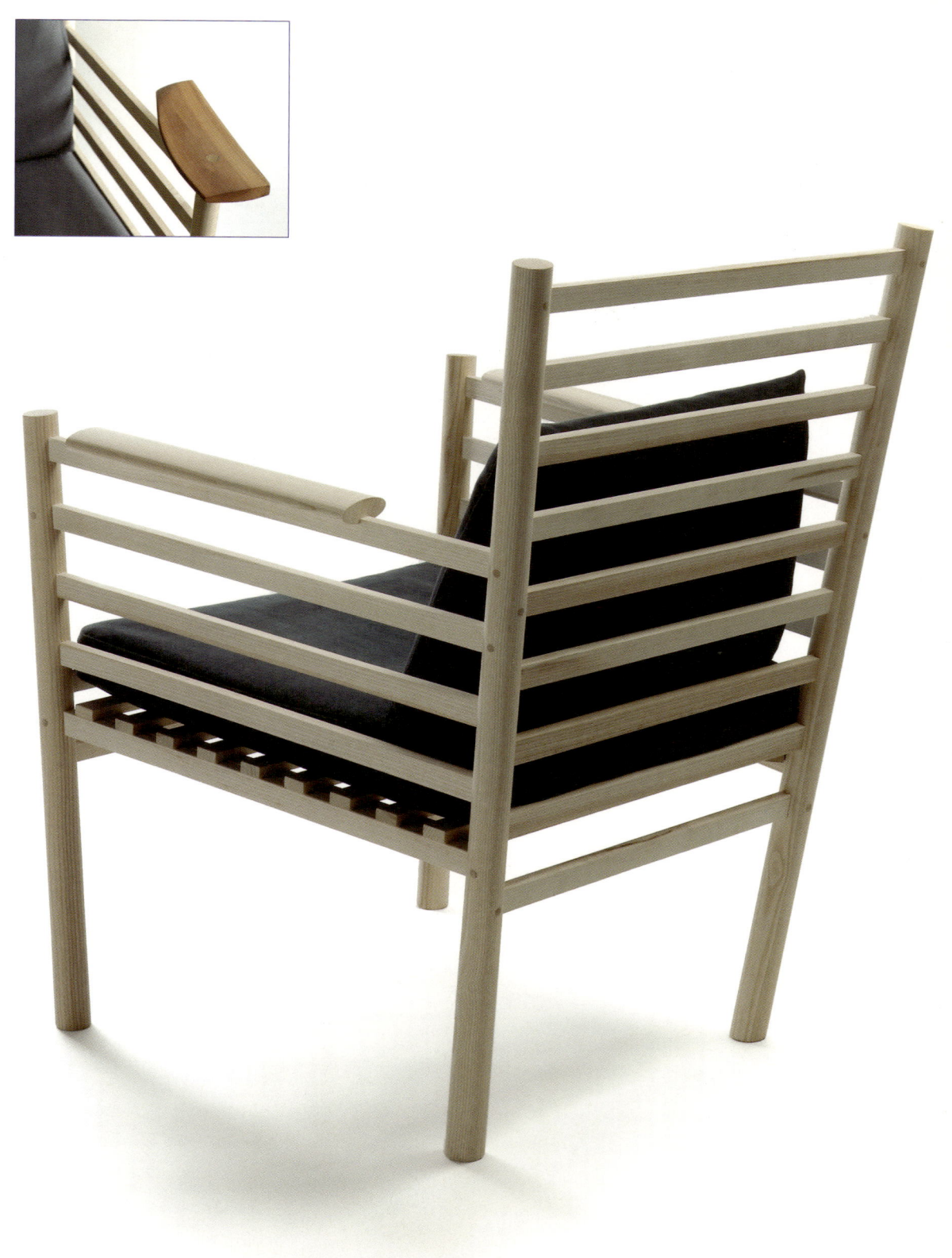

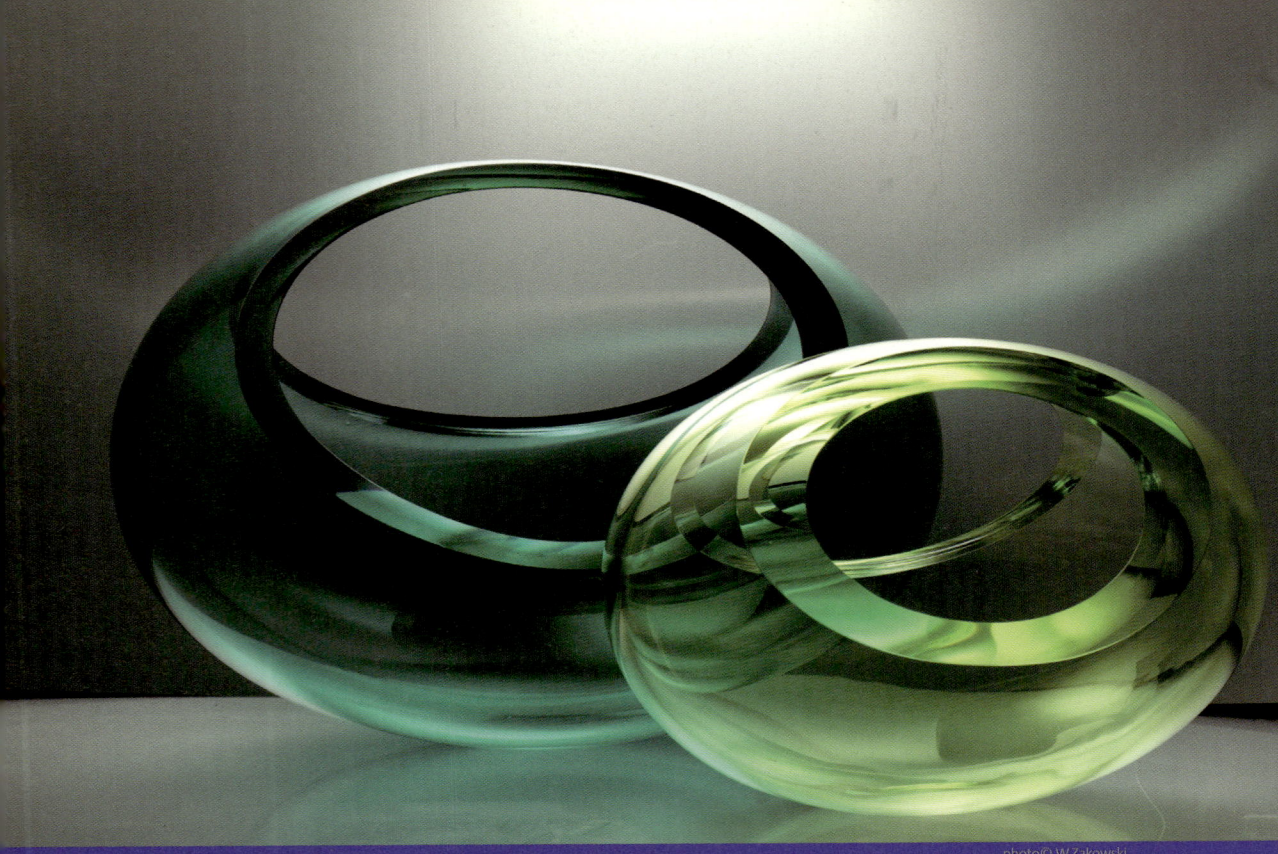

photo© W.Zakowski

Camilla Moberg 까밀라 모베르그

Isis

Isis

30×22×22cm
hand blown glass

30×22×22cm
(블로잉 제작) 유리

The transparency of glass fascinates me as well for it´s strength and fragility. In my work I like to combine strong forms, contrasts and deep colors without losing the unique characteristics of glass. Simplicity has always been a part of my designs. Isis, a bowl, vase and sculpture are hand blown by Kari Alakoski in Finland. The Isis is free blown and therefore each piece is individual. This signed and numbered series comes in many colors: clear glass, lime, amethyst, turquoise, sapphire and sunrise. Isis belongs to CAMILLA MOBERG DESIGNS Collection.

나는 유리의 투명함과 강도, 부서지기 쉬운 속성에 매료되었다. 작품을 통해 나는 유리의 독특한 특성을 잃지 않으면서 강한 형태, 대비 그리고 진한 색을 결합하고자 했다. 또한 간결함은 언제나 내 디자인의 중요한 요소가 되어왔다. <Isis>는 핀란드에서 Kari Alakoski에 의해 손수 블로잉 작업으로 제작되었다. 자유롭게 블로잉 기법을 사용하여 각기 작품들은 개별성을 띈다. 이들은 서명과 함께 번호가 매겨진 시리즈 작품들로 투명, 라임, 자주색, 청록색, 사파이어 빛, 아침 노을과 같은 다양한 색들로 되어있다. <Isis>는 CAMILLA MOBERG DESIGNS 컬렉션에 소장된 작품이다.

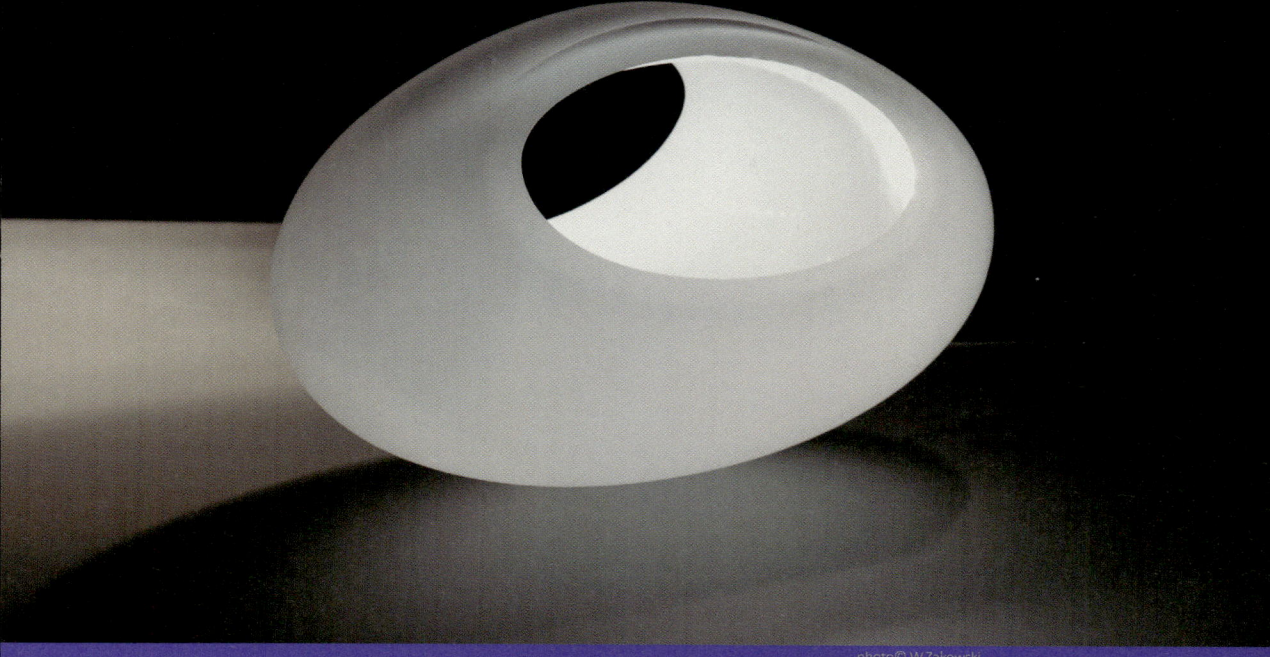

Isis light

36.5×22×22.5cm
hand blown glass

Glass reflects light in a brilliant way, which has inspired me to work with lightings. Isis light is designed to last from one generation to another. The oval form associates to birth and life. In Egyptian mythology Isis is the goddess of motherhood and magic. The Isis can be seen as a sculptural lamp or a light sculpture.
The opal glass cover is hand blown by master glassblower Kari Alakoski in Nuutajärvi glass village. Energy-efficient leds are used as light-source. Isis light is a signed and numbered series and belongs to CAMILLA MOBERG DESIGNS Collection.

Isis light

36.5×22×22.5cm
(블로잉 제작) 유리

유리는 빛을 선명하게 반사하는데 이것은 나의 조명 작품에 영감을 주었다. <Isis light>는 한 세대에서 또 다른 세대로 이어지게 디자인된 작품이다. 달걀모양 형태는 탄생과 삶을 연상시키며, 이집트 신화에서 이시스(Isis)는 모성과 불가사의한 힘을 가진 여신이다. 이 여신은 아름다운 램프 또는, 빛의 조각으로 볼 수 있다. 이 유백색 유리 커버는 유리마을 누우타야르비(Nuutajärvi)의 유리 부는 직공 Kari Alakoski가 직접 블로잉 기법을 사용 한 것이다.
에너지 절약형 LED들을 광원으로 사용한 작품 <Isis light>는 서명과 함께 번호가 매겨진 시리즈 작품들로 CAMILLA MOBERG DESIGNS 컬렉션에 소장된 작품이다.

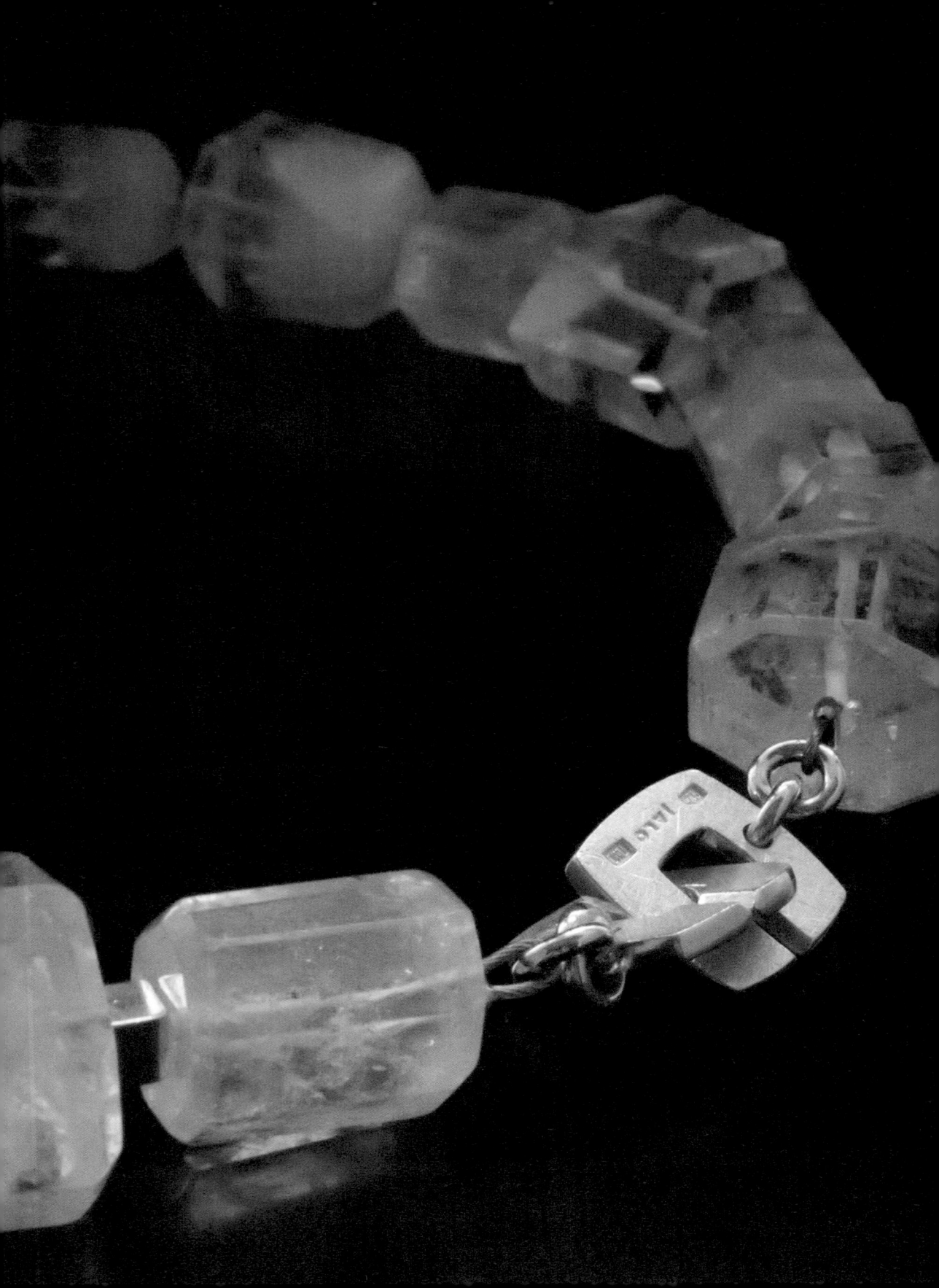

Timo Mustajärvi 띠모 무스타야르비

Quartz crystal necklace

Jewelry design is my passion. I am extremely fascinated by the variety of gemstones. I like the masculinity of stones, both genuine and synthetic. I am experimenting with strictly geometric forms and my interest lies on the shapes and surfaces of both the silver and the stones.

수정 크리스탈 목걸이

쥬얼리 디자인은 내 열정이다. 나는 항상 다양한 보석 원석들에 극도로 매료된다. 나는 순수함과 그 반대 특성을 모두 가진 원석의 '남성성'을 좋아한다. 은과 원석들의 형상과 표면에 대한 관심을 기초로 나는 현재 그것들의 기하학적인 형태를 실험하고 있다.

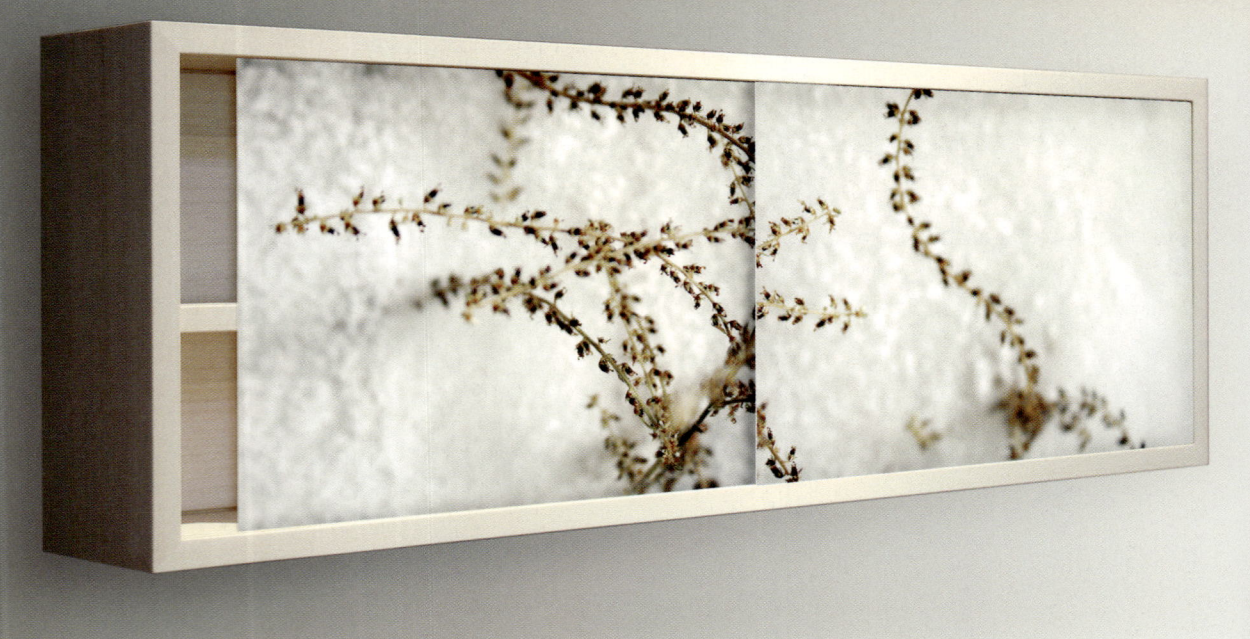

Tuulia Penttilä 뚤리아 펜띨라

2 cabinets

You could describe my works with the word quiet. The wood I use is growing slowly in the meager soil of Finnish forest. The same meagerness is characteristic of the form in my works.
I have been inspired by modern architecture and minimalism in art and in architecture. On the other hand I am fascinated by the ancient believes of the old forest-living Finns. Old trees are carrying the history, which I transfer in to these objects of art. I believe the beauty is concealed in detail and quiet form.

2개의 캐비넷

당신은 나의 작업을 소리 없는 언어로 묘사할 수 있을 것이다. 내가 사용한 나무는 핀란드 삼림지대의 빈약한 토양에서 더디게 성장하고 있는 것으로 이러한 빈약함은 내 작품 속에 나타나는 형태적 특징이기도 하다.
나는 현대 건축과 미니멀리즘으로부터 영감을 받는 동시에, 오래된 산림지대에 사는 핀란드인들의 고대 신앙에 매료되어있다. 오래된 나무들은 저마다의 역사를 가지고 있는데 나는 그 역사를 이러한 예술적 대상으로 전환하고자 한다. 나는 섬세하고 고요한 형상에 숨겨진 아름다움을 믿는다.

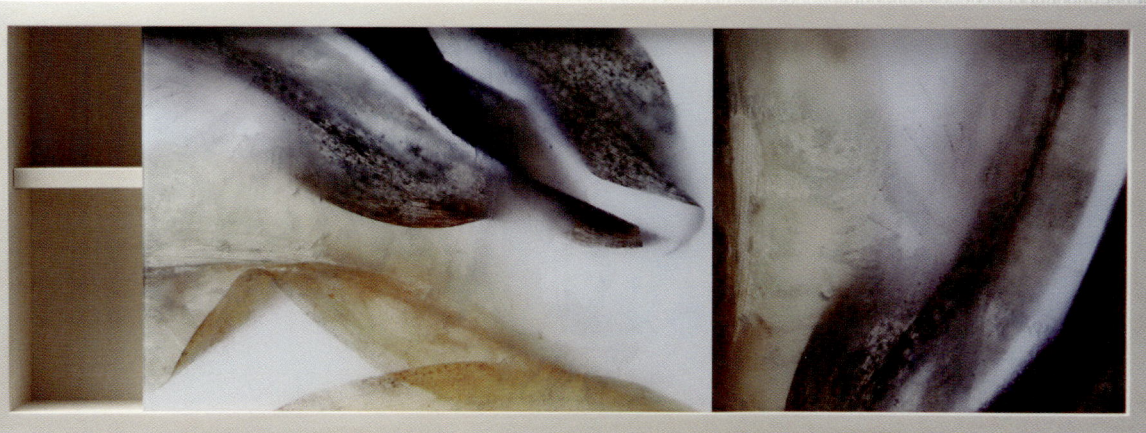

Kirsti Doukas 크리스티 도우카스
Kristian Saarikorpi 크리스티앙 사리코르피

Woody 5 brooches and 2 necklaces

necklaces 25×2cm, brooch 9×9×2cm, 9×8×2cm,
9.5×6.5×2cm, 9.5×6×2cm, 9.5×6×2cm
plywood

Serie of brooches (picture) and necklaces has
been made of colored plywood. Basic idea of
these pieces of jewelry is to create impression of
movement by utilizing the colored stripe layers of
the material. The impression has been executed by
combining 3D modeling and CNC- milling.

나무 브로치와 목걸이

목걸이 25×2cm, 브로치 9×9×2cm, 9×8×2cm,
9.5×6.5×2 cm, 9.5×6×2cm, 9.5×6×2cm
합판

브로치와 목걸이 시리즈는 채색된 합판으로 만들었다. 이
쥬얼리 작품의 기본적인 의도는 채색된 합판의 길고 가는
다란 층을 이용해 움직이는 느낌을 만들어보고자 한 것이
다. 이는 3D모델링과 CNC-milling(금속 면을 평평하기 깍
기)기법을 겸하여 제작한 것이다.

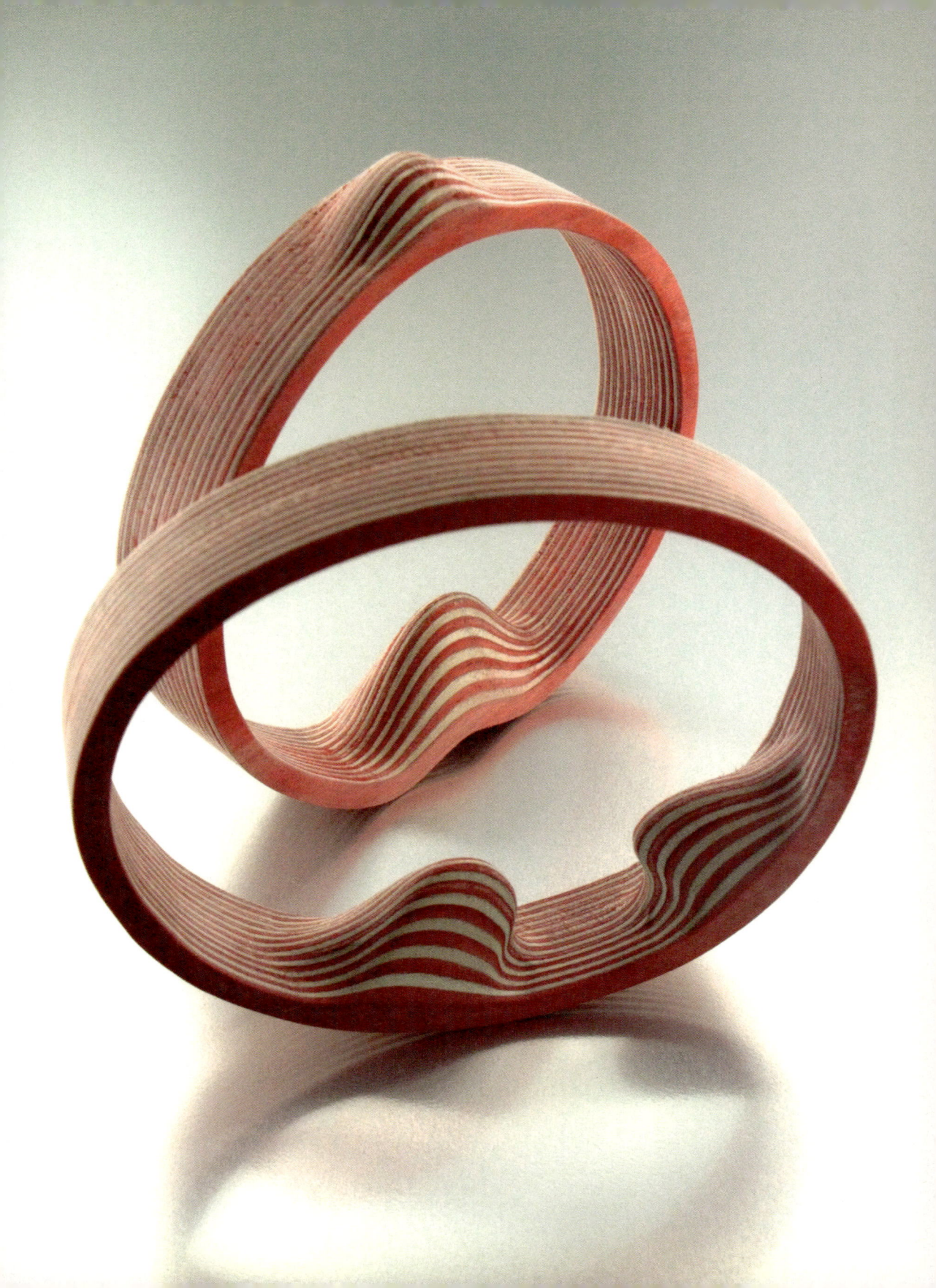

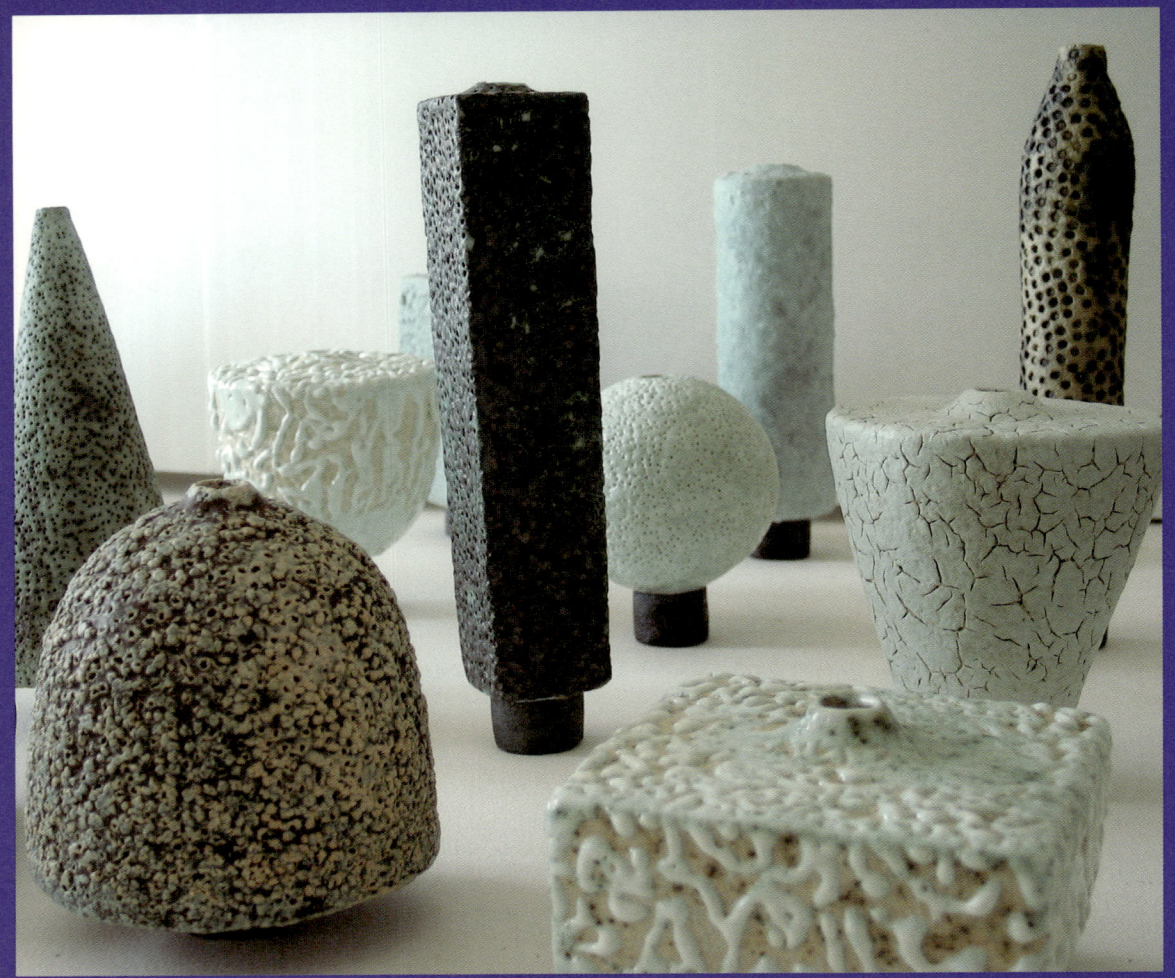

Anneli Sainio 안넬리 사이니오

Garden Shapes

The starting point of my piece of work called Garden of Shapes is a French garden; a formal garden with geometrical forms, trees planted in rows and symmetry as principles of planning. The colors in the nature of Finland vary by the four seasons. The delicate green of spring, the fullness of summer, the yellow-red shades of autumn and the whiteness of winter, they all inspire me and my work.

Working slowly by hand, contact with the material and controlling the unpredictable result are fundamental things for me, in the process when ceramic materials, minerals and oxides are melting together at high temperatures. As a result we can expect unique surface designs and individual pieces of art. They also have another function. They will perform comfortably as vases for one flower.

정원 형상

형상화된 정원이라 불리는 이 작품은 프랑스식 정원을 모티프로 출발했다. 이것은 기하학적 형태와 계획된 원칙에 기초한 대칭적으로 줄지어 심어진 나무들로 이루어진 정연한 공원이라고 할 수 있다. 핀란드 자연의 색들은 4계절마다 다르게 변한다. 봄의 옅은 초록, 여름의 풍부한 초록, 가을의 황적색, 그리고 겨울의 흰색은 나와 내 작품에 영감을 불어넣어 준다.

재료들을 직접 손으로 만지면 천천히 작업하는 일련의 과정들과 도자재료, 광물, 산화물 등이 높은 온도에서 함께 녹으면서 발생하는 예기치 못한 결과를 조절하는 것은 나에게 중요한 일들이다. 이러한 결과로 우리는 독특한 표면 디자인과 각각의 독특한 예술작품을 기대할 수 있다. 그것들은 개별적으로 꽃병의 기능을 가질 수도 있다.

Karin Widnäs 카린 위드너스

Kimono Ceramic Wall

Installation

The Kimono ceramic wall is symbolic of a meeting point. It also functions as a room or space divider. The Kimono wall allows interaction and light pass through the spaces.

기모노 도자 벽

설치작품

작품 <Kimono Ceramic Wall>은 만남의 장소를 상징한다. 방이나 공간을 분할하는 칸막이와 같은 기능을 하기도 한다. 이는 공간간의 상호작용을 허락하고 빛은 그 공간을 관통한다.

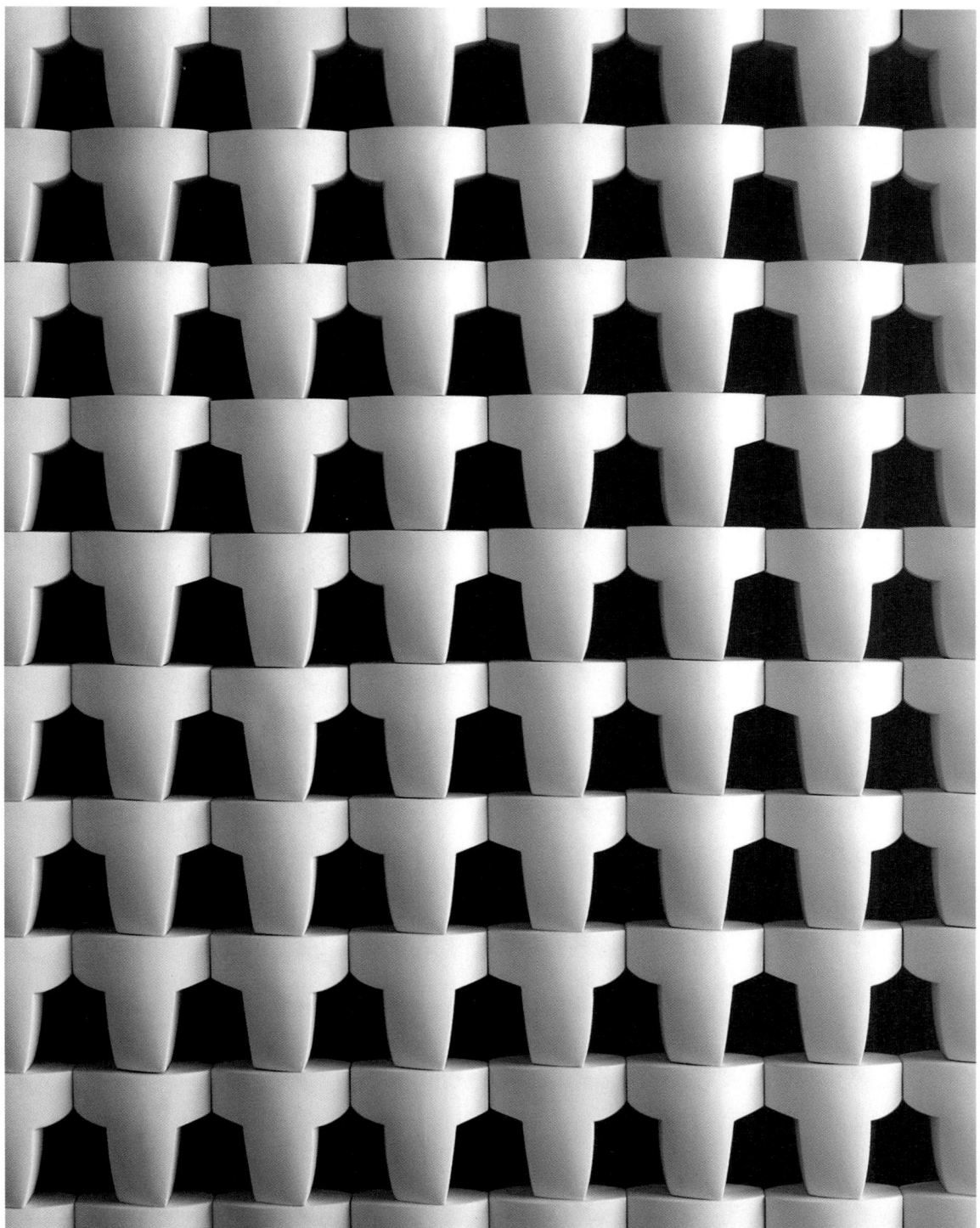

Schools

Aalto University School of Art and Design
알토대학교 예술디자인대학

Postal address
Aalto University
School of Art and Design
P.O.Box 31000
00076 Aalto
FINLAND

Hämeentie 135 C
Helsinki
Tel +358 9 47001
http://taik.aalto.fi/en/

Aalto University School of Art and Des

The Aalto University School of Art and Design has been a leader in the Finnish art and design education for 140 years. It is and international postgraduate university institution with students from over 50 countries. The school is the largest in its field in Scandinavia and one of the most valued art and design schools in the world. It offers doctorate, master and bachelor degrees in a wide range of disciplines.

알토대학교 예술디자인대학은 지난 140여년 간 핀란드의 미술과 디자인 교육을 선도해 왔다. 본교는 스칸디나비아 지방에서 가장 큰 규모를 자랑하며, 세계적으로 높이 평가 되고 있는 예술디자인 관련 대학 중 하나이다. 50여개가 넘는 나라에서 온 학생들과 함께하는 국제적인 대학원 과 정을 운영하고 있으며, 광범위한 학문 분야에서 박사, 석 사 그리고 학부 과정을 제공하고 있다.

Department of Design:
Applied Art and Design 응용예술디자인
Creative Sustainability 혁신적인 지속가능성
Fashion and Clothing Design 패션과 의상디자인
Furniture Design 가구 디자인
Industrial and Strategic Design 산업 디자인과 전략디자인
International Design Business Management국제 디자인 비즈니스 매니지먼트
Spatial Design공간디자인
Textile Art and Design 섬유예술과 디자인

Anna-Leena Kilpeläinen, Sanna Pelkonen, Tiina Pietiläinen, Maikki Rytkönen, Suvi Kankkonen
안나 레나 킬페라이넨, 산나 펠코넨, 띠나 피에티라이넨, 마이끼 리트코넨, 수비 깐꼬넨

Blue Wall

Textile installation
digitally printed polyester fabric

Blue Wall – Bringing the Colors of Finland under the Sky of Cheongju

Textile installation Blue Wall is designed by MA students of Textile Design program at Aalto University School of Art and Design. Sources of inspiration for Blue Wall were the simple, reduced idiom of Finnish design and the special features of our Northern culture and crafts. The deep blue hues of the installation were picked from Finnish nature. Installation is made of digitally printed strips which have yarn-like surface but the scale is surprising. Blue Wall was originally designed for Kirnu, the Finnish pavilion at EXPO 2010 in Shanghai. Blue Wall covered an area of some 380 square meters on an interior wall of the Kirnu exhibition space. In Cheongju international Craft Biennale Blue Wall takes a new shape supporting the exhibition architecture.

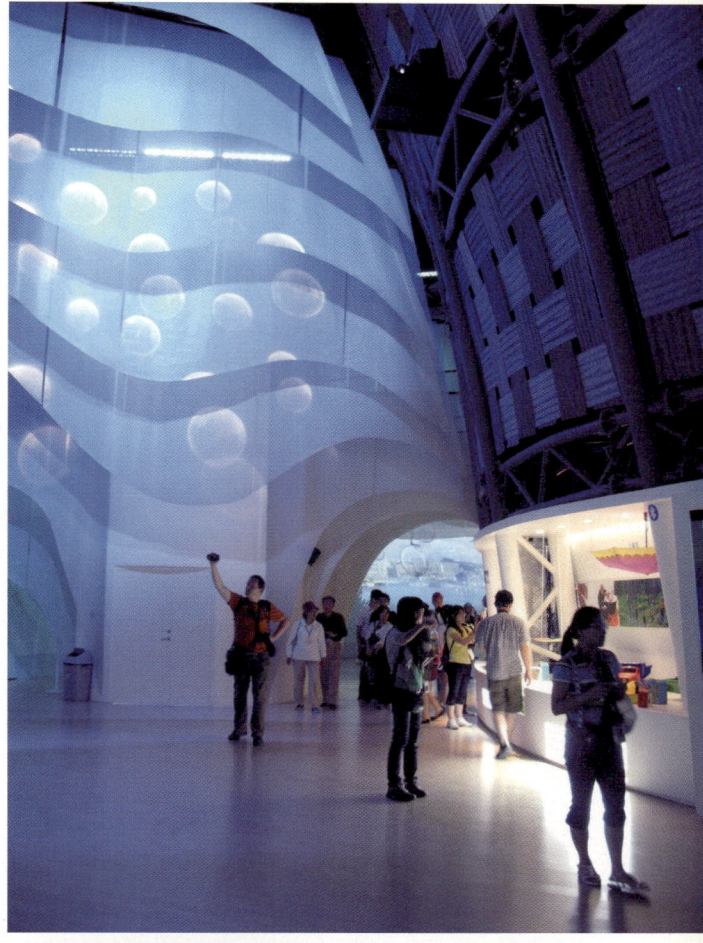

푸른 벽

섬유 설치작품
폴리에스테르 섬유에 디지털 프린트

푸른 벽 – 핀란드의 색상을 청주 하늘 아래 가져오기

<Blue Wall>은 알토대학교 예술디자인대학의 섬유디자인 프로그램 석사 과정에 재학중인 학생들의 섬유 설치작품이다. 이 작품은 핀란드 디자인의 절제된 표현형식과 핀란드 북부지방 문화와 공예의 특징에서 영감을 받아 제작되었으며, 깊고 푸른 색조는 핀란드의 자연에서 가지고 왔다. 이 작품은 디지털 프린트된 가느다란 실 모양의 조각들이 엮여 만들어졌다. <Blue Wall>은 원래 2010년 상하이 EXPO 핀란드관인 Kimu의 380㎡ 규모의 내부 벽면을 덮기 위해 디자인되었으나, 이번 청주국제공예비엔날레에서는 전시장 공간에 맞춰 새로운 형태를 취하게 된다.

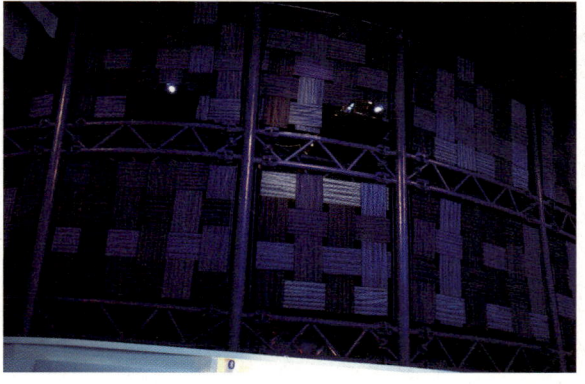

Oona Colliander 오나 콜리안데르

Kalevala Revisited
(Ilmatar – Aino – Kultaneito – Lemminkäisen Äiti –
Louhi – Marjatta)*

칼레발라(핀란드 서사시) 감상
(Ilmatar – Aino – Kultaneito – Lemminkäisen Äiti – Louhi –
Marjatta)*

50×75cm
Photography print, 2mm aluminium support,
aluminium railing

50 x75cm
사진출력물, 2mm알루미늄 액자,

* Names of the separate pictures in English and
the order from left to right:
1. Ilmatar – (Goddess of the Air and her metamor-
phosis into the Mother of the sea)
2. Aino – (The suicidal bride)
3. The Golden Maiden of the North – (Built from
gold and silver to replace the dead wife of
Ilmarinen)
4. Mother of Lemminkäinen – (Mother searching
for her dead son, willing to cross the River of
Death to bring him back to life)
5. Louhi – (The powerful Witch of the North)
6. Marjatta – (The virgin mother)

*왼쪽에서 오른쪽 순서로 각 그림 별 제목입니다.
1. 일마타르 - ('공기의 여신', 그리고 '바다의 어머니'로 변
화)
2. 아이노 - (자포자기의 신부)
3. 북부의 황금 소녀 - (죽은Ilmarinen의 아내를 대신하기
위해 금과 은으로 만들어짐)
4. Lemminkäinen 의 어머니(아들을 찾아 헤메는 어머니,
아들을 살려내기 위해 죽음의 강을 건너는 것도 마다하
지 않음)
5. Louhi - (북부의 힘센 마녀)
6. Marjatta - (동정녀)

*The story begins from the darkness of the North,
where the wild myths are reborn. It's time to wrap
yourself in wool, shroud your brow in fur and
weigh down your décolleté with iron pearls.*
The inspiration for this work was the Finnish
culture and Kalevala epos, the Finnish mythology
written by Elias Lönnrot in 1849.
I have divided the fifty poems of Kalevala in
to six chapters: Beginning of the World, The
Battle, Proposal, The War, End of the World and
The Miracle. Each
chapter has got a main
character, whose story
I am telling trough the
garments.
The garments are made
with 100% Finnish
natural materials like
wool, linen, reindeer
leather and fur, iron
and wood and Finnish
handicraft.

이 이야기는 야생의 신화가 다시 태어난, 북부의 어둠으
로부터 시작된다. 양털로 몸을 감싸고,털가죽 속에 눈썹을
숨기고, 철로 된 진주가 어깨를 짓누르던 바로 그때이다.
이 작품은 핀란드 문화와 함께 1849년 Elias Lönnrot 이
쓴 핀란드의 신화인 Kalevala에서 영감을 받아 제작되었
다. 나는 칼레발라의 50개의 시를 '개벽', '전투', '계획', '전
쟁', '종말', '기적'이라는6개의 장으로 나누었다. 그리고 양
모, 면, 순록 가죽과 털, 철, 나무 등과 같은 핀란드산 자연
소재와 핀란드인의 수공예를 통해 의상을 만들어 각 장의
주인공에 대해 이야기하고자 한다.

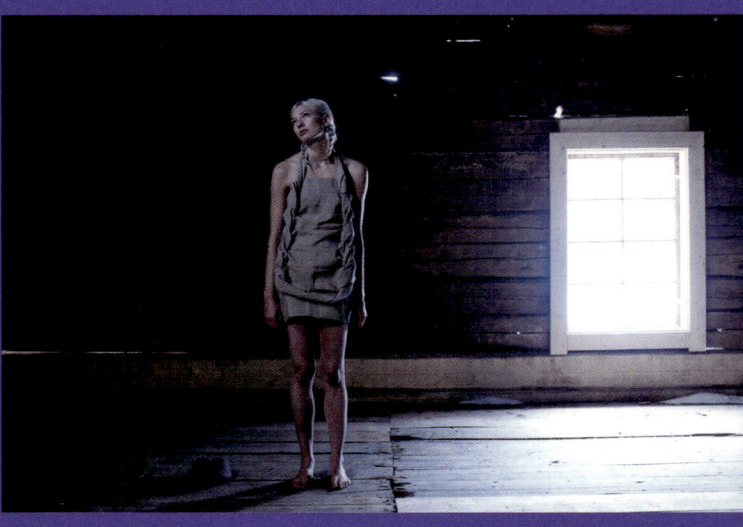

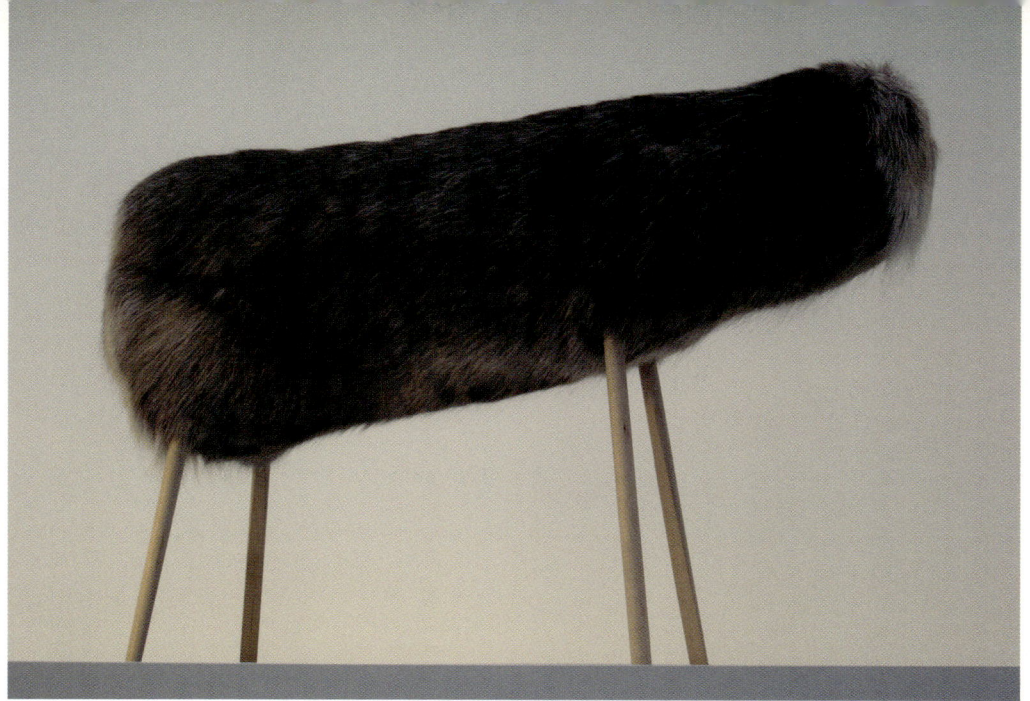

Timo Halko 띠모 할코

Transitional Objects for Lappish People to Treat Homesickness

Reindeer toy 75×50×23cm
Photograph 53×80cm
Reindeer toy: Reindeer fur, birch, polyester fiber wadding
Photograph: Inkjet print, Kapa board

For a long time, Lapland has been losing its population for cities in Southern Finland. The radical change of moving out from home environment to novel surroundings can cause homesickness, anxiety and depression. The reindeer toy belongs to a set of three reindeer fur objects, intended to ease the migrating Lappish youth into the urban and hectic city life. The objects help people to recollect Lapland by simulating the stereotypical Lappish atmospheres and natural conditions.

라플란드 지방 사람들의 향수병을 치료하기 위한 오브제

순록 모양 장난감 75×50×23cm
사진 53×80cm
순록 모양 장난감 : 순록 털, 자작나무, 폴리에스테르 섬유 솜
사진 : 잉크젯 프린트, 카파보드

장기간에 걸친 남부 핀란드에서 도시로의 인구이동은 라플란드 지방의 인구를 점점 줄어들게 하였다. 고향을 떠나 새로운 환경으로 이주하게 되어 생기는 변화는 사람들로 하여금 향수병과 불안감, 우울감을 야기시키곤 한다.
세 개의 순록 털 오브제 세트에 포함되어 있는 이번 작품은 분주한 도회지로 이주한 라플란드 출신의 젊은이들을 달래려는 의도에서 만들어졌다. 이 오브제들은 라플란드 지방의 전형적인 분위기와 자연조건과 유사하게 만들어져 그곳 사람들로 하여금 고향을 추억할 수 있게 도와준다.

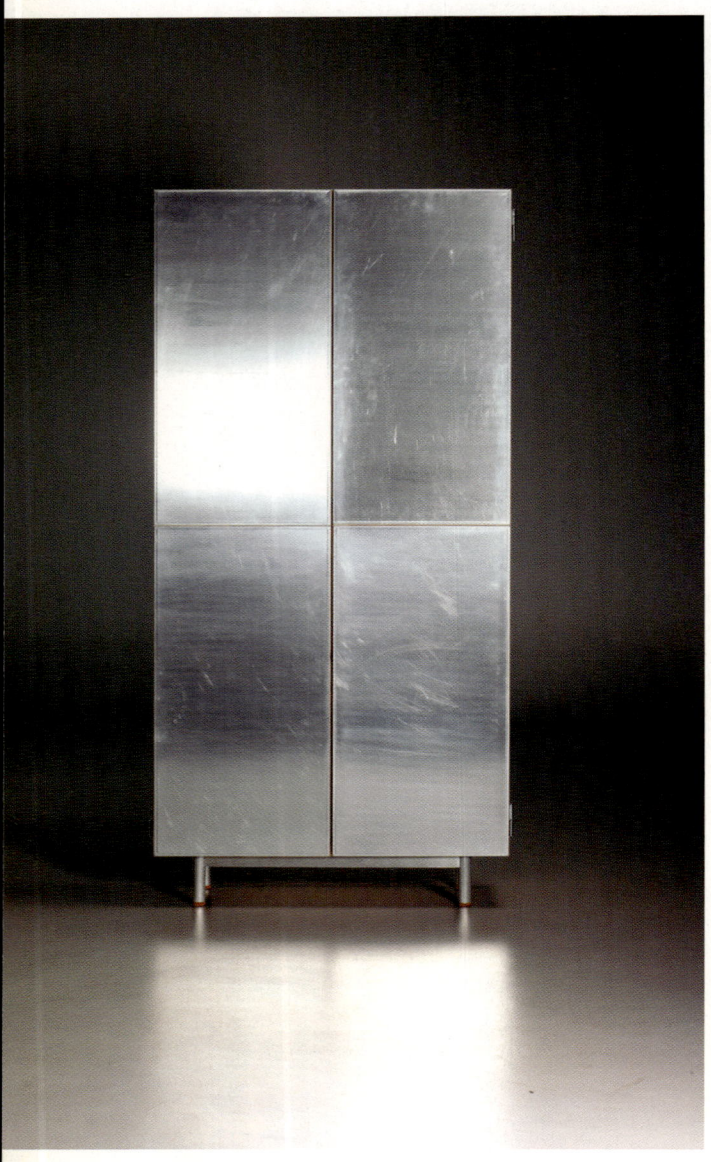

Henri Halla-Aho
헨리 알라 아호

Shelf

black box 1680×800×330cm
silver box 900×800×330cm
pine, aluminum, steel

Patina, changes and signs of wearing tell the story of lived life and experienced moments.
Changes can be seen as a richness which deepens the relationship between the object and its user. Instead of a culture of disposability and of throwing away things, users can be encouraged to see as a long-term process in which the objects' value increases. In the process, the essence of an object forms and changes naturally. To achieve this, the object must be able to withstand time, physically and aesthetically. In this context I see the object as a canvas for life where time can leave its marks.

선반

검정색 상자1680×800×330cm
은색 상자900×800×330cm
소나무, 알루미늄, 철

사물에 있어서 오랫동안 사용해 생긴 반질거림과 흔적들은 그것들이 경험했던 순간과 거쳐온 이야기를 말하고 있다. 그러한 변화는 사물과 사용자 사이의 관계가 깊고 풍부해 지는 것으로 보여질 수 있다. 물건 버리기와 일회성 문화에 속하지 않으면, 사용자들은 사물의 가치가 시간을 통해 커져가는 과정을 알 수 있다. 이 과정에서 사물의 본질은 형성되고 자연스럽게 변화한다. 이를 위해 사물은 물리적이고 미학적으로 세월을 견디어낼 수 있어야 한다. 이러한 맥락에서 나는 사물이란 시간이 흔적을 남길 수 있는 '삶을 위한 캔버스'라고 생각하고 있다.

Timo Helin 띠모 헬린

Belt 90×4cm, Ø35.4×Ø1.5
Detachable tail 65cm, Ø25.5
leather, horsehair, aluminum, plastic

Accessory consisting of a leather belt and a detachable tail made of horsehair. Inspiration behind this piece is power in all its forms. Let it be the power of a wild-running horse, its energy and freedom of movement captured on black-and-white film. Or the power of mind of a dominant personality, and the methods he or she uses to both frighten and seduce.
This accessory represents my approach to design, which is to make contraries, such as light vs. dark or delicate vs. strong, to work together in perfect harmony.

벨트 90×4cm, Ø35.4×Ø1.5
분리 가능한 말총꼬리 65cm, Ø25.5
가죽, 말총, 알루미늄, 플라스틱

이 액세서리는 가죽벨트와 분리 가능한 말총꼬리로 구성되어 있다. 작가는 초원을 달리는 말의 힘과 에너지, 자유로운 움직임, 혹은 우열한 정신의 힘, 위협과 유혹의 방식과 같은 것을 흑백 필름 위에 담아내어 형태 속에 내재되어 있는 힘을 표현하고자 했다. 이 작품에서는 완벽한 조화 속에서 공존하고 있는 '빛과 어두움', '연약함과 강함'과 같은 대립감을 만들고자 하는 작가의 디자인 접근방법이 표현되어 있다.

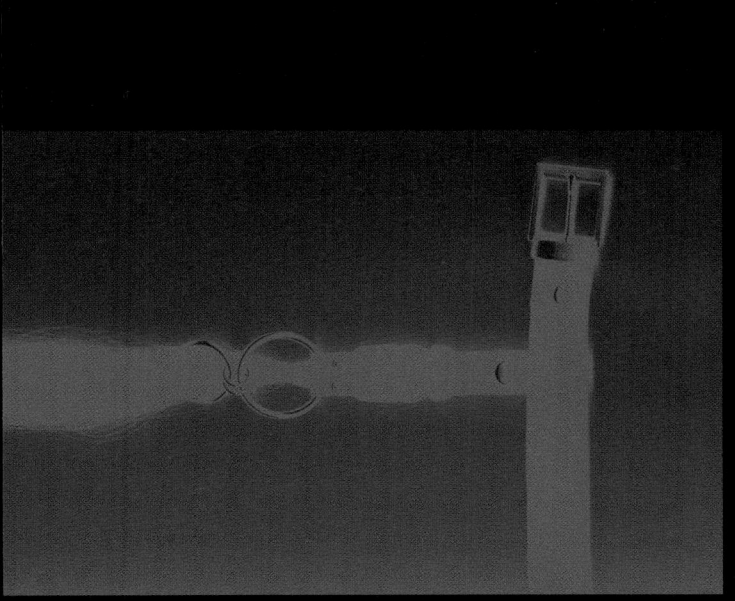

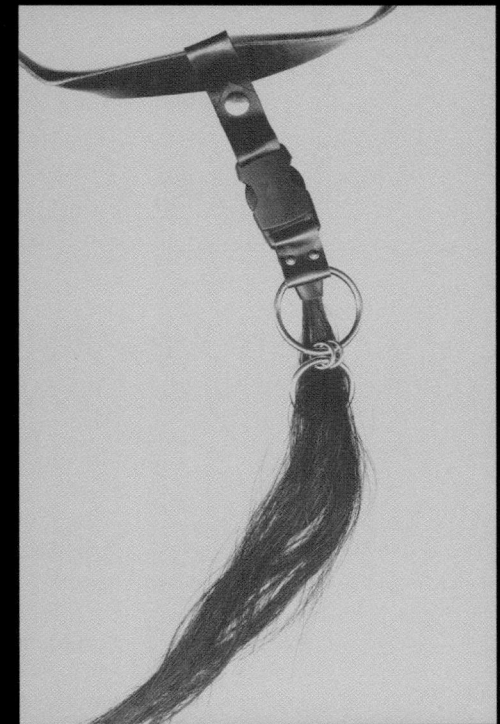

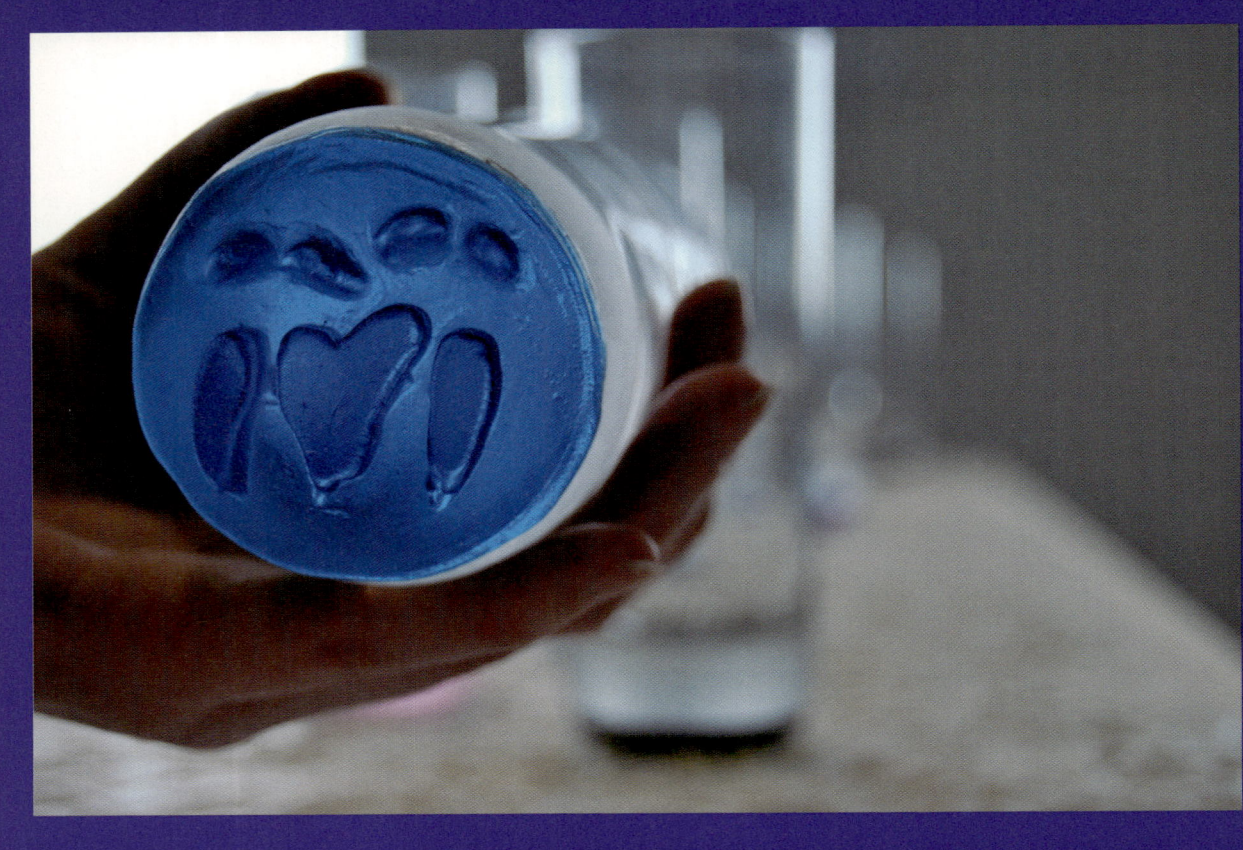

Kate Ivey-Williams 케이트 이베이 윌리암스

Polku

184×34×90cm
Table – Metal, wood, white modeling clay surface
9 Glasses – Kiln cast bases

Snow is a blank canvas, a playful medium.
Traces in the snow, left with intention or made
by mistake, reveal identities of those who have
passed and stories of events gone by.

Polku

184×34×90cm
테이블-금속, 나무, 흰색 모델링 점토 덮개
가마에서 주조된 9개의 유리잔

눈이란 빈 캔버스이자 유쾌한 매개물이다.
의도적이었거나 실수로 남겨진 눈 위의 흔적은 지나쳤던
사람과 사라져버린 사건을 이야기하고 있다.

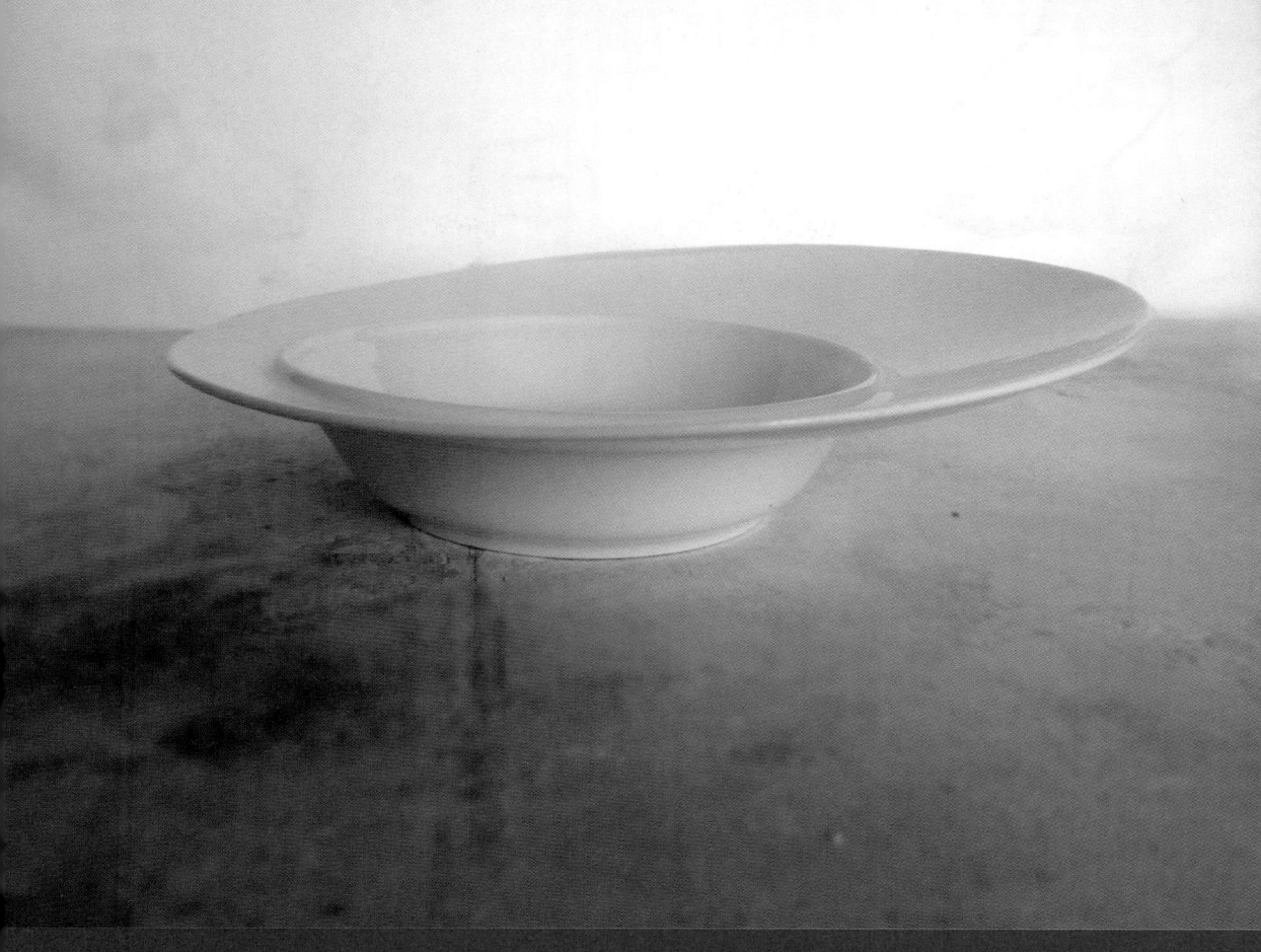

Hyerin Jung 혜린 정

Border

Plate
6.5×24cm(exhibition dim: 100×100cm)
porcelain

<Border> is a deep plate design which has slightly dominant wall as a border between the wet food area and the dry food area. <Border> fits to many different kinds of international dishes; such as Finnish Soppa & ruisleipä (soup & ryebread) and Korean Bibimbop (rice mixed with cooked vegetable).

경계

접시
6.5×24 cm (전시 구성: 100×100cm)
자기

<Border>는 젖은 음식과 마른 음식을 구분하는 턱을 가진 바닥이 깊은 접시이다. 이 작품은 핀란드 수프 와 호밀빵 Soppa & ruisleipä과 한국 비빔밥과 같이 서로 다른 종류의 국제적인 음식을 담아 내는 데에 적합하다.

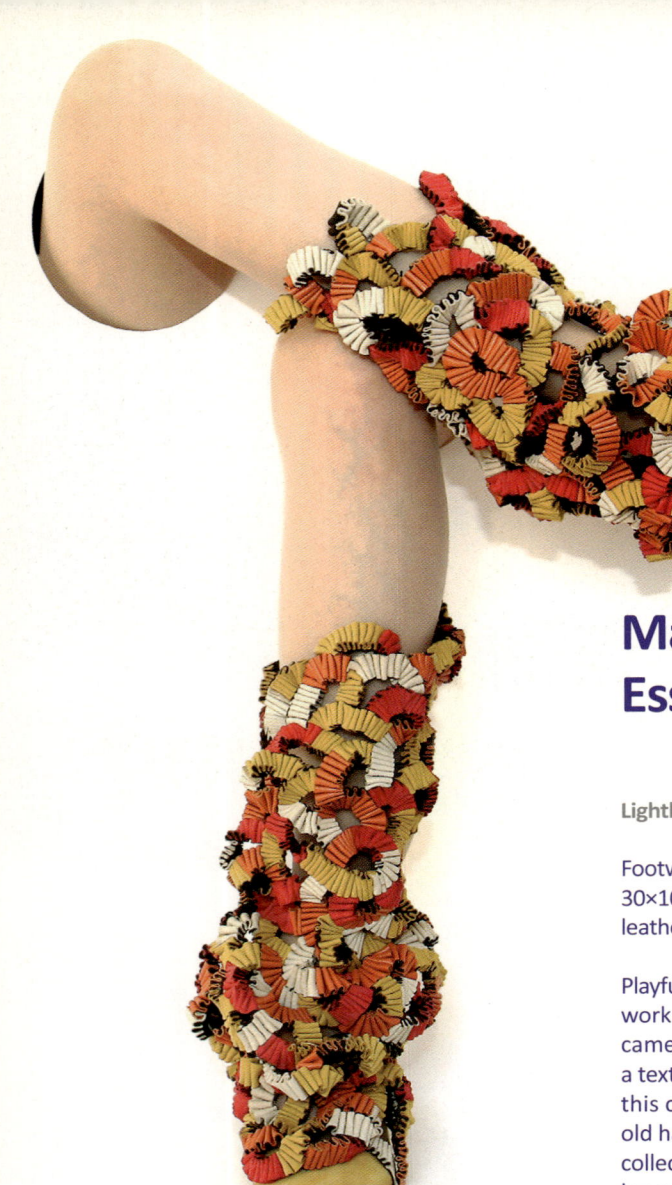

Marika Jylhä 마리카 율하
Essi Kuula 에씨 꿀라

Lighthearted

Footwear
30×10×50cm (6 pieces, 3 pairs)
leather, wood

Playful forms, bright colors and detailed craftsmans work. Fresh point of view to the field of footwear came from the intensive collaboration between a textile artist and a shoe designer. Inspiration for this collection of shoes was drawn on from the old handcraft traditions of Finnish culture. In our collection, Lighthearted, the traditions have been brought back to life with a modern, experimental twist.

쾌활함

신발
30×10×50 cm (3컬레)
가죽, 나무

익살맞은 형태와 밝은 색상을 띄고 있는 <Lighthearted>은 장인이 만든 정교한 수공예 작품이다. 이 작품에서는 섬유예술가와 신발 디자이너 간의 강도 높은 협업을 통해 신발에 대한 신선한 관점을 엿볼 수 있다. 이 신발 컬렉션은 핀란드 문화가 가진 수공예적인 전통에서 영감을 받았으며, '쾌활함Lighthearted'이라는 전통을 현대적이고 실험적인 방식을 통해 되살리고 있다.

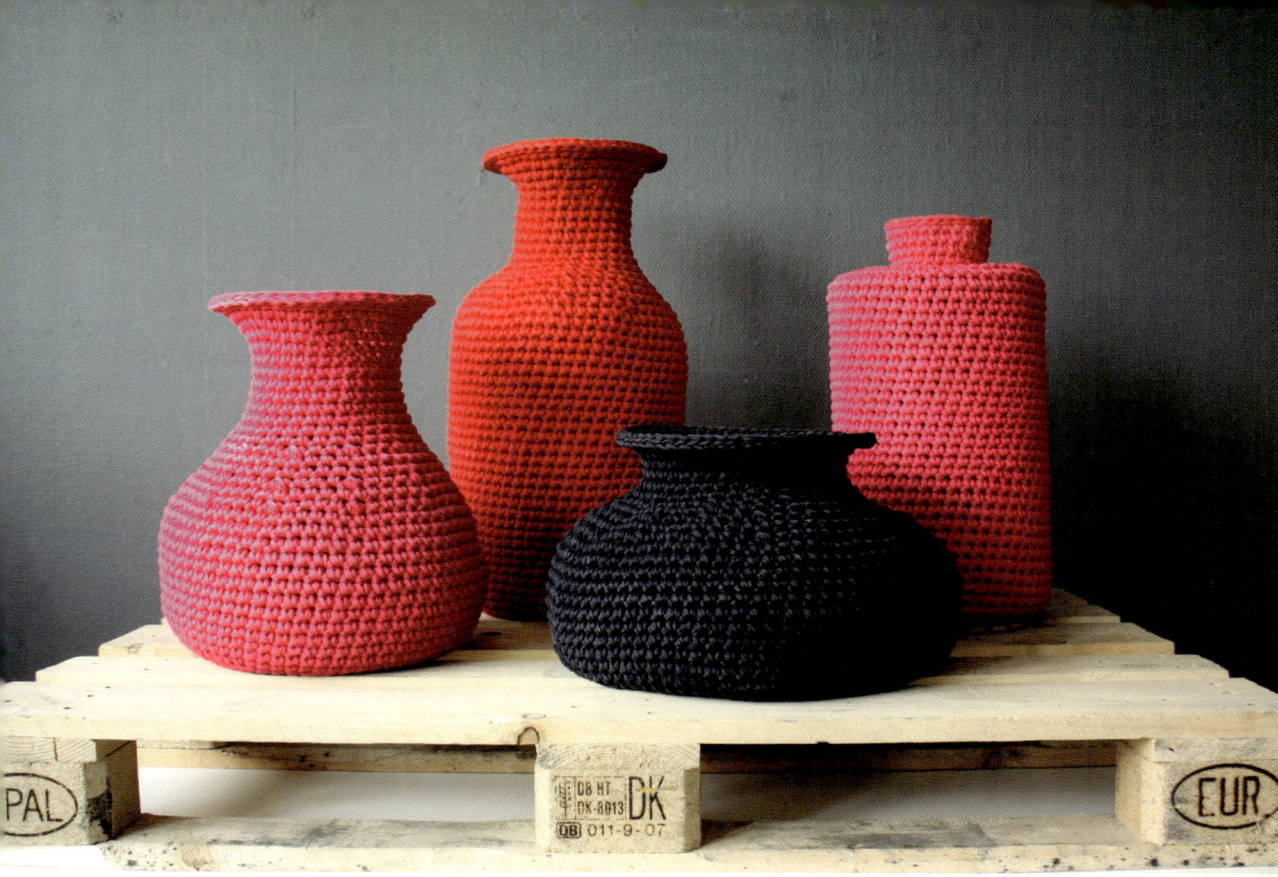

Mari Leppälä 마리 에빨라

Ming

Crochetted Vases
25~70cm, Ø25~50cm
tricot fabric, wood

Inspired by Chinese Ming Vases, these crochetted fabric containers were made to follow the forgotten shapes of everyday household objects. Vases have been useful tools since the beginning of history, the shape perfected for storage, carrying and hiding things. These textile vases can be used in a same way as the earliest models, if not counting carrying water from the fountain. Children are allowed to play with these vases, but they can also accompany the original Ming in the upper shelf just as well.

중국 명나라 시대

코바늘 뜨기로 제작된 화병
25~70cm, Ø25~50cm
트리코 섬유, 나무

중국 명나라 시대의 화병에 영감을 받은 <Ming>은 일상적 가정용품이 가진 평범한 형태를 본따서 만들어졌다. 화병은 유사 이래 유용한 도구로 사용되어 왔는데 물건을 저장하고, 옮기고, 숨기는데 완벽한 형태를 하고 있다. 만약 물을 담아 옮길 것이 아니라면, 이 직물 화병은 초기의 것들과 같은 방식으로 사용될 수 있다. 어린이들은 이 화병을 가지고 놀뿐만 아니라 선반에 두는 것 만으로도 중국 명나라와 함께 할 수 있을 것이다.

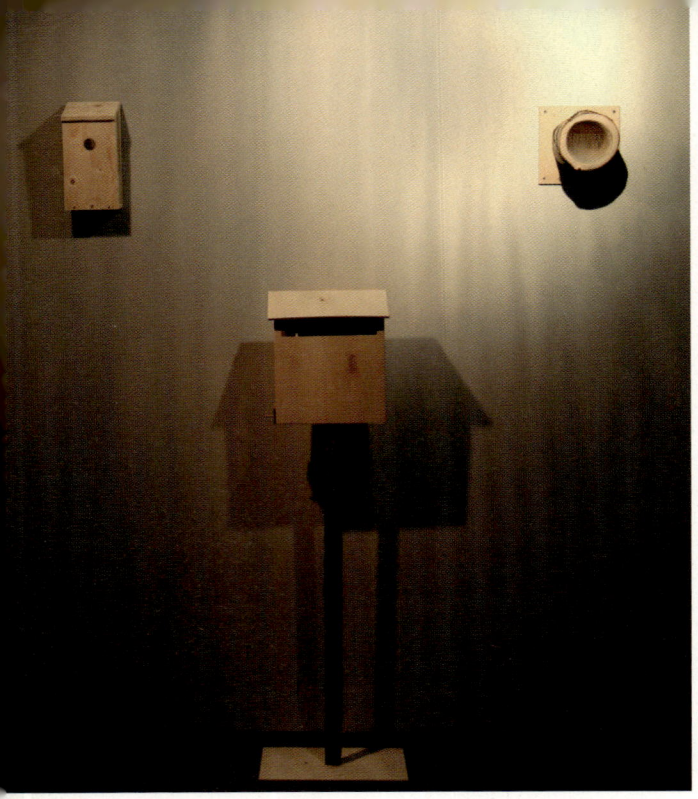

Ying-Ju Lin 잉주린

Bird & Mail

3 objects
birdhouse A 16×14×32cm
birdhouse B 23×23×17cm
mailbox 138×40×28cm
birch, plywood, glass

Season changes the landscape, nature environment, and sometimes also change our eyesight and behaviors...
In the forest Finland, six month of snow cover the surface. Many things are disappeared or hidden because of the weather and environment alteration. Contrast of lifestyle, summer cottage / bird breeding/ deep snow in front of the house/ silence/ stay alive... Leave or stay is happening all the time. Just like bird migration...

"Dear post officer, could you please feed the hungry birds when I am not in summer cottage?"
What could you feel and get from another new world?
Listen, look, smell, feel, observe and experience...
There are always something missing or left their trace behind...
If you are 'lucky' , you will get it...
Moving on the way...Home

새와 편지

3개의 오브제
새집 A 16×14×32cm
새집 B 23×23×17cm
우체통 138×40×28cm
자작나무, 합판, 유리

계절은 풍경과 자연 환경과 함께 때로는 우리의 시각과 행동까지 변화시킨다.
6개월간 내린 눈은 핀란드 숲을 덮는다. 날씨와 환경의 변화 때문에 많은 사물들이 사라지거나 자취를 감춘다. 삶에서는 이와 반대로 '떠남과 머무름'이 항상 일어나고 있다. 마치 철새의 이동처럼...

"우체부 아저씨, 제가 여름 별장을 떠나 있는 동안 새들에게 먹이를 주시겠어요?"
당신은 또 다른 새로운 세상으로부터 무엇을 느끼고 얻을 수 있는가?
듣고, 보고, 냄새 맡고, 관찰하고 경험하고...
늘 무언가를 잃어버리거나, 그것들의 흔적 저편에 놓고 오는 것들이 있다...
만약 당신에게 '행운'이 있다면, 당신은 그것을 얻을 것이다...
집으로 가는 길 위에서...

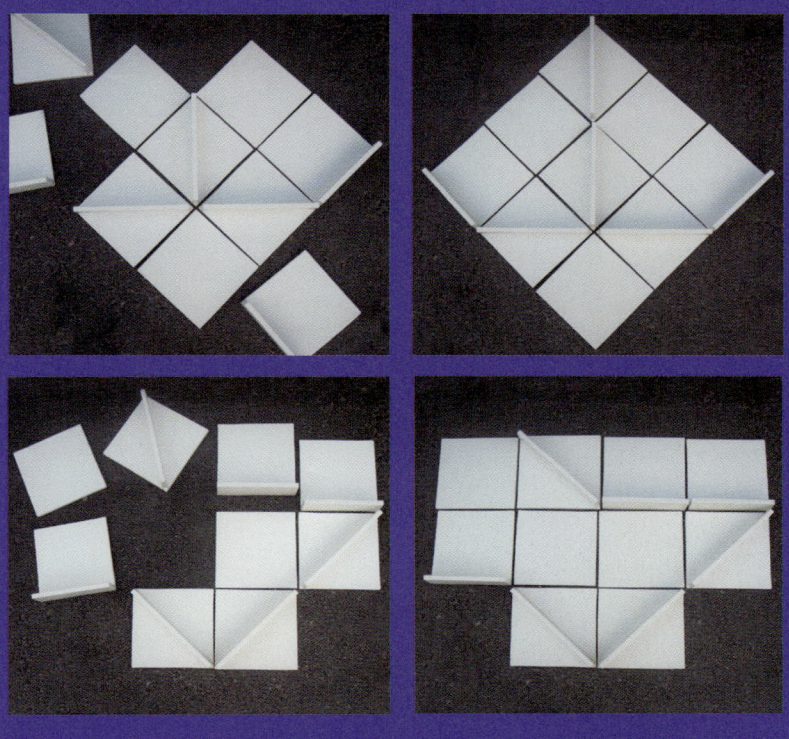

Meri Malmi 메리 말미

Puzzle This

ceramic (wall tile/shelving system)
20×20×6cm (15 tiles)

Puzzle This -is a modular wall tile/shelving system. Five, simple but versatile, tile shapes allow you to assemble many practical and interesting combinations.

As an overall bathroom tiling-system, Puzzle This, enables efficient use of the space. Strategically placed shelves according to the need and shapes targeted for certain kind of storage help to create clutter-free and functional combination.

For kitchen it can be used as a backsplash or as a shelving for spices or herbs. Puzzle This- can also be used as a decorative shelving system in different spaces in domestic and public spaces.

Puzzle This

도자기 (벽면용 타일/선반 시스템)
20×20×6cm (타일 15개)

<Puzzle This>는 모듈식 벽면용 타일이자 선반 시스템이다. 단순하지만 다양한 용도를 가진 다섯 개 타일 형태는 수 많은 실용적이고 재미있는 구성을 만들 수 있게 한다. 이 작품은 종합적인 욕실용 타일 시스템으로 공간을 효율적으로 사용할 수 있게 도와준다. 필요에 따른 선반의 위치와 정해진 수납을 위한 형태는 복잡하지 않고 기능적인 조합을 만들 수 있도록 한다.

부엌에서는 싱크대 뒷벽의 더러움 방지판이나 양념을 놓는 선반으로, 가정이나 공공장소에서는 장식적인 선반 시스템으로도 사용될 수 있다.

Alpo Nieminen 알뽀 니에미넨

Hirmu

Exhibit dim 190×60×40cm
bench: pine wood
flowerpots: China clay

Hirmu is a piece from the Pirtti collection. It is a bench and a side table. It is made from Finnish Pine and it is combined with China clay pots. Pots can be used for flowers, pencils or any other small things you want to keep neat and tidy. Hirmu is suitable for home use or public spaces like lobbies and libraries. You can have just one or several in line. Hirmu gives you a little piece of traditional Finland in a modern way!

Hirmu

전시 구성190×60×40cm
벤치: 소나무
화분: 중국 점토

<Hirmu>는 'Pirtti컬렉션'에 속한 벤치와 사이드 테이블로, 핀란드산 소나무로 제작되었으며 점토로 만들어진 항아리가 붙어 있다. 이 항아리에 꽃이나 연필, 작은 물건 등 깔끔하게 정돈하고 싶은 것을 수납 정리할 수 있다. 이 작품은 가정은 물론 로비나 도서관과 같은 공공 장소에서 사용하기에도 적합하다. <Hirmu>을 통해 현대적인 방식으로 표현된 핀란드의 전통을 작게나마 엿볼 수 있을 것이다!

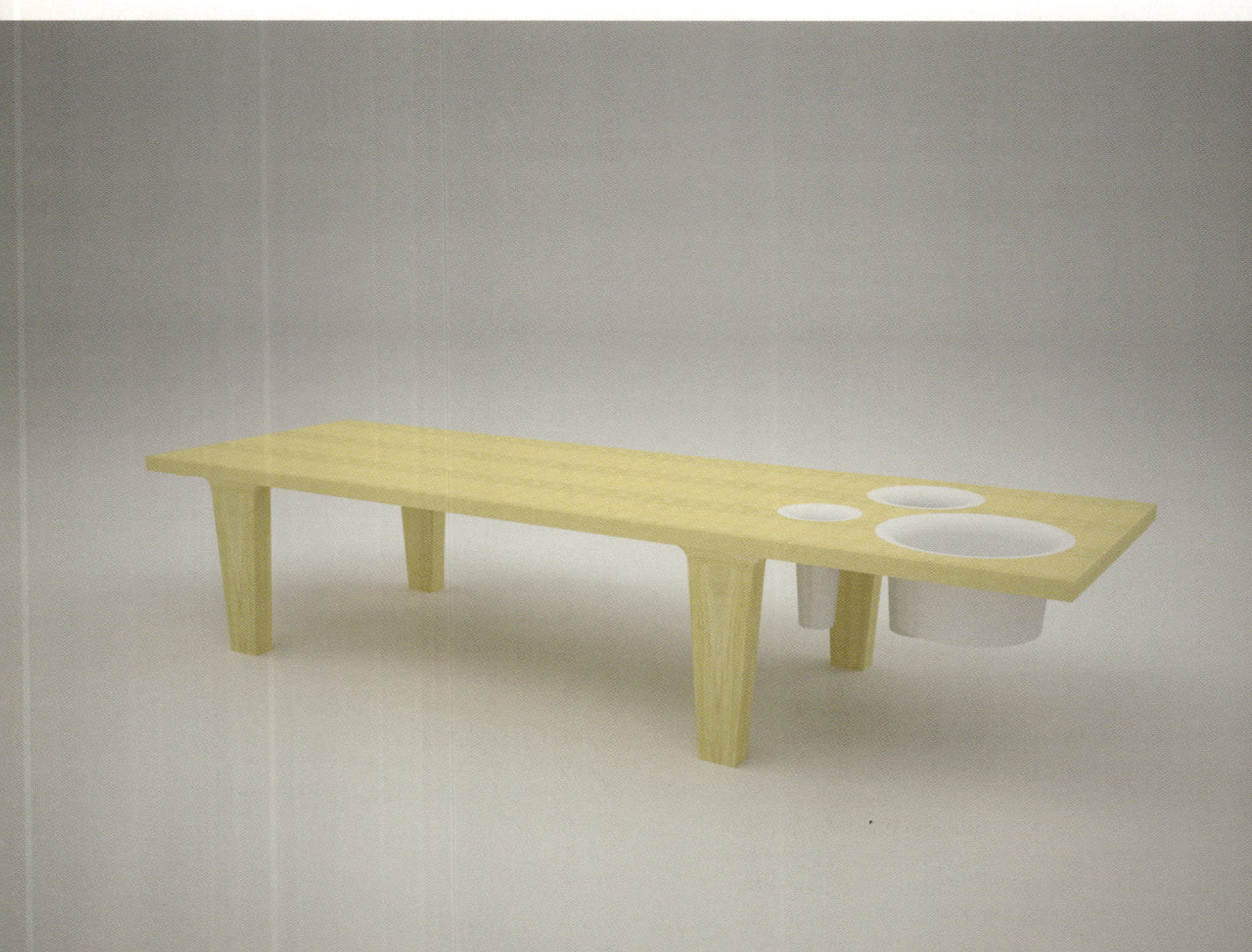

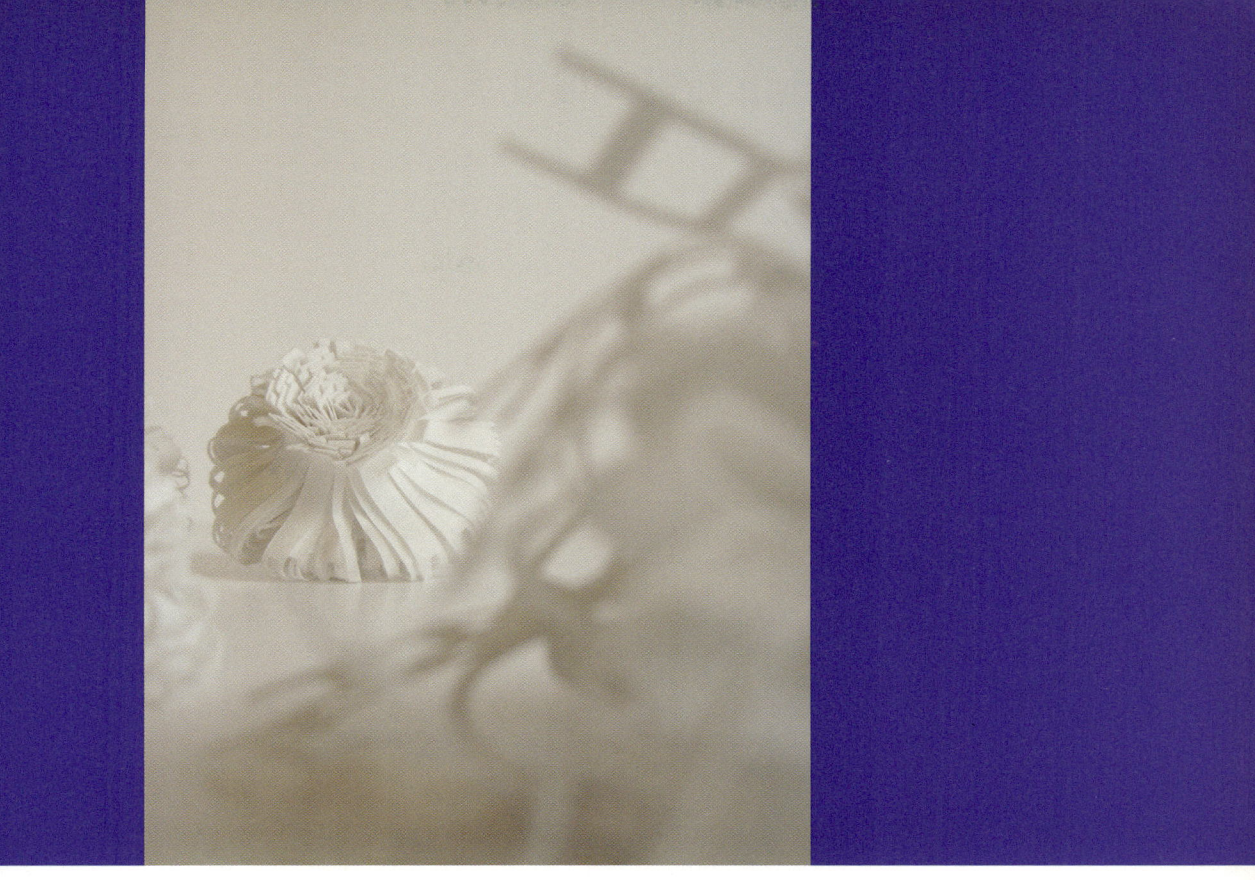

Susanna Sallinen 수잔나 살리넨

Story Tufts

Textile work 50 pieces
height about 5-10cm, Ø about 4-15cm
Non-woven fabric

The traditional fuzzy texture of the Finnish rug
and the idea of storytelling through textures have
influenced my work. The work consists of 50
different sizes and different-looking parts. In my
work the traditional wool material is replaced by
non-woven fabric and the weaving technique by
the "rolling technique".
The topic of "Story Tufts" is associated with
tradition and nature. I use a variety elements
occurring in nature. The tufts contain also small
stories written in letters - a kind of cipher, since the
words disappear into the tufts. Once upon a time,
and the story begins...

이야기 다발

섬유작업 50점
높이 약 5-10cm, Ø 약 4-15cm
부직포

<Story Tufts>은 핀란드산 양탄자의 곱슬곱슬한 질감과
그 질감에 대한 스토리텔링을 통해 제작되었다. 이 작품은
50개의 각기 다른 크기와 모양을 한 부분들로 구성되어
있다. 또한 이 작품에서는 전통적인 양모 소재가 "롤링 기
법"에 의한 직조기술과 부직포로 대체되었다.
작품의 주제는 전통과 자연이 결합된 것이며, 작가는 자연
에서 생겨난 여러가지 요소들을 사용하고 있다. 암호말이
'이야기 다발' 속으로 사라져 버린 이후, '이야기 다발'에는
암호와 같은 문자로 쓰여진 작은 이야기들이 들어 있다.

Kevin Smeeing 케빈 스메잉

Dealing with feelings

Artefact
189×130×103cm
pine wood, fishermans yarn, strokes (colored)
cotton fabric, cotton canvas

Globalisation and digitalisation are influencing us in a changing world. I am not satisfied with the digital work that I have to do sometimes and feel the need to go back working with my hands again. Can the disappearing crafts be good for our mental health and our wellbeing and can they be used as a meditation?
My artefact provides the option to deal with feelings by doing the craft of weaving. By weaving the walls of this small house a comfortable space and shelter is created to escape the pressure of the world around. Anchor identity by the action of crafts, resulting in concrete artefacts of feeling.

감정 다루기

인공구조물
189×130×103cm
소나무, 낚시용 실, 채색된 면 섬유, 면 캔버스

세계화와 디지털화는 변화하는 세상에 사는 우리에게 영향을 주고 있다. 나는 때때로 할 수 밖에 없는 디지털 작업을 별로 좋아하지 않는데, 종종 손으로 작업하던 때로 돌아갈 필요를 느끼곤 한다. 사라져 버린 수공예 작업이 우리의 정신건강과 참살이에 도움을 줄 수 있을까? 그리고 그런 작업들이 명상과 같이 활용될 수 있을까?
내 작품은 직조공예 작업을 함으로써 감정을 다루는 선택권을 제공한다. 작은 구조물의 벽면을 실로 엮어 만듦으로써 세상이 주는 중압감으로부터 탈출할 수 있는 편안한 공간이자 피난처를 만들어 냈다. 수공예 행위는 우리의 정체성을 단단히 고정시키고, 그것은 결과적으로 감정이 구체화된 인공구조물을 만들어낸다.

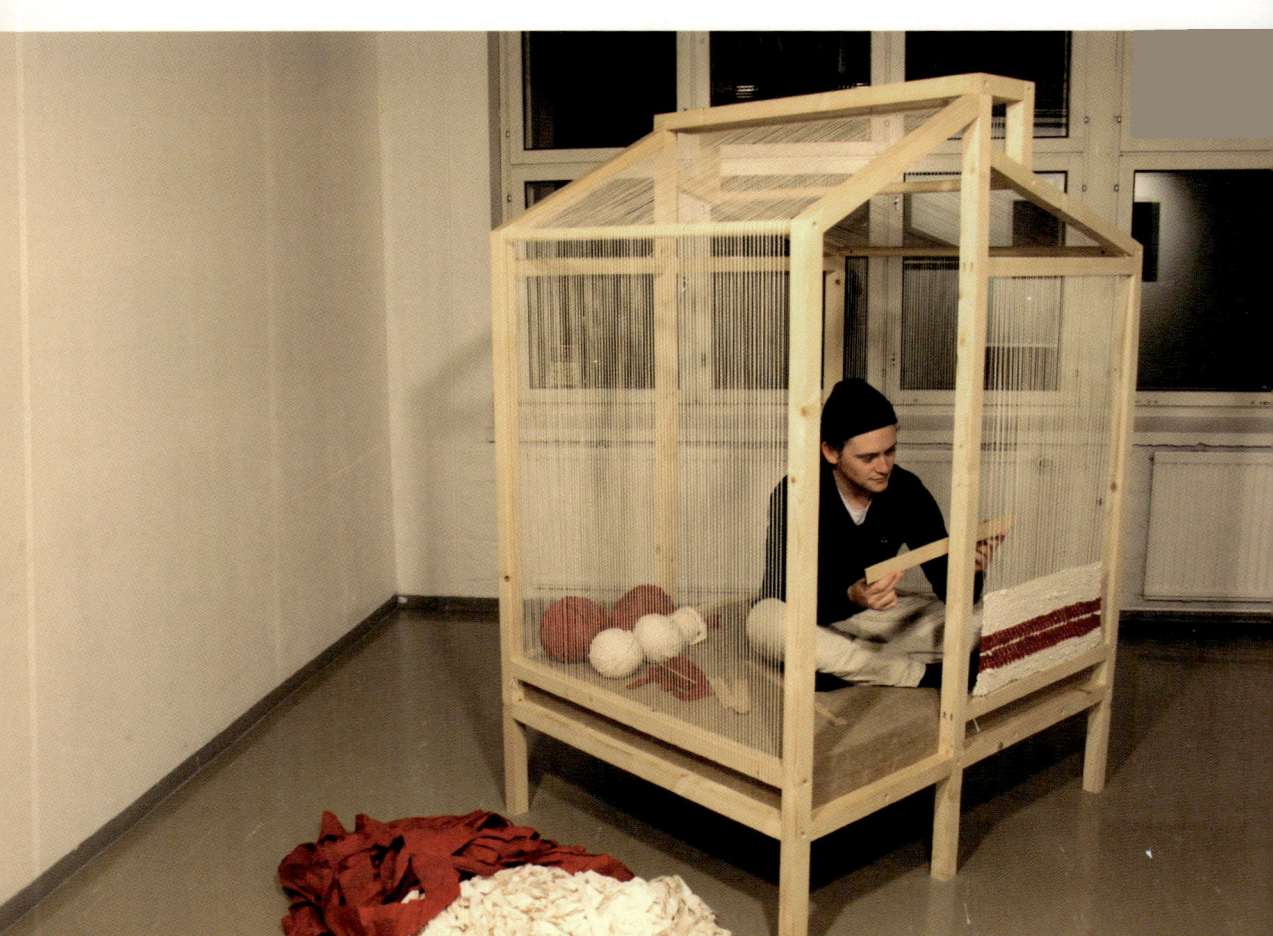

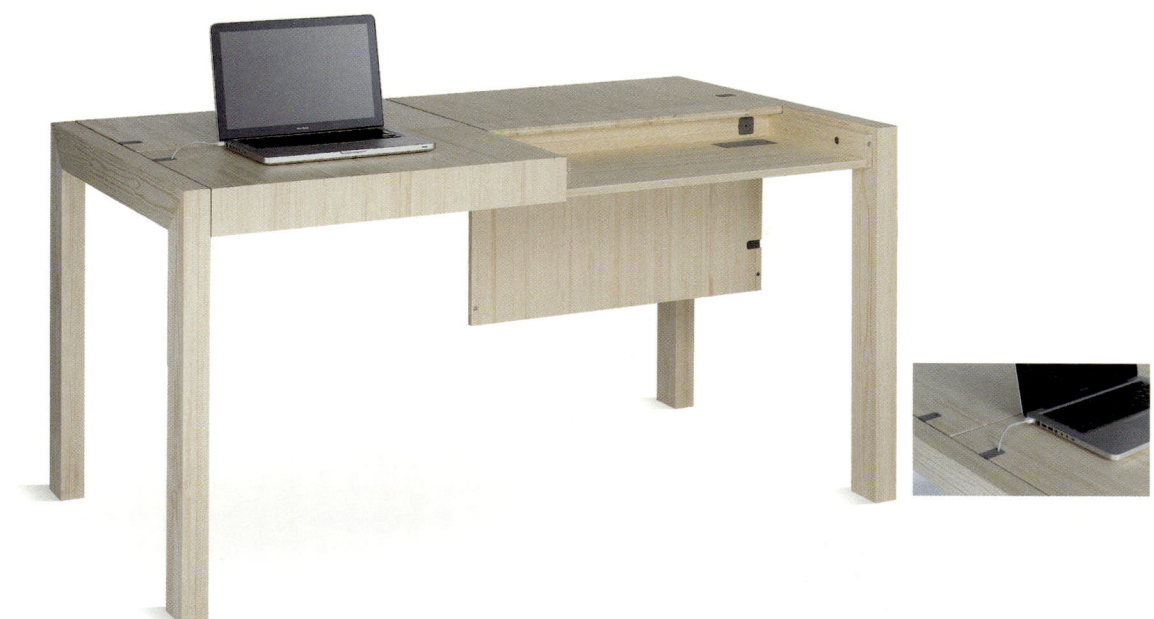

Markus Toivanen 마르쿠스 토이바넨

Deski

Table
74×140×80cm
Effex by Stora Enso (Pinewood), rubber

Deski

탁자
74×140×80cm
핀란드 제지회사 '스토라 엔소'에서 제작한 Effex(소나무),
고무

The "Deski" is a four seated dining table as well as desk. It is designed for small homes, which can accommodate only one table and for performing all daily chores on. The Desk is divided into four consoles, which are covered with removable surfaces. They can be used as portable working surfaces which are attached to the system with magnets. One can hide all the desk's small items inside the consoles. Rubber parts are used for facilitating extension cords inside the consoles. One can disassemble the "Deski" into easily portable parts with an allen key and wrench, because the desk is assembled mounting few ferrules. The "Deski" is manufactured using "Effex" which is a by-product made from pinewood sawmill waste manufactured by Stora Enso. Pinewood grows widely spread in the Finnish nature, but unfortunately it's usage as a design material is decreasing. Using pinewood as design material, I'm increasing the products design value. It is also ecological to design modern furniture using local materials.

<Deski>는 4인용 식사 테이블이자 책상으로, 한 개의 테이블로 다양한 일상생활 활동을 수용하는 작은 규모의 가정을 위해 디자인되었다. 이 책상은 네 개의 콘솔로 나뉘어지며, 이것들은 모두 떼어낼 수 있도록 되어있다. 각각의 콘솔은 자석으로 부착되어서 휴대용 작업대로 사용할 수도 있고, 작은 물건들을 수납할 수도 있다. 또한 고무로 된 부분은 콘솔 안쪽으로 전기코드를 수월하게 사용하는 데 이용된다. 이 책상은 몇 개의 이음관으로 조립되어 있기 때문에 이동가능한 부분들로 손쉽게 해체할 수도 있다. <Deski>는 핀란드 제지회사 '스토라 엔소'가 제조한 'Effex'로 제작되었으며, 이 재료는 소나무 제재소에서 나온 부산물로 이루어져 있다. 소나무는 핀란드의 자연 환경에서 광범위하게 자라고 있지만, 불행하게도 재료로서의 사용은 점점 감소하고 있다. 작가는 작품의 재료로 소나무를 사용함으로써 디자인 가치를 향상시키고 있다. 또한 그것은 지역 재료를 활용하여 가구를 디자인한다는 친환경적 가치이기도 하다.

Ren Tong 렌 통

Radio Box

54×40×38cm
painted MDF, radio

People sometimes turn on the radio just to break
the silence. Therefore, I designed this radio box for
the lonely people. The small chairs come out when
you open it, like friends that are ready to listen to
the radio together with you.

라디오 박스

54×40×38cm
채색된 MDF, 라디오

때때로 사람들은 단지 침묵을 깨기 위해서 라디오를 켜곤
한다. 그래서 작가는 외로운 사람들을 위해 이 라디오 박
스를 디자인했다. 라디오 박스를 열면, 함께 라디오를 듣
기 위해 기다리던 친구처럼 작은 의자가 밖으로 나온다.

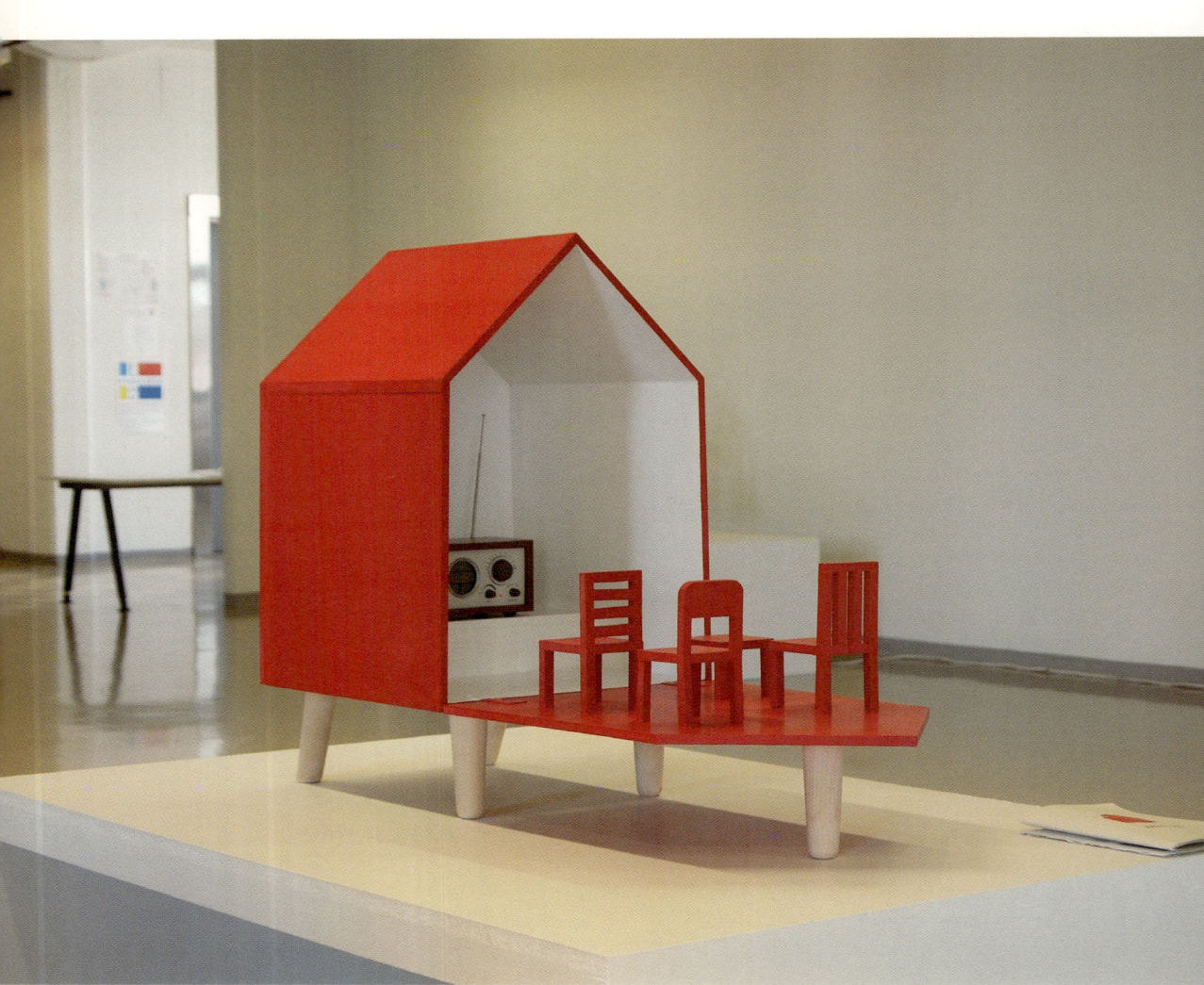

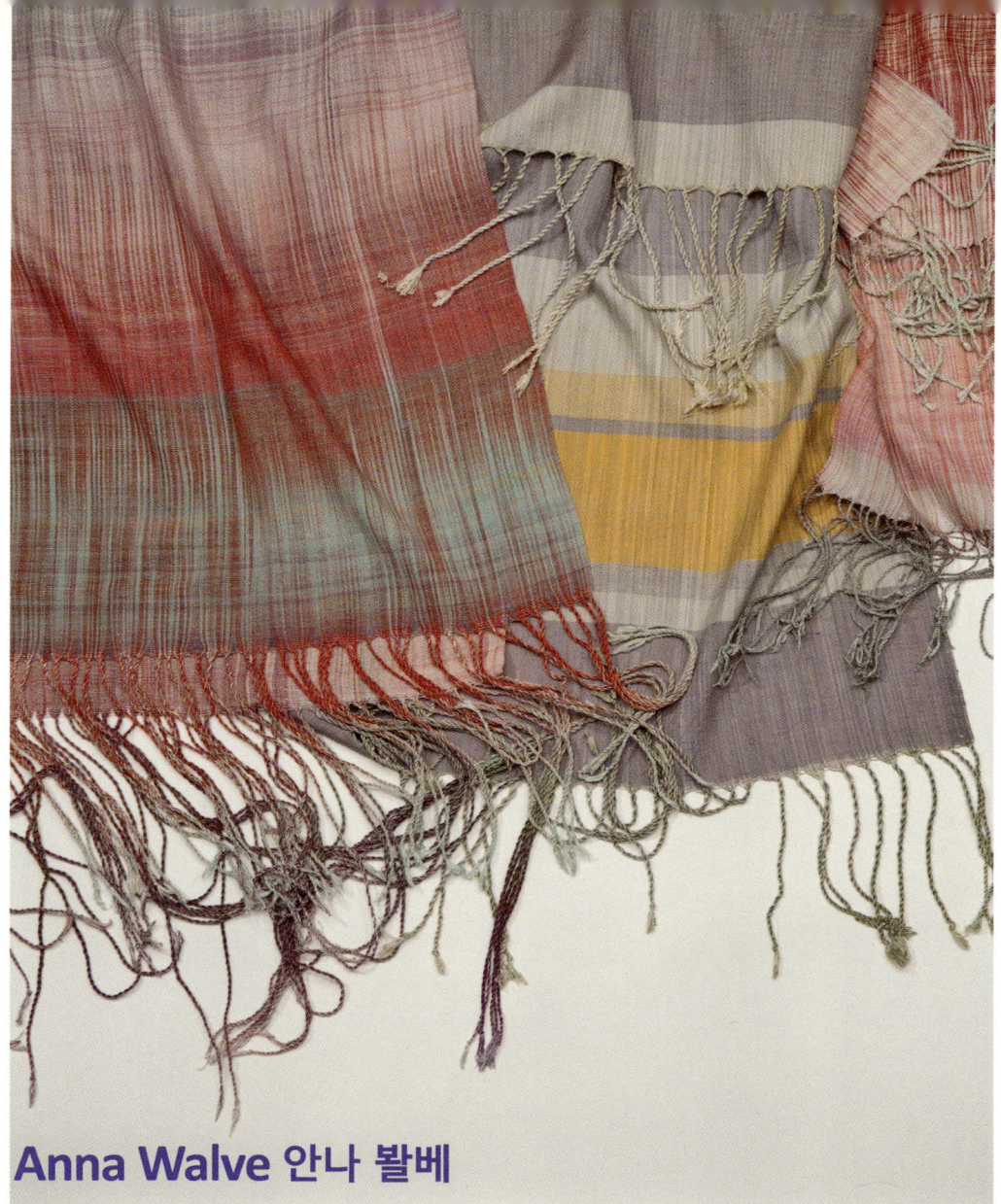

Anna Walve 안나 봘베

And all I see there,
a straight line in the atmosphere

Scarves
50×250cm (Exhibition dim: 50×250×3cm)
hand-painted silk

The scarves are hand-woven and both warp and
weft are painted. While weaving I thought about
my mental landscape in Hanko, its shorelines,
horizons and rocky beaches, bright summer nights.
I wanted to weave a thin atmosphere of lights.

그리고 내가 그곳에서 본 것들,
대기 중의 곧은 선

스카프
50×250cm (전시구성: 50×250×3cm)
손으로 채색한 실크

이 스카프들은 수작업으로 직조되었고, 씨실과 날실 모두
채색되어 있다. 나는 직조작업을 하는 동안 핀란드 남서부
에 있는 항구도시 Hanko에서 느꼈던 마음의 풍경에 대해
생각했다. 그곳의 해안선과 수평선, 바위 해안, 빛나던 여
름 밤… 나는 빛이 자아내는 가느다란 대기를 엮어내고 싶
었다.

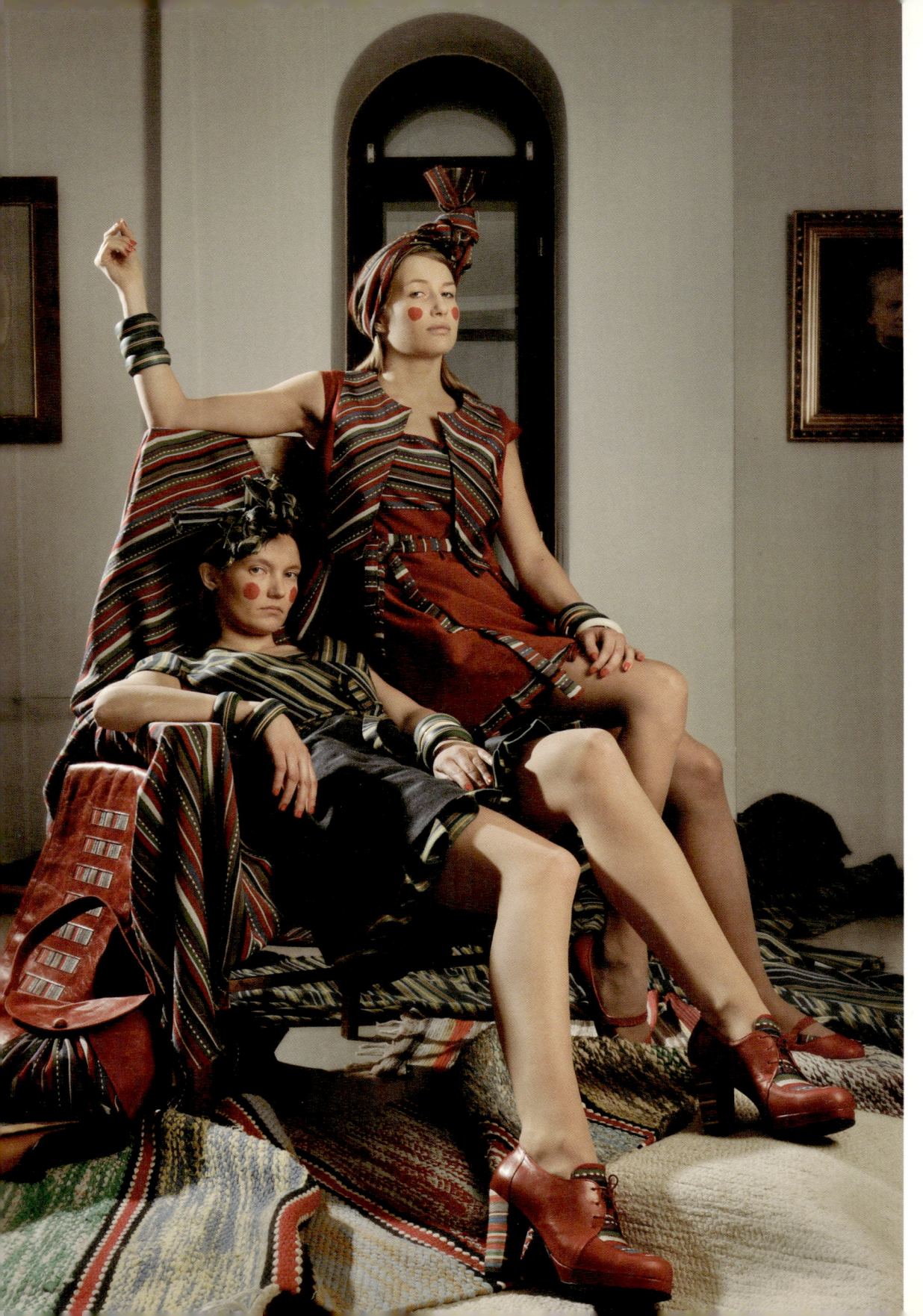

HAMK University of Applied Sciences
HAMK 응용과학대학교

Wetterhof Wintage Collection

Responsible teachers
Clothes_ Tarja Saari
Footwear_ Merianne Nebo
Fabrics_ Aija Lundahl
Project_ Pirjo Seddiki

Wetterhoff Wintage Collection is based on unique fabrics made in Wetterhoff own weaving mill. The striped woolen fabrics are woven using high quality fibers and partly left over materials, which gives them personal and surprising tone, not to forget sustainability. All the materials used in shoes, accessories and bags are from neighboring areas, for example moose leather comes from Finnish hunter´s prey and wooden heels from Finnish birch. The collection includes women's wear, footwear for men, women and babies, bags and accessories. WW Collection is a collective, experimental, ongoing, creative design project. Creative ideas are shared and accessible to all involved in design process. This method refers also to traditional cultural heritage, to folk art and crafts where anonymous skillful craftsmen and -women developed beautiful objects.

Wetterhof Wintage 컬렉션

책임 교사
의   류_ 타르야 사리
신   발_ 메리아네 네보
섬   유_ 아이야 룬달
프로젝트_ 피르요 세띠끼

'Wetterhoff Wintage 컬렉션'은 Wetterhoff의 직조공장에서 만들어진 독자적인 직물에 기초하고 있다. 줄무늬가 있는 양모 직물은 고품질의 섬유와 함께 부분적으로는 사용하고 남은 재료로 직조된다. 이러한 방식을 통해 직물에 개성적이고 예기치 않은 색조를 부여할 뿐만 아니라 환경에 대한 지속가능성도 배려하고 있다. 신발, 액세서리, 가방 등에 사용된 모든 재료는 인근 지역에서 나온 것들이다. 예를 들면 사슴 가죽은 핀란드 사냥꾼에게서 왔고, 나무 신발굽은 핀란드산 자작나무로 만들어졌다. 이번 컬렉션에서는 여성의류, 남성·여성·아기 신발류, 가방, 액세서리 등을 선보이고 있다.
'Wetterhoff Wintage 컬렉션'은 종합적이고 실험적이며, 창조적인 진행형 프로젝트이다. 혁신적인 아이디어는 모든 디자인 프로세스에 골고루 적용되어 있다. 또한 이러한 방식은 전통적인 문화유산과 함께, 민속예술과 이름모를 장인들이 발전시켜 왔던 수공예 기술을 참조하고 있다.

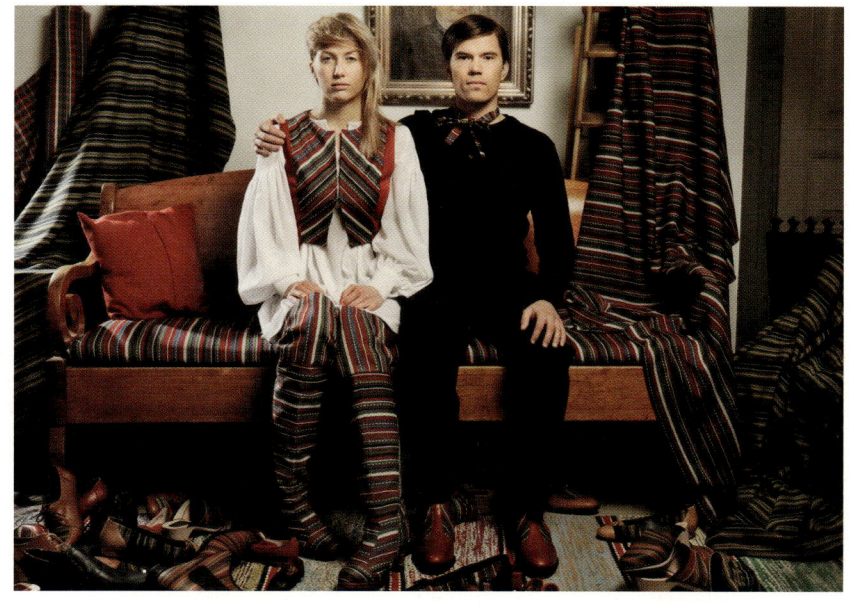

University of Lapland
라플란드 대학교

Postal address
Faculty of Art and Design
Textile and Clothing Design
Yliopistokatu 8
96300 Rovaniemi
Finland
Tel: +358 16 341 341
Fax: +358 16 362 931
www.ulapland.fi

Professor Marjatta Heikkilä-Rastas, Clothing
Professor Kristiina Hänninen, Textile

Faculty of Art and Design

The Faculty of Art and Design offers university-level art
and design education (B.A.; M.A; Doctorate). The Faculty
has five degree programmes which include audiovisual
media culture, graphic design, art education, textile and
clothing design and industrial design.

Textile and Clothing Design

Master's graduates of the textile and clothing design
degree programme are qualified for responsibilities
as designers, researchers, teachers and towards
entrepreneurship. Students may choose a concentration
in either textile or clothing design. Studies in both fields
include product design in digital environments and the
basics of research. A thorough understanding of materials,
design methods and the manufacturing techniques for
textiles and clothing provides a foundation for broad-
based research and product development that embrace
a range of ethical, ecological and cultural perspectives.
Collaborative projects form an essential aspect of
the studies.

의상 교수_ 마르야따 헤이낄라 라스타스
섬유 교수_ 크리스티나 한니넨

예술디자인학부 Faculty of Art and Design

라플란드 대학교 예술디자인학부에서는 예술과 디자인에
대한 대학 교과 과정을 제공하고 있다(학사, 석사, 박사 과
정). 구체적으로 '시청각 미디어 문화', '그래픽 디자인', '미
술교육', '섬유·의상 디자인', '산업 디자인'이라는 5 개의 학
위 프로그램을 운영하고 있다.

섬유·의상 디자인 Textile and Clothing Design

섬유·의상 디자인 석사과정에서는 디자이너, 연구자, 교육
자로서의 책임을 다하고, 기업가 정신을 지향하기 위한 수
준 높은 교육을 제공한다. 재학생들은 섬유디자인과 의상
디자인 중 하나의 과정을 선택하여 집중할 수 있으며, 두
분야 모두 디지털 환경에서의 제품 디자인과 기초 연구를
포함하고 있다. 재료, 디자인 방법론, 섬유·의상 제조기법
에 대한 전반적인 이해는 윤리적, 생태학적, 문화적 범위
를 아우르고 있으며, 폭넓은 연구와 제품 개발을 위한 기
초를 제공하고 있다. 뿐만 아니라 협업 프로젝트는 교육과
정의 핵심적인 부분을 형성하고 있다.

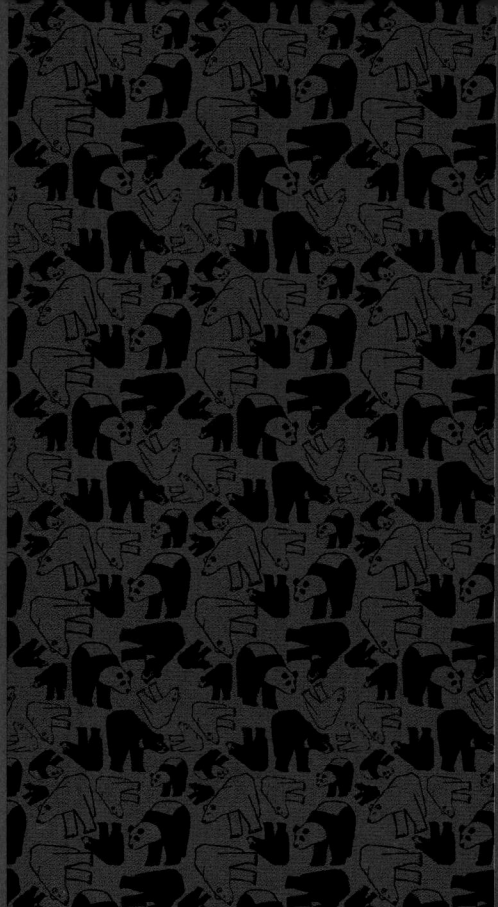
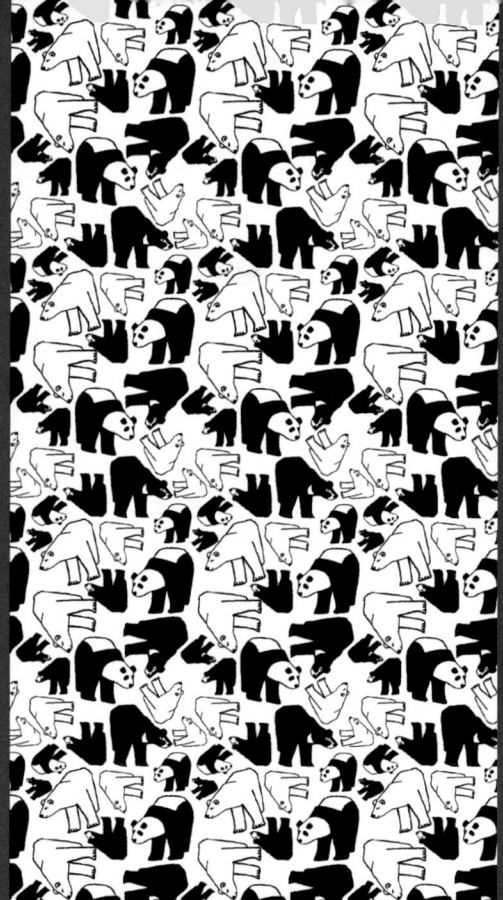

Niina Autio 니나 아우띠오

Polar Bears I & II

Polar Bears I
150×300cm
cotton (Textiles are dyed with reactive color and printed after finishing with pigment color using silk-screen printing)

Polar Bears II
150×300cm
cotton (Textile is printed with pigment colors using a silk-screen printing)

"Polar Bears I and II" have been inspired by demographic change and multiculturalism. It shows how we have a lot of similarity if we just ignore the color of our skin and the way we dress up. We all are equal and important.

북극곰 I & II

북극곰 I
150×300 cm
면(반응성 염료로 염색 한 후 실크스크린 기법으로 안료 프린트한 섬유)

북극곰 II
150×300cm
면(실크스크린 기법으로 안료 프린트한 섬유)

<Polar Bears I & II>는 인구학적 변화와 다문화주의에서 영감을 받은 작품이다. 이 작품은 우리가 만약 피부색과 옷 입는 방식을 무시하기만 한다면 얼마나 많은 공통점이 있을지를 보여준다. 우리는 모두가 평등하고 소중하다.

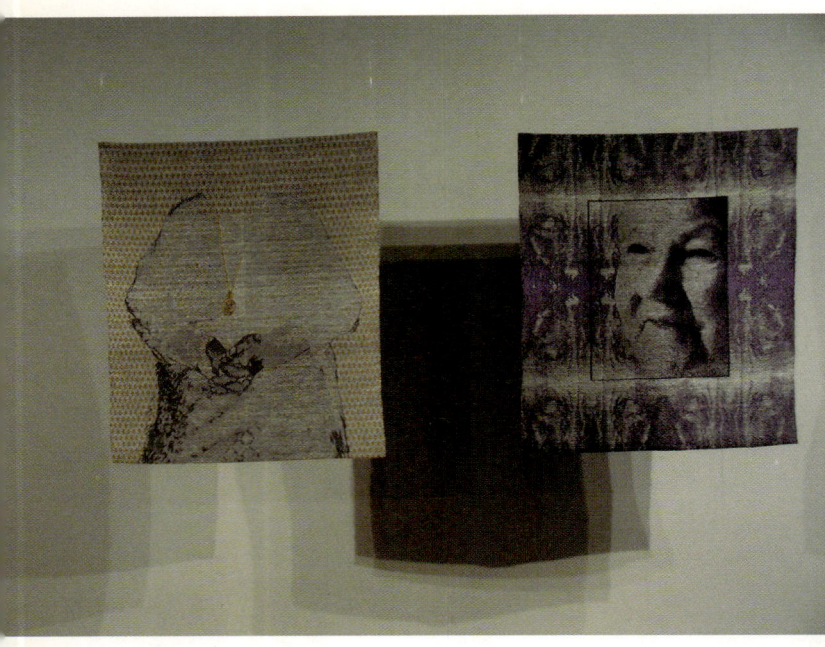
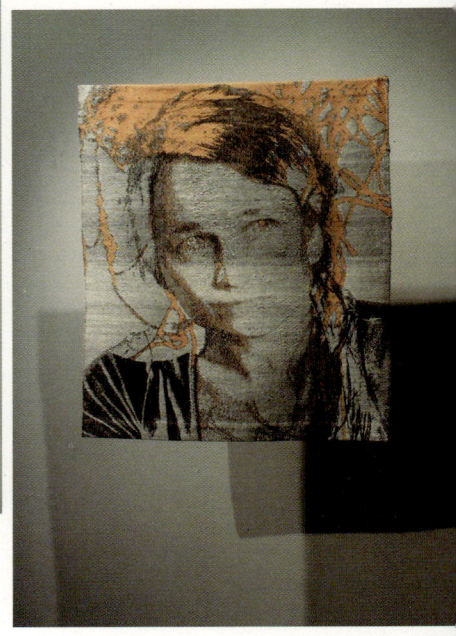

Kaisu Kilpijärvi 까이수 킬피야르비

With Grandma

Inheritance, Font of Inspiration and Self-Portrait
71×84cm
cotton

My grandmother or "mummu" is a font of inspiration for my work with textiles. She lived with my family and created textiles for use and for fun. I always saw her using creativity with fabric, paint, yarn or fibres. She had special freedom towards materials. The tactical knowledge I have with textiles is inherited from grandma. It creates a strong mental atmosphere to touch materials and find my self-portrait in it. By jacquard weaving I am able to show my strong appreciation towards grandmother who I lost when I was nine years old.

할머니와 함께

계승, 영감의 샘과 자화상
71×84cm
면

나의 할머니 'mummu'는 섬유작업에 있어서 영감의 샘이 라고 할 수 있다. 할머니는 우리 가족과 함께 사시면서, 사용하거나 혹은 재미로 옷감을 만들곤 하셨다. 나는 할머니 가 천과 물감, 실, 섬유들을 이용해서 자신의 창의성을 발 휘하는 것을 늘 지켜보았다. 그녀는 재료에 대한 특별한 자유로움을 가지고 있었다.
지금 내가 가진 섬유에 대한 적절한 이해는 할머니로부터 물려받은 것이라고 할 수 있다. 그런 유산들은 내가 재료 를 다루는데 있어 강한 내면을 만들어주고, 스스로의 자화 상을 찾도록 한다. 나는 이 자카드 직물을 만들면서 내가 아홉 살 때 돌아가신 할머니를 향한 커다란 감사의 마음 을 표현할 수 있었다.

Sanna Konola 산나 코노라
Tiina Meriläinen 띠나 메리라이넨

Emotional waste

Size of the mannequin 36-38
silk, wool, bamboo, linen

Emotional waste is a response to the alarming state of the world in the form of a conceptual clothing collection. We are exploring zero waste principles and the use of natural dyes and materials as meaningful way to express our concerns. Through folding and fabric manipulation we are playing with the dimensions of the garment and the memory of a mark, traces of a print. Climate change is a serious threat, but apathy is growing. Our carbon footprints are ever expanding and glaciers melting. What kind of mark are we going to leave behind? Who dares to care?

감정낭비

마네킹 사이즈 36-38
실크, 양모, 대나무, 면

<Emotional waste>는 개념적인 의상 컬렉션을 통해 세상의 염려스러운 상황을 알리고자 한다. 작가들은 폐기물을 없애려는 신념 아래, 그들의 관점을 표현하기 위한 의미있는 수단으로서 자연에서 취한 염료와 재료를 사용한다. 또한 직물을 접거나 교묘히 조작하며 옷감의 크기와 문양의 복원력을 실험하고 있다.
기후변화가 심각한 위기를 초래하고 있지만, 사람들의 관심은 점점 무디어 간다. 탄소 발자국은 점점 커져가 빙하를 녹이고 있다. 우리는 훗날 어떤 흔적을 남길 것인가? 누가 우리의 미래를 돌볼 것인가?

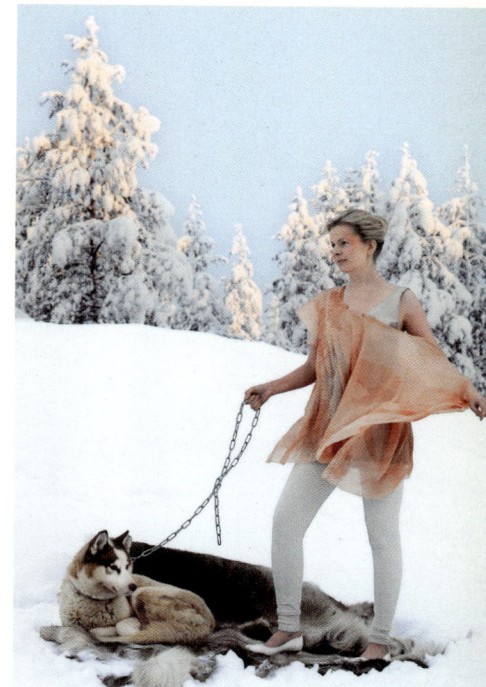

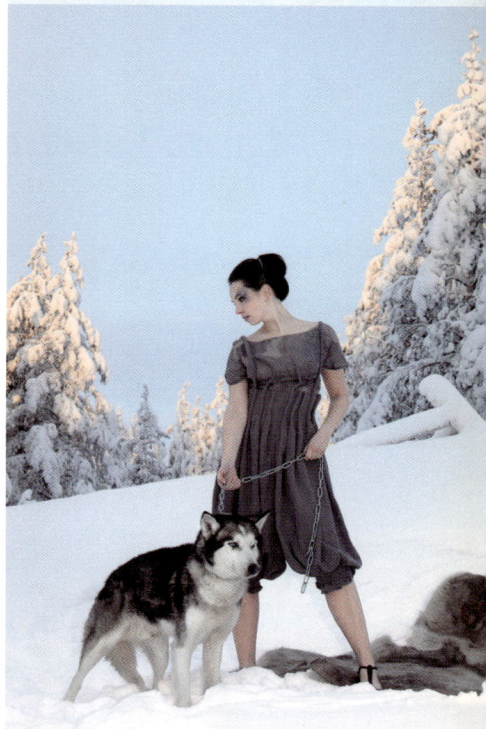

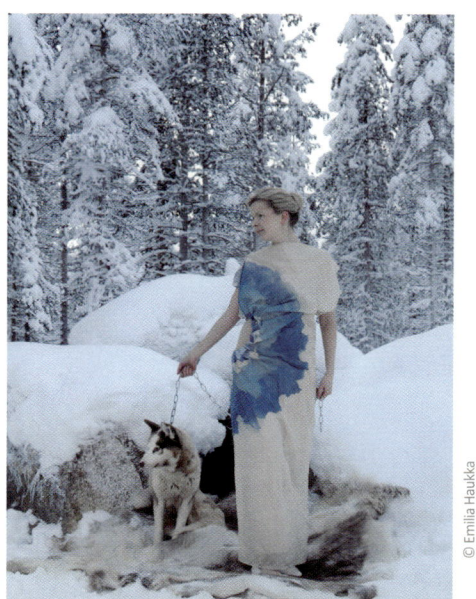

© Emilia Haukka

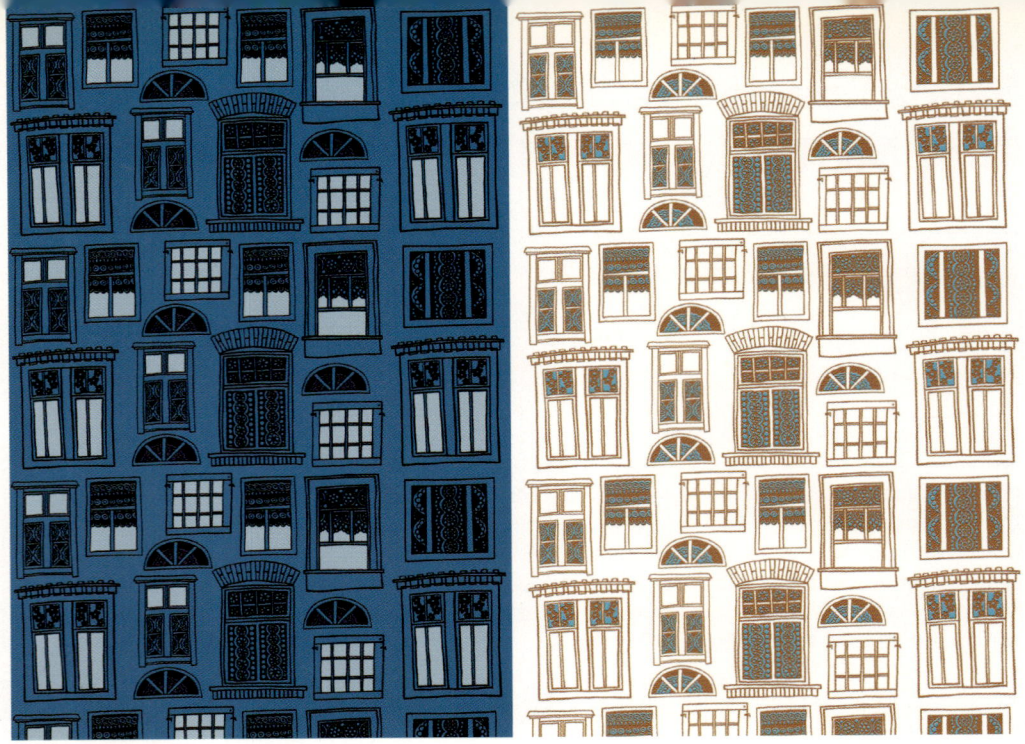

Laura Laivamaa 라우라 라이바마

Pitsiuutimet; Variation I and Variation II

Variation I 140×280cm, Variation II 140×260cm
100% cotton

Inspiration to the "Pitsiuutimet" -design came from northern city, Rovaniemi and its citizens. I sketched lots of different windows in Rovaniemi, and these windows created the full composition. Lace curtains represent the citizen, every window has its own style. Colors to the "Variation I" came from blue moment of the dark winter time when the sun doesn't rise. Then the only light in the city can be the light which comes from the windows. "Variation II" represent a new coloring from the theme: brown outlines and turquoise curtains in white base make a refreshing and maybe more global feeling.
Both variations are 100% cotton. "Variation I" is made on a handpainted base with reactive dyes and reactive and white reserve. "Variation II" is made with pigment colors.

Pitsiuutimet : 변주I , 그리고 변주 I

변주I 140×280cm, 변주 II 140×260cm
면 100%

<Pitsiuutimet>은 북부권 도시 Rovaniemi와 그곳의 시민들에게 영감을 받아 제작되었다. 나는 Rovaniemi에 있는 수없이 다양한 모양의 창문을 스케치했는데, 이곳의 창문들은 완벽한 구성감을 이루고 있었다. 레이스가 달린 커튼이 그곳 사람들의 감각을 표현하듯이 모든 창문에는 그들만의 스타일이 있었다.

<Variation I>에 사용된 색감은 해가 뜨지 않는 어두운 겨울의 푸르른 순간에서 취했다. 그때 도시의 유일한 빛은 창문으로부터 새어나오는 빛뿐이다. 흰 바탕에 그려진 갈색 테두리와 청록색 커튼들은 신선한 느낌을 주는데, <Variation II>에서는 이러한 주제를 새로운 색감으로 재현하였다.
두 개의 작품 모두 순면 소재로, <Variation I>은 수작업으로 채색된 바탕에 반응성 염료를, <Variation II>은 안료를 사용하여 만들어졌다.

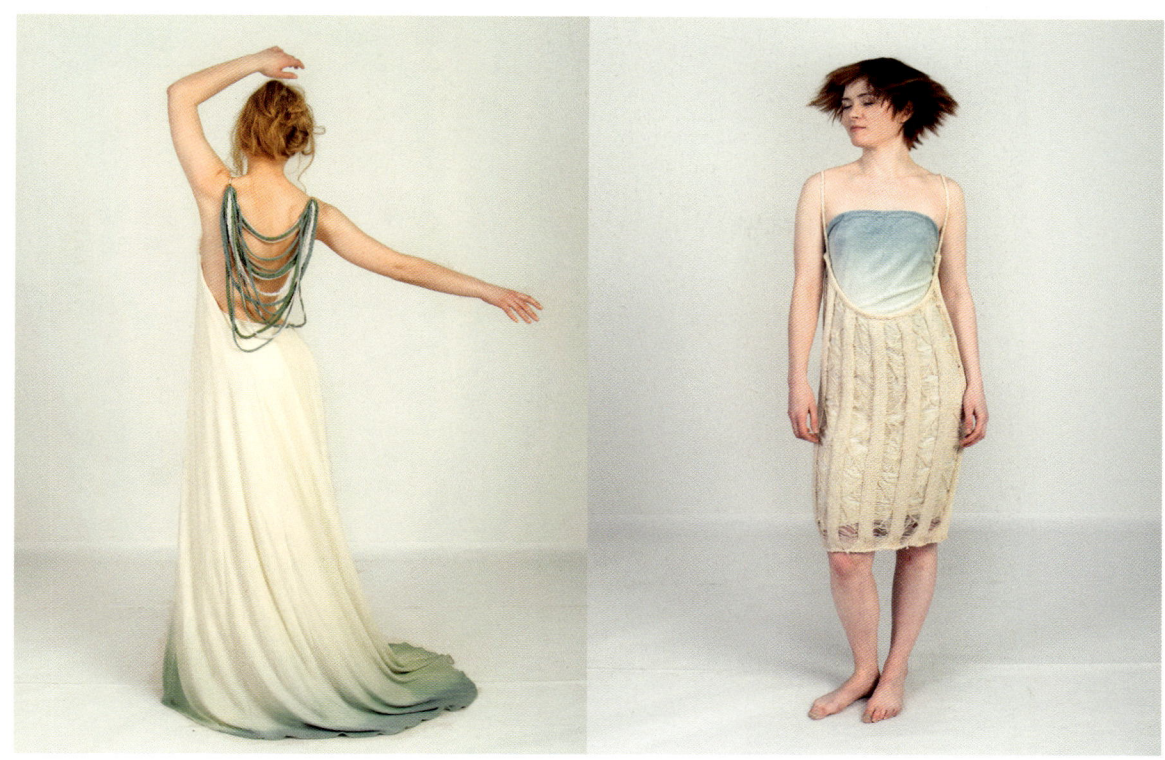

Helka Mäkinen 헬까 마키넨

Northward yearning

Size of the mannequin 36
cotton yarn and bamboo-polyester terry cloth

The collection was inspired by my wish of visiting the Arctic Ocean and to see the shores, the cliffs and the icy ocean. Without having the chance to realize, the wish grew into a dream and mixed with unrealistic expectations. The constant dream, the unrealistic vision of a realistic place, the northward yearning are all displayed in these garments. Materials are cotton yarn and bamboo terry. The collection was first presented during the Rovaniemi Design Week 2011. The two outfits represent the collection showcasing both the knitted garments and flowing dip dyed terry. I specialize in knitwear design, seeking new ways to create patterns and surfaces.

북쪽을 향한 동경

마네킹 사이즈 36
면사와 대나무-폴리에스테르 테리천

<Northward yearning>은 해안과 절벽, 빙해를 보기 위해 북극해를 방문해 보고자 하는 소망에서 영감을 받은 결과물이다. 그 소망을 실현해볼 새도 없이 그것은 꿈이 되어 비현실적인 기대와 뒤섞이게 되었다. 이 작품에는 끊임없는 열망과 실재하는 장소에 대한 비현실적인 상상, 즉 북쪽을 향한 동경이 모두 표현되었다.
면사와 대나무 테리천을 재료로 하는 이 작품은 2011년 'Rovaniemi' 디자인 위크 기간에 처음 선보였다. 이번 전시에서는 패턴과 표면을 표현하는 새로운 방식을 통해 니트웨어 디자인을 특화시킨 의상 두 벌을 선보인다.

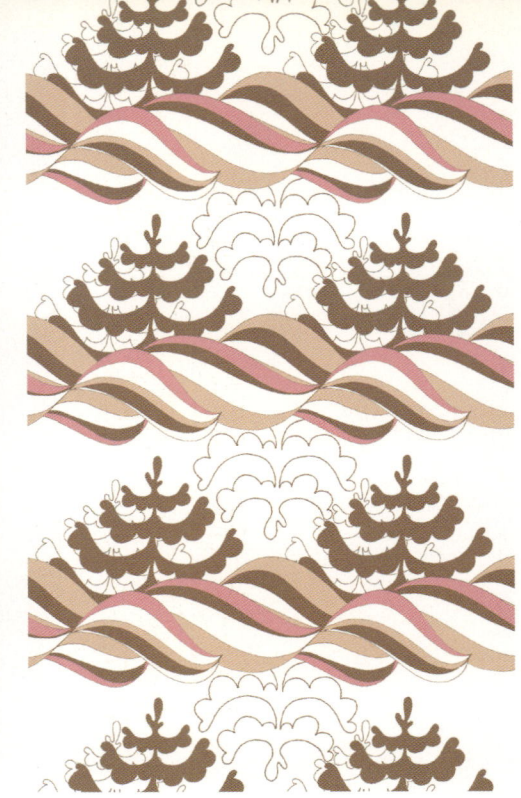

Ida-Lotta Metsävainio 아이다 로따 메트사바이니오

Kuusten kuiske I/Whisper of Woods I

150×300cm
cotton

The print is inspired by the arctic forest and its silence. It represents the Finnish state of mind. Textiles is painted with reactive color and after finishing printed with etching technique and pigment colors.

Kuusten kuiske I/Whisper of woods II

150×300cm
cotton

The print is inspired by the arctic forest and its silence. It represents the Finnish state of mind. Printed with pigment colors.

숲의 속삭임 I

150×300 cm
면

<Whisper of Woods I>은 북극 지방의 숲과 그곳의 침묵에 영감을 받아 제작되었으며, 핀란드인의 정서를 표현하고 있다. 이 작품은 반응성 염료로 섬유를 채색한 후, 에칭 기법과 자연염료로 문양을 프린트하여 완성되었다.

숲의 속삭임 II

150×300 cm
면

<Whisper of woods II>은 북극 지방의 숲과 그곳의 침묵에 영감을 받아 제작되었으며, 핀란드인의 정서를 표현하고 있다. 이 작품은 자연염료로 문양을 프린트하여 완성되었다.

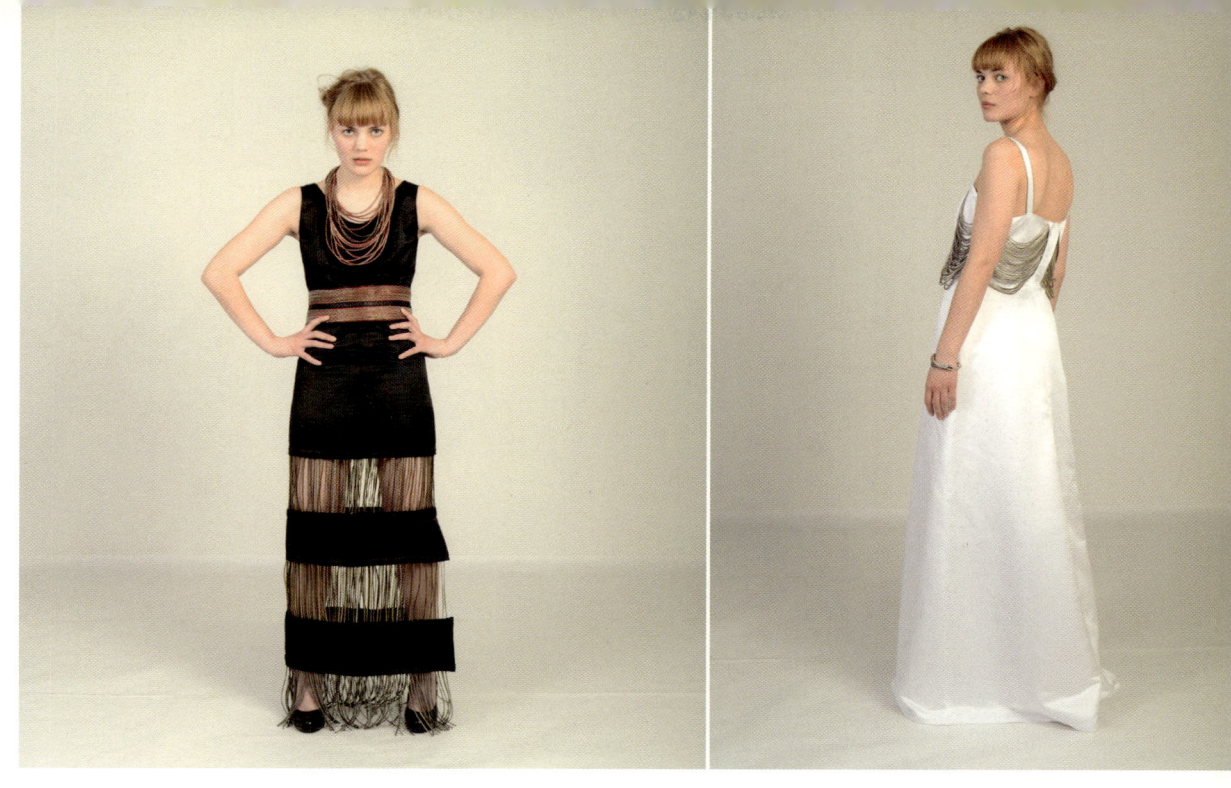

Riikka Oikarinen 리까 오리카리넨

Collection Indestructible

Outfit 1 Deadly

Size of the mannequin 36 (exhibition dim 0.5m²)
Black satin and metal zippers

Outfit 2 Fragile

Size of the mannequin 36 (exhibition dim 0.6m²)
White satin and metal zippers

The collection consists of three evening gowns and accessories. In this exhibition you can see two pieces from the collection: Deadly and Fragile. The idea for the collection started from the zipper necklace which I have designed earlier. I wanted to use the same technique to clothes, especially to evening gowns. I combined satins soft feeling to zippers texture and shine. Experiments gave a new form and function to zippers – hidden object to a visible element. The collection was presented for the first time in Rovaniemi Design Week 2011, University of Lapland's Pohjola In/Out –show.

불멸의 컬렉션

의상1 **치명적인**

마네킹 사이즈36 (전시구성0.5m²)
검정색 공단 과 금속 지퍼

의상2 **깨지기 쉬운**

마네킹 사이즈36 (전시구성0.6m²)
흰색 공단과 금속 지퍼

이번 전시에서는 이브닝 가운과 액세서리로 구성된 세 벌의 컬렉션 중 <Deadly>와 <Fragile>을 선보인다. 이 작품들은 2011년 'Rovaniemi' 디자인 위크 기간 중 라플란드 대학교 'Pohjola' 쇼에서 처음으로 선보였다.
이 작품의 아이디어는 일전에 제작하였던 지퍼로 만들어진 목걸이에서 기초하고 있다. 이와 같은 기술을 옷, 특히 이브닝 가운에도 적용해 보고 싶은 마음에서 공단의 부드러운 느낌과 지퍼의 빛나는 질감을 결합하였다. 이 실험은 보이는 것의 반대편에 감춰진 새로운 형태와 기능을 지퍼라는 사물에 부여해 주었다.

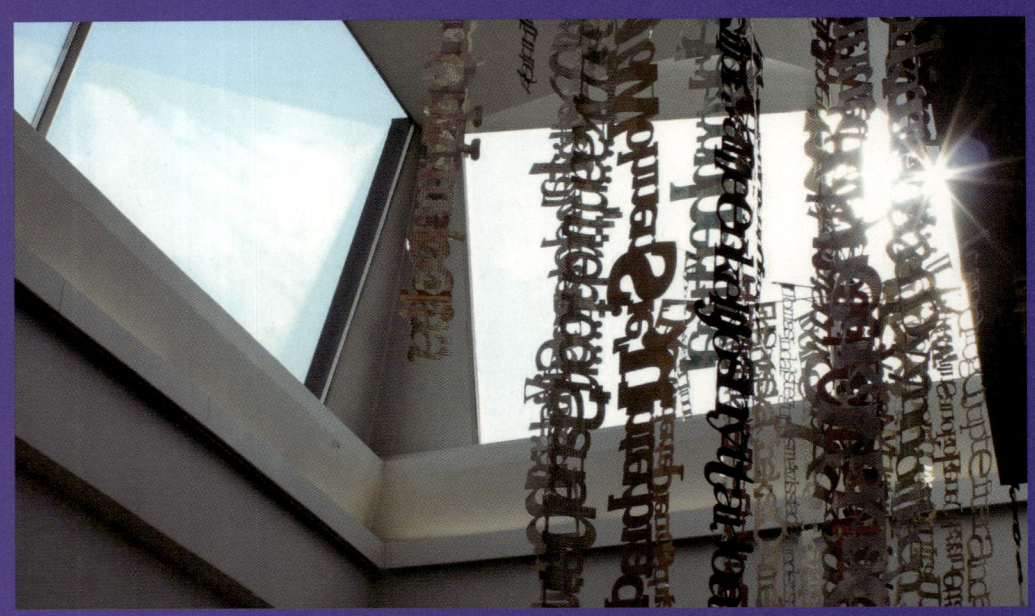

Annariikka Qvist 안나리까 퀴스트
Jenni-Liisa Yliniva 옌니 리사 율리니바

Forgotten Phrases

Installation
100×240cm
old books, recycled textiles, metal

Forgotten Phrases is an art project of two Lappish textile designer's, who are fascinated by throw-away materials. The beauty of the yellowish pages of discarded books and faded household-textiles inspired them to bring the old and forgotten phrases borrowed from the books back to life in a new form.

잊혀진 글귀

설치작품
100×240cm
오래된 책, 재활용 섬유, 금속

<Forgotten Phrases>는 버려진 재료에 매혹된 라플란드 지방 출신의 섬유 디자이너 2명이 꾸민 아트 프로젝트이다. 버려진 책의 노르스름한 종이와 색이 바랜 가정용 섬유용품에서 아름다움을 느낀 이들은 책에서 빌어온 오래되고 잊혀진 글귀를 새로운 형태로 만들어 우리의 삶을 환기시키고 있다.

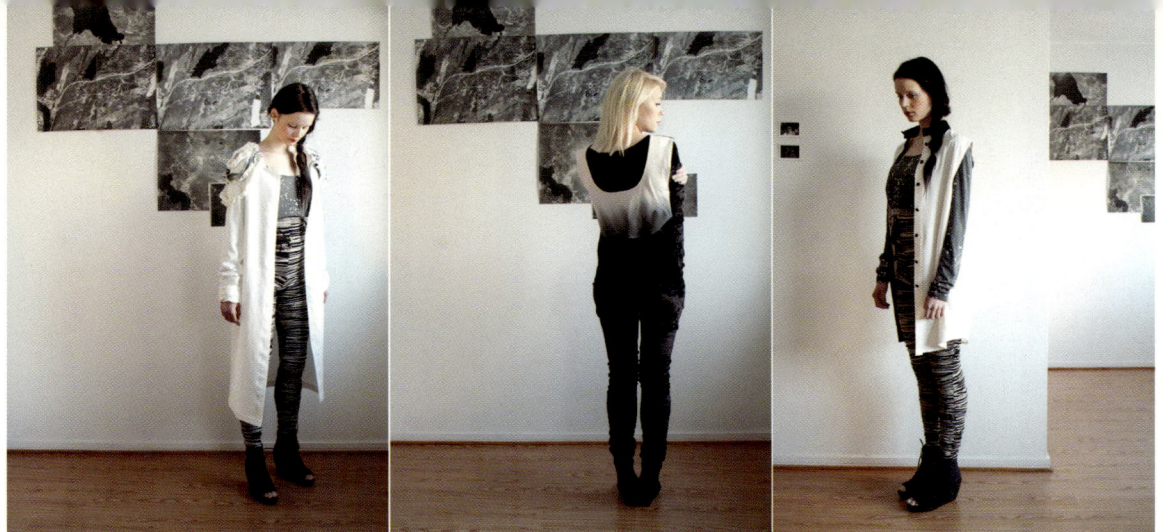

Merja Ulvinen 메르야 울비넨

2, 3, 5, 7, 11...

Outfit 1 Long white jacket with plait details, silkscreen printed shirt and pants. Peach colored vest-shirt may be included with the outfit

Size of the mannequin 36
screen printed, painted cotton jersey and collage

Outfit 2 Black velvet overall with unsymmetrical vest with gradiant painted back and screen printed front

Size of the mannequin 36
black velvet, screen printed and painted cotton jersey

The loss of a significant person in one's life will typically initiate a grief response; in this situation, one might feel lonely, even while in the company of others. 2, 3, 5, 7, 11... is inspired by loneliness. Generally, personally, theoretically, mathematically, literary, color- and material-wise. What is it, why is it and how is it? And what comes after it.
Outcome of conceptual design process, 2, 3, 5, 7, 11 is seven outfit collection where every shape, technique, color and print has its own meaning and visual reason. All the pieces of the collection are wearable, thought to be used in everyday life. Techniques used are silkscreen printing, white discharge printing, dyeing, gradient painting of fabrics and plaiting.

2, 3, 5, 7, 11

의상1 흰색의 긴 자켓, 실크스크린으로 프린트한 셔츠와 바지, 복숭아 빛 베스트 셔츠

마네킹 사이즈 36
스크린 프린트와 채색된 면소재 저지와 콜라주

의상2 비대칭의 베스트 검정색 벨벳 오버롤

마네킹 사이즈 36
검정색 벨벳, 스크린 프린트와 채색된 면소재 저지

한 사람의 삶에 있어 소중한 사람을 잃는 것은 매우 슬픈 일이다. 이러한 상황에서 사람들은 다른 벗들과 함께 있더라도 외로움을 느끼곤 한다. <2, 3, 5, 7, 11...>은 이러한 외로움에 관한 작품이다.
'일반적인', '개인적인', '사색적인', '수리적인', '문학적인', '색과 재료에 대한 지혜'... 이런 것들은 대체 어떤 의미를 가지고 있고, 그 이후에 무엇이 뒤따르는가.
이 작품은 개념적인 디자인 프로세스를 통해 만들어진 일곱 벌의 의상 컬렉션으로 형태, 기술, 색상, 문양이 다른 각각의 의상들은 그 자체의 의미와 시각적 근거를 가지고 있다. 또한 실크스크린, 백색발염, 염색, 그래디언트 페인팅, 땋기 등 다양한 기법을 통해 만들어졌으며, 각각의 의상들은 실제로 일상생활에서 입을 수 있도록 디자인되어 있다.

Helsinki Metropolia University of Applied Sciences
헬싱키 메트로폴리아 응용과학대학

Postal address
Helsinki Metropolia University of Applied Sciences
PO BOX 4000 (Bulevardi 31)
FI-00079 Metropolia
FINLAND
Tel. +358 20 783 5000
http://www.metropolia.fi/en/

Stuga project

Stuga was a cooperation project between Degree Programs in Conservation, Design and Communication. The project started in August 2010 with research and documentation on Högsåra Island, where students worked in interdisciplinary working groups.

During the project textile conservation students made a systematic plan how to conserve the traditional textiles on the Island. The textile design students designed Stuga Collection which was inspired by the textile tradition and the nature of Högsåra Island. Interior design students Heini Lehtinen, Irene Koukku and Sanna Mustonen designed the exhibition display which at the WeeGee Exhibition Center in June 2011. Graphic design for the exhibition and logo for the project were designed by Kati Varkkola and Emilia Kaartinen.

Textile conservation students_ Johanna Eirikkä, Susan Hannusas, Mira Karttila, Saara Mikola, Milla Nederström, Jenni Nolvi, Jaana Seppälä, Jenniina Siira, Anni Tuominen, Salme Vanhanen

Professors_ Anna Häkäri, Tiina Karhu, Annaleena Kähkönen, Hilpi Koivisto, Pekka Krankka, Tuiti Paju, Merita Soini

Stuga 프로젝트

Stuga는 보존과 디자인, 커뮤니케이션 학위 프로그램 간의 협력 프로젝트이다. 이 프로젝트는 Högsåra 섬에 대한 연구와 기록을 필두로 2010년 8월에 시작되었고, 이곳에서 학생들은 다양한 학문 그룹들과 함께 협력체계를 만들었다.

프로젝트 기간 동안 섬유 보존과 학생들은 Högsåra 섬의 전통적인 섬유를 보존하기 위한 체계적인 계획을 세웠다. 이를 통해 섬의 자연과 전통에서 영감을 받아Stuga 컬렉션을 디자인하였다. 인테리어 디자인과 학생 헤이니 레히티넨, 이레나 코우꾸, 산나 무스토넨은 2011년 6월 WeeGee 전시센터에서 전시 디스플레이를 디자인 했다. 그래픽 디자인과 프로젝트 로고는 까띠 바르꼴라와 에밀리아 까르티넨이 디자인 했다.

섬유 보존과 학생_ 요한나 에이리까, 수잔 한누사스, 미라 까르띨라, 사라 미꼴라, 밀라 네더스트롬, 엔니 놀비, 아나 세빨라, 예니나 시라, 안니 투오미넨, 살메 반하넨

교수진_ 안나 하까리, 띠나 카르후, 안나 레나 까흐코넨, 힐피 코이비스토, 페까 크란까, 투이띠 파유, 메리따 소이니

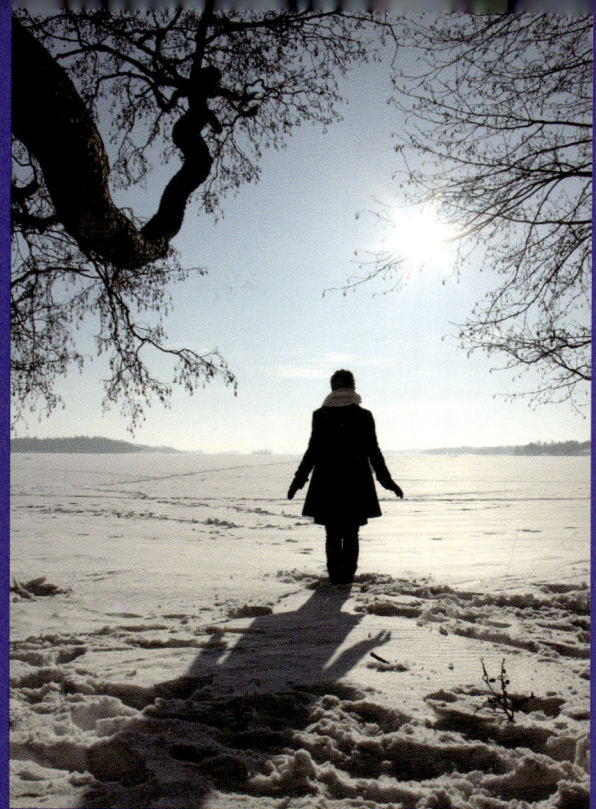

Himmi Elo 힘미 엘로

Forgotten dreams

Scarf
220×40cm
mercerized cotton, merino wool and silk, mohair
and silk

Coat
size S
100 % wool, lining 100% silk
The seamstress of the coat: Kerttu Hanhela

Forgotten dreams is a story about a woman, and
also a story about poverty.
On a small island, in a small cabin, there lived a
lonely woman. Life went on its slow pace – only
the silent sound of the shuttle broke the silence,
as the woman weaved to earn her livelihood.
The walls of the small cabin were wallpapered
with newspapers. Their advertisements featured
beautiful, elegant drawn female figures advertising
luxury products: coffee, cameras, sewing machines
and perfumes. It felt as if the inhabitant of the
cabin had her dreams just a reach away, as if her
dreams had materialized in the pictures. She had
sat there and weaved, dreaming of a better life, of
her dream.

잊었던 꿈들

스카프
220×40cm
광택가공 면, 메리노 양모와 실크, 모헤어(앙고라 산양에
서 얻은 모섬유)와 실크

코트
S 사이즈
양모100 %, 안감 실크 100%
코트 재봉사: Kerttu Hanhela

<Forgotten dreams>은 '여성'에 관한 이야기이자 '가난'에
관한 이야기이다.
작은 섬의 조그만 오두막집에 외로운 여인이 살고 있었
다. 그곳에서는 조용한 베틀소리만이 침묵을 깨고 있었고,
생계를 유지하기 위한 여성의 삶이 베틀 위에서 더디게만
흘러갔다. 오두막의 벽은 신문지로 도배되어 있었다. 신문
속 광고들에는 커피, 카메라, 재봉틀 기계, 향수와 같은 값
비싼 제품들을 광고하기 위해 아름답고 우아한 여성의 모
습이 담겨 있었다. 그리고 이런 것들은 오두막에 사는 여
인이 자신의 꿈에 도달한 듯, 그리고 그 꿈이 사진 속에서
물화된 듯한 느낌을 자아냈다. 그녀는 그곳에 앉아 더 나
은 삶을 향한 꿈을 직조해나갔다.

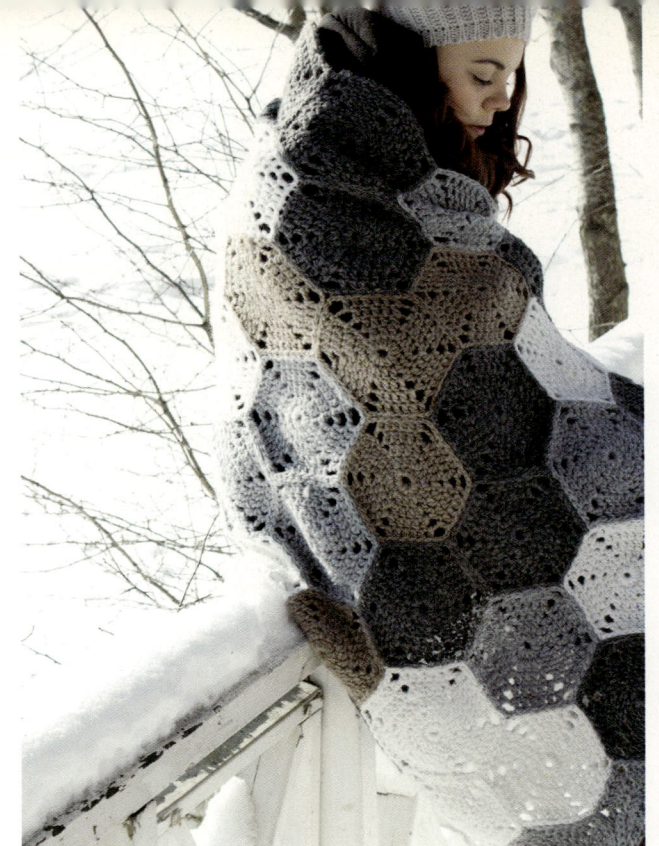

Kirsi Keränen
키르시 케라넨

Yhtä monta ikävää (As Many Longings)

100×180cm
100 % wool

The quilt has been made in cooperation with the women of the Employee Association of Paltamo. Ten women from the Kainuu province have been involved in making the quilt. The inspiration for the quilt comes from the women of the 20th century, who were responsible for the housework and raising the children while their husbands were earning a living for the family.

When the men were far away on the sea fishing, their wives took care of the house and, provided they had the time, made knitted and crocheted handicrafts. Their longing for their husbands created, for instance, beautifully crocheted modules. Time passed, and in the end there were as many crocheted modules as there were fishing trips by their husbands. The women sewed the modules into a warm quilt and it showed as many longings as there were times their loved ones had been out to the sea.

Yhtä monta ikävää (갈망)

100×180cm
양모100 %

이 퀼트 작품은 팔타모(Paltamo) 노동조합에 소속된 여성들과 협업으로 만들어졌다. 10명의 카이누(Kainuu)지방 출신 여성들이 참여한 이 작품은 남편이 밖에 나가서 생활비를 벌어오는 시간 동안 양육과 가사를 담당 했던20세기의 여성들에게서 영감을 받아 제작되었다.

남자들이 고기를 잡으러 멀리 나가 있을 때, 아내들은 집안 일을 돌보고 니트를 짜거나 코바늘 뜨기로 수공예품을 만들었다. 남편을 기다리는 그들의 갈망은 아름다운 코바늘 작품을 만들어냈다. 시간이 흐를수록 코바늘 작품들은 사랑하는 이가 바다에 머물렀던 시간과 그들에 대한 갈망만큼이나 많아졌다.

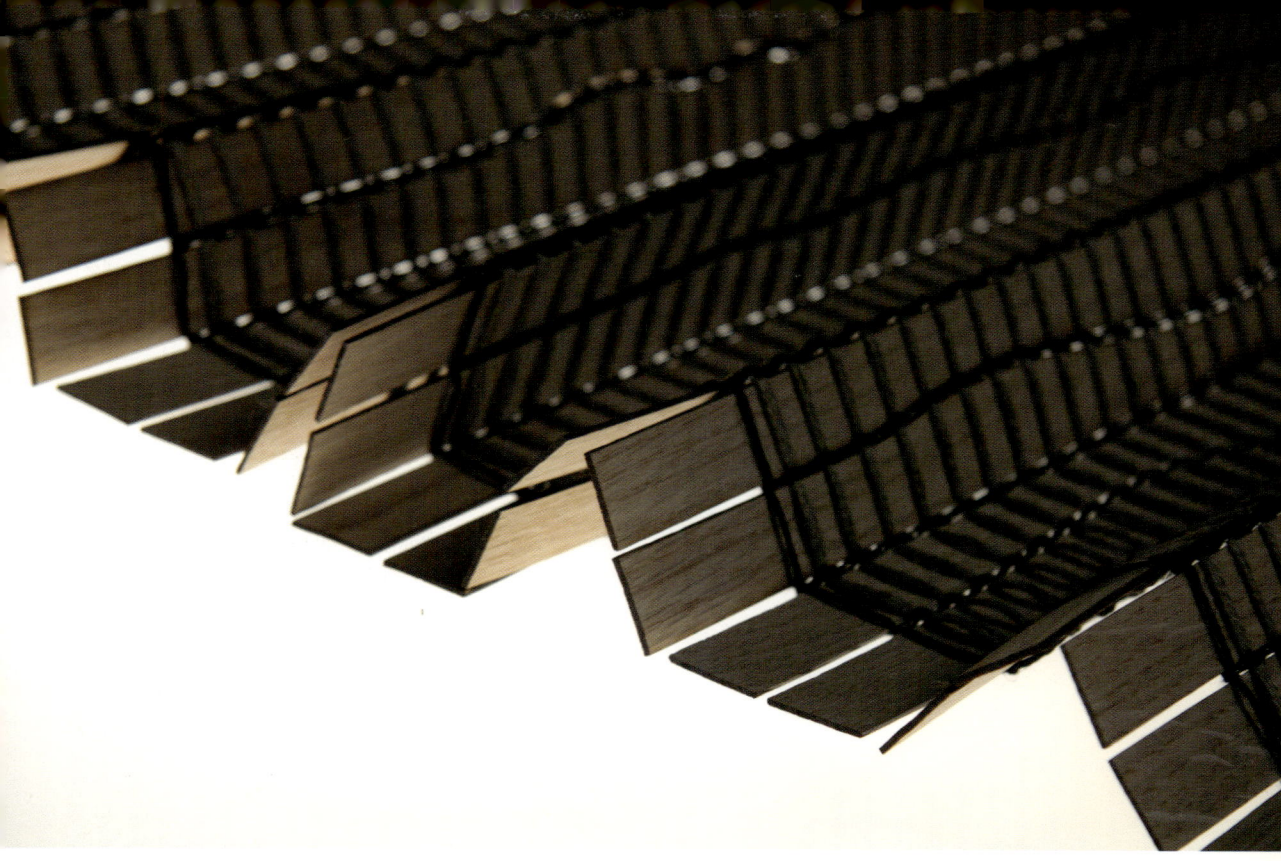

Anu Nurminen 아누 누르미넨

Horisontti Horizon & Helmi Pearl

Screen
67×165cm
oak veneer and polyester

Pillow
48×48×20cm
100 % wool felt and polyester

A wooden dock, the gentle sound of the ripples in the water and the setting sun on the horizon.
In my thoughts I go back to the Högsåra island. I remember the peace and the quiet of the island, the nature and the continuum of the traditions. I wanted to create something new out of the old: my starting point was basic linen that has been flavored with new, different methods to treat the weft. I chose weaving as the method, since it is one of the forms of traditional handicrafts.

In my works I like to simplify: less is often more.

Horisontti 수평선 & Helmi 진주

스크린(가리개)
67×165cm
참나무 (화장)판, 폴리에스테르

베개
48×48×20cm
양모100 % 펠트, 폴리에스테르

나무로 된 선착장, 잔물결이 내는 부드러운 소리, 수평선 너머로 지는 해.
마음 속에서 나는 Högsåra섬으로 돌아간다. 자연과 전통의 연속체인 그 섬의 평화와 고요를 기억한다. 나는 낡은 것에서 탈피해 새로운 것을 창조하고 싶었다. 그래서 많은 사람들에게 새롭고 여러 가지 방식을 제공하는 마 섬유를 사용하기 시작했고, 전통적인 수공예 기술의 하나인 직조 방식을 선택했다.

나는 작품의 단순함을 추구한다 : 단순함이 더 아름답다.

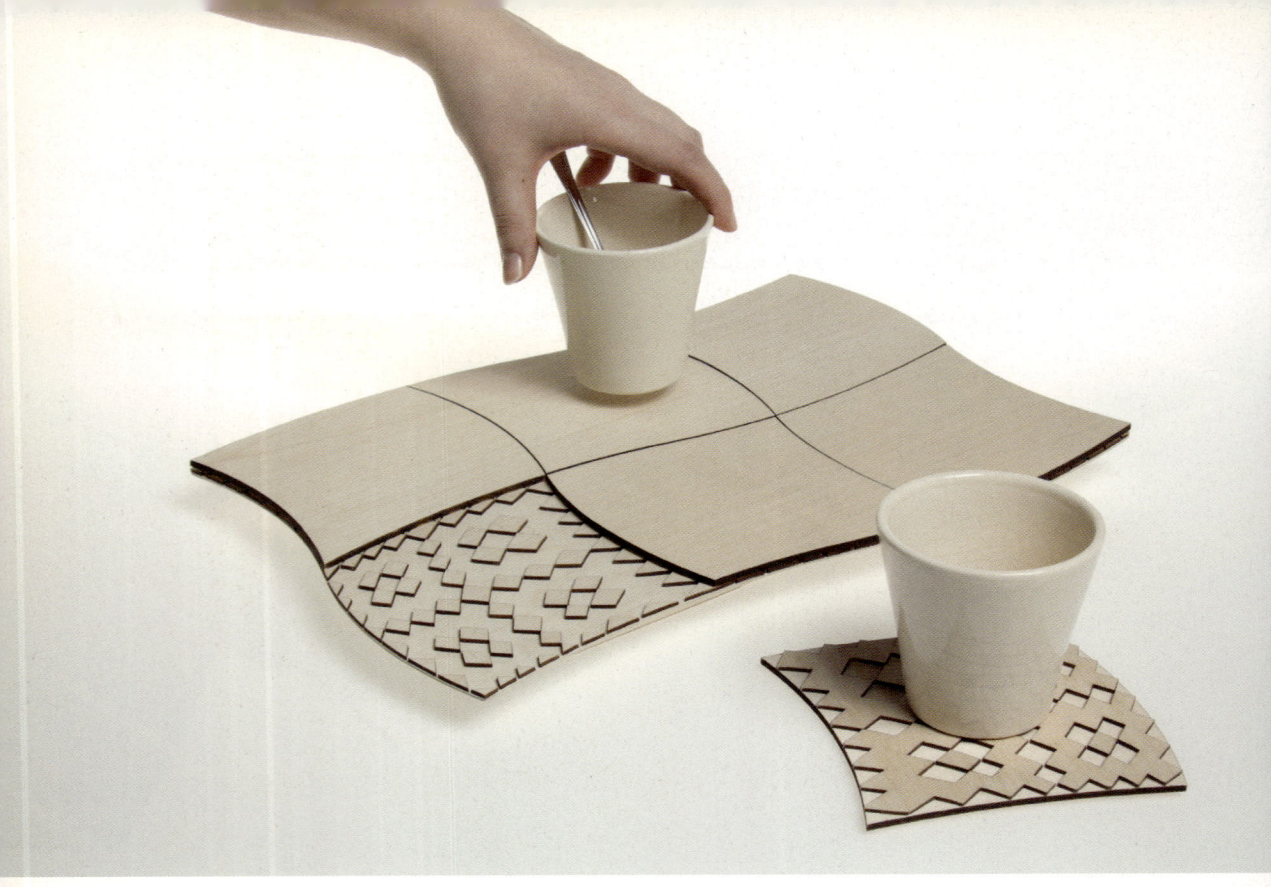

Tiina Paavilainen 띠나 파빌라이넨

MAININKI (Surge) tray & MAININKI coasters

26×38cm, thickness: 2.25cm, coasters 6 pcs: appr. 12×12cm
plywood , birch veneer

The most vivid memories from the Högsåra island were created right by the sea where the stillness and the surf of the sea can be easily observed. The thought of the sea uniting, not separating, is inspiring.
The pleasant atmosphere of the island, time spent together and the shared experiences raised thoughts of a product that gathers people to spend time together.
MAININKI (Surge) and its form have been shaped by the sea. The pattern is based on old, traditional patches that have been gathered from the inhabitants of the archipelago and coastal towns.

MAININKI (굽이치는 바다 형태의) 쟁반 & MAININKI 받침 접시

26×38cm, 두께: 2.25cm, 받침접시(6개): 약 12×12cm
합판, 자작나무 (화장)판

Högsåra섬에서 가장 생생한 기억은 고요함과 파도가 있는 바다에서 있었던 경험이다. 문득, 바다가 분리되어 있지 않고 하나로 이어져 있다는 생각이 들었다. 그 섬에서의 즐거웠던 기억과 섬사람들과 나눴던 경험은 다시금 함께 할 사람들을 불러 모을 수 있는 작품에 대한 생각으로 이어졌다.
<MAININKI>와 그것의 형태는 바다를 본떠 제작되었다. 작품의 무늬는 해변가 마을주민들에게 얻었던 오래되고 전통적인 천조각으로부터 착안되었다.

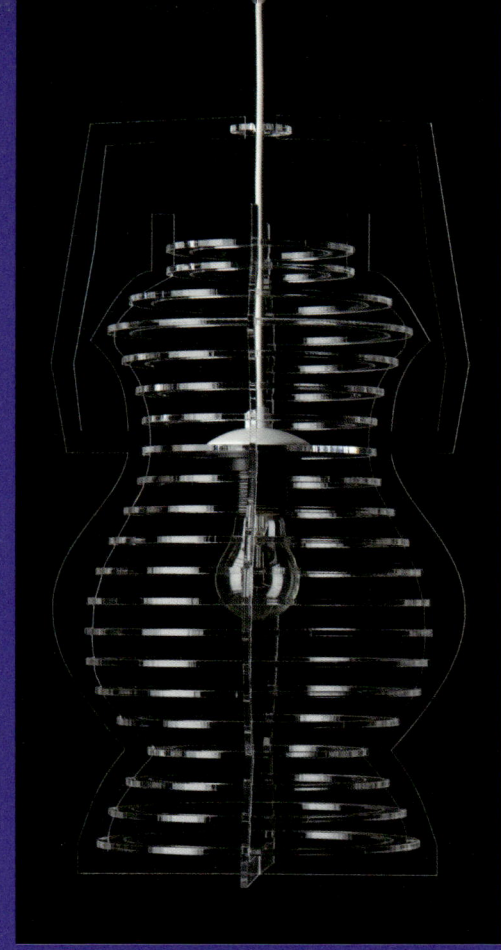

Heidi Sirkiä 헤이디 시르끼아

Storm Gaffer

Lamp
60×30cm
acrylic

Storm Gaffer lamp was inspired by an old, rusty storm lantern that was leaning to barn wall, abandoned. In the lamp I designed, I wanted to combine modern technology with traditional design. I carried this out by retaining the traditional form of the storm lantern and by using a very modern way of production, laser cutting. The Storm Gaffer takes your thoughts to a cold winter – to the island where its forefather is still rusting away in the same place.

Storm Gaffer

램프
60×30cm
아크릴

이 작품은 헛간에 방치해 두었던 오래되고 낡은 방풍(防風) 랜턴에서 영감을 받아 만들어졌다. 나는 이 작업을 통해 현대적 기술과 전통적인 디자인을 결합하고자 했다. 그리고 방풍 랜턴의 전통적인 형태와 레이저 커팅이라는 매우 현대적인 제조 방식을 사용함으로써 이를 실현했다. 작품 <Storm Gaffer>는 당신의 생각을 추운 겨울 그리고, 이전의 것들이 여전히 같은 장소에서 낡아가고 있는 바로 그 섬으로 데려다 줄 것이다.

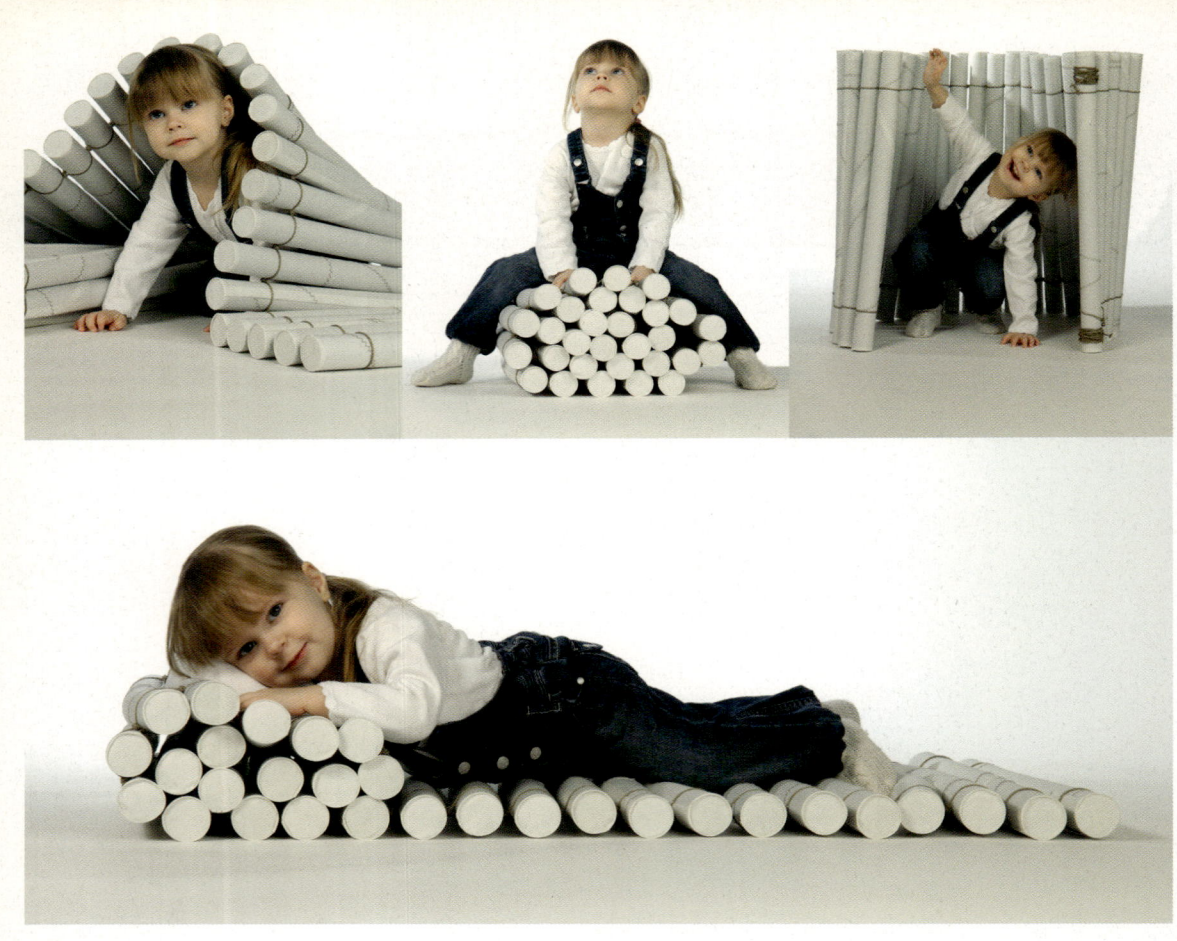

Niina Vilppunen 니나 빌뿌넨

5×160×60cm
recycled sail canvas, polyester

In the end of the summer we sat on the dock of the Högsåra marina. The evening was warm and the atmosphere relaxed. In my thought I returned to my childhood.
My father built a dock to the beach of our summer place when I was six years old. My brother was a few years younger. I recalled how I spent unforgettable summer days on that dock with my family and my cousins. We would eat the packed lunch my mother had made, we would play and swim until the sun set.
These moments live in my memories. Inspired by them, I wanted to design the dock of my dreams.

5×160×60cm
재활용 돛천, 폴리에스테르

여름이 끝날 무렵 우리는 Högsåra항구의 부두에 앉아 있었다. 그날 저녁은 따뜻했고, 편안한 분위기였다. 내 마음은 유년시절로 돌아가 있었다.
여섯 살 때, 아버지는 피서지의 바닷가에 선창(船艙)을 만들었다. 그때 내 동생은 나보다 몇 살 더 어렸다. 나는 사촌들과 가족과 함께 한 그 부두에서의 잊을 수 없는 여름날을 회상했다. 우리는 어머니가 만들어주신 점심 도시락을 먹었고, 해질녘까지 수영하며 놀았다. 이런 순간들은 여전히 나의 기억 속에 살아 있다. 이러한 기억에서 영감을 받아 '꿈의 선창'을 디자인하고자 했다.

The Sámi Education Institute
사미 교육전문학교

Postal address
The Sámi Education Institute
Menesjärventie 4
99871 Inari
FINLAND
kanslia@sogsakk.fi
www.sogsakk.fi

The Sámi Education Institute

The Sámi Education Institute is a secondary degree school which provides a variety of vocational training in both Finnish and Sámi, as well as promoting Sámi culture in the whole of the Sámi region.

Our Institutions main site is located in the unique setting of the village of Inari. Other campuses are situated in Ivalo, Toivoniemi in Kaamanen and Heta in Enontekiö. Our education and research cooperation stretches throughout the Sámi region and also to other areas of the Circumpolar North and indigenous peoples.

사미 교육전문학교

사미 교육전문학교Sámi Education Institute는 사미 (Sámi) 지역 전역의 문화를 증진시키고자 노력하고 있을 뿐만 아니라, 핀란드어와 사미(Sámi)언어로 다양한 직업 훈련을 제공하고 있는 중등교육기관이다.

본교는 Inari마을에 위치하고 있으며, Ivalo와 Kaamanen지역의 Toivoniemi, Enontekiö지역의 Heta 에 캠퍼스를 두고 있습니다. 또한 사미 교육전문학교는 사미(Sámi) 지역뿐만 아니라 북극 지방과 그곳의 토착민들에게까지 교육과 연구 협력을 확대하고 있다.

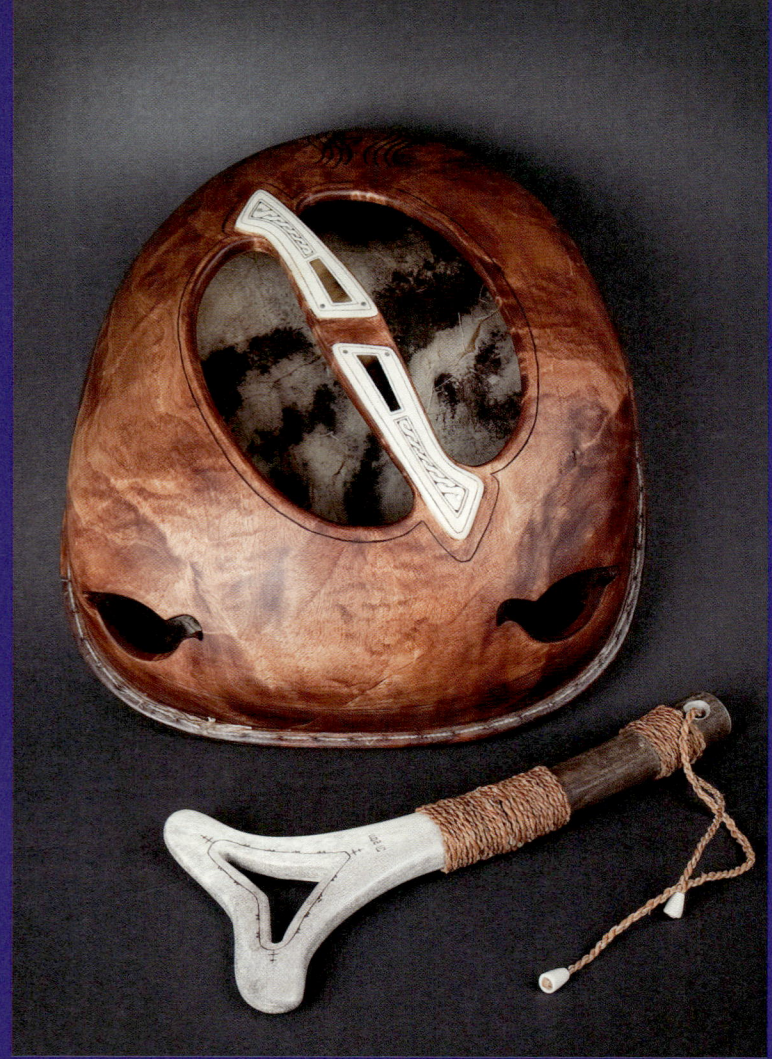

Johanna Ihme 요한나 이흐메

Akmeeli

26×32×10cm, 25×12×3cm
birch burl, raw reindeer leather, reindeer antler, reindeer nail

This willow grouse inspired drum is made of birch gnarl and the drum stick is made of reindeer antler. The drum handle is strengthened with reindeer antler. The reinforcements are decorated with reindeer nail and engravings. The drum is also decorated with woodcarvings.

Akmeeli

26×32×10cm, 25×12×3cm
자작나무 옹이, 가공하지 않은 순록 가죽, 순록 뿔, 순록 발톱

자작나무 옹이로 만든 드럼과 순록의 뿔로 만들어진 드럼 스틱은 버들뇌조(들꿩과 같은 새 종류)에서 영감을 받은 것이다. 드럼 손잡이는 순록의 뿔로 더욱 견고하게 제작 되었고, 드럼 보강물은 순록의 발톱과 조각으로 장식했다. 또한 드럼은 목각 장식되어 있다.

Pasi Jaakonaho 파시 야콘아호

Knife

7×3×26cm
hand forged BÖHLER K510 –steel, reindeer antler,
silver rivets, self-tanned cow and reindeer leather,
handmade carvings

This knife is one of the maker's Master Blade
smith's master works. Simple and functional form
combined with beautiful antler carvings.

나이프

7×3×26cm
BÖHLER K510(단조기법) 철, 순록 뿔, 은제 리벳, 무두질 된
소가죽과 순록가죽, 수 제작된 조각품

이 나이프는 명공(名工) 'Blade smith'의 작품 중 하나이다.
단순하고 기능적인 형태가 아름다운 순록 뿔 조각과 잘
병합되어 있다.

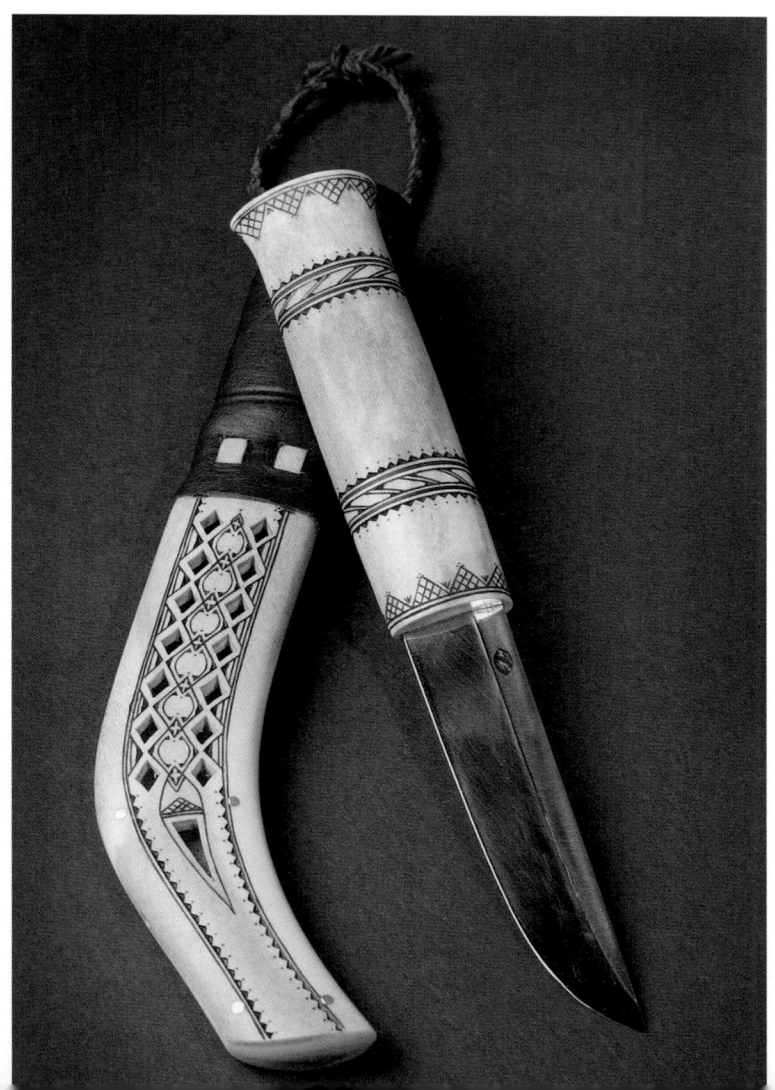

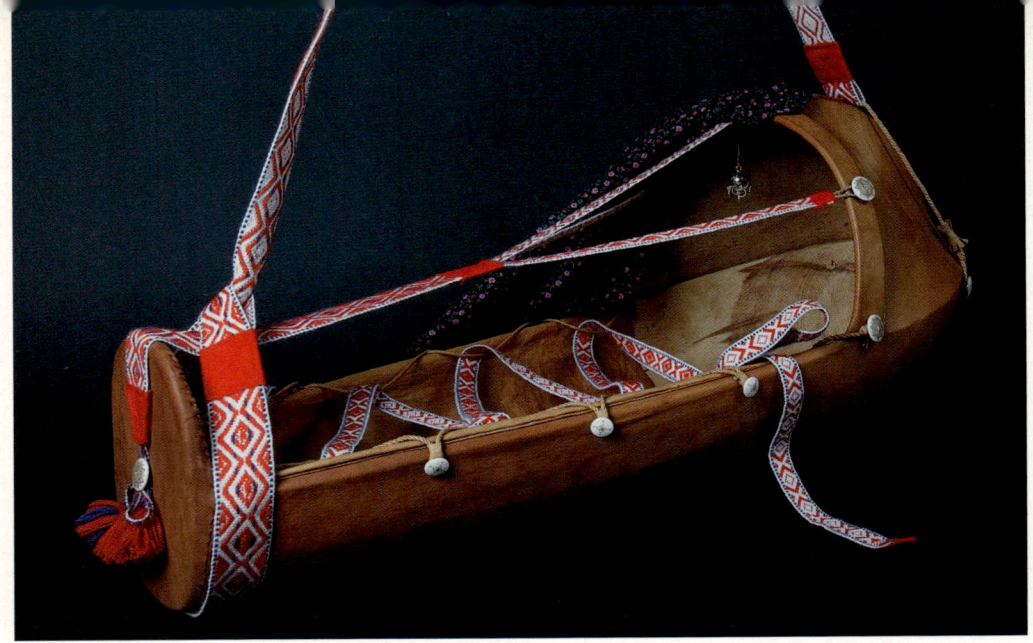

Dennis Badurkin (woodwork, leatherwork & buttons), Arto Saijets (buttons), Ilmari Laiti (leatherwork), Marja-Liisa Laiti (ribbons), Maire Saijets (cover cloth), Inka Laiti (komsio ball)

데니스 바둘킨(나무작업, 가죽작업과 단추), 아르토 세이예츠(단추), 일마리 라이띠(가죽작업), 마르야 리사 라이띠(리본), 마이르 세이예츠(덮개 천), 잉카 라이띠(komsio 공)

Komsio

90×34×40cm
Handmade reindeer leather, pine, birch, reindeer antler, goat willow root burl, wool, cotton, polyester thread

Komsio is a traditional Sámi cradle. The cover cloth is used to protect against various weather conditions and mosquitoes. The ribbons are typical for a boy in the Enontekiö region. The traditional silver jewelry, the Komsiopallo, is to protect the child against evil spirits. The ball also has traditional zigzag engravings.

Komsio

90×34×40cm
수제작된 순록 가죽, 소나무, 자작나무, 순록 뿔, 호랑버들의 뿌리 옹이, 양모, 면, 폴리에스테르 실

<Komsio>는 사미인 (Sámi)들의 전통 요람이다. 덮개 천은 변화무쌍한 날씨와 모기로부터 아기를 보호해 준다. Enontekiö지역에서 리본은 남자아이를 상징한다. 전통적인 은 장신구인 'Komsiopallo '는 나쁜 기운으로부터 어린이를 막아주기 위한 것이며, 공(komsio ball)은 전통적인 갈지자형 문양을 하고 있다.

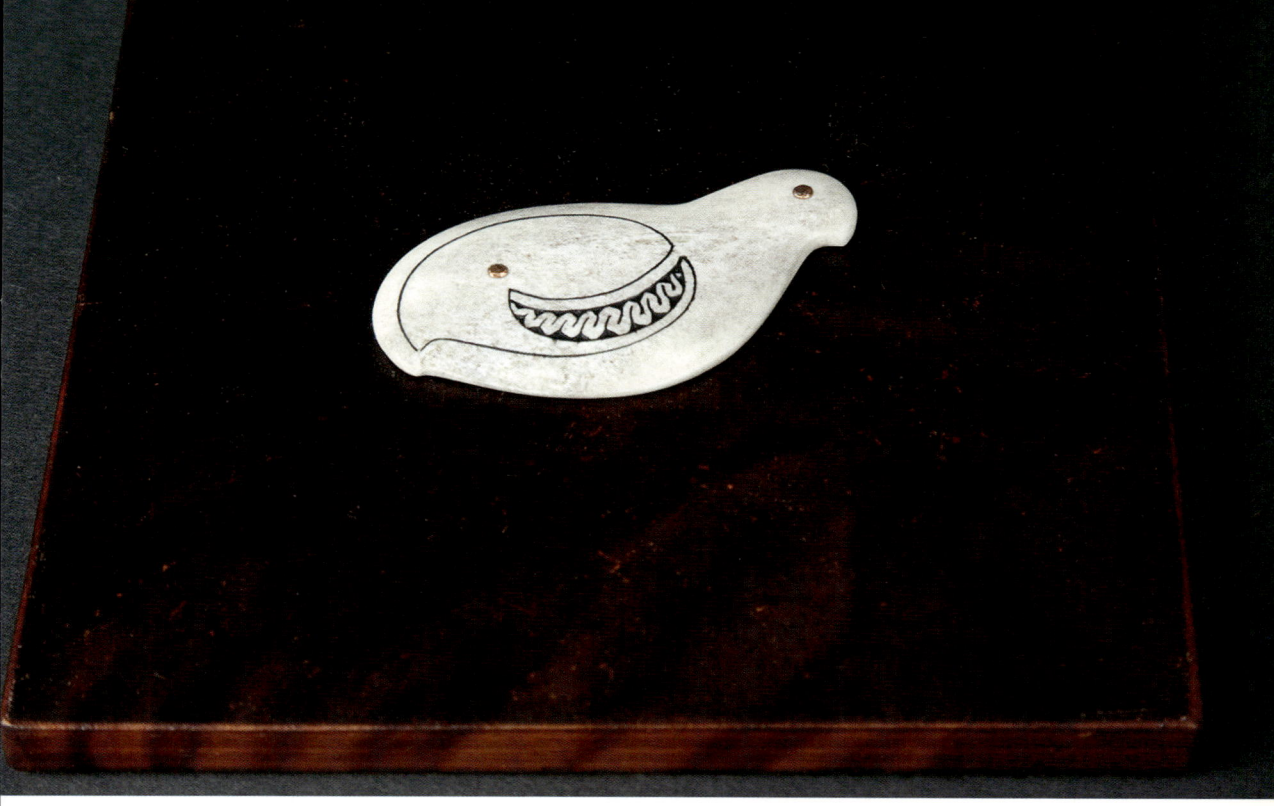

Kikka Laakso 끼까 락소

Ptarmigan

15×15×1cm
willow tanned reindeer leather, reindeer antler,
birch veneer

My ideology consists in producing sustainable
articles of local materials while respecting the old
traditions and natural methods. I use only the male
reindeer antler, which they shed in nature every
autumn. Ptarmigan is a local game bird, which lives
up in the fells all year round and it is totally white
in winter. Reindeer skin is tanned with willow
bark, which is an old tradition of making leather.
Combining traditional reindeer leather and antler
then becomes a modern picture.

들꿩

15×15×1cm
버드나무로 무두질된 순록 가죽, 순록 뿔, 자작나무 (화장)판

나는 오랜 전통과 자연스러운 방식을 존중하면서 지역적
재료들로 지속 가능한 제품들을 만들어 내는 것을 원칙으
로 하고 있다. 나는 수컷 순록의 뿔만을 사용하는데, 그들
은 매년 가을 숲 속에서 뿔을 벗는다. 들꿩은 지역에서 사
냥할 수 있도록 허용된 새로서, 일년 내내 고지대에서 살
며 겨울이 되면 몸 전체가 흰색으로 변한다. 순록의 가죽
은 버드나무껍질로 무두질 되는데, 이는 가죽을 만드는 오
래된 전통이다. 전통적인 순록 가죽과 뿔의 조합이 현대적
인 그림을 완성하였다.

Marja-Liisa Laiti 마르야 리사 라이띠

Fur shoes
reindeer fur, polyester thread

Fur shoes are for winter use. Since white reindeer are rare, white fur shoes are used only with festive clothing, for example during weddings. These decorative laces are from the Utsjoki region.

Shoe laces
wool

These decorative laces are from the Utsjoki region.

Woolen scarf
wool

This woollen scarf is used by women during the winter. The pattern is typical for the Utsjoki region.

Woollen mittens
wool

These woollen mittens are of the traditional type from the Utsjoki region.

털 신발
순록 털, 폴리에스테르 실

이 작품은 겨울용 털 신발로써 장식 끈은 Utsjoki지역에서 왔다. 흰 털신은 흰색의 순록이 희귀해진 이후로 결혼식과 같은 축제용 의상에만 사용된다.

신발 끈
양모

이 작품은Utsjoki지역에서 온 레이스가 달린 장식 끈이다.

양모 스카프
양모

이 양모작품은 여성용 겨울스카프로써, Utsjoki지역의 전통문양을 취하고 있다.

양모 벙어리 장갑
양모

이 양모 작품은Utsjoki지역 고유의 형태를 취하고 있는 벙어리 장갑이다.

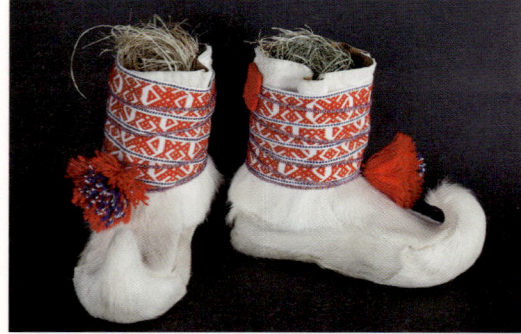

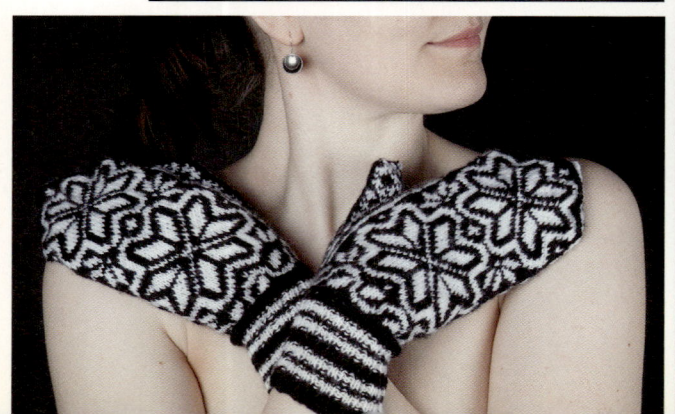

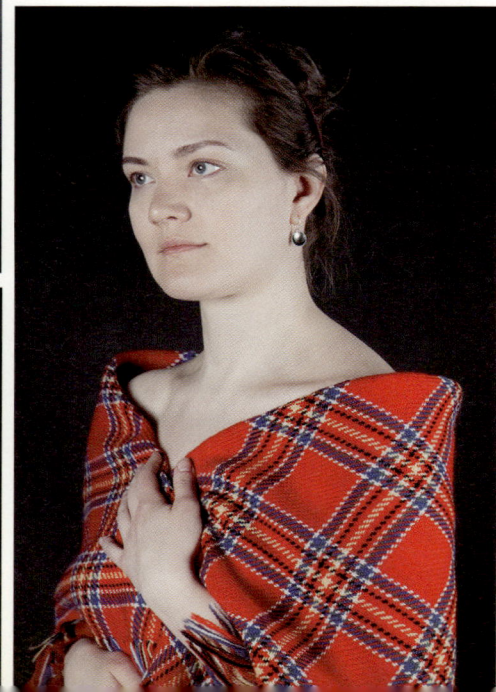

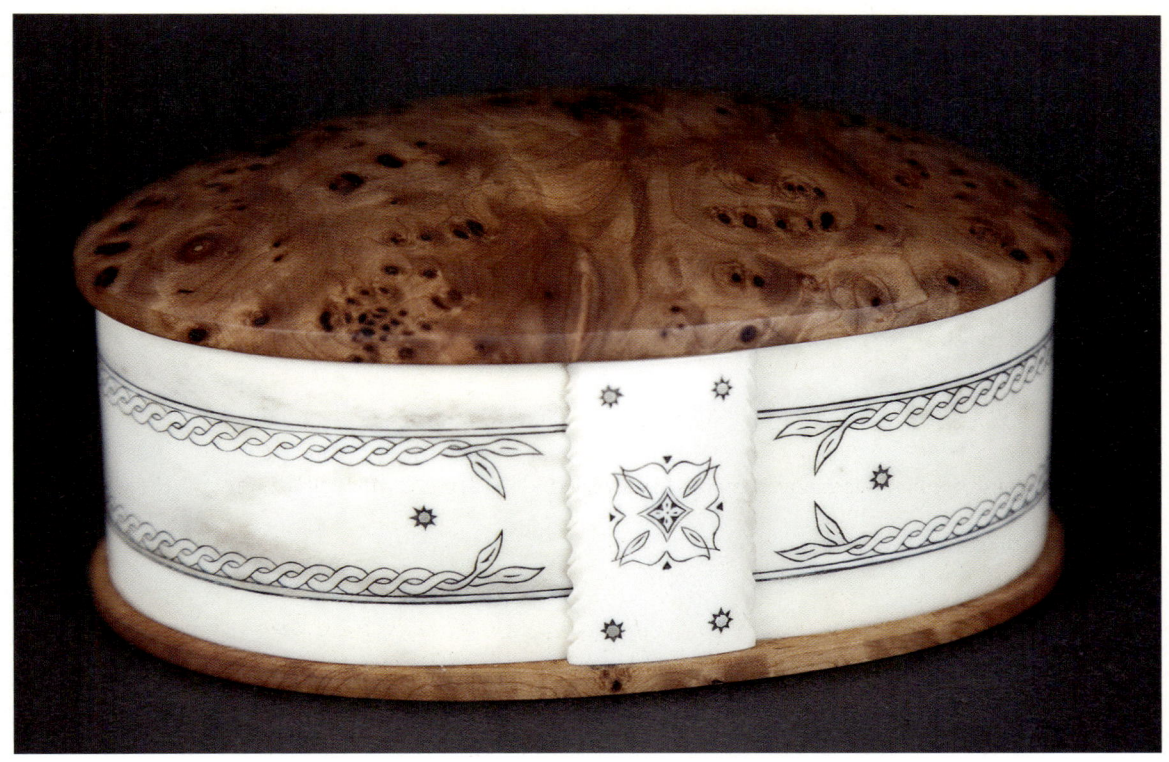

Sami Laiti 사미 라이띠

Decorated antler box
13.5×10×7cm
reindeer antler, goat willow root burl, birch,
sterling silver

This ornate jewelry box is made by bending antler
strips and gluing them on a wooden frame. The
frame is made by bending birch wood into a loop.
Seams between the six antler pieces are hidden
with engravings and with antler inlays riveted in
the middle. Rare root burl is used in the lid and
bottom.

장식함
13.5×10×7cm
순록 뿔, 호랑버들 뿌리 옹이, 자작나무, 순은

이 장식 보석함은 가늘고 긴 모양의 순록 뿔을 구부린 후
고리모양으로 굽어진 자작나무 틀에 접착한 것이다. 여섯
개의 순록 뿔 사이의 틈새는 조각과 순록 뿔을 상감세공
으로 장식하여 감추어졌다. 뚜껑과 바닥은 희귀한 호랑버
들 뿌리 옹이로 제작되었다.

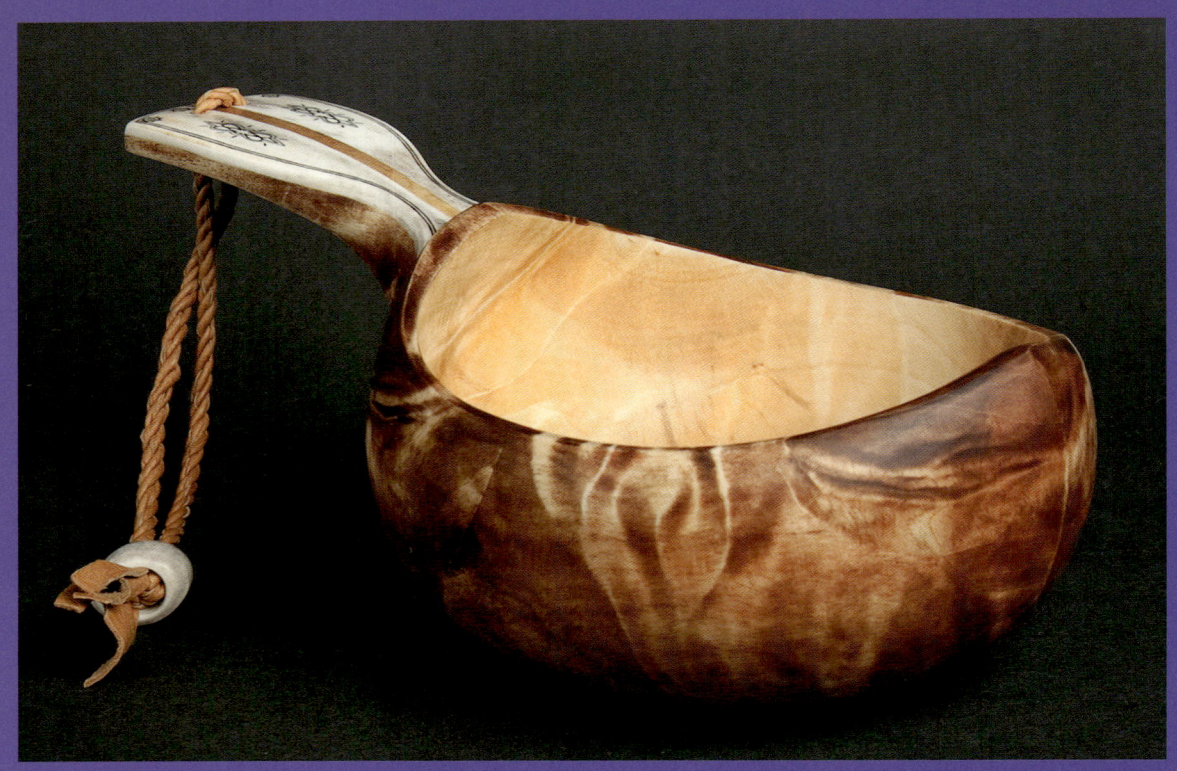

Arto Saijets 아르토 세이예츠

23×13×10cm
birch burl, reindeer antler, sterling silver

23×13×10cm
자작나무 옹이, 순록 뿔, 순은

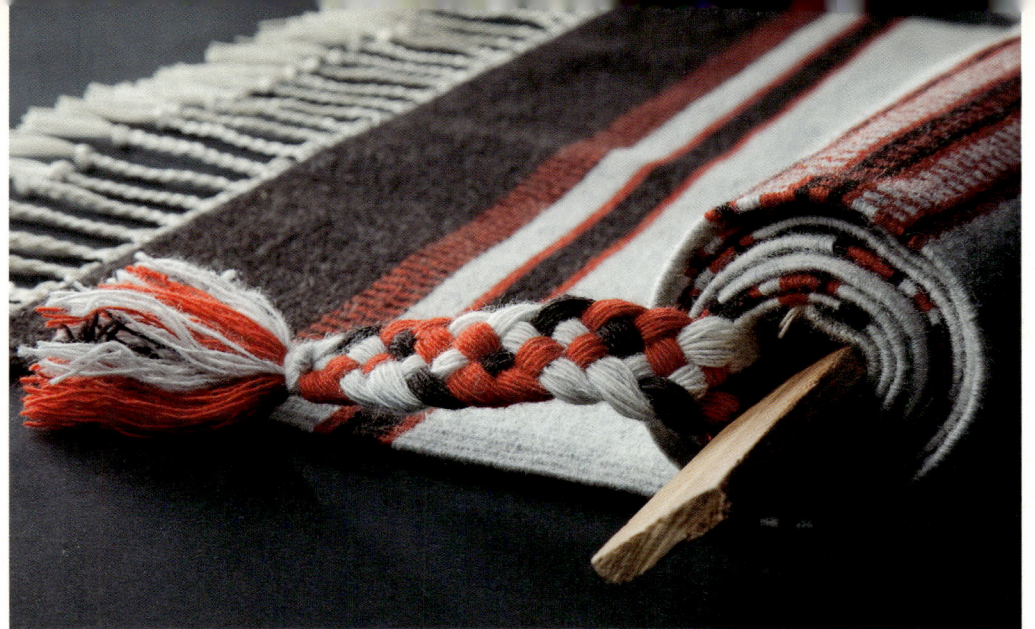

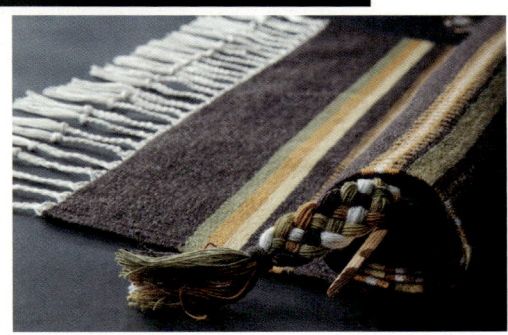

Tammela Ritva 탐멜라 리트바

Autumn

79×172cm
woollen plant dyed weft, cotton warp

Rugs are originally used as cover and to keep people warm in arctic conditions. Nowadays rugs are used as decoration textiles.

가을

79×172cm
양모에 천연 염색된 직물(씨실), 코튼 웝

러그는 원래 북극 지방의 방한용품으로 사용되었으나, 오늘날은 장식적인 직물로 이용된다.

Kadjanilla

79×172cm
woollen weft, cotton warp

This rug is named after famous reindeer herder and it has a traditional design. Rugs are originally used as cover and to keep people warm in arctic conditions. Nowadays rugs are used as decoration textiles.

Kadjanilla

79×172cm
양모직물(씨실), 코튼 웝

유명한 목동의 이름을 딴 <Kadjanill>은 전통적인 디자인을 가진 러그제품이다. 러그는 원래 북극 지방의 방한용품으로 사용되었으나, 오늘날은 장식적인 직물로 이용된다.

Marja-Liisa Laiti (hat, scarf, belt, shoelaces), Maire Saijets (dress), Matti Qvick, (jewelry) Inka Laiti (shoes)

마르야 리사 라이띠(모자, 스카프, 벨트, 구두 끈), 마이르 세이예츠 (드레스), 마띠 퓍 (쥬얼리) 잉카 라이띠 (신발)

Traditional Costume

wool, cotton, polyester, silver, guilded silver, reindeer leather, rubber

The design and decorations of the Sámi traditional costume vary according to the region. This costume is a woman's summer costume from the Utsjoki region. The Sámi costume includes dress, hat, belt, scarf and brooches as well as reindeer leather shoes complete with shoe laces. Both the dress and the hat are made of traditional broadcloth and the decorations are typical of the region. The belt and shoe laces are woven from woolen yarn on a traditional belt loom. Their patterns differ according to the home area and the gender of the user. Both festive and every-day laces have their own style and there are tens, if not hundreds, of different styles. The scarf can be white or multi-colored. It is hand fringed from thin yarn in harmonizing color. The scarf is fastened by brooches of different sizes made from silver. Also the jewelry varies a lot depending on the region. The Sámi costume is a source of pride to its wearer and much time, energy and money is used in its manufacturing.

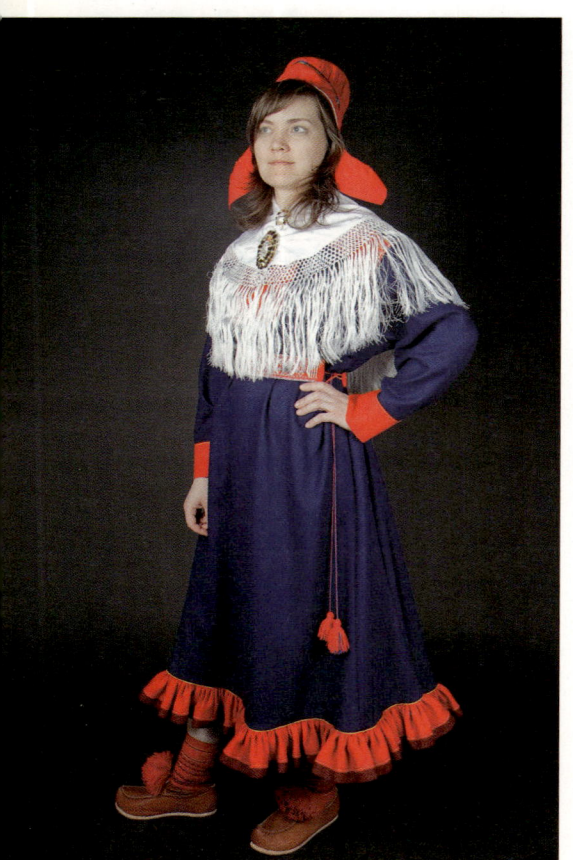

전통 의상

양모, 면, 폴리에스테르, 은, 순록 가죽, 고무

사미인(Sámi)들의 전통의상의 장식과 디자인은 지역에 따라 다양하다. 이 작품은 Utsjoki지역의 여성용 여름 의상으로 구두 끈과 함께 완성되는 순록 가죽 신발은 물론이고 드레스, 모자, 벨트, 스카프, 그리고 브로치가 포함되어있다. 드레스와 모자 모두 전통적인 브로드천으로 만들어졌고, 장식물은 이 지역 고유의 특색을 지니고 있다. 벨트와 구두 끈은 전통 베틀로 만든 털실로 직조되었으며, 그 무늬는 사용자의 사는 지역이나 성별에 따라 다르다. 축제용 신발 끈과 일상용 신발 끈은 모두 그들만의 다양한 종류와 특징을 가지고 있다. 스카프는 흰색이거나 다채로운 색상을 하고 있다. 이것들은 조화로운 색상을 가진 가는 실을 이용하여 수 제작된 장식술이 달려있고, 은으로 만든 여러 크기의 브로치로 고정되어 있다. 쥬얼리 또한 지역에 따라 다양한 종류가 있다. 사미인들의 의상은 그것을 입는 사람에게 자부심을 안겨주며, 이 의상을 만드는 데에는 많은 시간과 에너지, 돈을 요한다.

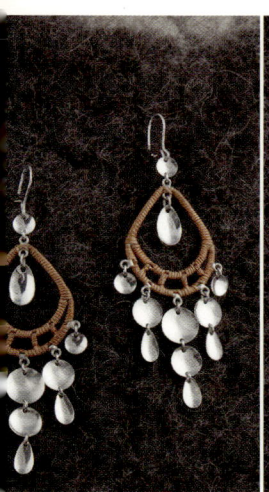
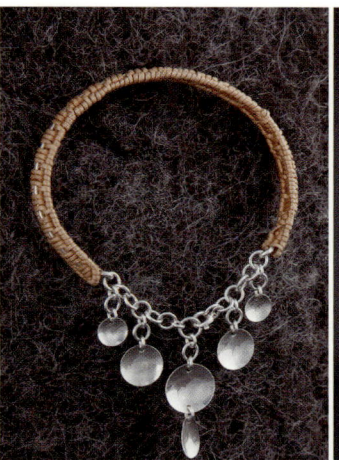
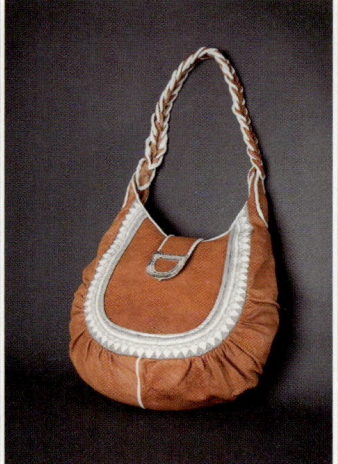
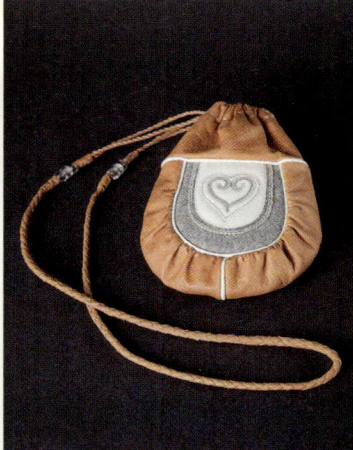
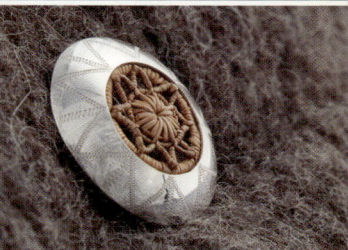

Elle Valkeapää 엘라 발케아파

Handbag
54×31cm
handmade reindeer leather, cloth, silver

Korzi – Waterfall earrings
10×3.2cm
sterling silver, birch roots

Korzi - Waterfall bracelet
9.5×6.3cm
sterling silver, birch roots

Risku
3.5×3.5cm
sterling silver, birch roots

Small handbag
58×12cm
handmade reindeer leather, cloth, silver, tin, glass
beads

In my work, my objective is to cherish the traditional Sámi craftsmanship and idiom as well as nurture, develop and create new. In this bag the inspiration came from the shape of the traditional bag for sugar. I wanted to bring the shape to modern use and decorate it so that it carries knowledge of my family background as well as my idea of beauty.

핸드백
54×31cm
수제 순록 가죽, 천, 은

Korzi - 귀걸이
10×3.2cm
순은, 자작나무 뿌리

Korzi - 팔찌
9.5×6.3cm
순은, 자작나무 뿌리

Risku
3.5×3.5cm
순은, 자작나무 뿌리

작은 핸드백
58×12 cm
수제 순록 가죽, 천, 은, 주석, 유리 비즈

나는 내 작품을 통해 전통적인 사미인(Sámi)들의 장인 정신과 표현형식을 고수하는 것뿐만 아니라 그것을 육성하고 발전시켜 새로운 것을 만들어내고자 한다. 작품 <Handbag>은 설탕을 담는 전통 가방의 형태에서 영감을 받았다. 그리고 나는 이 작품의 형태를 오늘날의 쓰임과 꾸밈에 맞게 만들고자 했다. 뿐만 아니라 이 작품은 아름다움에 대한 내 생각만큼이나 내 가족에 대한 깊은 이해에서 비롯되었다.

Biographies
작가약력

Elina Airikkala
Elina Airikkala
Textile designer MA
elina@airikkala.com
www.elinaleoni.com

Synnöve Dickhoff
Textile artist MA
synnove.dickhoff@luukku.com
www.finnishdesigners.fi

Aino Favén
Textile artist MA
aino.faven@kolumbus.fi
www.harakka.fi/ainofaven

Risto Hämäläinen
Ceramist
risto.hamalainen @pp7.inet.fi
ristohamalainen.com

Elli Hukka
Jewelry designer BA
elli.hukka@gmail.com
http://lempivari.blogspot.com

Aino-Maria Ilkko
Textile designer MA
ainomaria.ilkko@gmail.com
www.ilkko.blogspot.com

Minna Impiö
Textile artist MA
minna.impio@mifuko.fi

Mari Martikainen
Textile artist MA
mari.martikainen@mifuko.fi
www.marimartikainen.com

Sirkka Paikkari
Art Weaver
loomsterstudio@gmail.com
www.loomster.fi

Eliisa Isoniemi
Textile artist MA
eliisa.isoniemi@fimug.fi
http://isoniemi.oivamedia.fi

Maria Jauhiainen
Designer MA
maria.jauhiainen@talk21.com
www.mariajauhiainen.com

Anna-Maija Joensuu
Textile designer BA
anna-maija.joensuu@kotinet.com
www.amjoensuu.fi

Raija Jokinen
Textile artist MA
raijoki@saunalahti.fi
www.saunalahti.fi/raijoki

Leena Juvonen
Ceramic artist MA
mleena.juvonen@gmail.com
www.finnishdesigners.fi/
leenajuvonen

Aino Kajaniemi
Textile artist
aino.kajaniemi@elisanet.fi
www.elisanet.fi/aino.kajaniemi

Nina Karpov
Ceramic artist
nina.karpov@kolumbus.fi
www.finnishdesigners.fi/ninakarpov

Kirsi Kivivirta
Ceramic artist MA
info@kivivirta.com
www.kivivirta.com

Chao-Hsien Kuo
MA and Master Goldsmith
chao@chaoeero.com
www.chao-hsienkuo.com

Taina Maaria Laaksonen
Fashion designer BA
basso@nic.fi
www.trad.fi

Antti Tuomi
Student, Furniture Design
tuomi.antti@gmail.com
www.anttituomi.fi

Marita Lappalainen
Textile artist
xmarla@kolumbus.fi
www.maritalappalainen.fi

Riikka Latva-Somppi
Glass artist MA
riikka@latvasomppi.com
www.latvasomppi.com

Jatta Lavi
Ceramic artist MA
info@jattalavi.fi
www.jattalavi.fi

Helena Lehtinen
Jewelry artist
helehti1@luukku.com
www.hibernate.fi

Johanna Talvikki Lehtinen
Designer MA
johannatalvikkilehtinen@gmail.com

Maarit Mäkelä
Ceramic artist, Doctor of Arts
maarit.makela@gmail.com
www.taik.fi/dr/blogs/anmakela

Leena Mäki-Patola
Ceramic artist BA
leena.maki-patola@pp.inet.fi
www.leenamaki-patola.fi

Niina Katinka Mantsinen
Designer BA
niinamantsinen@gmail.com
http://niinakatinka.blogspot.com

Tuija Helena Markonsalo
Jewelry artist MA
markonsalo@hotmail.com
www.mer.fi

Tiia Matikainen
Ceramic artist MA
tiiamatikainen@gallerihuuto.net
www.finnishdesigners.fi/
tiiamatikainen

Veera Metso
Jewelry artist BA
veeramatilda@hotmail.com
www.korutaideyhdistys.fi

Eija Mustonen
Jewelry designer MA
eija.mustonen@saimia.fi
www.hibernate.fi

Moosa Myllykangas
Textile artist MA
moosa.myllykangas@gmail.com
www.moosamyllykangas.net

Jouko Nieminen
Metal artist, Master blacksmith
je.nieminen@fe.fi
www.fe.fi

Nithikul Nimkulrat
Textile artist, Doctor of Arts
nithikul@inicreation.com
www.inicreation.com

Maria Nuutinen
Jewelry artist BA
marianuu75@hotmail.com

Sanna Nuutinen
Jewelry artist MA
sanna.nuutinen@welho.com
www.sannanuutinen.com

Kristiina Nyrhinen
Textile artist MA
kristiina.nyrhinen@gmail.com

Pekka Paikkari
Artist
paikka@nettilinja.fi
www.pekkapaikkati.com

Ulla Pohjola
Visual and textile artist MA
ullapohjola@gmail.com
www.ullapohjola.fi

Kaija Poijula
Visual artist MA
kaija.poijula@pp.inet.fi

Silja Puranen
Textile designer BA
info@siljapuranen.com
www.siljapuranen.com

Pasi Räbinä
MA
pasi.rabina@gmail.com
www.ouka.fi/teatteri

Tiina Rajakallio
Jewelry artist MFA
tiina.rajakallio@gmail.com

Anna Rikkinen
Jewelry artist, BA
annarikkinen@hotmail.com
www.annarikkinen.com

Markku Salo
Industrial designer
markku@markkusalo.com
www.markkusalo.com

Caroline Slotte
Ceramic artist MA
carolineslotte@hotmail.com
www.carolineslotte.com

Pia Staff
pia.staff@aalto.fi
www.piastaff.com

Johanna Suonpää
Textile artist MA
johanna.suonpaa@suomiforum.com
www.johannasuonpaa.com

Janna Syvänoja
Interior architect MA
jannasyvanoja@msn.com
www.finnishdesigners.fi / www.korutaideyhdistys.fi

Paula Taipale
Textile artist
paula.taipale@novia.fi
www.artisaani.fi

Anri Tenhunen Ceramic artist
anri.tenhunen@gmail.com http://www.finnishdesigners.fi/index.php?article_id=5681&__user_id__=2690

Terhi Tolvanen
Jewelry artist MA
terhitolvanen@gmail.com
www.terhitolvanen.com

Heli Tuori-Luutonen
Textile designer
heli.tuori-luutonen@welho.com
www.helituoriluutonen.com

Riitta Turunen
Textile artist
riitta.turunen@kyyhkynetti.fi

Sanna Ukkola
Textile designer MA
sanna@studiosaarela.com
www.studiosaarela.com

Virpi Vesanen-Laukkanen
Textile artist MA
virpi.vesanen@netsonic.fi
http://www.harakka.fi/virpi

Anna-Mari Vierikko
Textile artist MA
info@anna-marivierikko.fi
www.anna-marivierikko.fi

Johanna Virtanen
Textile artist MA
taide@kolumbus.fi
www.johannavirtanen.com

Tatu Vuorio
Designer BA
tatuvuorio@tatuvuorio.com
www.tatuvuorio.com

Elina Aalto
Designer MA
elina@aaltoaalto.com
www.aaltoaalto.com

Biographies
작가약력

Tapio Anttila
Interior architect
info@woodism.fi
www.woodism.fi
www.tapioanttila.com

Merita Soini
Interior architect
info@woodism.fi
www.woodism.fi

Costo oy
www.costo.fi
info@costo.fi

Anna Etula
Textile designer MA
anna@muru.fi
www.muru.fi
www.junidesign.fi

Rosa Piironen
Fashion/Textile designer BA
rosa@muru.fi
www.muru.fi
www.rosamatilda.com

Pekka Harni
Industrial designer MA, architect
M.Sc.
pekka@harni-takahashi.com
www.harni-takahashi.com

Elina Helenius
MA, University of Industrial Arts
Helsinki
mail@elinahelenius.com
http://www.elinahelenius.com

Marita Huurinainen
Designer MA
marita@maritadesign.com
maritadesign.com

Timo Hyppönen
Designer MA
info@pelagobicycles.com www.
pelagobicycles.com

Mikko Hyppönen
info@pelagobicycles.com www.
pelagobicycles.com

Jukka Isotalo
Designer MA
jukka.isotalo@evolum.fi
www.evolum.fi

Laura Järveläinen
Textile designer MA
laura@fokusfabrik.fi
www.fokusfabrik.fi

Hannu Kähönen
Industrial designer
info@creadesign.fi
www.creadesign.fi

Heli Kauhanen
Designer MA
info@helikauhanen.fi
www.helikauhanen.fi

KAUNISTE
www.kauniste.com
e-mail: info@kauniste.com
Address: Kongontie 12 A K, 00560
Helsinki, Finland

Hanna Kerman
Textile designer MA
hanna@fokusfabrik.fi
www.fokusfabrik.fi

Seppo Koho
Designer MA, Architect M.Sc.
kohoark@welho.com

Sarita Koivukoski
Ceramic artist MA
saritak@kolumbus.fi
www.kolumbus.fi/saritak
http://kurnii.blogspot.com

Sirkka Könönen
Textile artist
Sirkka.kononen@solmu.fi

Ulla Koskinen
Textile designer
koskinen.rantanen@sci.fi

Johanna Kunelius
Textile designer MA
info@johannakunelius.com
www.johannakunelius.com

Lapponia Jewelry
Strömbergintie 4
00380 HELSINKI, FINLAND
Tel. +358 (0) 207 611 311
Fax +358 (0) 207 611 260
info@lapponia.com
http://www.lapponia.com/en

Juha Laurikainen
Designer MA
juha.laurikainen@hamk.fi
juha.laurikainen@mail.com

Eeva Lithovius
Designer MA
eeva.lithovius@elsanomia.fi
www.elsanomia.fi

Marko Luoma
Diploma in Craft and Design
marko@luomakonttori.fi
www.luomakonttori.fi

Samuli Naamanka
Interior architect MA
mail@samulinaamanka.com
www.samulinaamanka.com

Nathalie Lahdenmäki
Designer MA
nathalie.lahdenmaki@aalto.fi
www.nathalielahdenmaki.fi

Naoto Niidome
Designer BA
nn@niidome.fi
www.niidome.fi

Vuokko Nurmesniemi
Academician
Textile and clothing designer
vuokko.nurmesniemi@vuokko.fi

Anu Penttinen
Designer MA
anu@nounoudesign.fi
www.nounoudesign.fi

Riitta Peteri

Designer MA
riitta.peteri@minimo.fi
www.minimo.fi

Tiina Ripatti

Textile artist MA
tiina.ripatti@kolumbus.fi
www.tiina-ripatti.net

Heikki Ruoho

Furniture designer MA, Industrial
designer BA
ruoho@jarvi-ruoho.com
www.jarvi-ruoho.com

Elizabeth Salonen

BFA Industrial Design from College
for Creative Studies, Detroit MI
salonen@mottoform.com
www.mottoform.com

Markku Tonttila

Cabinetmaker
info@propuu.fi
www.ebonia-design.fi

Pekka Tuominen

Master Bladesmith
puukkopekka@luukku.com
www.puukkopekka.com

**Heli Tuori-Luutonen contacts
are in file:**

Tuori-Luutonen_Heli / Korea_Craft

Sanna Ukkola contacts in file:

Ukkola_Sanna_contacts / Korea_
Craft

Heli Valaja

Ceramic artist MA
heli.valaja@armas.fi
www.helivalaja.fi

Annele Valkama

Designer
info@creadesign.fi
www.creadesign.fi

Marianne Valola

Designer BA
marianne@mariannevalola.com
www.mariannevalola.com

**Anna-Mari Vierikko´s portrait
and contacts are in the file:**

Vierikko_Anna-Mari_craft

Erna Aaltonen

Kuopio Academy of Design, ceramist
erna.aaltonen@message.fi
www.finnishdesigners.fi/
ErnaAaltonen

Soili Arha

MA, textile artist
soili.arha@myhome.fi

Simo Heikkilä

Interior architect, professor of
furniture design
School of Art & Design,
Aalto University
simo@periferiadesign.fi
www.periferiadesign.fi

Erika Kelter

MA, textile designer
erika.kelter@gmail.com

Barbro Kulvik

Elina Makkonen

MA, jewelry and object designer
studio.elina@gmail.com
www.elinamakkonen.com

Rudi Merz

Cabinet maker
rudi.merz@elisa.fi
www.nikari.fi

Camilla Moberg

Designer MA
camilla@camillamoberg.fi
www.camillamoberg.fi

Timo Mustajärvi

Goldsmith
jalo.timo@gmail.com
www.jalo.fi

Tuulia Penttilä

Cabinet maker
tuulia@tuuliapenttila.fi
www.tuuliapenttila.fi

Kirsti Doukas

MA, University of Art and Design
Helsinki
kirsti@saarikorpidesign.fi
www.saarikorpidesign.fi

Kristian Saarikorpi

Master goldsmith, Lahti Polytechnic -
Institute of Design
kristian@saarikorpidesign.fi
www.saarikorpidesign.fi

Anneli Sainio

Ceramist, University of Industrial Arts
studio@annelisainio.fi
www.annelisainio.fi

Karin Widnäs

born 1946
MA, University of Art and Design
(Aalto university)
kw@karinwidnas.fi
www.karinwidnas.fi

Organization
조직

2011 청주국제공예비엔날레조직위원회 2011 Cheongju International Craft Biennale Organizing Committee

조직위원장	한범덕	Chairman	Han, Beum Deuk
부위원장	곽임근	Vice Chairman	Kwak, Im Guen
사무총장	김동관	Secretary General	Kim, Dong Gwan
총감독	정준모	Director	Chung, Joon Mo

운영위원회 Operation Committee

위원장	곽태영	Chairman	Kwak, Tae Young
운영위원	김내수	Members	Kim, Nae Soo
	김달진		Kim, Dal Jin
	김두영		Kim, Doo Young
	김정희		Kim, Jung Hee
	김현태		Kim, Hyun Tae
	고 남상재		The Late Nam, Sang Jae
	노준의		No, Joon Eui
	박경순		Park, Keung Soon
	박제덕		Park, Jae Duek
	백 은		Back, Eun
	서진환		Seo, Jin Hwan
	손순옥		Son, Soon Ock
	신랑호		Shin, Rang Ho
	이규남		Lee, Gyu Nam
	차영순		Cha, Young Soon
	최영근		Choi, Young Keun
	편종필		Pyeon, Chong Pil

전시부 Exhibition Department

전시/학술 총괄	박남희	Chief Curator	Park, Nam Hee
본전시	김윤애	Associate Curator	Kim, Youn Ae
	이성용	Associate Curator	Yi, Sung Yong
	정득순	Associate Curator	Chung, Duk Soon
특별전	윤효진	Associate Curator	Yoon, Hyo Jin
초대국가전	도화진	Coordinator	Do, Hwa Jin
공모전	남지선	Coodinator	Nam, Ji Sun
	이재선	Assistant Coodinator	Lee, Jae Sun
페어	안승현	Coordinator	An, Seung Hyun
	김유경	Assistant Coodinator	Kim, Yu Kyeong

기획홍보부 Planning & PR Department

부장	변광섭	General Manager	Byeun, Gwang Sub
기획/시설팀장	박원규	Planning/Facilities Manager	Park, Won Kyu
기획	곽노현	Planning	Kwak, No Hyun
	정민용		Jung, Min Young
시설	심동섭	Facilities	Sim, Dong Seop
디렉터	장백순	Director	Jang, Back Soon
	손순옥		Son, Soon Ock
	이영송		Lee, Young Song
홍보팀장	박지은	PR Manager	Park, Ji Eun
	한기선	PR	Han, Ki Sun
	김지윤		Kim, Ji Yun
	황은아		Hwang, Eun A

관리운영부 Administration Operating Department

부장	유향걸	General Manager	Yoo, Hyang Keol
총무/운영팀장	윤기영	Affairs/Administer Manager	Yoon, Ki Young
총무	송화옥	Affairs	Song, Hwa Ok
	심소영		Sim, So Young
운영	박건주	Administer	Park, Gun Joo
	조필성		Cho, Pil Sung
	김시은		Kim, Si Eun
사업팀장	백인석	Business Manager	Baek, In Seok
사업	윤민석	Business	Yun, Min Seok
	김규식		Kim, Kyu Sik
의전팀장	김인환	Protocol Manager	Kim, In Hwan
의전	김수연	Protocol	Kim, Soo Yeun
	김현미		Kim, Hyun Mee
	김보경		Kim, Bo Kyung
	강앙미		Kang, Ang Mi
	강안나		Kang, Ang Na